U0671840

文库编委会

主　编：李建平

副主编：廖福霖　苏振芳　何贻纶　李建建

编　委：（按姓氏笔划排列）

王岗峰　刘义圣　何贻纶　李建平

苏振芳　陈少辉　陈永森　陈桂蓉

吴有根　张华荣　杨立英　林　卿

林子华　林旭霞　林修果　郑又贤

郑传芳　赵麟彬　郭铁民　黄晓辉

俞歌春　蔡秀玲　廖福霖　潘玉腾

福建师范大学省重点学科建设项目

马克思主义理论与现实研究文库

主编◎李建平

中国近现代史基本问题研究专辑

专辑主编 郑传芳

MARXISM

陈友良/著

民初留英学人的思想世界

——从《甲寅》到《太平洋》的政论研究

A Study on the Ideas of the Chinese Intellectuals Who Studied in Britain in the Early Republican Era

—— Centering on their Political Review of *The Tiger Magazine* and *The Pacific Magazine*

社会科学文献出版社

SOCIAL SCIENCES ACADEMIC PRESS (CHINA)

教育部人文社会科学研究青年项目资助出版
（编号：09YJC770003）

马克思主义理论与现实研究文库
总序

　　神州大地风雷激荡，海峡西岸春潮澎湃。福建师范大学省重点高校建设项目《马克思主义理论与现实研究文库》与大家见面了。

　　本文库以坚持、发展和弘扬马克思主义为宗旨。这既是神圣的使命，又是历史的责任。马克思主义问世已经一个半世纪了，尽管她遭遇到各种各样的围攻、谩骂、禁锢、歪曲……但仍顽强地成长、广泛地传播、蓬勃地发展；尽管也有成百上千种理论、学说来与之较量，企图取而代之，但都无法得逞。"苏东剧变"虽然使世界社会主义遭受严重挫折，但无损马克思主义真理的光辉。马克思主义者在认真总结"苏东剧变"的教训后，将使马克思主义理论变得更纯洁、更成熟，朝着更健康的方向发展。

　　当20世纪即将结束的时候，英国广播公司在全球范围内举行过一次"千年风云人物"网上评选。结果，马克思被评为千年思想家，得票高居榜首。中国共产党人80多年来，坚持以马克思主义为指导，取得了革命和建设一个又一个的胜利，开创了中国特色社会主义道路，把一个贫困落后的中国，变成一个初步繁荣昌盛、欣欣向荣的中国。在进入21世纪后，中国共产党人再次庄严宣告，马克思主义是我们立党立国的根本指导思想，是全党全国人民团结奋斗的共同思想基础，并且以极大的决心和气魄，在全国实施马克思主义理论研究和建设的宏大工程，在马克思主义发展史上留下光辉的篇章。

　　马克思主义之所以具有如此强大的生命力和竞争力，在于她具有以下五个突出的品格。

　　一是科学性。一种理论、观点能称为科学，它必须满足两个条件：一是合理地解释历史的发展，特别是其中的一些难题、怪象；二是有效地预见未来，并为尔后的实践所证实。列宁在评价马克思一生中的两大发现之一唯物史观时这样写道："马克思的历史唯物主义是科学思想中的最大成果。过去在历史观和政治观方面占支配地位的那种混乱和随意性，被一种极其完整严密的科学理论所代替。这种科学理论说明，由于生产力的发展，从一种社会生活结构中发展出另一种更高级的结构，如何从农奴制度中生长出资本主义。"① 中国改革开放 20 多年的实践已向世人有力地证明中国所选择的建设中国特色社会主义道路及其指导思想马克思主义是完全正确的，而西方一些别有用心的人士所鼓吹的"中国崩溃论"等论调则是完全错误的。

马克思主义是科学，这就要求我们以科学的态度对待马克思主义。针对林彪、"四人帮"肆意割裂、歪曲毛泽东思想，邓小平提出要完整、准确地理解毛泽东思想，这是十分正确的。同样，我们对马克思主义的主要创始人马克思的学说也要完整、准确地理解。在这方面，由于种种原因，我们还做得不够理想。例如，对马克思主义哲学，我们主要通过恩格斯、列宁，甚至斯大林的著作来了解，而对马克思在《资本论》中所应用的十分丰富的辩证法思想，则研究得不多。《资本论》虽然主要是研究资本主义的这一特殊的市场经济，但同任何特殊事物中都包含着一般一样，透过资本主义市场经济这一"特殊"，马克思也揭示了市场经济的"一般"，这个"一般"对社会主义市场经济也是同样适用的。因此，我认为要从现时代的观点重新解读《资本论》，发掘那些有益于建设社会主义市场经济的东西。学术界有人提出要"回到马克思"、"走近马克思"、"与马克思同行"，但最重要的是要完整、准确地理解马克思。恩格斯在《资本论》第二卷序言中写道："只要列举一下马克思为第二卷留下的亲笔材料，就可以证明，马克思在公布他的经济学方面的伟大发现以前，是以多么无比认真的态度，以多么严格的自我批评精神，力求使这些发现达到最完善的程度。"② 因此，我们对待马克思的著作，对待马克思的一系列"伟大发现"，也要采取"无比认真的态度"和"严格的自我批评精神"。只有以科学的精神和科学的态度才能产生科学的结论。

二是人民性。列宁指出："马克思学说中的主要的一点，就是阐明了无产阶级作为社会主义社会创造者的世界历史作用。"③ 马克思主义从来没有

---

① 《列宁选集》第 2 卷，人民出版社，1995，第 311 页。
② 《马克思恩格斯全集》第 24 卷，人民出版社，1972，第 4 页。
③ 《列宁选集》第 2 卷，人民出版社，1995，第 305 页。

隐讳，她是为无产阶级服务的，是无产阶级认识世界和改造世界的思想武器。但是，无产阶级又是人民群众的一部分——当然是核心部分。无产阶级的利益和广大人民群众的利益是相一致的，而且，无产阶级只有解放全人类，才能最后解放自己。可以说，马克思主义不仅是反映无产阶级利益的学说，同时也是反映最广大人民群众利益的学说。阶级性和人民性本质上是相一致的，只不过在不同的时期强调的侧重点有所不同罢了。在革命战争年代，强调马克思主义的阶级性，是完全必要的，也是十分正确的；在社会主义建设时期，随着社会主要矛盾的转换，在坚持马克思主义阶级性的同时，应该强调她的人民性，强调马克思主义反映最广大人民群众的根本利益要求。"三个代表"重要思想以及科学发展观、"执政为民"、"以人为本"、构建和谐社会、开展荣辱观教育等理论，一经问世就广为流行，受到了人民群众的热烈拥护，就是因为它们具有鲜明的人民性。过去很长一段时间中，由于受"左"的思潮的影响，我们把人权看成是资产阶级的观点，采取回避、批判的态度，结果在国际政治斗争中经常处于被动境地。这一情况在20 世纪90 年代发生了根本变化。1991 年11 月1 日中国正式公布了《中国的人权状况》（又称《中国人权白皮书》），高度评价人权是一个"伟大的名词"、"崇高的目标"，是"长期以来人类追求的理想"。以此为开端，中国掀起了研究人权、关心人权、维护人权的热潮，人权理论成了马克思主义理论体系的一个重要组成部分。从人权理论在我国所发生的变化，说明人民性的确应该成为马克思主义的一个重要特征。

三是实践性。"强调理论对于实践的依赖关系，理论的基础是实践，又转过来为实践服务。判定认识或理论之是否真理，不是依主观上觉得如何而定，而是依客观上社会实践的结果而定。真理的标准只能是社会的实践。"①毛泽东同志在将近70 年前讲的这段话，至今仍十分正确。马克思主义是放之四海而皆准的普遍真理，因为她揭示了人类社会发展的客观规律，为人类进步、社会发展，为全人类的最后解放指明了正确方向；但在实际运用马克思主义的理论时，又要同各国的具体实践相结合，不能生搬硬套，不能搞教条主义。实践在发展，马克思主义本身也要随着实践的发展而发展。马克思主义虽然诞生于19 世纪，但她没有停留在19 世纪。作为一个开放的理论体系，150 多年来，她始终与时代同行，与实践同步。党的十六大把"与时俱

---

① 《毛泽东选集》第1 卷，人民出版社，1991，第284 页。

进"作为中国共产党新时期思想路线的重要内容，把能否始终做到实践基础上的理论创新当做我们必须长期坚持的治党治国之道，正是对马克思主义实践性的高度重视和深刻体现。

社会实践是检验科学与非科学、真理与谬误的巨大试金石。当苏联解体、东欧剧变时，西方一些人兴高采烈，并且迫不及待地兜售所谓的"华盛顿共识"，把它当成是解决各国社会经济危机、走向繁荣富强的灵丹妙药。但实践表明，推行"华盛顿共识"的国家非但没有摆脱危机，反而陷入了更深重的灾难，"华盛顿共识"不得不宣告失败。与之形成鲜明对照的是，中国坚持和发展马克思主义，走中国特色社会主义道路，取得了令世人瞩目的伟大成绩。中国的成功实践已在国际上逐步形成了"北京共识"，这既是中国 20 多年来改革开放实践的胜利，也是中国化的马克思主义的胜利。

四是战斗性。马克思在《资本论》第一卷的序言中写道："在政治经济学领域内，自由的科学研究遇到的敌人，不只是它在一切其他领域内遇到的敌人。政治经济学所研究的材料的特殊性，把人们心中最激烈、最卑鄙、最恶劣的感情，把代表私人利益的复仇女神召唤到战场上来反对自由的科学研究。"[1] 由于马克思主义公然申明是为无产阶级和广大人民群众谋利益的，所以从她一问世，就受到了敌人的百般攻击，在其生命的途程中每走一步都得经过战斗。马克思一生中的主要著作大多是和资产阶级思想家进行论战的记录，就连《资本论》的副标题也是资产阶级"政治经济学批判"。"正因为这样，所以马克思是当代最遭嫉恨和最受诬蔑的人。"[2] 可是，当马克思逝世的时候，在整个欧洲和美洲，从西伯利亚矿井到加利福尼亚，千百万战友无不对他表示尊敬、爱戴和悼念。恩格斯十分公正地说："他可能有过许多敌人，但未必有一个私敌。"[3]

在我国，马克思主义已经处于意识形态的指导地位，在马克思主义的指引下，全党全国人民正在为实现第三步战略目标、推进现代化建设而努力。但是，也要清醒地看到，在新的历史条件下，巩固马克思主义在意识形态领域的指导地位面临的形势是严峻的。从国际看，西方敌对势力把中国作为意识形态的主要对手，对我国实施西化、分化的图谋不会改变。从国内看，随

---

① 《马克思恩格斯全集》第 23 卷，人民出版社，1972，第 12 页。
② 《马克思恩格斯选集》第 3 卷，人民出版社，1995，第 777 页。
③ 《马克思恩格斯选集》第 3 卷，人民出版社，1995，第 778 页。

着社会主义市场经济的发展和对外开放的扩大，社会经济成分、组织形式、就业方式、利益关系和分配方式日益多样化，人们思想活动的独立性、选择性、多变性和差异性进一步增强。在这种情况下，出现非马克思主义甚至反马克思主义的思想倾向，也就不可避免了。面对这种挑战，我们不能回避，不能沉默，不能妥协，更不能随声附和、同流合污。苏联、东欧的前车之鉴，我们记忆犹新。我们应该表明态度，应该奋起反击，进行有理有据有说服力的批判，以捍卫马克思主义的科学尊严。例如，有人肆意贬低、歪曲、否定马克思的劳动价值论，企图动摇马克思主义政治经济学大厦的基石，难道我们能听之任之吗？有人千方百计地要把"华盛顿共识"推销到中国来，妄图使中国重蹈拉美、俄罗斯、东欧和东南亚一些国家的覆辙，我们能袖手旁观吗？当然不能！这不仅是党性立场所致，也是科学良知使然！在这一点上，我们应该向德国工人运动的老战士、杰出的马克思主义理论家弗朗茨·梅林学习，他在一个世纪前写的批判各种反马克思主义思潮的论文（已收入《保卫马克思主义》一书中，苏联1927年版，中文版为人民出版社1982年版），今天读来仍然感到新鲜和亲切。

五是国际性。1848年，当马克思、恩格斯出版《共产党宣言》，发出"全世界无产者，联合起来"的号召时，就注定了马克思主义是一种超越地域、肤色、文化局限的国际性的思想理论体系。当今，方兴未艾的经济全球化浪潮正深刻地影响着世界各国的经济社会进程，尽管这种影响有其积极的一面，但也会给许多发展中国家造成消极的甚至是严重的后果。这已为许多事实所证明。如何在经济全球化进程中趋利避害，扬善去恶，除了以马克思主义作指导外，别无其他更好的主义。因此，马克思主义的国际化，现在比以往任何时候都显得重要和迫切。西方垄断资本出于维护其根本利益的考虑，竭力反对马克思主义的国际化，也就不足为奇了。

中国共产党人把马克思主义普遍真理与中国具体实践相结合，产生了中国化的马克思主义，指引中国的革命与建设不断取得新的胜利。随着中国改革开放的不断深入、综合国力不断强大、人民生活不断改善、国际地位不断提高，世界各国对中国的兴趣日益浓厚。因此，"北京共识"、"中国模式"逐渐成为国际论坛的重要议题。看来，中国化的马克思主义正在走向世界，这不仅是马克思主义在中国85年发展的必然，也是当今世界经济社会形势发展的必然。作为中国的马克思主义者，应该感到自豪，因为对马克思主义的发展作出了自己的贡献；应该要有广阔的国际视野，不仅要关注世界的风云变幻，也要了解和研究国外马克思主义研究的动态。要积极推进国际的学术交流与合作，让中国化的马克思主义为世界各国朋友所了解，并与他们一道，共同推进马克思主义的发展。

以上所述马克思主义的五大品格，也是本文库所遵循的指导思想。福建师范大学历来重视马克思主义理论的教学与研究，20多年来在本科生、研究生中坚持开设《资本论》和其他马克思主义原著课程，出版、发表了许多用马克思主义立场、观点和方法分析问题、解决问题的论著。学校把马克思主义理论研究和学科建设紧密结合起来，迄今已获得理论经济学、历史学、中国语言文学等一级学科博士点、博士后科研流动站和马克思主义原理、马克思主义中国化、思想政治教育等二级学科博士点，培养了一大批有志于马克思主义理论教学和研究的学术骨干。2006年初，学校整合相关院系师资，成立了马克思主义研究院。本文库是学校学习、研究、宣传马克思主义理论的重要阵地，也是开展对外学术交流的重要平台。

本文库初步安排10辑。大体是：马克思主义哲学研究；《资本论》与马克思主义经济理论研究；中国社会主义市场经济研究；马克思主义中国化研究；思想政治教育研究；马克思主义发展史研究；社会主义经济发展史研究；国外马克思主义研究；西方经济学与当代资本主义研究；建设海峡西岸经济区研究等。每辑出若干本著作，计划用10年左右的时间，出版100本著作。本文库的出版得到福建省重点高校建设项目的特别资助和社会科学文献出版社的大力支持，在此表示衷心感谢！

胡锦涛同志十分重视实施马克思主义理论研究和建设工程，勉励参与这一工程的学者要进一步增强责任感和使命感，满腔热忱地投身这一工程，始终坚持解放思想、实事求是、与时俱进，大力弘扬理论联系实际的马克思主义学风，深入研究马克思主义基本原理，深入研究邓小平理论和"三个代表"重要思想，深入研究重大的理论和实际问题，为马克思主义在中国的发展，为全面建设小康社会、开创中国特色社会主义新局面作出新的更大的贡献。这段语重心长的话，也是本文库所追求的终极目标。

是为序。

李建平

2006 年 3 月 31 日

序　言

20 世纪 90 年代末我曾与岳麓书社合作，影印了四种近代期刊：《努力周报》、《现代评论》、《独立评论》、《观察》。原意是想为自己的研究和所带博士生的论文选题打下一个文献基础。殊不料这批期刊影印出版以后，很快就被学界同行所抢购，大家纷纷以之为主题，或做博士论文选题，或做课题研究。轮到我自己带博士生时，反而只好另寻他题。2002 年秋友良进校后，与我商量博士论文选题，开始我鼓励他研究《现代评论》，后来几经调查、酌量，友良将眼光转向《太平洋》杂志（1917～1925）的社会政治思想研究，我也感觉这是一块更有待开垦的荒地，遂同意了他这一颇具眼力的选题。

刚好北大图书馆收藏了一套完整的《太平洋》杂志，这为友良的研究自然提供了便利。过去人们研究五四时期的刊物或思想动态，往往将目光聚焦在几个影响比较大的报刊，如《新青年》、《新潮》、《每周评论》、《建设》、《少年中国》、《东方杂志》、《时事新报》、《晨报》等，而对散落在各地、影响力次一级的报刊，相对欠缺研究，有的甚至可能没有进入研究视野，《太平洋》杂志即属于这样一个刊物。

《太平洋》杂志在五四时期其实是一份重要且具代表性的刊物。它之所以长期被"遮蔽"，原因固然不一而足。究其根源，可能是与后来占主流的革命话语排斥有关。《太平洋》的主要撰稿人李剑农、杨端六、周鲠生、皮皓白、钱天任、吴稚晖、彭一湖、向复庵、朱东润、王世杰、李四光、丁燮林、陈西滢等均为留英学生，在人数上他们不敌留美、留日学生，自然在学术研究中也是较少被注意的一个群体。一般来说，留学生对所在国的政治、经济、文化状况比起本土学人要有更广泛、深入的了解，对国际形势有更为准确的判断。具有国际视野和世界眼光是他们的长处。最近十余年来，人们渐渐重视对中国近代留学生史这一课题的研究,这与中国日益扩大、深化的改革开放形势和持续不断的留学生浪潮的大背景密切相联。

英国从 18 世纪进入工业化时代,到 19 世纪中后期维多利亚时代步入鼎盛,政治稳定、经济繁荣、文化发达,成为举世瞩目的"日不落"帝国。两次鸦片战争,英国以"坚船利炮"强行打开了中国的大门,从此中国被强行拉入资本主义的世界体系之中,中国之命运受到包括英国在内的西方列强之宰制。1872 年清朝选派第一批留学生赴美学习,从此中国知识人开始真正自觉地步入向西方寻求真理的历程。1877 年清朝又派遣第二批留学生赴英、法留学,在这批留学生中,产生了像严复这样对维新运动和启蒙事业做出重大贡献的学子。赴英留学由于路途遥远、学费昂贵,比起在其他欧美国家留学成本自然要高,故留英学生除非有官费资助,否则其家庭背景和经济背景要相对较好。留英学人是近代留学生群体中较为特殊的一群。他们对西方社会的观察、对世界情势的把握、对中国社会的认识,都不同程度地受到"英国经验"的影响或某种程度上带有"英国元素"。这是我们研究中国留学生史和近代思想史应该注意的地方。

友良这本著作至少在三个层面上展现了新的亮点:一是发掘留英学生的社会政治思想。现今研究留英学生多为关注留英教育史,对留英学生的政治思想和世界观研究相对不足。友良此著从追溯"甲寅派"的政治思想背景入手,论述了甲寅派面向英国的政治主张——内阁制和比较温和的"调和立国论",然后评述与甲寅派一脉相承的《太平洋》同人与五四新文化运动的关系、《太平洋》同人对国家统一的主张——联省自治。从而比较系统地展现了留英学生独特的社会政治思想和改造国家方案。二是从报刊史研究的角度,它提醒人们发掘五四时期非核心的刊物,注意它们的思想言论动向。《太平洋》杂志虽非居于五四新文化运动的领导地位,但在五四前后数以百计新出现的刊物中,其作者群体、办刊宗旨和思想内容可谓独树一帜,具有一定的代表性,它反映了留英学生这个群体的思想倾向和他们的政治主张。过去人们对五四时期的非核心刊物的研究相对不够重视,更谈不上深入的发掘,友良的这一研究展示了《太平洋》杂志丰富的思想内容,实有弥补薄弱环节之用。三是力图表现《太平洋》杂志同人的国际观,大大拓展了五四运动史研究的国际视野。友良此著专辟"国际篇"讨论《太平洋》与欧战后期的世界浪潮、远东变局与《太平洋》的对外主张、《太平洋》与国际主义、思想资源及对国际联盟的认识,从而对五四时期知识分子的国际观、五四运动与世界的互动关系作了富有深度的揭示。总之，此著通过评介《太平洋》的思想言论，对这份重要而又缺乏论述的刊物作了较为系统的讨论，从一个侧面充实了留英学生史、五四运动史和民初报刊史研究。

友良此著是在他的博士论文基础上进一步修改、扩充而成的。他是我指导的博士生中第五位出版博士论文的。每当看到自己曾经指导过的博士生出版他们的著作，心里总会有一种收获的愉悦，这与目送他们毕业时那种如释重负的感觉似有所区别。博士毕业进入大学任教，只是意味着跨入了学术殿堂。真正要在学术事业上建功立业，还需持续不懈地努力，我希望友良在未来的人生道路上把握机遇，在学业上再创新绩，把自己锻造成国家的栋梁之材。

欧阳哲生

2013 年 10 月 19 日于海淀水木清华区

目　　录

绪　　论

　　周策纵先生在他的经典之作《五四运动史》中指出："五四运动"是一个复杂现象，"它不是一个单纯不变，组织严密的运动，而是许多思想纷歧的活动汇合而成，可是其间并非没有主流"。① 这是一个符合历史事实的见解。对于"主流"，即《新青年》及其同仁的活动，学者已经再三致意，相关研究成果用汗牛充栋来形容也不为过。但是对五四时期的核心材料、领导性的社团的过度诠释也已经形成一些学者所诟病的无所不包的"五四运动史"历史叙述的架构。② 在这种架构下，对于其他"思想纷歧的活动"，迄今学者的研究虽然不少，但是整体上仍为《新青年》的强势话语所遮蔽。"借思想文化以解决问题"③ 成为这种强势话语的重要概括，被认为是五四知识分子探索国家出路的一个最佳现代性方案。但问题是，对思想、伦理、道德问题的重视并非五四知识分子言论的全部内容，即使是在思想文化最为"活跃"的五四时期，依然存在着从政治法律、财政经济、社会问题以及国际政治与外交等方面来思考中国问题的思想言说。

　　本书则以民初留学英伦、五四前后归国的一个学人社群为对象，探索他们在二次革命失败到五四运动后的思想发展轨迹，一方面依据《甲寅》、《太平洋》等留英学人主持的同仁杂志，重建这一社群聚拢的历史过程，梳理其在内政改革与走向世界两个面向上的思想规划；一方面将留英学人的思想世界与"五四运动史"对话，希望能更丰富多元地理解五四时期的思想发展史。

---

① 〔美〕周策纵：《五四运动史》，陈永明等译，岳麓书社，1999，第6页。

② 吕实强：《巴黎和会冲击下国人的反应（1919）——兼论五四运动的本质》，收入张启雄主编《二十世纪中国与世界论文选集》（上册），（台北）"中央研究院"近代史研究所，2001，第457～497页。

③ 〔美〕林毓生：《中国意识的危机——"五四"时期激烈的反传统主义》，穆善培译，贵州人民出版社，1988，第45页。

一 近代中国留学史中的留英学人

从 19 世纪 70 年代初开始,清政府在推进洋务运动过程中,出于解决技术人才的问题,陆续派出数批官费留美生和留欧生,这形成了官方主导的第一次留学潮。在这次留学潮中,著名的是 1872 ~ 1881 年派遣的"留美幼童"和 1877 年由福州船政学堂派出的留英、法的海军生。在这批留英学生中,出现了后来影响巨大的翻译家、思想家严复。尽管在此之前,已经有一些中国人通过各种途径赴英留学或者游学,比如黄宽、斌椿、张德彝、辜鸿铭、王韬、伍廷芳、何启、郭嵩焘等人,但甲午以前中国社会对这批留英学人所代表的新思想的接受是极为有限的。① 直到甲午战败后的严重民族危机的刺激下,曾经是海军留英生的严复所发表的政论和译著,传达出来的西方哲学思想和国家观念,在晚清思想界产生巨大影响。梁启超评价严复译介西学与传播新思想在晚清学术史上占有一席之地,是清末思想界的一个"重镇"。他说:"严又陵(复)。他是欧洲留学生出身,本国文学亦优长,专翻译英国功利主义派书籍,成一家之言。"②

20 世纪初期清政府推行"新政",在教育改革方面,最重要的措施是"废科举、兴学堂、派游学",清政府既通令各省迅速选派官费留学生,亦鼓励民间子弟自费留学,遂使留学蔚为潮流。③ 这波留学潮中,赴近邻日本留学成为一种风气,在高峰期的 1906 年,留日中国学生人数为八千名左右,④ 远远超过其他国家的中国留学生的总和。

随着 1909 年清政府与美国谈判退还超收庚子赔款用于选拔优秀中国学生赴美留学计划的达成,以及最初作为留美预备学校的清华学堂的成立,留美学生有了较快的增长,据统计,从 1909 年到 1929 年,仅该计划资助的留美中国学生已达 1290 名。他们中许多人后来成为学术、实业、外交和教育文化领域里的领军者。⑤

---

① 关于早期留英学人的基本情况,参见刘晓琴《中国近代留英教育史》,南开大学出版社,2005,第 21 ~ 41 页。
② 梁启超:《中国近代三百年学术史》,东方出版社,1996,第 37 页。
③ 陈旭麓:《近代中国社会的新陈代谢》,上海人民出版社,1992,第 250 页。
④ 〔日〕实藤惠秀:《中国人留学日本史》,谭汝谦、林启彦译,生活·读书·新知三联书店,1983,第 1 页。
⑤ 苏云峰:《从清华学堂到清华大学 1911 ~ 1929 年:近代中国高等教育研究》,生活·读书·新知三联书店,2001,第 340 ~ 353 页。

从 1912 年起，在李石曾、吴稚晖、蔡元培等人的推动下，赴法国的"勤工俭学"运动兴起，留法中国学生亦在迅速增长，尤其是在五四运动前后数年，留法勤工俭学生的总人数当在 1900 人左右。在这批勤工俭学生中涌现出一大批从事革命的杰出人才，其中有很多后来为中国革命献身的中共党员，以及后来曾经长期担任中共要职或中华人民共和国中高级干部的人士。①

相对于留日生、留美生和留法生，中国人赴英国留学的动力稍嫌不足。留英生的人数在清末十年乃至民国初年缓慢增长。宣统二年（1910 年）驻英监督高逸统计，该年份官费留英生仅有 124 人，绝大部分人学习的专业属理工科，小部分人学习商科、医科、法科等。② 留英事业不能勃兴，以下三个原因值得注意：第一，赴英国的旅费是一笔不小的数目，远不如赴日本方便；第二，英国的生活费用偏高，英国工人不允许外国人竞争他们的饭碗，所以去英国的勤工俭学人员和自费留英学习的远少于法国；第三，面向英国的公费留学项目和资源相当有限，如英国退赔的庚款留学项目迟至 1930 年以后才启动，所资助的留英生名额亦远远少于庚款留美生。

但是英国毕竟是现代工业文明和议会政治的发源地，其独有的国家魅力持续不断吸引着近代国人克服种种困难，前往英国学习。本书所讨论的留英学人中的章士钊，在初次参加革命即遭挫折后，流亡日本时期，他即倡言"苦学救国"，认为"全国所能仿佛者，惟立国会兴民权廓然数大字耳，其中经纬百端，及中西立国异同本义，殆无一人能言"。③ 所以他主张以大部分人才进行革命斗争，以小部分人才刻苦学习，研究学问，尤其要研究将来的国家建设问题。从 1907 年到 1911 年的近五年时间，章士钊先入苏格兰大学，从戴维逊教授学习逻辑学；1909 年，入阿伯丁大学攻读政治法律，又从邓仁潞博士攻读经济学。④ 学成归国后，章士钊在《民立报》、《独立周报》、《甲寅》上发表的政论文，成为民初政坛上公认的追寻立国之道的范本。胡适指出："自 1905 年到 1915 年（民国四年），这十年是政论文章的发达时期。这一个时代的代表作家是章士钊。"⑤

---

① 鲜于浩：《留法勤工俭学运动史稿》，巴蜀书社，1994，第 62、316 页。

② 刘晓琴：《中国近代留英教育史》，第 163 页。

③ 孤桐：《太炎题词记》，《甲寅周刊》第 1 卷第 2 号。

④ 邹小站：《章士钊社会政治思想研究（1903～1927 年）》，湖南教育出版社，2000，第 25～27 页。

⑤ 胡适：《五十年来中国之文学》，欧阳哲生编《胡适文集》第 3 册，北京大学出版社，1998，第 234 页。

辛亥以后，留英生又有新的进展，其来源主要有：一是中央各部选派的全额官费留英学生，据1913年调查的"留学欧洲各国官费学生姓名表"，由稽勋局、交通部和海军部选派出的留英生有50余人，以理工科为主，其中就包括后来著名的李四光、王世杰、李寅恭夫妇等人。二是各省陆续派出官费留英学生及后来补额的又有百余人，其中湖南省的名额共有20余人，包括李剑农、杨端六、向绍轩、皮宗石、任凯南、宁协万、李敬思、袁昌英诸人。① 他们主要集中在英格兰的伦敦和苏格兰的爱丁堡等城市的大学学习，一般都比较完整地接受了精英式的西方教育，本书所讨论的《甲寅》、《太平洋》杂志上的留英学人主要出自这批。三是在华英国基督教各教会创办的学校中所选派出的留英学生，据《曾宝荪回忆录》所记，当时在英国的中国基督教学生亦有自发的教会组织，并有刊物 *East in the West*，主持人是巢坤霖、胡伟德。男生有梁宝畅、梁宝鉴、吴天保、傅铜等十数人之多，而女生则有胡素珍、何兴等以及包括曾宝荪自己共7人。② 此外，或许还有些不易统计到的私费留学生，比如吴稚晖等人在上海成立的留英俭学会，亦帮助一些有志青年前往英国学习。朱东润就是通过这种途径前往英国，但是因为英国政府不允许勤工俭学，他只能靠给国内报刊翻译英文稿件获取的稿费，支付他在伦敦西南学院的学费和生活费。③

这批留英学人整体上和章士钊一样怀抱着"苦学救国"的理想，较少标榜空洞的革命行动口号，而以极大的精力投入专门知识和专业领域的学习，期望以科学的精神、探究学理的态度为现代中国找寻立国之道。上述章士钊回国后成为"调和立国论"的代言人，并参加了1917年的制宪会议，1918年以后他成为北大逻辑学教授，同时任图书馆主任。在他后面的那批留英学人中包括一些后来颇有影响的人物。李剑农：曾在伦敦政治经济大学学习，回国后创办《太平洋》杂志，同样鼓吹"调和立国论"，稍后成为湖南省制宪委

---

① 以上两条关于留英人员的派出情况，参见刘晓琴《中国近代留英教育史》，第239~240页；元青：《民国时期的留英学生与中英科技交流》，《历史教学》1997年第8期。

② 曾宝荪：《曾宝荪回忆录》，岳麓书社，1986，第19~60页。曾宝荪本人在英国取得学士学位，大约于1917年夏归国，预备投入女学教育，《中华新报》曾为她的归国作简略的介绍，曰："留学界人数本无多，而战时来者尤少，女士留学是邦者共不及十人。去冬，伦敦大学举行毕业考试，植物科中得学士者有湘乡曾宝荪女士，女士为太傅曾文正曾孙女。今国史馆编纂太史曾重伯先生女公子也，幼承家学，曾肄业杭州女子师范学校。来英数年，已斐然成器。现方研究英国教育制度，拟于夏间归国后推广女学，是堪为我国教育前途贺。"参见《留英女学生》，上海《中华新报》1917年5月7日。

③ 朱东润：《朱东润自传》，东方出版中心，1999，第75页。

员会委员，1930 年后受聘为武汉大学教授。李剑农所著《中国近百年政治史》在 1956 年被翻译成英文出版，至今仍是美国大学汉学家研究中国问题时必不可少的参考书。① 杨端六：曾留学英国伦敦大学的经济学家，以货币和银行学研究蜚声海内外，而且在会计、统计和审计的理论和实践方面卓有建树，被认为"声名仅次于马寅初的货币学家"。② 周鲠生：英国爱丁堡大学的高才生，是现代中国国际法学界的泰斗，所著《国际法》（上、下册）是中国第一部最有权威的国际法著作，当代中国国际法学者大都直接、间接受过他的教益和影响。③

同时期或者在他们前后出国留学的学生中还有许多杰出的人物，他们回国后给近现代中国带来了深刻的影响。舒新城在《近代中国留学史》中指出："在现在中国，留学问题几乎为一切问题或政治问题的根本：从近来言论发表的意见，固然足以表示此问题之重要，从国内政治教育实业诸事业无不直接间接为留学生所主持、所影响的事实看来，更足见留学问题关系之重大。"④ 但新中国成立后，留学生反因其所受教育，普遍被冠以"资产阶级知识分子"的标签，其思想和学识连同人事一概被扫地出门，几乎无缘参与新中国的社会主义建设事业。自拨乱反正、改革开放以来，有关中国留学生史的经验总结和学术研究才受到重视，相关著作同时获得出版，人们对留学运动之于近现代中国的积极意义重新给予高度评价。

从研究的进展来说，在改革开放前后，当属留学史研究的起步阶段，学者侧重于对整个近代留学史的叙述和评估，出现了一批比较有分量的著作，如林子勋的《中国留学教育史（1847～1975 年）》⑤，汪一驹的《中国知识分子与西方》⑥，李喜所的《近代中国的留学生》和《近代留学生与中外文化》⑦，

---

① 萧致治：《从魏源、李剑农到吕振羽——评邵阳三位国际大史学家》，《邵阳师专学报》1996 年第 6 期。

② 许康、雷鸣、吴文华：《经济管理学家杨端六》，《湖南大学学报》（社会科学版）1999 年第 4 期。

③ 李谋盛：《周鲠生教授传略》，《晋阳学刊》1988 年第 6 期。

④ 舒新城：《近代中国留学史》，中华书局，1927，第 1 页。

⑤ 林子勋：《中国留学教育史（1847～1975 年）》，（台北）华冈出版有限公司，1976。

⑥ Y. C. Wang, *Chinese intellectuals and the West*, 1872 - 1949. Chapel Hill: University of North Carolina Press, 1966. 台湾有中译本，梅寅生译：《中国知识分子与西方——留学生与近代中国（1872～1949）》，（台北）枫城出版社，1978。

⑦ 李喜所：《近代中国的留学生》，人民出版社，1987；李喜所：《近代留学生与中外文化》，天津人民出版社，1997。

王奇生的《中国的留学生的历史轨迹（1872～1949年）》和《留学与救国：抗战期间海外学人群像》①，丁晓禾主编的《中国百年留学全纪录》②，为近代中国留学史的研究奠定了良好的基础。

20世纪90年代以后，留学史的研究转向分国别和专题的研究。中国留学生比较集中的国家，如留日生、留法生、留美生以及留德生，率先得到学者较多的关注。代表性著作有实藤惠秀的《中国人留学日本史》③，鲜于浩的《留法勤工俭学运动史稿》④，史黛西·比勒的《中国留美学生史》⑤，叶维丽的《为中国寻找现代之路——中国留学生在美国（1900～1927年）》⑥，叶隽的《另一种西学：中国现代留德学人及其对德国文化的接受》⑦。对这些国别中国留学生史的研究无疑可为留英生的研究提供借鉴。

对于留英生的研究，因为英国文化对近代中国的既早且持续的影响，所以借助近代中国留英学人的个案来探讨中英文化关系开展较早，也是各种研究的焦点，所讨论的重要人物包括王韬、伍廷芳、何启、严复、章士钊、丁文江、朱光潜、罗隆基、储安平等人，关于这些留英学人的研究著作已有一定数量。⑧尽管有如此这般成果，对于留英生整体性的分析和研究还远远滞后于留英个体的研究。刘晓琴博士于2005年出版的《中国近代留英教育史》⑨分晚清、

① 王奇生：《中国的留学生的历史轨迹（1872～1949年）》，湖北教育出版社，1992；王奇生：《留学与救国：抗战期间海外学人群像》，广西师范大学出版社，1995。

② 丁晓禾主编《中国百年留学全纪录》，珠海出版社，1998。

③ 〔日〕实藤惠秀：《中国人留学日本史》，谭汝谦、林启彦译，生活·读书·新知三联书店，1983。

④ 鲜于浩：《留法勤工俭学运动史稿》，巴蜀书社，1994。

⑤ 〔美〕史黛西·比勒：《中国留美学生史》，张艳译，生活·读书·新知三联书店，2010。

⑥ 〔美〕叶维丽：《为中国寻找现代之路——中国留学生在美国（1900～1927年）》，周子平译，北京大学出版社，2012。

⑦ 叶隽：《另一种西学：中国现代留德学人及其对德国文化的接受》，北京大学出版社，2005。

⑧ 代表性著作如〔美〕柯文：《在传统与现代性之间——王韬与晚清改革》，雷颐、罗检秋译，江苏人民出版社，2006；张礼恒：《从西方到东方——伍廷芳与中国近代社会的演进》，商务印书馆，2002；林启彦：《严复与何启——两位留英学生近代化思想模式的探讨》，《近代史研究》2004年第3期；〔美〕本杰明·史华慈：《寻求富强：严复与西方》，叶凤美译，江苏人民出版社，1996；黄克武：《自由的所以然：严复对约翰弥尔自由思想的认识与批判》，（台北）允晨文化实业股份有限公司，1998；邹小站：《章士钊社会政治思想研究（1903～1927年）》，湖南教育出版社，2001；〔美〕费侠莉：《丁文江：科学与中国新文化》，新星出版社，2006；钱念孙：《朱光潜：出世的精神与入世的事业》，文津出版社，2004；谢泳：《储安平与〈观察〉》，中国社会出版社，2005。

⑨ 刘晓琴：《中国近代留英教育史》，南开大学出版社，2005。

北洋、国民政府三个时期，详细爬梳了近百年留英教育的发展历程，是迄今为止学界第一部系统研究近代中国留英生的专著，填补了留学生国别史研究的空白。

有的研究视留学生为特定的身份认同或社群。留日生、留法生、留英生等的说法，即已提示了这种认同或社群的存在。更细致的研究，是讨论同时代的留学生因为同学、同乡、思想等缘故而组成的社群，目前学界对于留英生社群的研究主要集中在海军留英生①、中英庚款留学生②等社群。有的研究则将留英生与其他国别的留学生放在一起，把留学生的身份认同作为重点，讨论留学生与中国社会转型的关系，如章清以容闳、严复、胡适为例探讨留学生的西学话语与中国社会的关系，周晓明讨论英美派留学生组织的"新月社"及其文化思想活动，③叶隽强调英国、法国、德国等国别的文化背景的差异性，然后综合讨论留欧学人在西学东渐过程中的特殊作用。④

在上述研究中，本书所讨论的留英学人社群中的几位主人公，除章士钊外，其余诸人如李剑农、周鲠生、杨端六等均找不到相应的位置。再从以下所述的传记论文中，可看到学界对这批人物的留英背景和早年思想活动的描述往往也是语焉不详的。

关于李剑农，萧致治先后撰写的《改造中国，需要研究中国历史——李剑农传略》和《李剑农：世界级大史学家》两文，是对李剑农生平和学术成就最详尽的叙述文章。他曾列出一目对李剑农在《太平洋》上的言论、思想稍作叙述，指出"他在主编《太平洋》杂志期间，曾发表一系列文章，鼓吹调和互让，主张在各省自治的基础上，通过制定联邦宪法，联为一体，实现国家统一"。并且在第一篇文章后面附录了李剑农的相关著述和一些报

---

① 王家俭：《清末海军留英学生的派遣及其影响（1876～1885）》，见中华文化复兴运动推行委员会主编《中国近现代史论集》，（台北）商务印书馆，1985；苏小东：《北洋海军管带群体与甲午战争》，《近代史研究》1999年第2期。

② 刘晓琴：《中英庚款留学生研究》，《南开学报》2000年第5期；刘晓琴：《二十世纪三四十年代的中英庚款留学生述论》，《天津师大学报》2000年第5期。

③ 周晓明：《多源与多元：从中国留学族到新月派》，华中师范大学出版社，2001。"新月派"骨干中，具有留英经历的，有徐志摩、丁西林、陈西滢、林徽因、邵洵美、丁文江、叶公超等人。其中丁西林、陈西滢加入后期的《太平洋》杂志。

④ 叶隽：《异文化博弈：中国现代留欧学人与西学东渐》，北京大学出版社，2009。但该书涉及留英学人的，仅仅以严复为例。

章文章，颇便于后来研究者。① 关于杨端六，有三篇相关论文。第一，是萧致治、聂文明合撰的《杨端六传略》，是迄今为止关于杨端六的最翔实的传记，该文对杨端六发表在《太平洋》、《东方杂志》等刊物上的经济类文章予以介绍，末尾处同样附录了杨端六早期所发表论文的部分目录及全部著作目录。② 第二，是许康、雷鸣合撰的《经济管理学家杨端六》，指出杨端六在货币、银行学、会计以及统计学方面的学术成果，文中提到杨氏在1917年发表在《太平洋》上的译作卫士林的《支那货币论》（后出版单行本），评论说："可见杨端六在留学英国期间也未忘情国内的币制问题。"③ 第三，是笔者所撰的《杨端六与罗素——从罗素长沙讲学说起》一文，澄清了杨端六在1920年10月罗素长沙讲学过程中，承担译事工作的问题，并讨论了罗素学说对于杨端六社会政治思想的影响。④ 关于周鲠生，曾有学者编辑《周鲠生文集》，主要收录1924年以后周鲠生发表于《现代评论》、《东方杂志》等刊物上的论文，令人奇怪的是，编者完全忽略了周鲠生稍早发表于《太平洋》杂志上的90多篇论文。该书收录了李谋盛所撰《周鲠生教授传略》一文，对周鲠生生平做了完整叙述，可惜所描述的早期情况，亦不甚详细。⑤

在回忆录方面，杨端六的女儿杨静远所撰《杨端六、袁昌英与商务印书馆》、《我的父亲杨端六》两文回忆指出，父亲1917年在《太平洋》杂志上发表的《会计与商业》一文深受商务领导重视，于是在1921年与他订立筹办新会计制度的合同，并由他主持改革。⑥ 另外，杨静远所撰一本日记体《让庐日记》和一本书信体《写给恋人》，均只提到父亲在20世纪40年代武汉大学期间的生活、教学和著述的片断，并没有提供早期情况，但其中一

---

① 萧致治：《李剑农：世界级大史学家》，《武汉大学学报》2003年第1期，第46~53页。并见萧致治《改造中国，需要研究中国历史——李剑农传略》，《中国当代社会科学家》（第4辑），书目文献出版社，1983，第46~54页。

② 萧致治、聂文明：《杨端六传略》，《中国当代社会科学家》（第八辑），书目文献出版社，1986，第158~174页。

③ 许康、雷鸣等：《经济管理学家杨端六》，《湖南大学学报》1999年第4期。

④ 陈友良：《杨端六与罗素——从罗素长沙讲学说起》，《史学月刊》2007年第5期；并参见陈友良《罗素长沙讲学的译员考》，《万象》7卷8号（2005年8月）。

⑤ 武汉大学法学院国际法研究所编《周鲠生文集》，武汉大学出版社，1993，第3~16页。

⑥ 此两篇文章分别见商务印书馆编《商务印书馆九十年（1897~1987）——我和商务印书馆》，商务印书馆，1987，第244页；杨静远：《我的父亲杨端六》，《万象》2004年第7期。

句话："小松的父亲周鲠生是我父亲梳辫子时的密友，一同参加同盟会，一同办反袁世凯的报纸，被捕获救后一同赴英国留学，回来后又一同参与创办武汉大学。"① 足见《太平洋》主要角色之间的密切关系②。周如松（周鲠生的长女）所撰回忆体文章《周鲠生先生传略》一文，提供了比较详细的周鲠生生平事迹，并提到周鲠生、李剑农、杨端六和皮宗石等人曾是湖南省立第一小学的同窗好友，可惜对于他们在《甲寅》、《太平洋》杂志上的文字活动，也未置一词。③

不可否认，与留美学人比较，这批留英学人对五四时期的政治与文化所起的作用有限，而且他们的学术成就也是在人生中后期才逐渐为社会所认可。但笔者认为仅从"影响"的角度来评价他们的历史贡献是一种狭隘的偏见。正如英国历史学者约翰·克莱夫指出的："思想史家很难完全展示思想和实践的联系，他可以肯定地回答'这些思想影响了什么人？或者改变了哪些人的观念？'等问题，但是当有人进一步追问'如何影响'或'多少人受到影响'时，他就显得底气不足了。"④ 作为本书主角的留英学人与胡适、陈独秀、李大钊等指导五四新文化运动的知识精英们属同一代人，但他们的"影响"方式完全为后者所遮蔽。如果我们不从"影响"的角度，而是从"存在"的方式去理解新文化运动以外的其他思想，无疑能够丰富对这一"众声喧哗"（王德威语）时代的认识。墨子刻指出："历史学家和人类学家一样，希望了解所有人类生活之中重要的面向，并把握所有人类生活的构造，而在我们从事思想研究之时，如果某一观念或某一词汇常常出现，并在该思想逻辑上有其意义，那么它就算是重要的。"⑤ 辛亥到五四期间留英学人的思想发展是一种存在，对这种思想存在的逻辑意义的重新审视是本书的主题。

---

① 杨静远：《写给恋人》，河南人民出版社，1999，第 284 页。

② 其实，关于杨端六早期活动的情况，杨静远并没有提供更多于萧致治的前举传记文章中的资料，甚至从文章内容来看，她还更多地参考了前面萧、聂合作的文章，她自己曾说："杨端六这个在上世纪前半叶享誉学界的人物，已被历史的尘埃掩没而成为专业辞书中一个干瘪的条目。作为女儿，我有义务试图将他还原为一个立体的人。但由于专业和个性的差异，又由于我父性好实干，不喜张扬，我对他的了解也很有限。"（参见杨静远《我的父亲杨端六》，《万象》2004 年第 7 期）

③ 周如松：《周鲠生先生传略》，收入《中国当代社会科学家》（第五辑），书目文献出版社，1983，第 153 页。

④ John Clive, *Scotch Reviewers: the Edinburgh Review*, 1802 - 1815, Cambridge, Mass.: Harvard University Press, 1957, p. 12.

⑤ 墨子刻：《黄克武〈一个被放弃的选择〉序》，新星出版社，2006，第 2 页。

二 《甲寅》杂志与《太平洋》杂志

本书所使用的核心材料是 1914～1915 年的《甲寅》和 1917～1925 年的《太平洋》杂志，这些杂志与留欧学生在法国创办的《旅欧杂志》，留美生在美国创办的《留美学生月报》不同，它们是留英学人有意识地模仿英国的《爱丁堡评论》，希望做成中国的独立评论杂志。还有一点不同，它们都是由已经归国的留英学人创办、编辑，并在国内出版，① 而在读的留英学人亦积极参与，这一点说明它们与国内的社会政治思潮的联系更为密切。

从学者的研究来说，《甲寅》杂志的关注度高，讨论较多，不足之处是很少有人强调它的留英学人的背景。较早对《甲寅》杂志本身的介绍和评论，是白吉庵为《辛亥革命时期期刊介绍》第四册所写"甲寅"条目的简介，该文颇为详细地叙述了《甲寅》杂志上主要篇章的内容，并结合民初的历史背景，对该刊的政治观点进行梳理，但对于刊物中的编撰作者群未予进一步说明。②

近年来国内外学界出版了若干专著均涉及章士钊与《甲寅》杂志，国内著作包括：邹小站所撰《章士钊社会政治思想研究（1903～1927 年）》第三章，以《甲寅》上的文章专门讨论章士钊的自由主义的共和思想；③ 郭华清著《宽容与妥协：章士钊的调和论研究》第二章，探讨章士钊在《甲寅》杂志、《甲寅日刊》上阐发的政治调和论。④ 国外学者则关注到了《甲寅》时期章士钊的政治理论，现任职于伦敦政治经济学院的 Leigh Jenco（李蕾）博士，著有《为政有本：章士钊的政治理论及其立国思想》一书，重点分析了《甲寅》时期章士钊的政论。⑤ 此外，还有一定数量的论文涉及章士钊以及《甲寅》杂志其他一些重要作者，如陈独秀、高一涵等，限于篇幅，此处不一一说明。⑥

---

① 《甲寅》杂志前四期在日本东京出版，第五期以后改在上海出版。

② 丁守和主编《辛亥革命时期期刊介绍》第四集，人民出版社，1986，第 529～541 页。

③ 邹小站：《章士钊社会政治思想研究（1903～1927 年）》，第 82～155 页。

④ 郭华清：《宽容与妥协：章士钊的调和论研究》，天津古籍出版社，2004，第 50～97 页。

⑤ Leigh K. Jenco, *Making the Political: Founding and Action in the Political Theory of Zhang Shizhao*, Cambridge University Press, 2010.

⑥ 关于章士钊与《甲寅》杂志的论文有：浮新才：《章士钊〈甲寅〉（月刊）时期政论研究——以调和论为中心》，《清华大学学报》1999 年第 3 期；邹小站：《章士钊〈甲寅〉时期自由主义政治思想评析》，《近代史研究》2000 年第 1 期；杨天宏：《逻辑家的政制建构逻辑——辛亥前后章士钊的政制思想研究》，《近代史研究》2011 年第 6 期。关于陈独秀与《甲寅》杂志的论文有，郑超麟：《陈独秀与〈甲寅杂志〉》，《安徽史学》2002 年第 4 期。关于高一涵与《甲寅》杂志的论文有，吴汉全：《从〈甲寅〉到〈民彝〉期间高一涵的政治思想》，收入吴汉全：《高一涵五四时期的政治思想研究》，吉林人民出版社，2012，第 1～19 页。

因为《甲寅》杂志与新文化运动尤其是新文学运动有一定的渊源关系，所以近年来学者对《甲寅》杂志的新思想及作者群的考察，多与五四新文化联系起来，相关的成果也颇为丰富。关于新思想的相承，早在民国时期，常乃惠即指出：章士钊的《甲寅》杂志虽是谈政治的刊物，但已替后面的新文化运动预备下几个基础，比如理想的鼓吹、文学小说的重视、正确的翻译、通信式的讨论，"都是由《甲寅》引申其绪而到《新青年》出版以后才发挥光大的，故我们认《甲寅》为新文化运动的鼻祖，并不算过甚之辞"。① 改革开放以后，学者从多角度进行探讨，研究结论趋向一致，认为《甲寅》对五四新文化功不可没。《启蒙思想的复苏——〈甲寅〉月刊所宣传的启蒙思想》的作者岳升阳认为，《甲寅》杂志记录的是辛亥革命失败之后，中国思想界在探索中逐步走向五四新文化运动的思想历程。② 陈万雄的《五四新文化的源流》对《甲寅》杂志和《新青年》做了详细的比较，指出《甲寅》杂志之于《新青年》杂志，在人事、在思想言论实有不可忽视的渊源。③ 刘桂生的《章士钊与〈甲寅〉月刊和〈新青年〉》，指出民初章士钊为新文化运动的酝酿提供了有力的扶持和政治方向的指引，《甲寅》杂志为《青年杂志》的诞生准备了作者队伍，二者在发刊宗旨、刊物栏目、文学革命上都有联系。④ 在新文学思想传承上，文学史家的著作亦有可观之处，此处不及枚举。⑤

关于《甲寅》杂志作者群的研究，杨琥的博士论文《民初进步报刊与五四新思潮——对〈甲寅〉、〈新青年〉等的考察》是目前所见有关《甲寅》作者群的构成及特征的描述和分析最全面的唯一专论。⑥ 杨琥先生另有若干篇论文涉及了《甲寅》杂志作者的笔名考证问题，同样应予重视。⑦ 郭

① 常乃惠：《中国思想小史》，上海古籍出版社，2005，第137页。
② 岳升阳：《启蒙思想的复苏——〈甲寅〉月刊所宣传的启蒙思想》，收入刘桂生、朱育和主编《时代的错位与理论的选择》，清华大学出版社，1989。
③ 陈万雄：《五四新文化的源流》，生活·读书·新知三联书店，1997，第1~12页。
④ 刘桂生：《章士钊与〈甲寅〉月刊和〈新青年〉》，《百年潮》2000年第10期。
⑤ 参见李怡《〈甲寅〉月刊：五四新文学运动的思想先声》，《中国现代文学研究丛刊》2003年第4期；赵亚宏：《〈甲寅〉月刊与中国新文学的发生》，人民出版社，2011。
⑥ 杨琥：《民初进步报刊与五四新思潮——对〈甲寅〉、〈新青年〉等的考察》，北京大学历史系博士论文，2000，未刊。
⑦ 杨琥：《〈新青年〉与〈甲寅〉月刊之历史渊源——〈新青年〉创刊史研究之一》，《北京大学学报》2002年第4期；杨琥：《同乡、同门、同事、同道：社会交往与思想交融——〈新青年〉主要撰稿人的构成与聚合途径》，《近代史研究》2009年第1期；杨琥：《〈每周评论〉等报刊若干撰稿人笔名索解》，《历史研究》2009年第3期。

双林所撰论文《前后"甲寅派"考》，指出"甲寅派"有前后期之分，前期"甲寅派"酝酿于《独立周报》时期，出现于《甲寅》月刊时期，形成于《甲寅日刊》时期，其主要成员除章士钊外，还有李大钊、高一涵和李剑农等人；后期"甲寅派"出现于20世纪20年代中期，成员包括章士钊、梁家义、瞿宣颖等，前后期"甲寅派"均兼具文学派别和思想流派的双重身份，区别在于前者主张政治调和，后者主张文化保守。① 郭双林的另一文《论前期"甲寅派"政治调和的意涵及其思想来源》则专门讨论了前期"甲寅派"的政治调和思想内容及其来源。②

上述研究无疑深化了人们对新文化运动的认识，但这些讨论无意间都忽略了《甲寅》杂志是由留英学人创办又获得留英学生支持的事实。尽管它的许多成员后来成为了《新青年》的作者，但留英学生的社群意识仍是存在的。戈公振指出：《太平洋》"为《甲寅》分出之英法派人所编辑"。③ 这种社群意识不仅仅是留学背景的因素，更有着乡情的因素。从《甲寅》到《太平洋》的留英学人既是留英生，又多是湖南籍人士组成的社群。以下再对《太平洋》杂志的研究状况做一评述。

在民国时期的一些史著中，评述《太平洋》杂志的文字有若干。一是，罗家伦在1919年发表的《今日中国之杂志界》一文，从北大图书馆订阅的几百种杂志中选取"其中有点势力，可以代表一部分趋向的杂志"，有所批评。他将最近的杂志归纳为四派：官僚派、课艺派、杂乱派、学理派；又将学理派再分为两大类：脑筋浑混的和脑筋清楚的。但他只对脑筋清楚的一类杂志"非常佩服"："他们的长处，就是少说空话，著者对于学问，多有明了的观念，适当的解决。这类之中作政论的，前有《甲寅》，后有《太平洋》。两种的好处，都在能朴实说理，不用感情；而且能用批评的眼光，讨论是非的真相。《甲寅》虽已停版，闻《太平洋》尚拟出版，全用白话，更从积极的新学理方面着想，那更是有声有色的了。"④ 二是，戈公振在1926年出版的《中国报学史》中专辟一章讨论"杂志"问题，将《太平洋》编入"以政治为主体者"一栏，并说明：

① 郭双林：《前后"甲寅派"考》，《近代史研究》2008年第3期。
② 郭双林：《论前期"甲寅派"政治调和的意涵及其思想来源》，《晋阳学刊》2012年第1期。
③ 戈公振：《中国报学史》，上海古籍出版社，2003，第223页。
④ 罗家伦：《今日之杂志界》，《新潮》1卷4号（1919年4月）。

"《太平洋》于民国六年三月发刊于上海，为《甲寅》分出之英法派人所编辑，每月一册。分论说，海外大事，评林，译述，国内大事等栏。考证学理，斟酌国情，以求真是真非；于财政经济各问题，尤多所论列。"①三是，郭廷以《近代中国史纲》（1947年初版），论及五四时期重要思想性刊物，于注释中对《太平洋》杂志有简要的说明："《太平洋》创刊于1917年三月，主编人李剑农，撰稿者多为欧洲、日本留学生。'五四'后转趋积极，偏重政治学理，议论较为持重。"② 在前两位民国学人的意见中，《太平洋》与《甲寅》杂志都是探究学理以论政治的刊物，并且在人事上关系密切。

　　新中国成立后的《五四时期期刊介绍》和《辛亥革命时期期刊介绍》上各有一篇关于《太平洋》杂志的介绍性质的文章。前者大体介绍了《太平洋》的"调和"精神、改革政治的具体主张、重视国际形势和中外关系、对十月革命和社会主义的态度等内容。③ 后者更为详细些，罗列《太平洋》六个方面的内容：（一）对社会主义的介绍；（二）对十月革命及苏俄政权的评介；（三）对于国内政治局势的批评及解决时局问题的方案；（四）国际问题及中国对外关系；（五）关于财政经济问题；（六）李大钊的四篇文章。④ 但二者对于《太平洋》杂志的创办、发行、运作、同人群体均语焉不详，对于各个议题的思想意涵，也没有进一步分析和讨论，所作的评价亦深受教条主义史观的影响。一位作者在最后评价说："《太平洋》是亲英美的中国资产阶级知识分子的言论机关，就这一点说来，它是有代表性的，而且内容也比较充实，因此是研究五四时期的中国政治思想史的重要参考资料。"⑤ 这里点明了《太平洋》杂志是由民初亲英美知识分子主办。

　　相关的对《太平洋》杂志的研究和评价，多是在一般思想史著作中附带提及或简单引用。丁守和、殷叙彝合著的《从五四启蒙运动到马克思主义的传播》评价《太平洋》的地方有若干处。关于《太平洋》的社会政治

---

① 戈公振：《中国报学史》，上海古籍出版社，2003，第223页。
② 郭廷以：《近代中国史纲》（下），中国社会科学出版社，1999，第504页。
③ 参见中共中央马、恩、列、斯著作编译局研究室编《五四时期期刊介绍》（第三集上），"太平洋"，生活·读书·新知三联书店，1979，第333～345页。
④ 参见丁守和主编《辛亥革命时期期刊介绍》（五），"太平洋"，人民出版社，1987，第445～469页。
⑤ 《五四时期期刊介绍》（第三集上），"太平洋"，第333～345页。

思想，著者指出，辛亥革命后出版的《甲寅》和《太平洋》，是继承清末改良派思想家严复等人的衣钵，打算在民主共和国的空招牌下贩卖他们的资产阶级改良主义思想，"留日学习政法的学生主办《甲寅》和留英美学习政治经济的学生主办的《太平洋》，就是专门以英国式的宪政为楷模，讨论如何改革中国政治的刊物。这些人大力宣传了新旧逐步代谢的调和论，反对激烈的社会变革"。著者进一步指出，《太平洋》是用社会改良主义来抵制马克思主义的传播，"表现了对社会主义的畏惧"；又说《太平洋》实际上是走胡适的道路，主张一点一滴的改良，"由一些曾留学英美的资产阶级知识分子组织的《太平洋》杂志，在五四运动以前就在研究一些诸如'大总统的权限'、'地方自治制度'之类的问题，'五四'后则明显地反对宣传社会主义"。① 作者以批判的眼光，视《甲寅》和《太平洋》在政治上是承续自清末留英学人严复以来的改良主义观点，确实说明了它们共同的留英背景下的政治态度。周策纵的《五四运动史》虽已意识到《太平洋》的重要性，将它与《新青年》、《每周评论》、《科学》等刊物并提，指出"这些算是最好的，由具有现代眼光的人主编的刊物"。但他的观点显然来自罗家伦《今日中国之杂志界》中的叙述，很难说明他对《太平洋》有过细致的考察。② 刘晓琴著《中国近代留英教育史》（2005 年），列举北洋政府时期，与留英学生关系比较密切的四个刊物，包括：《旅欧杂志》、《太平洋》、《一般》及《科学季刊》。虽然注意到《太平洋》为留英学生所创办的刊物，但著者并未对其做进一步的研究，关于该杂志的叙述部分仍然参考前述《五四时期期刊介绍》的相关内容。③ 王法周所撰《五四后资产阶级各派拯救民主的努力及民主思想的主要趋向》，指出《太平洋》是五四时期新知识分子宣传自由主义主张的主要阵地之一，"除《新青年》外，李剑农、周鲠生、王世杰、杨端六等人在《太平洋》杂志上宣扬一种调和论色彩的自由思想。他们较《新青年》派更温和，但对自由主义原则则持之甚坚"。④

新世纪以来，学界对《太平洋》杂志有所重视，并出现了一定数量的

① 丁守和、殷叙彝：《从五四启蒙运动到马克思主义的传播》，生活·读书·新知三联书店，1979，第 233、250、296 页。
② 〔美〕周策纵：《五四运动史》，陈永明等译，岳麓书社，1999，第 260 页。
③ 刘晓琴：《中国近代留英教育史》，南开大学出版社，2005，第 280~281 页。
④ 耿云志等：《西方民主在近代中国》，中国青年出版社，2003，第 413 页。

研究论文。笔者撰写四篇论文均涉及《太平洋》杂志。[①] 其一，《留英学生与五四新文化运动——以〈太平洋〉杂志为中心》一文，专以《太平洋》第一卷时期的留英学生言论和行动，叙述该《太平洋》社群与"五四"思潮的关系，指出它同《新青年》一样属于新文化阵营，对于新文化、新思潮运动有一定的贡献。其二，《"甲寅派的政论文"的英美宪政主义背景：以章士钊、李剑农为中心》一文，梳理了章士钊、李剑农等政论家的19世纪以来英美宪法学家的理论背景。其三，《民初知识分子与政论——以〈甲寅〉、〈太平洋〉为中心》一文，对这两份杂志的人事、办刊宗旨、思想内容的关联性进行分析和评论，指出《太平洋》传承了《甲寅》的政论传统和法政话语，其作政论的动力在于为现实政治寻找学理依据。其四，《五四知识分子的国际主义观——〈太平洋〉与威尔逊主义》一文，以《太平洋》对威尔逊主义的评论为中心，说明五四知识分子已经利用英美国际主义作为思想资源，为中国建构民族国家。

其他学者的研究包括：邓丽兰、王红霞撰《法政学者的宪政诉求——略论〈太平洋〉派学人的宪政思想（1917～1925年）》一文，指出围绕在《太平洋》上的自由知识分子的政论独具特色，试图从学理的角度探讨民国立宪政治问题，努力争取法治、自由与权力制衡的实现，并期望于调和中渐进有序地推进宪政建设。[②] 有趣的是，论文虽是学界首次使用"《太平洋》派学人"指谓《太平洋》杂志周围的学人社群，但全文对该社群的情况未做任何叙述和界定。郑大华、王敏撰《欧战后中国知识界对建立国际联盟的思考——以〈太平洋〉杂志为中心的考察》一文，以《太平洋》上的"万国联盟专号"的文章为例，考察第一次世界大战后中国知识界对国际联盟的反应，指出中国知识分子在思考国联问题时，其出发点和落脚点是中国民族国家的建构问题。[③] 日本学者森川裕贯的《〈太平洋〉杂志的和平追

---

① 陈友良：《留英学生与五四新文化运动——以〈太平洋〉杂志为中心》，《安徽史学》2006年2期；陈友良：《"甲寅派的政论文"的英美宪政主义背景：以章士钊、李剑农为中心》，收入胡春惠、彭明辉主编《近代中国与世界的变迁》，香港珠海书院亚洲研究中心、"国立"政治大学历史学系，2006，第347～358页；陈友良：《民初知识分子与政论——以〈甲寅〉、〈太平洋〉为中心》，《福建师范大学学报》2008年第4期；陈友良：《五四知识分子的国际主义观——〈太平洋〉与威尔逊主义》，《长江大学学报》2011年第8期。

② 邓丽兰、王红霞：《法政学者的宪政诉求——略论〈太平洋〉派学人的宪政思想（1917～1925年）》，《福建论坛》2006年第3期。

③ 郑大华、王敏：《欧战后中国知识界对建立国际联盟的思考——以〈太平洋〉杂志为中心的考察》，《安徽大学学报》2012年第1期。

求——五四前后的国内秩序论和国际秩序论》一文，是对《太平洋》杂志的和平主义观点的专题研究。①

从上述学界对《太平洋》杂志的研究和评价来看，聚拢在《太平洋》杂志的这一知识社群逐渐获得人们的认识，他们在五四前后围绕若干重大政治问题如宪政主义、国际联盟、国际主义、和平主义等阐发出来的思想观点，正获得学界的重视。傅国涌的下面这段评论确实反映了这种趋势，他说："整个'五四'时代，陈独秀创办的《新青年》很有代表性，但是我们常常忽略了《新青年》之外的其它刊物，比如说 1917 年创刊，1925 年停刊的《太平洋》杂志。这个杂志非常重要，如果要研究中国近代史，《太平洋》在我看来不亚于《新青年》。以往讲到'五四'时的代表性刊物，像《新潮》、《新青年》，不讨论制度性的大问题，只关注思想文化层面的东西。但是《太平洋》恰恰是以制度讨论为主要内容的一本政论性杂志，在这上面发表文章的学者，包括北大教授王世杰、陶孟和、周鲠生、杨端六、李大钊、胡适、李四光以及李剑农等人。1919 年之后，特别是 1921~1922 年，《太平洋》发表了许多关于中国走什么道路的文章，尤为突出的是关于联省自治的讨论，联省自治简单地说就是联邦制，当时在中国已成了一个热潮。《太平洋》讨论的问题恰好可以补充《新青年》的欠缺。《新青年》上的随感，那些关于文化、思想的讨论和《太平洋》杂志上关于制度的讨论放在一起才构成了'五四'一代知识分子完整的思想图景。如果我们单独把《新青年》拿出来说这就是'五四'，'五四'一切的资源都在这里了，那我们看到的'五四'就是片面的。要还原历史真相，一个重要方法就是让它不同的侧面都呈现出来，而不仅仅刻意地强调某一个侧面。"② 可见，《太平洋》杂志与《新青年》均构成"五四"丰富内涵中的重要面相，但前者在后者成为"领导性论述"以后淹没在一般"五四运动史"论述中，成为了"思想史上的失踪者"。③

---

① 〔日〕森川裕贯：《〈太平洋〉雑誌と和平の追求—五四前後における国内秩序論と国際秩序論》，《中国哲学研究》〔日〕第 24 号，"佐藤慎一教授退職記念特集"，2009 年 11 月。

② 傅国涌：《重返五四，厘清误区》，《时代周报》2009 年 4 月 30 日。遗憾的是，作者虽意识到《太平洋》杂志的重要性，但没有对《太平洋》杂志的内容做进一步的探究。

③ "领导性论述"（leading discourse）这个提法，来自王汎森《傅斯年：中国近代历史与政治中的个体生命》，"中译本序"，王晓冰译，生活·读书·新知三联书店，2012，第 3 页；"思想史上的失踪者"这个提法，来自朱学勤《思想史上的失踪者》，花城出版社，1999，第 184 页。

从上述可知，既往研究有两点不足，第一，以往的研究对《甲寅》、《太平洋》杂志的留英学人的背景重视不够，这很大程度上是因为学者没有把聚拢在《甲寅》、《太平洋》杂志上的留英学人视作一个"自在"的社群。本书对两份杂志上重要作者笔名的考证，如沧海、石公、松子等，将有助于说明这两份刊物实际上是拥有众多留英作者的同仁杂志。因此，从研究视角上言，本书主张以《甲寅》、《太平洋》杂志为主要材料和线索，强调从思想背景的层面去进一步理解辛亥到五四时期留英学人的思想发展。第二，既往研究对从辛亥到五四时期的思想史的理解，深受"五四运动史"模式的影响，《新青年》以外的其他思想言说的历史逻辑要么是隐而不彰，要么成为这种模式的附庸。这造成了上述所言的关于《甲寅》、《太平洋》杂志政论的整体分析和研究的不足，因此本书的论述主题毋宁说是对从辛亥到五四时期的留英学人的政治思想进行历史性的描述与分析，从而揭示他们做政论的动力，在于为现代中国寻觅立国之道。

三　为现代中国寻求立国之道

辛亥以后民国精英努力推动国家在以下两个面向上取得进展：一是清朝灭亡后留下的政治空间，亟须在国家层面上的政体建构；二是需要以民族国家的身份在国际上获得列强的承认，并在外交上摆脱不平等条约束缚，争取国家完整之主权，成为国际社会平等一员。考察民初留英学人如何对这种挑战作出回应，以及他们的回应在多大程度上代表了同时代人，具有重要意义。笔者认为，这一群留英学人最大的思想贡献是，从辛亥直到后五四时期，他们从改革内政和进入国际体系的角度为中国提出了一个现代国家发展的现实主义思想规划。这个规划与他们的留英前辈对西力东渐以后巨大变局下的中国民族命运及国家发展方向的思考是一脉相承的。

近代中国人向西方学习，发生在1840年以后西方列强以坚船利炮为后盾把中国强行纳入世界历史的进程中，如马克思在《共产党宣言》中指出："资产阶级，由于开拓了世界市场，使一切国家的生产和消费都成为世界性的了。……过去那种地方的和民族的自给自足和闭关自守状态，被各民族的各方面的互相往来和各方面的互相依赖所代替了。物质的生产是如此，精神的生产也是如此。各民族的精神产品成了公共的财产。民族的片面性和局限性日益成为不可能，于是由许多种民族的和地方的文学形成了一种世界的文学。"① 作为走出国门的第一代知识分子，留英学人大力倡导向西方学习，改革内政，以工商立国，建设富强国家；同时呼吁了解外情，研究外交政策，以积极的态度应对西方的挑衅。1874 年，王韬仿效英《泰晤士报》创办《循环日报》，亲任主笔，撰写社论，内容多为抨击清廷的官僚主义，呼吁改革内政，传播西学等。正是这些著名的政论确立了王韬改革思想家的地位。王韬属于柯文所言的近代中国第一批"沿海知识分子"②，在其思想意识中，已经认识到西方的工业化及其东渐是"古今之创事，天地之变局"，中国的应对之道只能是"尽用泰西之法"，包括科学教育、法律改革、代议制、近代报刊等，他相信走这条道路，不到百年中国即可实现现代化。③ 王韬的变革观中还包含了对中国与世界关系的新看法，他一面倡导"西法"、"西学"，一面也为国人争利权，如提出取消"治外法权"，由政府保护侨商等，设法为中国取得应有的国际地位。这说明，在王韬的变革思想中，"世界主义"与"民族主义"这一对共生关系已经形成。④

郭嵩焘在担任驻英、法公使（1876～1879）时，以沿途见闻和经历记入日记《使西纪程》，盛赞西洋立国，除了宏伟的物质文明和强大的军事力量外，背后的政制、法律、学术的发达才是富强的原动力。同时，在外交实践中，他也已经洞悉列强争胜下的国际秩序，大致靠经济上的自由贸易与政治上的霸权均衡来维持；他更知道，列国争胜的局面已不可能改变，面临列强与通商的新世界，中国必须在新格局中求生存、求自强。⑤

在戊戌一代学人当中，严复最为了解英国文化，因为其留学经历，他的改革思想的资源主要取自英国古典自由主义和功利主义思想家，比如斯宾塞、亚当斯密、约翰穆勒等。从这些英国思想家的著述中，严复发现西方社

---

① 《马克思恩格斯选集》第一卷，人民出版社，1995，第 276 页。马克思所说的"世界的文学"，泛指科学、艺术、哲学、政治等方面的著作。
② 〔美〕柯文：《在传统与现代性之间——王韬与晚清革命》，雷颐、罗检秋译，江苏人民出版社，1998，第 232 页。
③ 王韬：《变法》，收入朱维铮主编《弢园文新编》，生活·读书·新知三联书店，1998，第 13～14 页。
④ 朱维铮：《弢园文新编·导言》，生活·读书·新知三联书店，1998，第 15 页。
⑤ 〔美〕汪荣祖：《走向世界的挫折——郭嵩焘与道咸同光时代》，岳麓书社，2000，第 196～211 页。

会的个体"浮士德的能力"得到充分发挥，并且通过合理的制度安排、科学学术的训练、民族主义的教育等方法，被有序地引导到现代国家的集体目标上，从而实现了国家富强。① 因此，严复对中国内政的改革主张，力倡开民智、新民德、鼓民力，用渐进的方法使中国走向国家富强。严复的富强观对清末民初一代知识分子的思想影响巨大。民国以后，尤其是第一次世界大战爆发后，严复愈加留心国际局势，在洞察世界格局的均势平衡已遭到破坏而两极化的世界格局初见端倪之后，他果断提出中国不应继续保持中立，而应乘势加入协约国对德宣战，以为战后提升国家的国际地位及保障国家的安全和发展。②

与清末一样，民初在政体问题和建国构想上的最重要意见，亦来自留英学人。论者指出，从英国学成归国的章士钊对民初政治的贡献主要体现在政体设计上，"其有关国会'院制'设计、政党与政党内阁建设、'通立法行政之邮'、政治宽容的制度规范等贯穿了西方近代政制思想内在逻辑的主张，以及他所界定的诸如'共和'、'民主'、'内阁'、'政党'及'革命党'等政治概念，对辛亥前后亟于建设现代国家却时常感到无所适从的国人，作了良好的思想启蒙。其担任主笔的《甲寅》杂志，成为民初重要的宣传民主共和思想的舆论阵地；而章本人，也受到众多国人追捧，被视为民初言论界之'宗盟'"。③ 我们同样看到，在《太平洋》杂志上的留英学人基本上接续了《甲寅》的改革政治的思路。陈子展说："稍后一点，李剑农、杨端六、周览（鲠生）诸人在《太平洋》杂志里做的文章都还如此。"④

上面对前辈留英学人探索立国之道的历程作了简要回顾，有助于理解本书所考察的民初留英学人的特点。论者曾指出近代留英学生的一个重要特点是"重学术而轻政治"。⑤ 如果这里的"政治"指的是政治行动，那么这个概括是符合实际的。孙中山曾批评留英学生说："他们多半误解，以为英国

①　〔美〕本杰明·史华慈：《寻求富强：严复与西方》，叶凤美译，江苏人民出版社，1996，第 218~226 页。

②　林启彦：《第一次世界大战期间严复的国际政治观：参战思想分析》，收入习近平主编《科学与爱国——严复思想新探》，清华大学出版社，2001，第 318 页。

③　杨天宏：《逻辑家的政制建构逻辑——辛亥前后章士钊的政制思想研究》，《近代史研究》2011 年第 6 期，第 92 页。

④　陈子展：《中国近代文学之变迁·最近三十年中国文学史》，上海古籍出版社，2000，第 212 页。

⑤　刘晓琴：《中国近代留英教育史》，第 186 页。

人民不管政治。因为受了这种影响，在留学期间或者回国以后，也就以为参预政治是不必要的。"① 但如果从政论角度看，从王韬、严复到章士钊，留英学人在政治思想上的持续贡献和作用确实不可替代。任剑涛也指出："就留学英国的精英人物来讲，对于中国建国的思路，实在是具有绵延长久、影响深远的特点。"②

论者指出："留学生之所以重要，就在于其留学背景。"③ 换句话说，留学生在现代中国的角色呈现与其留学背景是有着深层的思想关联的。英国是世界近代化的先驱，是西方议会民主制的策源地，从 19 世纪中期开始，英国出现了从国家层面的议会制度、两党制、内阁制到地方政府的全面的"改革时代"。在社会精神方面，英国人崇尚保守，各种政治党派政策中和政治思潮中洋溢着浓重的和平渐进的、以功利主义为价值取向的改良精神。这样的政治社会背景无疑对前来求学的中国学子产生了深刻的影响。此外，彼时英国大学涌现出一批著名的政治学家和宪法学家，如斯宾塞、戴雪、白芝浩、哈蒲浩、蒲徕士等，他们对英国宪政的理论阐释及思想方法，也深深地影响了留英学子。目前已知，19 世纪英国著名思想家斯宾塞、约翰·穆勒等人的学说对严复的思想影响最大，而一些不甚知名的英国近代学者，如剑桥大学近代史钦定讲座教授约翰·西莱，对严复的政论也有较深的影响。④ 章士钊、李剑农等学人在政治、宪法学说方面的思想资源远多于严复，他们的政论涉猎范围不仅包括英国本土学者的学说，还包括欧陆和美国政治学者的学说。之所以如此，除了留学时代不同外，还有一个重要原因，即严复以海军生的身份进入格林威治海军学院，属于一种专门教育，其涉猎政治学和社会学，基本是自学成才，而不是专门训练。⑤

因此可以说，章士钊及其后的留英学人还有一个特点，与前辈留英学人比较，他们更娴熟于一种科学化的训练，更多地展示出学院派的行事风格。⑥ 章士钊任《甲寅》杂志主编时对学院派的文章尤其欢迎，曾向读者介

---

① 孙中山：《与留法学生的谈话》（1919 年 11 月），《孙中山全集》第 5 卷，中华书局，1985，第 165 页。

② 任剑涛：《建国之惑：留学精英与现代政治的误解》，中国政法大学出版社，2012，第 58 页。

③ 叶隽：《〈留学史丛书〉总序》，见《异文化博弈：中国现代留欧学人与西学东渐》，第 3 页。

④ 戚学民：《严复〈政治讲义〉文本溯源》，《历史研究》2004 年第 2 期。

⑤ 叶隽：《异文化博弈：中国现代留欧学人与西学东渐》，第 51～54 页。

⑥ 杨念群：《"五四"九十周年祭——一个"问题史"的回溯与反思》，世界图书出版公司北京公司，2009，第 18 页。

绍杨端六说："作者方留英，精研政学，是篇随意参考之作、亦大可为吾人进学益智之资，固不仅以远道寄来，为一杂志光宠已也。"① 吴稚晖曾经在日报上介绍新近从英国回国的李剑农，说："兹有李君剑农者留欧数载精研政法各学，归国后雅不愿插足政界，思本所学以供输于国家。"② 本书所考察的人物，是在英国接受了正式的大学或者研究院的教育和学术训练以后，立志以所学报效国家的这群人，他们或以任职大学，或加入科研机构作为后盾，通过报刊发言，走上了"文人论政"③ 的道路。

留英学人探索立国之道的眼光绝不是内向的，他们同前辈学人一样，关注国家生存和发展的国际空间。五四时期中国所处的"国际空间"，如学者所描述，第一次世界大战的爆发可谓积贫积弱的中国脱胎换骨的天赐良机。一是大战爆发，使欧洲列强无暇他顾，给身居边缘及不完全独立的中国，在外交上提供了回旋的余地；二是国际主义兴起，尤其是美国威尔逊总统提出的民族自决、公平外交的"十四点"和平计划以及公理战胜强权等观点，给中国争取打破枷锁、走向国际社会，提供了法理依据。④

留英学人及时表达了这一诉求。上文提及已是暮年的严复仍关注时势，撰文认为第一次世界大战的爆发对中国的改革和发展意义重大，"时机一失，不可复追者也"。⑤ "故吾人当此千年仅有之时机，中国出死求生之运会"。⑥ 强烈的思想主动性和对外部世界的参与意识已经是呼之欲出了。章士钊在《民立报》时便已有意设立"国外大事"栏目以研究外情，他说："政体改革，吾民不可以无世界智识，欲富世界智识，不可不知世界情事，故本报自四月一日起，增加国外大事。"⑦ 在《甲寅》杂志上，章士钊发表

---

① 章士钊：《按〈欧美教育之进步及其趋向〉》，《甲寅》1 卷 4 号（1914 年 11 月 10 日）。
② 《杂志界之明星》，《上海中华新报》1917 年 3 月 4 日。
③ 学者是这样界定"文人论政"这个说法的："文人论政是近现代中国报刊的特征，一方面延续儒家自由主义的传统，以天下为己任，以言论报国；另一方面代表转型现代自由知识分子积极参与社会。他们莫不希望建立现代'道统'，促进和监督权力中心的'政统'，以追求国家的现代化为目标。"参见李金铨《文人论政：知识分子与报刊》，"序言"，广西师范大学出版社，2008，第 8 页。
④ 徐国琦：《"会当凌绝顶，一览众山小"——国际史研究方法及其应用》，《文史哲》2012 年第 5 期。
⑤ 地雷：《愿公等先为国计可乎》，孙应祥、皮后锋编《〈严复集〉补编》，福建人民出版社，2003，第 365 页。
⑥ 地雷：《齐人莫如我敬王》，孙应祥、皮后锋编《〈严复集〉补编》，第 362 页。
⑦ 章士钊：《编辑部宣告》，《章士钊全集》第 2 册，文汇出版社，2000，第 150 页。

"调和立国论"，仅是对国内政局的衡量和立论，杨端六对此不满足，他在议论日本学者的外交政策研究时指出："彼盖深明世界大局而能发言论为一国之指针者也。"他希望中国学人也能够在外情上做扎实的研究，以供政府参考，他说："返观我国，蚩蚩者氓，固方酣歌恒舞享燕雀之乐，有心国事者，则发为激论，几欲执干戈以灭此而朝食。鼓舞民气振起国魂，亦未必非救危之一策。吾人决无反对之理，但空言既非可以奏效，盲动更非所以图功，不明世界大势而欲立国于今日难矣。"①

李剑农主编的《太平洋》杂志第 1 期发表了时在伦敦游学的汪精卫信函，信中说："数十年来，中国所以不亡，初非有自存之道，列强维持均势，实使之然，此人人所知者，然此欧战以前则然耳。欧战以后列强形势既有所变动，于是对于中国之均势亦不能不有所变动，而数十年来藉以苟存之条件，几于不可复得。中国乃无日不陷于息息忧亡之境，或者谓均势之变动，其原因在于列强，而不在于中国，中国既不能有所左右，则亦何容心者？吾则以为中国而坐以待亡则已，不然，则不可不穷列强现在之形势，与将来之变化，而审吾国之所以自处者。人恒有言：弱国无外交。夫强国或可以无外交，弱国则必不可以无外交，自暴自弃，即所以自亡也。而当今之时，欲穷列强现在之形势，与将来之变化，而审吾国之所以自处者，留学于外之诸君子，不可不任其责，意者撰述诸君子，当亦深念及此，而有以诏我国人乎，是尤不佞所日夜望之者也。"② 汪精卫鼓励留英学子研究国际政治和外交政策，为争取中国在国际社会中的地位贡献绵薄之力。李剑农完全同意汪氏的观点，同样表示对于外交应抱以孜孜以求的决心，说："今辱惠书，曲赐诱导，同人虽凡驽，自当奋志，求副海内之望"，又说："吾国所处地位，已在祸福莫测之间，党群间倾轧不容之风，犹复时有所闻。盖能捐弃私利，平心静气，以穷列强现在之形势，与将来之变化，而审吾国之所以自处者，实不可多睹其人也。先生不以同人等为不肖，以是督促，同人等自当相互振扬，以尽其所能任。"③

从上述留英学人的对话中，可以看出他们也意识到，中国自身羸弱不堪，内政紊乱，"成立了一个括弧内的'民国'"（瞿秋白语），在以欧洲国

---

① 端六：《战争与财力·序言》，《甲寅》1 卷 6 号（1915 年 6 月 10 日）。
② 汪兆铭：《通讯·外交》，《太平洋》1 卷 1 号（1917 年 3 月 1 日），第 3 页。
③ 记者：《通讯·外交》，《太平洋》1 卷 1 号（1917 年 3 月 1 日），第 4 页。

家为主宰的全球民族国家体系中，居于边缘地位，还不具备成为日益扩张中的国际社会的合格成员。① 但这些事实，并不能妨碍他们强调"不明世界大势而欲立国于今日难矣"，坚定地主张中国利用第一次世界大战的时机，一方面整理内政，一方面加强研究内外情势，采取积极主动的外交措施，参与国际事务，追求平等的国际地位。

在形式上，留英学人从一开始就在自己的刊物上开辟了当时国内报刊上少见的"海外大事评林"，作为关注和评骘世界事务的一个窗口。罗家伦曾比较了几十份刊物，由衷地赞美《太平洋》杂志中的海外大事评论是很难得的。② 后来他们又专门组织"万国联盟专号"，联络各方学者共同讨论国际联盟的问题。还有其他不少外交事件的评论文章，都使《太平洋》杂志与外部世界和思潮紧密联系起来。从这些讨论中，可获知他们对中国外交行动的主张，已经勇敢地迈出干预和卷入世界事务的第一步，如提出"参战论"和"修约论"，然后是"调和英美之国交"、"亲俄外交"等一系列的积极主动的外交策略。可以说，正是这种学人意识，加上当时北京政府的主动外交的行动，成了后世学者所赞誉的"北洋外交"，是"以难以置信的弱国地位，而赢得令人瞩目的成就"。③ 徐国琦也指出：广义的第一次世界大战时期（1911～1919）是中国民族国家建构和迈向国际化的重要阶段，具体地说，"在近代史上，中国从没有像这个阶段那样，通过动员公共舆论、社会和思想资源，来引导中国政治、社会和文化方向，及寻求民族认同；近代中国也从没有像这个阶段那样，显示出对世界事务的极大兴趣，并采取主动的新政策，革新国家，预备进入世界舞台"。④

综上所述，民初留英学人的政治思想里面有两个面向，一个是内向的政体改革规划，从关注中央层面的内阁制、国会等，到呼吁地方层面的改革，研究地方制度，推动联省自治运动；另一个是外向的走向世界的规划，在外交上摆脱不平等条约束缚，争取国家完整之主权，成为国际社会平等一员。这两个面向的追求，既是民初留英学人的思想世界的动力，也是晚清以降的

① Zhang Yongjin, *China in the International System*, 1918－20: *the Middle Kingdom at the Periphery*, London, Macmillan, 1991. p. 37.

② 罗家伦：《今日中国之杂志界》，《新潮》1卷4号（1919年4月），第630页。

③ William C. Kirby, "The Internationalization of China: Foreign Relations at Home and Abroad in the Republican Era", *The China Quarterly*, （150）, no. 2, 1997, p. 437.

④ Xu Guoqi, *China and the Great War*, *China's Pursuit of a New National Identity and Internationalization*, New Youk: Cambridge University Press, 2005, p. 6.

留英学人为现代中国寻找立国之道的一贯追求。由于时代的不同，后一辈的留英学人的规划在理论和实践上，更具有现实可行性。

四 本书内容与结构

本书在研究取向上着重说明以下三点认识：

第一，史华慈的思想史方法论。史华慈认为，思想史的中心课题，就是人类对于他们本身所处的特殊的"环境"（situation）的"意识反应"（conscious responses）。但他同时还提示说，一种特定的环境并不意味着只能导致一种特定的意识反应，所以思想史家的理想目标，是对于自己所研究的个人或团体的意识反应尽可能达到一种"完全"的理解。而要达到这个目的，就需要从两个方面入手：一是把人类意识反应所由生的真实背景反映出来，二是把人类意识反应的内容条分缕析，并加以描述。[1] 具体到本书对留英学人这个社群思想史的研究，就是要反映他们所处的时代背景、描述他们的思想谱系，及讨论此二者间的互动关系。他们所处的历史环境：一是从辛亥到后五四时代国内社会政治的变革运动，二是第一次世界大战爆发后西方主导的国际体系的剧烈重组和扩张运动。因此，留英学人的思想世界显现出来的是两个面貌：第一，折射出中国以西方为思想资源的政治运动、文化运动和社会运动；第二，反映的是第一次世界大战爆发以来，所谓"西方的分裂"之后，而产生出来的新政治、新外交、新思潮等运动。

第二，余英时的"历史的脉络"（historical context）说，可以有效地缓冲史华慈的"刺激-反应"论的负面效果。"历史的脉络"说在方法上，也如另外学者所说的"努力回到最初的'无知之幕'，一步一步展向未来"[2]，或是"循着历史发展的本来顺序"[3]，故笔者的考察从《甲寅》开始，甚至从更早的中国留英学生，如清末的王韬、严复，民初的章士钊诸人的思想活动中，把捉其思想线索，发现从《甲寅》到《太平洋》，其实存在着因"五四运动史"叙事而隐蔽不彰的思想支流。这条支流说明，留英学人对于现代中国的生存和发展之道有一个共通的观念，既注重内政改革，同时又须排

---

① 史华慈：《关于中国思想史的若干初步考察》，收入许纪霖、宋宏编《中国思想与制度论集》（修订本），新星出版社，2006，第1~16页。

② 王汎森：《中国近代思想文化史研究的若干思考》，《新史学》（台北）14卷4期（2003年12月），第89页。

③ 桑兵：《陈炯明事变前后的胡适与孙中山》，《近代史研究》2001年第3期，第102页。

除老大帝国自我中心的障碍，努力在国际格局中寻找有利于中国的地位。经过这样细致梳理，就豁显出一条与"五四运动史"思想转折论不同的清末民初留英学人的政治思想脉络。这从一个侧面，反映出过去研究中只重视从《甲寅》到《新青年》的思想转折，即从"政论救国论"转向"文学救国论"的问题，而忽视了清末以来留学精英寻求立国之道的思想规划在五四时期继续发展的问题。更为重要的是，体现在《甲寅》、《太平洋》中的政治理想是一贯的，如地方主义、联邦主义、国际主义等，延续到了五四运动后的联省自治、修约外交并逐渐汇成一股壮阔的政治思潮。可见，把民初留英学人的政论置于清末民初的政治思想、政论救国的延长线上，思想的"历史的脉络"是极明显的。

　　第三，从外交事件和世界政潮的角度去考察留英学人的政治思想上的反应，是本书的一个重要尝试。实际上，这种近乎"国际史"①的研究方法，时下已是方兴未艾。以下三人的研究值得铺垫一叙，因为它们涉及本书的第三种方法论上的认识。张勇进的研究指出，1919年之前的政治、思想、社会和文化的变动，基本为广义的"五四运动史"的论述所涵盖，但确实遮蔽了另外一些重要的思想变化，比如同一时期已发生明显变化的中国对外态度和外交政策，就得不到应有的重视；实际上，欧战后期及之后中国群情激昂式的外交和外交目的的一贯性，表达了中国寻求平等的国际地位和加入国际社会的决心，中国并通过系列的主动外交的行动和灵活务实的外交政策，既在战后远东国际体系重建过程中加入了中国的因素，又在实质意义上成为国际社会的一员。②唐启华通过对北洋修约史的实证研究，指出："北洋修约研究可将中国外交与全球外交及国际法发展脉络相联结，呈现丰富的面向。"又说："就外在环境而言，北洋修约将中国民族主义与'威尔逊主义'、'列宁主义'结合，又与德、奥战败国，及东欧、亚洲、拉美小国合

---

①　所谓"国际史"，是传统外交史领域下的一个新兴子学科，其理论经过入江昭（Akira Irira）等著名历史学家的发展和实践，已日渐成熟。与传统外交史方法不同，国际史是要超越国家层面的分析，而将整个世界作为研究框架。它关注的是大历史，即除了传统外交史问题，文化和社会也是关注的对象；同时，它探讨国际权力体系和某种特殊文化观之间、民族主义与国际主义之间、民族抱负和集体失意之间的关系。换句话说，是从人类的梦想、抱负，或其他形式的意识表达方面，探讨外交关系和国际事务。入江昭的理论阐述主要在以下二文：Akira Iriye，"Culture and Power：International Relations as Intercultural Relations"（1979）；and "The Internationalization of History"（1989）。

②　Zhang Yongjin, *China in the International System*, 1918 - 20: *the Middle Kingdom at the Periphery*, London, Macmillan, 1991. pp. 2 - 4. pp. 187 - 190.

纵连横，走出自己的道路。就内在环境而言，北洋外交虽有政局动荡、北京政府权威有限、中国发展落后等限制因素，但仍有优异表现，主要原因在于外交决策专业而有效率。"① 徐国琦的研究超越国家的层面，而将整个世界视作一个研究结构，即所谓"国际史"的视角，来审视中国在 20 世纪早期的自我及对世界的观念，由此提出：寻求"国家认同"和"国际化"，是甲午以后中国人寻求变革的主要动力和思想主题，即"内部革新，和加入世界共同体的欲望，是理解中国人的情绪、国内外政策、对待世界事务的方法，以及自我意识的关键"；而第一次世界大战正是中国解决这些问题的关键时刻和历史机遇。② 作者的研究包括了 1911～1919 年的思想文化运动。上述实证性的研究成果，对于解释本书所考察的留英学人社群的国际主义和国际政治观，提供了非常坚实的历史背景和时代氛围，对于理解他们的思想规划的现实意义有非常重要的启发。

最后，也是必须强调的是，马克思主义理论、方法和基本观点对于本研究具有重要的指导意义。尤其是马克思世界历史理论，深刻揭示了近代西方所开辟的民族历史向世界历史转化的实际进程和基本规律，成为人类进入世界历史时代的一个最具经典的哲学见证。③ 马克思指出："资产阶级，由于一切生产工具的迅速改进，由于交通的极其便利，把一切民族甚至最野蛮的民族都卷到文明中来了。它的商品的低廉价格，是它用来摧毁一切万里长城、征服野蛮人最顽强的仇外心理的重炮。它迫使一切民族——如果它们不想灭亡的话——采用资产阶级的生产方式；它迫使它们在自己那里推行所谓的文明，即变成资产者。一句话，它按照自己的面貌为自己创造出一个世界。"④ 马克思以历史性的语言描述出西方资本主义的侵略性和世界性的历史潮流，并预见了在这种世界潮流冲击之下，被侵略国家必定产生"世界文学"的过程。这应该成为我们考察半殖民地中国及其知识精英努力改变国家命运、创造新世界的各种尝试所必须依据的总体性背景。

本书的目的是描述和阐释从《甲寅》杂志到《太平洋》杂志上的留英

---

① 唐启华：《被"废除不平等条约"遮蔽的北洋修约史（1912～1928）》，社会科学文献出版社，2010，第 548～549 页。

② Xu Guoqi, *China and the Great War*: *China's Pursuit of a New National Identity and Internationalization*, New Youk: Cambridge University Press, 2005, pp. 6–11. 按：这里所提到的"国家认同"和"国际化"概念，下文将详细介绍。

③ 刘敬东：《马克思世界历史理论：中国个案》，光明日报出版社，2010，第 29 页。

④ 《马克思恩格斯选集》第一卷，第 276 页。

学人的思想活动及目标，并与其他社群的思想，尤其是《新青年》同仁思想作一些必要的比较和分析，显豁出五四时期多元思想发展史的又一条线索。本书正题是"民初留英学人的思想世界"，是对本书研究旨趣的概括。余英时先生说："五四的思想世界由很多变动中的心灵社群（community of mind）所构成。于是，不仅有许多不断变动又经常彼此冲突的五四规划，而且每一规划也有不同的版本。"[①] 简言之，本书的研究论题是民初留英学人构成的"心灵社群"及其思想规划。副题"从《甲寅》到《太平洋》的政论研究"，则是对本书研究范围的概括，既说明时间的向度，即从二次革命失败至"五四运动"后；也说明了论题的基本范围，即以从《甲寅》到《太平洋》上留英同仁发表的内外时事的评论文章为讨论重点，从而使本书所欲呈现的思想世界结构化。

　　本书核心材料来自《甲寅》杂志（1914～1915）共 10 期和《太平洋》杂志（1917～1925）共 42 期。还利用了其他报章杂志、年谱、文集、回忆录等资料，比较重要的有：（1）报章杂志，如《上海中华新报》、《新中华》、《东方杂志》、《新青年》、《旅欧杂志》等；（2）年谱，如《章士钊年谱》、《严复年谱》、《李四光年谱》等；（3）文集，如《章士钊全集》、《胡适文集》、《李大钊全集》、《严复集》等；（4）回忆录，《曾宝荪回忆录》、《朱东润自传》、郭沫若的《创造十年》和《创造十年续篇》等；（5）留英学人的论著，如李剑农的《最近三十年中国政治史》（1930）、周鲠生的《万国联盟》（1922）和《最近国际政治小史》（1929）等。本书同样重视对二手文献的引用，主要有两个方面的著作：一是五四时期的思想史论著，笔者尽可能参阅典范性的著作和观点，以理解留英学人所处时代的政治社会气候、价值观等；二是英文著作，集中在讨论近代中国国际化问题的著作和讨论近代英国同仁杂志的史著。

　　本书包括绪论、正文七章及结语。绪论为全书的引导，描述本研究的总体背景和基本前提，结语是对本书的观点总结。正文第一章专门讨论人事，叙述从《甲寅》到《太平洋》上的留英学生的革命活动、留学生涯、接受西潮、社群集结，直至归国，面对国家落后和民族存亡，"思本所学以供输于国家"，以言论报国、救国，形成五四时期非常特殊、后人又知之甚少的一个社群。本章强调史实重建，重建的史实主要包括以下三项：《甲寅》与

---

　　① 余英时：《文艺复兴乎？启蒙运动乎？——一个史学家对五四运动的反思》，收入余英时《现代危机与思想人物》，生活·读书·新知三联书店，2005，第 98 页。

《太平洋》的人事和思想上的联系；重要作者笔名的考证；英国同仁杂志的自由主义思想通过留英学人传播和实践，在民初中国产生一定影响。本章小结指出，《甲寅》与《太平洋》杂志都具有相当浓重的留英学人的背景，以效仿英伦《旁观者》、《爱丁堡评论》为职志，尝试对民国政治、经济、法律、外交等领域的问题进行理性、深度、独立的评论，力图改变现实，而非迎合现实，以实现新一代知识分子的"文人论政"的抱负。

正文的其余六章均涉及思想的析论，依其内容的特点，分为国内篇和国外篇，各三章，分别讨论留英学人在他们的同仁刊物《甲寅》、《太平洋》，尤其是在后者上发表的关于文化、政治、国际等问题的各种观点，展示他们的思想世界。以下再加以申述：

国内篇

第二章以"甲寅派"中的主要成员系留英学人，讨论他们的思想背景和政治主张。本章实际上可视作第一章思路上的延续，主要从思想背景和政治主张的层面对从《甲寅》到《太平洋》上的留英学人进一步爬梳。他们留学期间正是英国、美国、欧陆政治学和宪法学研究大行其道的时期，他们毫不迟疑地接受了这些最新学说，用以指导中国的宪政运动。留英学人的政论的确在民初中国政体转型过程中，在西方宪政思想的宣传阐释方面起了很大的作用，其政治理想也一度为国内知识界所憧憬。可是这批政论家也不得不承认他们精心打造的政论文的理论逻辑与政治的现实逻辑不能完全契合，"适于学理者，未必适于国情"[1]，其对实际政治的影响微乎其微。

第三章讨论留英学人通过《太平洋》杂志参与五四新文化运动的问题。"五四运动史"论述之存在，说明《新青年》及其领袖们创造了一个以他们为轴心思潮或意识形态的"历史环境"。民初留英学人与新文化人属于同一代的新知识分子，其遭遇新文化运动，对新文化人的诸种文化主张是积极响应和支持的。但"五四"以前，留英学人基本是在运动之外的响应，是以"通讯"的方式，而非正式论文，表达他们对新教育、新文化和反孔学的态度和主张。"五四"以后，留英学人的参与性明显加强，争自由运动、社会主义研究、人生观争论等，都在《太平洋》上引人注目地讨论着，并且一度因为"科学人生观"的提出而成为文化界瞩目的一个刊物。因此，本章就是考察留英学人在与五四新文化运动的遭遇中，表现出什么样的思想反应

---

[1]　章士钊：《储年版亚心函》，《章士钊全集》第 3 册，第 499 页。

及与"新青年"有何共同之处。

第四章的主角是参与湖南自治运动的湘籍留英学人。"五四"以后，南北议和失败，从此进入南北各军阀的混战时期，国家统一问题，即所谓时局问题，成为包括新文化人在内所共同关怀的问题。中国问题走向政治解决途径，渐成知识分子的共识。留英学人仍然钟情于政治途径的改革，主张吸收西方最新学理，如代议制改造、新宪法原理等，将前期所论述的宪政理论，加以修正和发展①；于新环境下，主张以联省自治的方法，促进国家统一。同时，这一时期留英学人的政治参与意识增强，开始参与到湖南的省宪运动中去，成为湖南省自治运动过程中非常重要的一股智识力量。

国际篇

国际政治风云与国外政治思潮对五四时代知识分子的影响，同样是现代政治思想史上一个重要而有意义的问题。"五四"前后中国所遭遇的外部世界的变动，完全可以用国际风云变幻来形容。这个巨大变动是1914年以来第一次世界大战（欧战）的结果，军国主义、强权主义给世界政治带来了一次最严厉的教训。但是在残酷的战争和激烈的政治变动之外，西方有识之士同时呈现给世界他们所追求的理想，尤其是国际主义，也在战后蓬勃兴起。英国著名历史学家华尔脱斯指出，欧战时期，"有三大理想占据着人们的心头。第一是通过民主制度的成长，而以个人自由代替沙皇或德皇的个人统治。第二是通过民族自决权，而以民族自由代替外国统治，像奥地利帝国和土耳其帝国加于别国的。第三是通过彻底改变处理国际事务的作法，以维持和平"。② 因此可见，"五四"前后，国际的现实和理想的两种相互冲突的思潮，同时向中国思想界涌来，如何因应、辨别及指出给中国带来更新的机会，成为中国知识分子必须面对的问题。"国际篇"即处理留英学人与国外政治思潮的互动问题。

第五章以《太平洋》上"海外大事评林"栏为中心探讨留英学人对国外政潮的反应。第一次世界大战爆发后，为了应对战争压力和政局变动，交战国的国内也纷纷发生了社会政治变革，其所造成的社会震动未必比中国小，无论是英国的民主化改革、爱尔兰自治问题，还是美国、日本的宪政改革，以及俄国大革命，对整个世界思想界都极具震撼力。而这一时期，《太平洋》上的留英学人大多仍滞留英、法等国，他们看到了原来被视为一个整体的"西方"，内部竟

---

① 对于"代议制改造"问题，本书放在第五章第四节中讨论。

② 〔英〕华尔脱斯：《国际联盟史》（上），汉敖、宁京译，商务印书馆，1964，第32页。

然发生如此巨大变动，而且每一个国家似乎都在朝不同的方向发展。他们觉得有义务告诉国人这些发生在西方内部的变革问题，以及变动的原因，重要的是，他们需要国人从西方的经验中，理解对中国的改革提供什么样的启示。

第六章讨论的是留英学人眼中的东亚国际秩序重组及中国外交的应对之策。第一次世界大战的又一个后果，与中国的机遇直接有关，那就是世界政治格局上列强势力的变化，及战后必须进行的国际秩序重组。欧洲老牌国家自相残杀，削弱了自身的力量。英、法、意虽是战胜国，却已元气大伤，不复战前之盛；战败的德、奥已被排挤出列强阵营；而美国却于战后崛起为世界强国，俄国亦演变成一个社会主义的革命国家。对于中国来说，"西方"的分裂和破产，意味着战前列强的"联合阵线"的总体崩塌，原来紧密束缚中国的"不平等条约体系"也出现了裂缝。这些变化为中国调整外交关系，并于战后重组的国际体系中寻找一个正当的地位，提供了一定的条件。[①] 留英学人对于国际政治的触觉也很灵敏，他们即依据前述条件，阐述自己对于战后中国对外关系的主张，其目标在于寻求中华民族自由发展的可能和国际上的平等主权国家的政治地位。

第七章论及留英学人的国际主义思想。战争使世界饱受军国主义之害，但同时国际社会民主化的构想已在国际和平主义人士那里酝酿成熟。所谓公理与强权、和平主义与军国主义、国际主义与帝国主义的竞争，在战后世界政治思潮中蔚为大观。美国威尔逊总统于战争后期加入协约国，并发表"十四点"和平纲领，宣布民族自决、民主的和平、国际联盟等原则，对战前国际秩序的正当性发起根本的挑战，同时预示着战后国际体系的面貌和结构将有极大的改观。[②] 正如我们将看到的，留英学人对威尔逊等所代表的国际主义表示出极大的热情，并且对战后国际联盟的成立和中国的参与，抱以关注的态度。他们对国际主义及国际联盟的认识和接受，似乎与"五四"以后的激烈的民族主义思潮并不相容，但他们以国际主义作为攻守的武器，争取中国的国家主权和国家人格的意识却值得注意。

最后是结语，说明通过梳理民初留英学人的思想世界，发现"五四"知识分子的思想里面，包括政治途径与文化途径、民主宪政与国家统一、国际主义与民族主义、内政改革与国际格局之间的紧张，这些张力反映了中国知识分子为现代中国寻找"立国之道"所面临的难题。

---

① Zhang Yongjin, *China in the International System*, 1918–20, p. 190.

② Zhang Yongjin, *China in the International System*, 1918–20, pp. 39–40.

第一章
从《甲寅》到《太平洋》的
留英学人

第一节 欧事研究会的"人材集中主义"

经过"二次革命"的挫败，革命知识分子在如何挽救和改造中国在思想和方法上出现分歧。在日本东京先后成立的"中华革命党"和"欧事研究会"，以及他们各自聚合的人员及采取的行动表明二者的分歧程度相当之大。而本文所讨论的《甲寅》、《太平洋》等杂志的出现与"欧事研究会"有相当关系。

1913 年，反对袁世凯的"二次革命"失败后，大批国民党人和知识分子流亡海外，东渡日本的人数即多达数千，东京再现清末革命党人云集的情景。其中，孙中山又举起革命大旗，纠集旧同志，经过近一年的筹划，于1914 年 7 月在日本东京成立"中华革命党"。但孙中山的这次号召未能得到大多数革命党人和知识分子的积极响应，相反，革命阵营出现了公开的分歧和分化。党内原有孙派、黄（兴）派之分，此次失败，更使两派宗派意识加剧，互相埋怨对方的革命失败之责任。[1] 黄派终因反对中华革命党严苛的入党手续和誓约及党章中关于党员分为三等、非党员在革命时期内没有公民资格等规定，拒绝加入中华革命党，因而两派在组织上形成了公开分裂的局面。同年 8 月，由李根源、彭允彝等 6 人在日本东京发起，并以时在美国的黄兴为精神领袖，宣称"欧事严重，集同人讨论，定名曰欧事研究会"。[2]

欧事研究会的参加者，多数都是没有参加中华革命党，但在政治上坚持讨

---

① 关于孙派、黄派的分歧，参见杨思义《二次革命失败后国民党人的形形色色》，《文史资料选辑》第 48 辑，第 125 页。
② 李根源：《雪生年录》，沈云龙主编《近代中国史料丛刊》第二辑，文海出版社，1966，第 65 页。

袁，又赞成黄兴"缓进"主张的国民党人。欧事研究会在日本成立后，美国、南洋、欧洲及国内上海的一些人相继加入，共有会员一百多名，其中基本上由国民党内两部分人组成：一是追随黄兴的革命党人，如李烈钧、陈炯明、柏文蔚、熊克武、钮永建等人；二是国民党中的稳健派，如谷钟秀、殷汝骊、彭允彝、吴景濂、杨永泰、徐傅霖等人。① 另外，一些革命知识分子也加入研究会，对研究会的筹划和宣传工作起了很大作用，如章士钊、陈独秀、张东荪等人；当时尚在欧洲的汪精卫、蔡元培、吴稚晖、张继等人也要求加入。②

实际上，两派人在反袁总目标上是一致的，他们的分化，主要来自他们对于"二次革命"失败以后的革命认识上的分野。孙中山认为中华革命党在组织上必须保证统一，党员以救国救民为己任，则当先牺牲一己之自由平等，绝对服从党魁的命令；在活动方针上，他主张依靠少数精锐主义者进行急进的军事斗争，发动第三次革命。③ 黄兴则认为，革命尚处于低潮期，只宜养晦待时，积蓄力量，徐图进取，等到袁世凯恶迹昭彰，国民觉悟，"有社会真切之要求"，才可乘机奋起，倒袁才能成功。④ 同样，"欧会"的上海代表谷钟秀、杨永泰等人认为目前必须尽量联络各界人士，集中人才，在全国发展、扩大反袁势力；在舆论上，创办报刊、书局等，"鼓吹共和国家组织之原则，共和国民应具之智识"，以增强人们的民主观念，对抗当局的专制政治。⑤ 在欧洲的几位成员如汪精卫、蔡元培、吴稚晖等，也认为当时除了"制造舆论"以外，没有更好的救国办法，而造成舆论的关键，就在于新知识和新思想的传播，新知识和新思想形成的途径只有教育与宣传。⑥ 后者因其主张渐进主义而被称为"温和派"，与孙派的活动有所疏离。⑦

---

① 李新第：《中华民国史》第二册下，中华书局，1987，第666页。

② 周元高：《论欧事研究会的几个问题》，《史林》1989年第3期。

③ 松本英纪：《中华革命党和欧事研究会——第二次革命后孙文和黄兴的革命观》，《民国档案》1990年第3期。

④ 萧致治：《黄兴评传》，南京大学出版社，2001，第404页。

⑤ 李新第：《中华民国史》第二册下，第669页。

⑥ 李志毓：《汪精卫的性格与政治命运》，《历史研究》2011年第1期。

⑦ 此处依据李剑农的"国民党的温和派"之说，参见李剑农《中国近百年政治史（1840~1926年）》，复旦大学出版社，2002，第385页。冯自由则将孙、黄二派对待袁世凯政府的态度区分为"急进"与"缓进"，他说："盖自民四日政府向袁世凯提出二十一条款之后，革命党分裂为急进缓进二派。孙总理向领导中华革命党主张急进，谓非倒袁不足以救亡。其他欧事研究会及水利速成社一派，则主张缓进，谓因日人亟图侵略，应暂停革命工作，以免增加时局之严重。"引自冯自由《革命逸史》（上），新星出版社，2009，第384页。

　　欧事研究会成立初期相当重视文化思想的启蒙运动及人才培养，这一点确如黄兴所预期的。其中最突出的文化活动是，在上海、东京等地先后创办了多种杂志，并设立图书局、编译社、联络机关等。早在1914年1月，谷钟秀、杨永泰、张东荪等"以促进政治之改良，培育社会之道德为宗旨"①，在上海发行了《正谊》杂志，以独立主持正论的姿态，率先打破袁世凯御用宣传工具造成舆论界沉闷的气氛，"敷陈正论，为神州放一线光明"。② 这年冬，谷钟秀、欧阳振声、殷汝骊等人在上海设立"泰东图书局"、"明明编译社"，翻译出版了法政、哲学、文学各种书籍，"欲以庸进社会文明，隐力商贾之间，密图改革"。③ 同时，"欧会"也注意人才的培养和集结，诸如在上海创办一所政法专门学校，在北京组织学会，派遣往欧美的留学生，还在南洋和日本收容许多中国的困苦学生，等等。④

　　《甲寅》杂志创办于1914年5月，前面四号的编辑、印刷和发行都在日本东京，原定为月刊，但常因编辑出版事务繁杂而导致出版延期，历经一年时间仅出四号，于是1915年5月第五号起改由上海的亚东图书馆负责印刷和发行，而稿件邮寄地址和编辑工作仍在东京，以后大致每月一期，下旬出版，⑤ 但也仅继出六号，这年10月出完第十号后，即为袁世凯所指使的交通部查禁而停刊。11年后，章士钊追论当时创办杂志的用意及刊名来源，说道："民国三年，愚违难东京，愤袁氏之专政，谋执文字以为芰，爰约同人，创立杂志。仓卒无所得名，即曰甲寅，昭其岁也。"⑥ 而且，刊名也是与黄兴协商以后才确立的。⑦ 可见，这是袁世凯反动统治下的一种反对派刊物。

　　《甲寅》杂志虽在《本志宣告》上声明"本志非私人所能左右，亦非一派之议论所得垄断"，⑧ 但它在问世之初与中华革命党及欧事研究会都有相当微妙的关系。首先，《甲寅》杂志是由加入中华革命党的胡汉民发起，但又向黄兴极力推荐章士钊主持杂志，⑨ 章士钊后来认为是"以余非同盟会会

---

① 左玉河：《张东荪传》，山东人民出版社，1998，第41页。
② 李新第：《中华民国史》第二册下，第671页。
③ 曾毅：《护国军秘密运动史》，《革命文献》第47辑，第44页。
④ 周元高：《论欧事研究会的几个问题》，《史林》1989年第3期。
⑤ 汪原放：《亚东图书馆与陈独秀》，学林出版社，2006，第30页。
⑥ 孤桐：《大愚记》，《甲寅周刊》1卷1号，第6页。
⑦ 郑超麟：《陈独秀与〈甲寅杂志〉》，《安徽史学》2002年第4期。
⑧ 《本志宣告》，《甲寅》1卷1号（1914年5月），封二。
⑨ 黄兴：《致章士钊书（1914年3月24日）》，湖南省社会科学院编《黄兴集》，中华书局，2011，第351页。

员，亦非国民党党员，顾鼓吹革命，资格颇老，对孙黄相当尊重，无甚轩轾，此时主办此志，应最合宜，尔时同人之公言如是"。① 但是《甲寅》第一期发表《新闻条例》时评一文，即被中华革命党人误解，认为影射前南京内务次长国民党人居正是"暴徒"，"以胡汉民为首，见此评大怒"，乃至派出激烈分子夏重民前往《甲寅》杂志社打人泄恨。② 可见，《甲寅》杂志的办刊理念与中华革命党完全不合。

其次，《甲寅》的初创又接受了黄兴的资助，章士钊本人亦加入欧事研究会，且是研究会的重要书记，因此《甲寅》杂志被中华革命党讥讽为"黄兴的私人喉舌"，或者"欧事研究会宣传机关"。③ 对于前者，章士钊予以否认，而对于后者，他似乎并无芥蒂，毕竟他也是该组织中人。李剑农则相当明确地指出《甲寅》杂志属于"欧事研究会"的机关刊物。④ 不过，从内容来看，《甲寅》杂志从未直接宣传欧事研究会的任何主张和活动。但《甲寅》杂志持独立立场，其政见多主张"有容"、"不好同恶异"、"调和立国"等，与"欧事研究会"的"祛除党见，取人材集中主义"⑤ 的基本精神是契合的。

《甲寅》杂志是"反对袁世凯而有学理之出版物"，⑥ 所提出的政治理想在主张温和路线的知识分子当中很有代表性，常乃惪说："《甲寅》也是谈政治的刊物，但是他的谈政治和当时一般的刊物不同，他是有一贯的主张，而且是理想的主张，而且是用严格的理性态度去鼓吹的。这种态度确是当时的一付救时良药。在当时举国人心沉溺于现实问题的时候，举国人心悲观烦闷到无以复加的时候，忽然有人拿新的理想来号召国民，使人豁然憬悟现实之外尚复别有天地，这就是《甲寅》对于当时的贡献。"⑦

1915 年年底袁世凯公开称帝，云南爆发护国运动，揭开反袁战争的序幕。"欧事研究会"分散在海外的各路人马陆续回国活动，并和国内国民党的温和派筹谋反帝制的组织行动，确定联合各派反袁势力武装讨袁的新行动方针。宣传方面，在《正谊》、《甲寅》杂志均已停刊的情况下，1915 年 10 月，张东荪与汪馥炎、李剑农、杨端六等人在上海创办《新中华》杂志。

---

① 章士钊：《欧事研究会拾遗》，《文史资料选辑》第 24 辑，第 265 页。
② 章士钊：《欧事研究会拾遗》，《文史资料选辑》第 24 辑，第 265～266 页。
③ 章士钊：《欧事研究会拾遗》，《文史资料选辑》第 24 辑，第 265 页。
④ 李剑农：《中国近百年政治史（1840～1926 年）》，复旦大学出版社，2002，第 387 页。
⑤ 毛注青：《黄兴年谱》，湖南人民出版社，1980，第 257 页。
⑥ 戈公振：《中国报学史》，第 193 页。
⑦ 常乃惪：《中国思想小史》，第 136 页。

据李剑农自述，这个杂志是欧事研究会、国民党及进步党合办的，表明他们在反袁斗争上有互相呼应、渐趋一致的倾向。[①]

同月，"欧会"重要人物谷钟秀、杨永泰、徐傅霖等又联合张东荪等进步党人，在上海法租界创办《中华新报》。该报直面政治斗争，其社论、新闻专栏等，直接报道全国各地反帝制斗争的最新消息，"对于袁逆之举，无不直揭其隐"。因此报纸一出，风行中外，不一二月，销数即达万余份。其曾经自诩"为反对袁氏帝制之第一报"。[②] 时人亦曾评价说："推倒满清，得力于《民立报》；摧灭洪宪，得力于《中华新报》。"[③] 如果说，欧事研究会主办的上述三个杂志，重在以长篇学理性政论文来阐明民主共和的理论，以启迪民智，其在舆论效力上属于"缓进"策略，那么，《中华新报》上的文章犹如一篇篇战斗檄文，以犀利的笔锋，揭露袁氏的种种阴谋，号召人们起来斗争。

"欧事研究会"本是松散的组织团体，大多数成员回国参预护国战争，渐与其他反袁派合流。1916 年 10 月，黄兴病逝，11 月，欧会骨干成员如李根源、谷钟秀、杨永泰等又组织政学会，"欧会""亦自灰飞烟灭矣"[④]。

结合以上的学会、学校、学社或刊物，在"欧事研究会"的提倡之下，大体构成一个以东京、上海为传播中心的舆论的、思想的网络，其成立时的渐进主义宗旨和启蒙活动多少对社会已经产生了一定的影响。《正谊》、《甲寅》和《新中华》杂志出刊以后，带动了舆论和政论的发展，常乃惪指出："当民国四五年的时代，中国思想界的闭塞沉郁真是无以复加"，除了梁启超主笔的《庸言报》和《大中华》，以及江苏省教育会主办的《教育杂志》，尚差强人意以外，"此外便再无在思想界发生影响的刊物了。到章士钊在日本办的《甲寅》杂志出版以后，思想界才另有开了一条新路"。[⑤] 泰东图书局的创设，所出版的书籍大多是欧事研究会、政学会同人关于中国政治社会方面的著作，以后又转向了创造社的新文学著作，张静庐说"泰东，是创造社的摇篮——可以这样说。泰东，在初期的新文化运动中间，它是有过相当的劳绩的"。[⑥] 这说明了泰东

---

① 李剑农：《中国近百年政治史（1840～1926 年）》，第 387 页。

② 《上海中华新报露布》，《太平洋》4 卷 1 号（1923 年 8 月 5 日）。

③ 引见李新等《中华民国史》第二册下，第 682 页。

④ 章士钊：《欧事研究会拾遗》，《文史资料选辑》第 24 辑，第 291 页。

⑤ 常乃惪：《中国思想小史》，第 136 页。

⑥ 张静庐：《在出版界二十年》，上海书店出版社，1989，第 100 页。

图书局对于新文化运动是有相当贡献的。另外，在"欧会"的资助或支持下，有一批反对袁政府的优秀分子得以继续在海外留学，其中就包括下文要叙述的《甲寅》、《太平洋》杂志上的李剑农、杨端六、周鲠生、皮皓白等人。

第二节 《甲寅》杂志作者群的聚合和分流

从1914年5月到1915年10月，《甲寅》杂志总共发行1卷10期。之前章士钊已经积累相当丰富的刊物编辑的经验，对于杂志栏目的设置有自己独到的见解和成熟的经营策略。前4期杂志设有社论、时评、评论之评论、通信、文录、诗录、丛谈等栏目；后6期栏目稍有简约，计有社论、论坛、通讯、文苑等栏目。如果将发表在时评、论坛等栏目文章的作者亦计入政论作者，那么统计在《甲寅》杂志上发表政论文的作者共有44位，政论文总数是128篇。①

《甲寅》杂志上"通讯"一栏是章士钊继承了其主编《独立周报》时的"投函"栏目，加以完善和经营，给读者提供一个自由讨论、相互沟通的对话空间，使杂志得以"公共舆论"的面貌展现于世人。《本志宣告》对此有一专条解释："本志既为公共舆论机关，'通讯'一门，最所置重，务使全国之意见，皆得如量以发表之。其文或指陈一事，或阐发一事，或与政治学术有所怀疑，不以同人为不肖，交相质证，俱一律欢待，尽先登录。若夫问题过大，持理过精，非同人之力所及，同人当设法代请于东西洋学者，以解答之。"② 据统计，《甲寅》杂志"通讯"栏共刊载了71位作者的92篇通信，平均每期达9篇之多。在这些通信中，讨论的问题非常广泛，牵涉到政治、思想、宗教、伦理、经济以及时事。③

---

① 此据《甲寅》杂志的目录核算，包括社论、时评、评论之评论、论坛四个栏目中发表的所有论文，但不包括章士钊的两篇译文：《白芝浩内阁论》（第1号）、《哈蒲浩权利说》（第2号）和杨端六两篇译文《战时财政论》（第9号）、《战时财政论》（续）（第10号）。

② 《本志宣告》，《甲寅》1卷1号（1914年5月），封二。

③ 笔者引用了杨琥《民初进步报刊与五四新思潮——对〈甲寅〉、〈新青年〉等的考察》，北京大学历史系博士论文，2000，未刊，第83页。这是目前所见有关《甲寅》作者群的构成及特征的描述和分析较全面的专论。杨琥先生正式发表的两篇论文对本章的写作亦有帮助，分别是杨琥《同乡、同门、同事、同道：社会交往与思想交融——〈新青年〉主要撰稿人的构成与聚合途径》，《近代史研究》2009年第1期；杨琥《〈每周评论〉等报刊若干撰稿人笔名索解》，《历史研究》2009年第3期。

杂志第 1 号政论、时评部分的撰稿几乎是主编章士钊和发行人陆鸿逵二人包办。章士钊以"秋桐"和"无卯"的笔名发表了 12 篇论文和 1 篇译文，陆鸿逵以"渐生"的笔名发表了 6 篇论文。仅有一篇政论文《墨乱感言》署名"秉心"，暂无法考证出作者的真实身份。① 另有一长篇译文《列强与经济借款》，系译自日本报纸《朝日新闻》，署名 KS 生，亦难以稽考真名。而"通讯"栏已发挥了"集思广益"的作用，登载了来自日本、中国内地和英国的留学生数封信函。这些来函者或是章士钊的有一定交谊的朋友，如吴稚晖、桂念祖等；或是他们得到友人的提醒，或是从内地报刊上的广告，得知由章士钊主编的《甲寅》杂志即将出刊，纷纷去函，发表对于时事的感想。

以下介绍主编章士钊和发行人陆鸿逵的基本情况。

章士钊（1881～1973）

字行严，号孤桐、秋桐、烂柯山人等，湖南长沙人。16 岁在亲戚家为童子师。1901 年离家赴武昌，寄读于武昌两湖书院，在此结识黄兴。1902 年 3 月，入南京陆师学堂学军事。次年进上海爱国学社。5 月，任上海《苏报》主笔，结识了章太炎、邹容。《苏报》案后与陈独秀、张继等办《国民日日报》。1904 年冬协同黄兴筹建华兴会，从事反清活动。所编译《大革命家孙逸仙》一书，最早宣传了孙中山先生的革命事迹，影响甚大。1905 年流亡日本，入东京正则学校习英语。章回顾过去，认为自己：才短力脆，实行革命，非己所长；"救国须有策"，"党人不学，妄言革命，将来祸发不可收拾，功罪必不相偿"；因此决定"绝口不谈政治"，而"欲循文学以自见"，遂由"废学救国"而改行"苦学救国"。② 1905 年 8 月，同盟会在日本东京成立，章士钊坚不入盟，后来亦未入其他政党。1907 年章从日转赴英国爱丁堡大学研究逻辑和法律。留英五年，英伦自由主义思想对章士钊的政治思想影响极大。武昌首义后，章亦返回国内，受黄兴、于右任之邀主持《民立报》。1912 年 9 月，他离开《民立报》，别创《独立周报》。二次革命失败后，亡命日本。1914 年，在黄兴的支持下，章士钊与陆鸿逵创办《甲寅》杂志，并加入欧事研究会，任书记。1915 年洪宪帝制起，章士钊赴云

---

① 秉心估计为笔名，其词源来自《诗·鄘风·定之方中》："论议正直，秉心有常。"该署名仅在杂志第 1、2、3 号上出现，可以肯定是与章士钊有一定联系之人所作。

② 邹小站：《章士钊社会政治思想研究（1903～1927 年）》，第 24 页。

南协助岑春煊参加讨袁战争。1917 年创办《甲寅日刊》，李大钊、高一涵协助主编。稍后，任北京大学文科教授兼图书馆主任。

陆鸿逵（生卒年不详）

字咏霓，也作用仪，笔名渐生，湖南长沙人。1903～1904 年，在湖南长沙明德学堂任历史教员，与黄兴、张继等为同事，一起宣传反清革命主张。1903 年秋，华兴会成立时，参加了华兴会的筹建和成立大会，估计此时已与章士钊熟稔。1909 年 11 月，陆鸿逵在北京创办《帝国日报》，并任主编。该报以"扶持宪政，指导舆论，扩张国权，发表政见"为宗旨，是清末北京地区重要的喉舌之一。时在英国留学的章士钊即为《帝国日报》的主笔。可见，陆鸿逵与章士钊既是同乡，又是革命同道，而且在《甲寅》杂志面世以前便有文字交往。《甲寅》杂志问世后，陆鸿逵担任了前 4 号的发行人，并用笔名"渐生"在《甲寅》杂志发表政论及时评 21 篇，是仅次于章士钊的撰稿人。1917 年章士钊创办《甲寅日刊》，"渐生"仍为撰稿人之一，并兼任《甲寅日刊》的发行人。[①]

杂志第 2 号起，直到第 10 号停刊，章士钊、陆鸿逵二人仍为政论文主撰，但撰稿人队伍已经扩展。新加入撰稿的有曹工丞（亚伯）、重民（张铮）、运甓（章勤士）、放鹤（金天翮）、易白沙、陈独秀、张尔田、郁嶷、李大钊、汪馥炎、李寅恭、高一涵、杨超（杨端六）、张东荪、张溥（张继）、杨昌济、胡适、陶履恭（陶孟和）、刘甫和、诏云（文群）、潘力山、周鲠生、后声（赵正平）、白惺亚（白坚武）、蒋智由、叔雅（刘文典）、何震生、李剑农、王九龄、黄远庸、皮宗石（皮皓白）、劳勉、张效敏、陈嘉异、梁漱溟、易培基、孙毓坦等。

对这些有名号可考的作者，[②] 可从以下三个方面作进一步分析。

第一，认同欧事研究会的主张。吴稚晖、张继原属同盟会、国民党系统，张东荪、黄远庸、白坚武、郁嶷原属进步党系统，他们都集合在《甲寅》杂志上，与他们加入欧事研究会或者认同《甲寅》杂志的宗旨和思想主张颇有关系。吴稚晖、张继在"二次革命"失败后并不认同以孙中山为首的中华革命党的革命主张，因而加入了欧事研究会，积极主张启迪民智、

---

① 对陆鸿逵及其在《甲寅》杂志上的撰稿情况，杨琥先生述之甚详，此处对陆鸿逵的介绍，均出自杨琥《〈每周评论〉等报刊若干撰稿人笔名索解》，《历史研究》2009 年第 3 期。

② 依据杨琥先生的统计，《甲寅》杂志上政论和通信栏共有 115 位作者，但可稽考到的作者大概是 40 位。

培养人才的缓进策略。张东荪、黄远庸等人同样主张政治和社会改良，作为探寻国家出路的办法。无疑，章士钊的《甲寅》杂志超越党争、"条陈时弊，朴实说理"的宗旨正为他们的观点提供了论坛。

第二，如许多研究者指出，后来大名鼎鼎的《新青年》的早期作者，多半已在《甲寅》杂志上聚合了。①《甲寅》和《新青年》共同的作者共计14位，其中包括陈独秀、李大钊、胡适、高一涵、易白沙、杨昌济、吴虞、陶孟和、刘叔雅、吴稚晖等；另外，《甲寅》杂志的文苑栏的作者如谢无量、苏曼殊、程演生等亦是后来《新青年》的文艺作者。征诸后来的史实，正是这批共同作者构成了新文化运动的核心倡导力量。

第三，时在英国的中国留学生开始参预《甲寅》杂志。这些作者包括吴稚晖、李寅恭、张溥、杨端六、周鲠生、李剑农、皮宗石。留英学生在《甲寅》上聚合，应与章士钊本人也曾是留英学生有关，同时也可能跟吴稚晖的鼓动和联络颇有关系。吴稚晖在《甲寅》第1号上发表了一篇通讯，对日本留学生在民初论坛上的独占鳌头，而欧美留学生无所作为的现状颇有微词。他说："政局与人心，两相遇合，产出最近之现象。固为正因。然为之媒介者，实一派东洋学生，粉饰其间，不幸而以地势相连，遂成今果。无善法以弥此憾。惟深望识时之彦，常往来欧美，勿过拘牵于语言文字之异趣、舟车睽隔之异势，看作大事，多有要人，门户出入于欧美之间，得有一种意外之佳果。"② 他希望欧美的中国留学生能够对于国内的思想界有所指导，改变晚清以来欧美留学生与国内思想界疏离的状况。或许是吴稚晖的动员起到了效果，从《甲寅》第4号以后，李寅恭、杨端六、张溥、周鲠生、李剑农、皮宗石等留英、法学生不断有政论文出现在杂志上。确实是章士钊的留英的因缘，已经回国的留英学生如曹亚伯、杨昌济、陶孟和等人亦聚拢在《甲寅》杂志上，加深了该杂志的留英学人的思想背景。

章士钊对这批来自英国的作者的稿子也特别眷顾，比如，他在编辑杨端六的稿子《欧美教育之进步及其趋向》，在文末特别增加了一条按语，向读者介绍杨端六说："作者方留英，精研政学，是篇随意参考之作、亦大可为

---

① 陈万雄：《五四新文化的源流》，生活·读书·新知三联书店，1997，第19页；杨琥：《〈新青年〉与〈甲寅〉月刊之历史渊源——〈新青年〉创刊史研究之一》，《北京大学学报》2002年第6期；孟庆澍：《〈甲寅〉与〈新青年〉渊源新论》，《中国现代文学研究丛刊》2010年第5期。

② 吴敬恒：《人心》，《甲寅》1卷1号（1914年5月）。

吾人进学益智之资,固不仅以远道寄来,为一杂志光宠已也。"① 又,他在编辑周鲠生《中俄交涉评》一文时,亦加按语介绍说:"此文草于伦敦,以寄东京本社展转稽滞,发布弥迟,对于作者读者皆深抱歉,然文中所含真理,则固历久不磨,虽稍后时,值仍不损也。"② 这两条按语,说明章士钊完全赞同吴稚晖的意见,即要求欧美留学生更多地加入国内思想界,输入新知。而《甲寅》杂志同样在留英学子圈中有相当不错的口碑,李寅恭曾经描述《甲寅》杂志传递到英国中国学生界的情景,他说:"记者足下,第二期大志已到,此间同学争读之,咸以为精言壮论,得未曾有也,甚盛甚盛。"③

值得注意的是,上述日后成为《新青年》撰稿人并发动新文化运动的骨干人物多为《甲寅》杂志的通讯作者;④ 而这批留英学生则多以撰写长篇政论文著称,有时文章之长,甚至刊物不得不以连载的方式予以发表。比如,杨端六从《甲寅》第 4 号(1914 年 11 月)起,每号必有一篇财经类的论文,如《英国战时财政经济概观》、《战争与财力》、《战时财政论》等 6篇;皮皓白(皮宗石)投有《弱国之外交》、《欧洲战争与吾国财政经济上所受影响》2 篇;周鲠生亦有《局外中立条规平议》、《共和政治论》、《中俄交涉评》3 篇;李剑农则在《甲寅》最后一期上发表《猎官与政权》1 篇论文。可以说,以上杨、周、皮、李四位留英学生的论说文,在《甲寅》后四号中的"论说文"栏中占有极大比例,他们是后期《甲寅》杂志上极重要的作者群。

《甲寅》杂志出刊第 10 号后即告停刊,原来的撰稿人分成了两个队伍,陈独秀任主编的《青年杂志》聚合了《甲寅》杂志通讯类作者及他所熟稔的人脉;而上述《甲寅》留英学生作者以湘籍为主,如李剑农、杨端六、周鲠生、皮宗石(笔名石公)等人主要在张东荪主持的《新中华》杂志上发表文章,这就有后来吴稚晖称赞李剑农等人的话:"年来足下数同志与章秋桐、张圣心诸贤哲,始能综学而言政术。大志所刊,不惟论断翔允,几有纯粹谈学之倾向,所以治政学者固甚表欢迎,即望治非政学者亦极满意。此

---

① 章士钊:《按〈欧美教育之进步及其趋向〉》,《甲寅》1 卷 4 号(1914 年 11 月 10 日)。
② 章士钊:《按〈中俄交涉评〉》,《甲寅》1 卷 10 号(1915 年 10 月 10 日)。
③ 李寅恭:《白种人之救国热》,《甲寅》1 卷 4 号(1914 年 11 月 10 日)。
④ 杨琥:《民初进步报刊与五四新思潮——对〈甲寅〉、〈新青年〉等的考察》,北京大学历史系博士论文,2000,未刊,第 19 页。

则非足下之所料也，故驰书报之。"①

同时，李剑农、杨端六、皮宗石也作为政学会的机关报《中华新报》的海外通讯员，专门为"专论"撰写关于国际、国内的政治法律经济类的时评文章。1916 年夏，李剑农回国后，该报的社论版即由他来主持。② 直到 1917 年 3 月 1 日，以李剑农为国内联络人，这批留英学生终于在上海成立了自己的刊物——《太平洋》。这个过程就如报学专家戈公振指出的：《太平洋》"为《甲寅》分出之英法派人所编辑"。③ 因此，从人事方面讲，1917 年的《太平洋》杂志与 1914～1915 年的《甲寅》杂志、1915 年的《新中华》及 1916～1917 年的《中华新报》有很强的连续性。

第三节　《太平洋》杂志上的留英学人

《太平洋》杂志于 1917 年 3 月 1 日在上海创刊，英文名 *The Pacific Ocean*④，到 1925 年 6 月终刊时，共出版四卷四十二号。杂志采取当时流行的同人刊物的运作方式，在上海英租界白克路 10 号成立"太平洋社"，自行组稿和编辑，发行和出版则由泰东图书局负责。在该刊创刊前一个月左右，泰东即已委托当时读者面较广的《申报》和上海《中华新报》，逐日登报说明"太平洋杂志即将出版"的广告，宣告杂志的办刊宗旨和撰稿同人，以取得社会的关注。

如果说留英学生在《甲寅》杂志上渐渐聚拢，是由于章士钊、吴稚晖等留英前辈联络的缘故，那么《太平洋》杂志可以说从一开始就具有留英同人杂志的色彩。《太平洋》作者群体的演变，第一卷主要是湖南籍留英学生为核心的"圈子杂志"，第二、三卷以后作者群逐渐开放，成为聚集"东西各国勤学之士暨国内名贤"⑤的社群，第四卷以后杂志编辑社迁往北京大学，作者也多为北京大学的教员。以下依此分成两个阶段进行阐述。

---

① 吴敬恒：《通讯·以政学治非政学》，《太平洋》1 卷 2 号（1917 年 4 月 1 日）。
② 朱东润：《朱东润自传》，收入《朱东润传记作品全集》第四卷，东方出版社，1999，第 81 页。
③ 戈公振：《中国报学史》，上海古籍出版社，2003，第 223 页。
④ 此英文刊名为《太平洋》编辑者自注，但林语堂在其英文著作《中国报刊与公共舆论简史》中，将《太平洋》杂志翻译成 *The Pacific Magazine*，参见 Lin Yutang, *A History of the Press and Public Opinion in China*, New York: Greenwood Press, 1968, p. 128。
⑤ 《太平洋》1 卷 1 号，"本志宣言"。

一 湖南籍留英中国学生的同人杂志

《太平洋》杂志的核心人物李剑农、杨端六、周鲠生、皮宗石等人均是湖南籍的留英学生。他们少年时即是湖南省立第一小学（即第一师范前身）的同窗好友，周鲠生与杨端六还是"梳辫子时的密友"。[①] 辛亥前他们都有留学日本的经历，并加入同盟会，与黄兴、宋教仁等过从甚密；辛亥之后返回国内，在汉口共同创办《民国日报》。因宣传反袁斗争，报馆被封，他们几人为法巡捕房逮捕，但幸未被引渡给袁政府。获救之后，得到黄兴等欧事研究会同人的支持和协助，获得湖南省政府（时都督是谭延闿）的官费名额，于1913年初赴英国留学，分别在伦敦大学、爱丁堡大学等开始长达数年的留学生涯。[②] 从某种程度上说，李剑农、杨端六、周鲠生等人成功留学和日后有所成就，也是欧事研究会人才培养计划的一部分。

以下以个人传记的形式说明《太平洋》核心人物的基本情况，及他们在杂志中所扮演的角色。

李剑农（1880～1963）

湖南邵阳人。《太平洋》杂志创办人，核心社员之一。1910年入日本早稻田大学政治经济系学习。留日期间，曾参与同盟会的活动，与孙中山、黄兴、宋教仁、章太炎等均有接触。辛亥之后在汉口《民国日报》担任新闻编辑，报馆被查封后，他又于1913年7月赴英国伦敦政治经济学院做旁听生和自由研究。到1916年初，伦敦的报纸登出袁世凯要当"总统皇帝"，伦敦的留英学生也被激怒了，许多人决定回国参加反袁斗争，李剑农即其中一员。李剑农、吴稚晖及当时在伦敦西南学院旁听的朱东润，于5月初，一同搭日本轮船回国。船经好望角穿过太平洋，历经50余日，抵达上海。时袁世凯已经暴毙身亡，讨袁军事结束。李剑农则暂居上海，协助欧事研究会、政学会的报纸《上海中华新报》主持社论版。[③] 或许是李剑农游子归乡，乘坐轮船千辛万苦穿越太平洋的这段经历，使他在半年后创办自己的杂

[①] 杨静远：《写给恋人》，第284页。

[②] 此数人的早年经历，参见杨静远《杨端六、袁昌英与商务印书馆》，载《商务印书馆九十年（1897～1987）》，商务印书馆，1987，第244页；杨静远《我的父亲杨端六》，《万象》2004年第7期，第125页。又见周如松《周鲠生先生传略》，收入《中国当代社会科学家》（第五辑），第153～154页。

[③] 李剑农的这段回国经历，参见朱东润《朱东润自传》，东方出版中心，第79～82页；杨恺龄撰编《民国吴稚晖先生敬恒年谱》，台湾商务印书馆股份有限公司，1981，第47页。

志，即取名"太平洋"。

因为李剑农是上述几位同学最早回国的，故由他担任《太平洋》第一卷的主编兼联络人。第一期杂志出版以后，《上海中华新报》主编吴稚晖即以"杂志界之明星"为标题向读者隆重推介《太平洋》杂志的主编及其创刊宗旨。文曰：

> 共和再造，日报增多，求一阐发学理、立论精确，确有价值之杂志，足以贡献政府开启社会者，几寥寥不可多得。兹有李君剑农者留欧数载精研政法各学，归国后雅不愿插足政界，思本所学以供输于国家。爰纠合同志组织一种太平洋杂志，已于本月一号出版。披览内容，材料丰富，取舍精严，而该杂志之主旨，尤在考证学理，斟酌国情，以求真是真非，于财政、经济各问题多所论列，且不为何种政团张党势，亦不自立门户，以别成一新政团机关。其纂述员泰半系现驻东西各国勤学之士及海内名贤宿儒，故所列论文皆本其夙研之学理，发为救国之宏文，将来纸贵洛阳可操券而预卜矣。[①]

1919 年 8 月，李剑农受聘为汉口明德大学教授，[②] 1921 年以后更由于参加湖南省宪运动而逐渐脱离杂志事务，从第 2 卷第 4 号以后，他很少在《太平洋》上发表论文。[③]

沧海（1880～1963）

系李剑农的笔名。经过笔者细心比对，确认"沧海"系李剑农的笔名，其理由如下：

第一，二者的直接联系出现在署名"沧海"的《韩德生退出战时内阁》一文。在这个标题下，主编李剑农写了一句注释如下："'韩德生'本杂志第一期译为'汉德生'，韩、汉音近，故从韩似较便记忆。"[④] 以此为线索，查第一期文章中将英国工党领袖 Henderson 译为"汉德生"正是在署名"剑农"的《英国之旧内阁与新内阁》一文中。而且，从行文上说，二者文风

---

① 《杂志界之明星》，《上海中华新报》1917 年 3 月 4 日。

② 萧致治：《改造中国，需要研究中国历史——李剑农传略》，《中国当代社会科学家》第四辑，书目文献出版社，1983，第 46～61 页。

③ 后来李剑农仅在《太平洋》2 卷 8 号上发表 1 篇，3 卷第 6、7 号上各 1 篇，4 卷上则无。

④ 沧海：《韩德生退出战时内阁》，《太平洋》1 卷 7 号（1917 年 10 月 15 日），第 11 页。

是相似的。"剑农"和"沧海"的文章都是以清通明朗见长，都喜欢在某一段话前用"现在"开头，喜欢通过设置问题引入下一个话题的讨论，等等。

第二，从文章的内容比较上，二者的政治观点是一致的。李剑农是章士钊"调和立国论"的支持者，他在1917年《太平洋》上发表数篇署名"剑农"的政论文，如《调和之本义》、《读甲寅日刊之舆论一束》等，都是在呼吁"调和立国"。而"沧海"所撰的虽然以对海外政潮的评论居多，但其评论的视角都带有调和论的基调，如沧海写作的《革命后之俄罗斯政变》一文，对二月革命后俄国形势剧变的分析就是一种调和论，他说："夫俄国此次之革命，最初内幕中，原为缓进派之通力合作，其结果则缓进派之势力渐被逐出，即急进派中之较为温和者，亦有不能见容之势。"[1] 这正是李剑农在《调和之本义》中阐述的论点。在同时期的其他报刊上署名"沧海"的文章极少，笔者仅发现《上海中华新报》于1917年年底刊发的《大权旁落之由来》一文系署名"沧海"。此录最后一段话："一言以蔽之曰：今日各派势力已达于地丑德齐之域，欲求统一首在维持现状，于此现状之下急谋地方制度之确定。若仍欲假一种之特殊势力为中心以控制全国，徒见大权之益趋于旁落，增加其纷扰之程度耳。"[2] 这里谈到用"地方制度之确定"来解决统一问题的政治观点，无疑来自李剑农在《太平洋》上发表的《地方制度之终极目的》。

第三，《太平洋》社员中，两个署名并用的情况，并非李剑农个案，如下文将叙述的周鲠生另外使用"松子"的笔名，皮皓白使用"石公"的笔名。笔者以为，这可能是一种编辑策略，大概是为了避免作者面目的重复。《太平洋》第1期并没有出现笔名使用的情况，以"剑农"的名义共发表了四篇文章；大概出于作者单调的考虑，第2期即出现署名"剑农"的3篇文章和署名"沧海"的三篇文章。后面数期，在第十一期，《太平洋》取消栏目设置，结果出现第一篇论文署名"剑农"，第二篇是署名"沧海"的文章。后面数期基本上形成两个名字交替使用的特点：署名"剑农"的文章一般是"论说"栏目的政论文，而署名"沧海"的文章基本在"海外大事评林"栏目。那么，为什么李剑农身在国内，仍能够大批量做海外大事评论呢？这很大程度上是依赖他在《上海中华新报》担任国

---

① 沧海：《革命后之俄罗斯政变》，《太平洋》1卷8号（1917年11月15日），第3页。
② 沧海：《大权旁落之由来》，《上海中华新报》1917年12月7日。

际版和社论版编辑期间所获取的信息。当时的《上海中华新报》大量地译述在华的英文报纸，其中最重要的就有《字林西报》、《大陆报》等。两个署名的交替使用，给笔者一个启发：或许，李剑农写政论表达政治理念的时候，愿意直接署名"剑农"，而将这种评论海外政潮作为一种副业，则使用笔名"沧海"。

另外，在联省自治运动期间，《太平洋》支持省自治论，李剑农、向复庵等人受聘为湖南省制宪委员会委员，参与湖南省宪法的起草工作。《太平洋》第2卷第10号以"沧海"为名发表《对于湖南制定自治根本法的私议》，表明李剑农作为制宪委员，已不方便直接发表看法，但以自己的笔名发表意见，则是合适的。等湖南省宪最终通过以后，李剑农即以自己的本名署名发表了《由湖南制宪所得的教训》一文，公开向外界表达自己对新宪法的批评。① 第3卷第8号以后，再未见到"剑农"和"沧海"的文章。

杨端六（1885～1966）

《太平洋》杂志核心社员之一。原名勉，改名超，湖南长沙人。1906年赴日本留学，先入宏文学院，1908年考入东京正则英语学校，后又转入东京第一高等学校、冈山第六高等学校。留日时参加中国同盟会。1913年初，留学英国，入伦敦大学政治经济系，习货币银行专业。1920年5月杨端六回国不久，即接替了李剑农的主编职务，历时三年有余。从杨端六在第4卷第3号中公布的一份《启事》中，大体可了解到《太平洋》在编辑时间上的交接。该《启事》说：

> 鄙人自民国九年回国以来即在上海办事，当时留欧同学多未言（归），旋以事务之便宜，嘱鄙人担任《太平洋》杂志编辑事，阅时三载，虽未能增进本杂志之精神而勉强支持，得留其躯壳者，仍赖乎海内外同志之襄助。近以同学多归，亟思整顿。第一，扩充内容；第二，按期出版。本杂志前途实有无穷希望，惟是鄙人学力既形竭蹶，他务亦日见彷徨，深恐有碍本杂志之进行。特此宣告，自第四卷起，所有本志编辑责任均归北京同人负之。鄙人仅为普通献稿者之一人，嗣后，凡关于投稿通讯等事均请直接寄交北京后门内东吉祥胡同三号《太平洋》杂

---

① 剑农：《由湖南制宪所得的教训》，《太平洋》3卷6号（1922年6月）。

志编辑所可也。谨启。①

从这篇启事中，可以了解到《太平洋》确实是一份具有明确圈子意识的留英学人的同仁刊物。杨端六回国后接替李剑农担任主编，编完第二、三卷，到第四卷，他辞去主编职务，编务由已聘任为北京大学教授的周鲠生、王世杰、陈源（西滢）等人共同主持，编辑部亦迁往北京大学的社员住处——"东吉祥胡同3号"。但改组后的杂志，仅维持到1925年6月，出到第4卷第10号，即告停刊。

同时，杨端六回国后也在商务印书馆编译所任职，并兼任《东方杂志》的编辑。他在商务印书馆的事业一开始就相当出色，其缘起是留学期间他先后发表于《甲寅》杂志、《中华新报》和《太平洋》杂志上的关于金融、商业、会计方面的系列文章，受到国内知识界和企业界的关注。1921年夏季，胡适考察商务印书馆时，曾征询过杨端六对于馆务改革的意见，并认为他的批评意见是"极中肯要"。以胡适的考察为契机，商务印书馆与杨端六订立筹办新会计制度合同，同年8月成立筹备处，又开办讲习所培养新式会计人员。1922年1月起，新会计制度付诸实施，中国惯用的旧式直行记数法，改为现在通用的新式簿记法。改革获得成功。商务印书馆原先混乱的财会工作走上正轨，扭转了亏损局面。国内其他公司纷纷仿效。1923年，杨端六被正式任命为商务印书馆会计科科长。②

周鲠生（1889~1971）

原名周览，《太平洋》杂志核心社员之一。湖南长沙人。1906年赴日本入早稻田大学，学习政治经济学。留日时亦加入同盟会，二次革命后即与李剑农、杨端六等人流亡英国，周后来进入苏格兰的爱丁堡大学学习政治经济，获硕士学位，后又赴法国巴黎大学，1920年以《外交之国会控制》论文获法学博士学位。

---

① 《杨端六启事》，《太平洋》4卷3号（1923年10月5日）。

② 关于杨端六的早期活动的叙述，不尽详细，基本来源于以下材料：商务印书馆编《商务印书馆九十年（1897~1987）——我和商务印书馆》（商务印书馆，1987），收入郑贞《我所知道的商务印书馆编译所》和杨静远《杨端六、袁昌英与商务印书馆》二文；及杨静远《我的父亲杨端六》（《万象》6卷7期，2004年7月），三文均为回忆录体裁。另外，萧致治、聂文明：《杨端六传略》，《中国当代社会科学家》第八辑，书目文献出版社，1986；钱益民：《1920~1921商务印书馆的改革》，《浙江师范大学学报》2002年第3期。所述关于杨端六早年的情况与以上回忆文章大致相同。

　　周鲠生于 1921 年年底回国，也是在商务印书馆编译所任职，因为是欧美大学毕业回国的留学生，在商务馆中颇受重用，高薪受聘为法制经济部主任，但或许是不擅长编译工作，周鲠生在商务印书馆的成绩较不如人意。①因此，任职不久，1922 年他便应蔡元培邀请，从商务印书馆离职，接受北京大学政治学系教授职位。1929 年 9 月，受聘武汉大学教授。②

　　松子（1889~1971）

　　系周鲠生的笔名。说明如下：

　　笔者通过将周鲠生、松子的文章对照，确定两个名字系为同一作者。例如，在《太平洋》4 卷 2 号署名"周鲠生"的文章《时局之根本的解决》开头一段话说："'在今日之中国，以言解决时局，以言统一，首须对待一个大事实，此事实不能打破，则凡百政策主义都托空言。……统一之阻力，民治之障碍，胥在于是。历年时局纷纠不能解决，即由于无术以打破此项事实。'（本志第三卷第三期联省自治号）吾为此言，适在去年奉直战争事之后。"③查此段来源出自署名"松子"的文章《释联省自治》的一段原话。松子自认身份的说明，还出现在第 4 卷第 10 号署名"松子"的《时局问题与民众势力》中，劈头的一段话复述了上述署名周鲠生的《时局之根本的解决》中的一段话。因此可断定，《太平洋》上的"周鲠生"和"松子"实际上是同一个人。

　　周鲠生在同一种刊物上同时使用两个名字的署名方式一直延续到《现代评论》时期，孔祥宇在其博士论文中指出："（松子）在《对外关系的新纪元（一）》中曾指出：'在国民革命进行中，因为国民政府的国际地位不确定，中外关系上，表现许多矛盾的现象和困难问题，我在本周刊第三年纪念增刊《国民政府的国际地位》篇中已经指明过。'而《国民政府的国际地位》这篇文章的作者署名是周鲠生。由此可见，松子就是周鲠生，是周鲠生的笔名。"④

---

① 陶希圣：《潮流与点滴》，中国大百科全书出版社，2009，第 83 页。

② 参见徐友春主编《民国人物大辞典》，河北人民出版社，1991，第 539 页；并参见赵国材《中国国际法学家王铁崖》，《法制史研究》（台北）第 7 期（2005 年 6 月），第 202 页注释 2。

③ 周鲠生：《时局之根本的解决》，《太平洋》4 卷 2 号（1923 年 9 月 5 日）。括号中周鲠生自注出处所谓"第三卷第三期"系为"第三卷第七期"的当时的印刷错误。

④ 孔祥宇：《〈现代评论〉与中国政治》，北京师范大学博士学位论文，2003，未刊，第 69 页注释。

尽管编辑并未对此加以说明，不免使人认为是两个作者。但笔者认为，这可能是一种编辑策略，大概是为了避免作者面目的重复，因为在第 1 卷中，署名"周鲠生"的文章一般是"论说"栏目的政论文，而署名"松子"的文章均在"海外大事评林"栏目。自第 2 卷起，《太平洋》取消栏目设置，但两个名字仍然交替使用，甚至在《太平洋》"联省自治号"一期中，出现了署名周鲠生、松子的文章各一篇，这与前述李剑农的情况是一样的。

皮皓白（1887~1967）

《太平洋》杂志核心社员之一。原名皮宗石，湖南长沙人。1905 年加入中国同盟会。1912 年与周鲠生、杨端六、任凯南等创办《汉口民国日报》。后因反对袁世凯称帝，遭到通缉，流亡日本；后得到黄兴等人的帮助，1913年赴英国伦敦大学攻读经济学。留学期间，在《新中华》、《上海中华新报》上常用笔名"石公"发表文章，在《太平洋》上主要署名"皓白"，但在第 4 卷出现了一篇署名"石公"的时评文章。1920 年回国，应蔡元培邀请到北京大学法学院任教授兼图书馆馆长。[1]

向复庵（1884~1946）

原名向绍轩，《太平洋》杂志社员之一。幼年于家塾中习四书五经，少年时先于常德中学，后转入长沙经正中学，仍以汉、宋学为主课。随后又入江南高等商业学堂学习银行科，"虽信为当务之急，而志不专于是"。后进入京师大学堂预科班，师从林纾、谭绍裳等人，学习国学三年，同时亦得洋教授传授西洋文学等科目，"于西洋学术思想，不觉渗入日常研究生活中间，成为知行之一种新因素"。1913 年夏获得官费留学英国，入伦敦大学政治经济学院一年。因国内政局所累，官费生被取消，为减少生活费用，不得不转学苏格兰爱丁堡大学，自费读经济系荣誉班。1917 年秋官费名额恢复，进入爱丁堡大学研究院，研究土地经济问题。1918 年冬回国，任职长沙明德学校专门部，翌年专门部迁往汉口，改成明德大学，任大学教授职到 1926 年冬。1921 年间，曾被聘为湖南省宪委起草委员之一。[2]

《太平洋》第 1 卷的时间跨度是从 1917 年 3 月到 1919 年 7 月，期间共

---

① 徐友春主编《民国人物大辞典》，河北人民出版社，1991，第 173 页。
② 向绍轩：《大学与中国民族文化·自序》，正中书局，1947，第 1~2 页。

出版 12 期刊物，统计作者有 62 人。① 除以上李剑农、杨端六、周鲠生、皮皓白核心作者外，其他可稽考姓名的作者，有向复庵、沧海、钱天任、彭一湖、吴稚晖、汪精卫、曾嵩峤、周春岳、戴成祥、邓大任、朱东润、刘半农、徐天授、陶孟和、李寅恭、张绍南、杨树人、李泰棻、姜伯明、曾毅、胡适、曾思鲁、郁嶷、王喆、朱文黼、陈宗岳、刘劲等。

其中具有英国留学背景的作者如下表所示②：

姓名	籍贯	篇数	说　明
李剑农（1880～1963）	湖南邵阳	47 篇（含署名沧海 27 篇）	1913～1916 年在英国伦敦政治经济学院学习；1916 年夏回国，先后担任《中华新报》《太平洋》的主编；1919 年 8 月至 1922 年，受聘为汉口明德大学教授；1921 年 3 月，受聘为湖南省宪委起草委员之一；1930 年秋，受聘于武汉大学
杨端六（1885～1966）	湖南长沙	63 篇	1913～1920 年在伦敦大学政治经济系学习，习货币银行专业。1920 年 5 月回国，在商务印书馆任职，兼《东方杂志》《太平洋》杂志主编；1930 年 9 月，出任武汉大学教授
周鲠生（1889～1971）	湖南长沙	93 篇（含署名松子 49 篇）	1913～1921 年先在英国爱丁堡大学学习政治经济，获硕士学位，后又赴法国巴黎大学学习，获法学博士学位。1921 年年底回国，先在商务印书馆编译所任职；1922 年受聘北京大学政治学系教授；1929 年，任武汉大学教授
皮皓白（1887～1967）	湖南长沙	11 篇（含署名石公 2 篇）	1913～1920 年在英国伦敦大学攻读经济学学位，1920 年回国，应蔡元培邀请到北京大学法学院任教授兼图书馆馆长；1928 年 4 月，任司法部秘书长；未几，转任武汉大学法学院教授、院长
钱天任（？～1917）	湖南	2 篇	《太平洋》杂志社员之一。英年早逝。李剑农曾在《太平洋》上为钱的一篇遗文记下一段哀悼的话："钱君为本社社员之一，卒业北京大学后，渡英治学于壹丁堡大校，勤勉笃爱，为同学所敬爱，今夏已授 M. A. 学位。此文于四月杪由英发邮，因战时邮便失常，辗转迁延，至今始达。乃得此文后数日，忽接驻英社员来书，言钱君月前于海岸附近练习游泳，为巨浪所欺，不获救，竟丧其英敏之天年，是非徒本社之不幸，凡友钱君者，当共悲海波之无情。今览遗稿，不胜怆然，特弁数语，以志哀悼。"①

① 从本书主题出发，所统计的作者，不包括《太平洋》杂志小说、诗歌类的作者，凡论说文、评林、译述、通讯、书评等类文章的作者均计入，下同。

② 表格前面数位是社员名单；一般作者均按第一篇文章发表顺序排列；"篇数"指该作者在《太平洋》杂志上所有文章的统计数。

续表

姓名	籍贯	篇数	说　明
向复庵（1884～1946）	湖南辰溪	16篇	1913～1918年先入英国伦敦大学政治经济学院，1917年秋进入爱丁堡大学研究院，研究土地经济问题；1918年冬回国，任职长沙明德学校专门部，翌年专门部迁往汉口，改成明德大学，任大学教授职到1926年冬
赣父②	湖南湘阴	5篇	疑是任凯南（1884～1949）的笔名，1913～1921年在英国伦敦大学攻读经济学，1921年取得经济学博士学位回国；1922年，主持创办湖南商业专门学校，任校长；1926年，湖南商业、工业、政法3个专门学校合并为省立湖南大学后，任经济学教授；1927年8月，聘为武汉大学筹备委员会委员、武大经济学教授
吴稚晖（1865～1961）	江苏常州	6篇	字敬恒。1903年因"苏报案"亡命英国伦敦，次年入读苏格兰爱丁堡大学。1905年结识孙中山，加入同盟会。1907年与李煜瀛、张人杰办《新世纪周刊》，鼓吹无政府主义。另办《世界画报》，民初几年来往于德、英、法之间。1915年，与蔡元培、张继办"勤工俭学"，1916年与钮永建、谷钟秀、杨永泰、张季鸾创《中华新报》
汪兆铭（1883～1944）	浙江绍兴	2篇	字季新，笔名精卫。清朝末年，汪精卫以暗杀摄政王一举成名，成为革命"偶像"。1912年2月，汪加入李石曾发起的"进德会"，宣布"不做官吏"。同年8月，他辞去一切政务，赴法、英留学。期间创办《民德杂志》，"专发挥人道主义和科学知识，不谈政治"。宣布以教育的方法改良政治。③因此，其"教育救国"的理念与《太平洋》诸君子颇合
周春岳		11篇	民初留英学生。经常为《新中华》杂志、《太平洋》杂志供稿。
陶孟和（1887～1960）	天津	4篇	原名陶履恭。1910～1913年在英国伦敦大学经济政治学院学习社会学和经济学，获经济学博士学位。1913年归国后任北京高等师范学校教授，1924～1927年任北京大学教授
之奇	湖南	2篇	留英学生，居爱丁堡期间曾与《太平洋》留英社员周鲠生等合租公寓
李寅恭（1884～1958）	安徽合肥	12篇	字勰宸，亦作协丞。清末与章士钊、杨昌济同时赴英国留学，先后在阿伯丁大学、剑桥大学主修农林学。留英期间为《独立周报》、《甲寅》杂志、《新青年》、《太平洋》杂志撰稿。1919年回国后，从事林业教育
朱东润（1896～1988）	江苏泰兴	4篇	幼年就学南洋公学附小、附中，1914年赴英勤工俭学，以撰译自给。1916年4月因反袁斗争而自愿返国，与李剑农同船而归，在上海一年多时间里，亦借住于李剑农的寓所，并帮助他编辑《中华新报》的国际新闻版。1917年前往梧州，担任广西省立第二中学英文教师，两年以后转聘为南通师范学校教师，1929年又应聘为武汉大学英文教师④

续表

姓名	籍贯	篇数	说　明
王世杰（1891～1981）	湖北崇阳	11篇	字雪艇。1913年赴英国留学，入伦敦大学政治经济学院，1917年毕业获政治经济学士学位。后转赴法国，入巴黎大学，1921年以《联邦宪法中之权能分配》论文获法学博士。1923～1926年任北京大学法律系教授、主任。1927年6月，任国民政府法制局局长；1928年10月，任海牙公断院断员；11月任立法院立法委员。1929年3月，任国立武汉大学校长。1932年1月，任国难会议会员，3月任湖北省府委员兼教育厅厅长，同时仍任武汉大学校长。1933年4月，任国民政府教育部部长⑤
张绍南	安徽合肥	1篇	时随丈夫李寅恭游学英伦
刘半农（1891～1934）		3篇	1920年到英国伦敦大学的大学院学习实验语音学，1921年夏转入法国巴黎大学学习

　　注：①钱天任：《德意志东方问题》，"李剑农附识"，《太平洋》1卷7号（1917年10月15日），第18页。

　　②在一篇译文附识中自称是杂志的"记者"，所以应是《太平洋》的社员之一。笔者推测"赣父"可能是"任凯南"的笔名，因为1913年任凯南与李剑农、周鲠生、杨端六等人同因武汉《民国日报》问题，而遭致袁世凯通缉，然后几人共同流亡英伦，入读伦敦政治经济学院。他们的杂志《太平洋》创刊以后，唯独不见任氏的文章，按理说他们几人相约一起办刊物，任氏应有义务贡献文章。而且赣父名下5篇文章有3篇是译述亚当斯密的经济学说，还有1篇从工商业的角度讨论国际联盟对于中国的影响。这非常符合任凯南在伦敦大学研修经济学的情况。

　　③李志毓：《汪精卫的性格与政治命运》，《历史研究》2011年第1期。

　　④朱东润：《朱东润自传》，东方出版中心，1999，第81页。

　　⑤徐友春主编《民国人物大辞典》，第45页；薛毅：《王世杰传》，武汉大学出版社，2010，第9～15页；并参见赵国材《中国国际法学家王铁崖》，《法制史研究》（台北）第7期，2005年6月，第209页注释30。

　　由上述作者群的构成，结合《太平洋》杂志本身内容，可以得到以下几点认识：第一，《太平洋》作者团体的组成，应有社员、同人与一般作者之分，或者至少说他们有一种相互认同的社群意识。社员均是湖南人，大致包括李剑农、杨端六、周鲠生、皮皓白、向复庵、赣父、钱天任等人。故可如前所述，早期《太平洋》杂志是以湖南籍留英学生为核心的"圈子杂志"。杂志所载以社员文字为主，而且通观以后各卷，历经数年，除少数几人未能坚持下来，核心成员始终是杂志的主要撰稿人。在我们认定的七位社员中，发表在《太平洋》四卷的文章数（237篇）将近占总数（497篇）的百分之四十八，尤其是李剑农、杨端六、周鲠生和皮皓白四人，所发表的文章（213 篇）占总数的百分之四十二。

第二，《太平洋》也不排斥社外稿件，杂志宣言指出："本志撰述社员，多现驻东西各国勤学之士，暨国内名贤，所列论文，各自负责（别号隐名随本人意旨）。社外投稿，亦一体欢迎，意见不必悉同，但不可与本志大旨相违反。"① 社外人员的投稿，尤其是社论栏的作者，除思想主旨不违背外，一般情况下又与杂志主编有一定程度的交往。

《太平洋》第一卷由李剑农编辑。从李剑农的政治立场及刊物的创办过程来看，早期《太平洋》杂志的人事与先前的欧事研究会和政学会及它们的机关刊物均有一定关联。《太平洋》杂志第一卷交由泰东图书局出版和发行，已说明李剑农本来就与欧事研究会、政学会颇有人事渊源。杂志上所登载的书籍广告，多为泰东图书局出版之政治、经济、外交类图书。出于对"调和立国论"的信仰，李剑农编发了李大钊、高一涵、郁嶷等《甲寅》旧同人的长篇幅的政论文，使章士钊于 1914 年阐发的"调和立国论"在 1917年又在政坛上引人注目。除此以外，胡适、刘半农等人也都是《甲寅》的投稿人，似乎是因为《太平洋》与《甲寅》的联系。

前文已述，《甲寅》解散以后，《太平洋》社员在拥有自己杂志以前，又加入了《上海中华新报》，作为欧洲通讯员为其撰稿。而且李剑农归国初期曾任职《上海中华新报》的社论编辑，《上海中华新报》编辑之一苏理平的联系地址就设在《太平洋》杂志社。由于这些因缘，《太平洋》与政学会的《上海中华新报》关系颇为密切。在政治上，二者的立场是一致的。例如，在重大政治问题的判断上，《上海中华新报》直接转载《太平洋》杂志的政论文，作为报纸的"代论"，尤其是李剑农的《民国统一问题》一文影响最大，在《上海中华新报》上做了五次连载。② 再如，在借款问题上，李剑农曾经让《上海中华新报》代为转发一篇《太平洋》来不及刊登的稿件。③ 由此可见，《太平洋》杂志与政学会的机关报《上海中华新报》的关系颇密切，该报成员如吴稚晖、朱东润、刘半农、李凤亭等均应李剑农之稿约。

而吴稚晖在《太平洋》上发表文章，恐怕不是出于偶然。《太平洋》社

---

① 《本志宣言》，《太平洋》1 卷 1 号（1917 年 3 月 1 日）。

② 李剑农：《民国统一问题》（代论），《上海中华新报》1917 年 12 月 30 日。原载《太平洋》1 卷 7 号。

③ 杨端六：《今日岂借款之时乎》，《太平洋》1 卷 8 号（1917 年 11 月 15 日）。

的数位社员如杨端六、周鲠生、皮皓白及李剑农等人在日本、英国留学时，与吴稚晖就相当稔熟。所以《太平洋》创刊时，吴稚晖发出了一封贺信，鼓励他们以言论报国。① 1922 年杨端六在北京与袁昌英举行婚礼时，吴稚晖作为他们的主婚人。② 在《太平洋》第一卷时，吴稚晖投寄过几封通信，其略带讽刺且新颖的观点，曾得到一位叫张一湖的读者的回响和进一步讨教；③ 他的《欧战前后两游法国记》在《太平洋》上连载两期，后为《上海中华新报》转载，可见颇受读者欢迎。而 1923 年他再次给《太平洋》投稿，则在读书界给这个刊物带来了一定名声，郭沫若说："那个月刊（指《太平洋》）虽然从不曾左右过中国文化界，但在科学与玄学之战闹得昏天黑地的时候，吴稚晖在那儿发表过一些突梯滑稽的论文，把读书界轰动过一下。"④

陈万雄曾指出，《新青年》第一、二卷的作者大都来自《甲寅》和《中华新报》的编辑或作者。⑤ 这里亦不难发现，《太平洋》第一卷的作者基本来源亦出于此二者。这情况正透露了《太平洋》与《新青年》在人事、思想上有相近的一面，也有分疏的一面。

更何况，《新青年》中的核心人物如胡适、李大钊等人都与李剑农有一定的交谊。还在留学中的胡适曾于 1917 年 4 月作《诸子不出于王官论》，本来是要寄给章士钊的《甲寅》杂志发表，不料该杂志已经停刊，遂由《太平洋》杂志代为刊发。⑥ 这是胡适与李剑农最早的学术思想上的联系。对于胡适正在开拓的中国古代哲学史研究，李剑农也颇有兴趣地关注，并予以介绍广布。1918 年胡适在北京学术研究会上做了一篇讲演《墨家哲学》，李剑农读了演讲稿单行本后，便亲自写信给胡适，要求转载在《太平洋》上，"以广传播"，所以在第 11、12 号杂志上便有胡适这篇演讲稿的连载。⑦

---

① 吴敬恒：《通讯·杂志界之希望》，《太平洋》1 卷 1 号（1917 年 3 月 1 日）。

② 杨静远：《罗素·毛泽东·杨端六——罗素 1920 年访华之行的补遗》，《万象》2004 年第 6 期，第 48 页。

③ 吴静恒：《以政学治非政学》，《太平洋》1 卷 2 号；张一湖：《政学与非政学》，《太平洋》1 卷 3 号；吴敬恒：《释非政学》，《太平洋》1 卷 4 号。

④ 郭沫若：《创造十年续篇》，《郭沫若全集·文学编》第 12 卷，人民出版社，1992，第 211 页。

⑤ 陈万雄：《五四新文化的源流》，第 12 页。

⑥ 胡颂平编著《胡适之先生年谱长编初稿》第一册，（台北）联经出版事业公司，1984，第 280 页。

⑦ 胡适：《墨家哲学·记者附识》，《太平洋》1 卷 11 号。

同时，第 11 号上，李剑农专门设立新书介绍一栏，为胡适新出的《中国哲学史大纲（卷上）》做了宣传，并希望胡适能够把中、下卷的中国哲学史也写出来。① 这表明李剑农对新文化人的文学革命、白话文运动及新学术都有趋近的看法。

在政治上，二人的观点也是一致的，他们曾经共同"以诗言志"，对于军阀割据下的百姓生命、财产损失，表达无比的愤慨。《新青年》第 4 卷第 3 号发表胡适的一首白话诗《你莫忘记》，表达他对军阀混战下的中国国将不国的状况的强烈谴责。据胡适自叙，原本不打算发表这首诗，是因为读了《太平洋》上署名"劫余生"的写给李剑农的通信以后，才决定重新修改以后发表。② "劫余生"是李剑农的湖南老友，写信痛诉南北军阀在湖南烧杀抢掠的罪恶行径："夫国何以必救？亡国又有何可悲？朝鲜已亡其国，吾意朝鲜人，未尝受吾湘民今日所受之痛苦也。"③ 紧接着，在《新青年》第 5 卷第 4 号又见到了李剑农发表的唯一一篇诗文《湖南小儿的话》，在"代序"中，李称胡适是"吾兄"，说："吾兄那首'你莫忘记'的诗实在狠好。因为你那首诗，我也试作了一首，题曰'湖南小儿的话'，是套袭你那一首的架子并意思，略参些湖南话，写在后面；请你指教指教。"④ 在 1922 年的争自由运动当中，李剑农和胡适也是南北呼应，形成相当强大的思想舆论。

李大钊亦与李剑农熟稔，因他的朋友李泰棻与李剑农曾就"民主"、"共和"的翻译问题发生争执，他写信给李泰棻调解说："阅《太平洋》，知阁下与剑农之争，据理均有独到，所有稍涉感情者，惟有'苟非……如劳乃宣'一语，但此乃剑农行文之际，偶一失检，断非有意隐风吾兄。剑农敦厚朴实，醇乎儒者，至堪钦佩，幸勿以此区区有所介意也。"⑤ 吴稚晖曾把《太平洋》的最初几册交给蔡元培，并且代李剑农邀请蔡氏也为《太平洋》投些学术性的论文。蔡元培回函说："《太平洋》弟正读过数册，诚精实可佩。征及拙作，暑假中当勉作一二首以应之。……或未完成《康德美学述》，故未便登诸《太平洋》，请鉴谅。"⑥ 足见《太平洋》与《新青年》

---

① 记者：《介绍新著·中国哲学史大纲卷上》，《太平洋》1 卷 11 号。
② 胡适：《你莫忘记·序》，《新青年》5 卷 3 号（1918 年 9 月 15 日）。
③ 劫余生：《祝亡之声》，《太平洋》1 卷 10 号（1918 年 7 月 15 日）。
④ 李剑农：《湖南小儿的话·代序》，《新青年》5 卷 4 号（1918 年 10 月 15 日）。
⑤ 李大钊：《致李泰棻》，《李大钊全集》第五卷，人民出版社，2006，第 271 页。
⑥ 高平叔编《蔡元培年谱长编》第二卷，人民教育出版社，1999，第 41 页。

有一种精神上的契合。

第三，如上所示，《太平洋》第 1 卷的突出特点，即留英学生云集。除上述社员之外，还有周春岳、吴稚晖、陶孟和、之奇、介石、李寅恭、张绍南、邓大任、S. R. 生、朱东润、刘半农等留英学生，自愿以《太平洋》作为思想学术的交流平台。我们统计第 1 卷"通讯"栏的作者来源地情况，共 64 封信函，有明确标明来自英国的信有 25 封，来自美国 3 封，来自日本 3 封，来自国内（含不标明来源）33 封。可以看出留英学生的积极性。这么多的留英学生聚在《太平洋》，在当时刊物中甚为少见。与《太平洋》诸君子邂逅海外的汪精卫在 1917 年春回国后，即给李剑农去信祝贺，说："记者足下，过伦敦时，晤皓白、端六诸君，知《太平洋》杂志之出版，为期不远，忭舞无已。遥知此杂志于法律政治经济诸方面，必能为正当之主张，精密之辨析，以大有裨于国人也。"他希望留英学子能以严谨的学术研究成果报效祖国。又说："而当今之时，欲穷列强现在之形势，与将来之变化，而审吾国之所以自处者，留学于外之诸君子，不可不任其责，意者撰述诸君子，当亦深念及此，而有以诏我国人乎，是尤不佞所日夜望之者也。"①

经此简单的对《太平洋》第 1 卷社员和作者背景的疏解，可知《太平洋》第一卷时期基本是以李剑农、杨端六、周鲠生为核心的湖南籍留英知识分子的同人杂志。刘晓琴博士的专书《中国近代留英教育史》，列举民国以后与留英学生关系比较密切的四个刊物，其中就包括《太平洋》杂志，颇有道理。② 但《太平洋》自第 2 卷以后，作者群体发生变化，原来留英学生同人杂志的性质日益冲淡；准确地说，《太平洋》第二、三卷作者群体继续扩大，事实上形成了"东西各国勤学之士暨国内名贤"③ 的同仁杂志。

二　"东西各国勤学之士暨国内名贤"的同仁杂志

从第 2 卷第 1 号起（1919 年 11 月），《太平洋》杂志改由商务印书馆出版和发行，成为当时商务馆主办的 13 种大型期刊中的一种。这个变化，大概由于陆续回国的杨端六、周鲠生等社员主持杂志而造成的。如前所述，他们两人最初是作为商务印书馆的新人引进编译所任职。

---

① 汪兆铭：《通讯·外交》，《太平洋》1 卷 1 号（1917 年 3 月 1 日）。
② 刘晓琴：《中国近代留英教育史》，南开大学出版社，2005，第 280 页。
③ 参见《上海中华新报》1917 年 1 月 26 日至 2 月 28 日的广告栏《太平洋》杂志出版广告。

杨端六主持《太平洋》第二、三卷，时间起于 1919 年 11 月，迄于 1923 年 6 月，共 20 期。除了第一卷中继续供稿的作者外，新加入撰稿人又有 52 名，有名有号可考诸人，有高一涵、刘经庶、李凤亭、张嘉禾、刘彦、张菘年、曾仲鸣、袁昌英、陈承泽、梁龙、李四光、黄耀武、张三眼、刘秉麟、陈震异、胡庶华、田汉、许仕廉、杨璠、李敬思、萧征铭、曹杰、阎一士、宁协万、杨少荻、余籍传、唐德昌、王祉伟、张季鸾、武堉干、丁燮林、朱希祖、吴颂皋、方君璧、董时进、张务源、燕树棠、石瑛等。

第 4 卷起于 1923 年 8 月 5 日，迄于 1925 年 6 月 5 日，共 10 期，新作者有 26 名，有陈源（西滢）、杨树达、张效敏、戴修骏（毅夫）、李书华（润章）、慕渔、曲殿元、程振钧（绶甫）、王竞、梁纶才、江绍原、王星拱（抚五）、唐钺（擘黄）、李耕砚、刘光一、周佛海、徐旭生（炳昶）、白鹏飞（经天）、陈沧来、冯友兰、张非怯等。从第 4 卷第 5 号起（1924 年 3 月），编辑所迁往北京大学的社员住处——东吉祥胡同 3 号。

以下试列举较为有名的作者，然后加以分析。

姓名	籍贯	篇数	说　明
高一涵（1885～1968）	安徽六安	2 篇	《甲寅》杂志、《甲寅日刊》、《新青年》等刊物的重要作者。1912 年，就读日本明治大学政法系，1916 年毕业回国，任北京大学编译委员，兼中国大学、法政专门学校教授
李凤亭（生卒年不详）	安徽	3 篇	李剑农朋友，上海泰东图书局法制部编辑，后任安徽公立法政专门学校教务长
刘彦（1881～1938）	湖南澧棱	3 篇	杨端六朋友。早年赴日本留学，入早稻田大学政治经济系，1913 年任第一届国会众议院议员。1916 年、1922 年国会两次恢复，均继任众议院议员，1921 年任华盛顿会议代表团咨议，曾任北京中国大学、清华大学外交史教授，后任北平大学法学院讲师
张菘年（1893～1986）	河北	1 篇	张申府，1917 年毕业于北京大学数学系，留校任助教
曾仲鸣（1896～1939）	福建闽侯	4 篇	1912 年留学法国，后考入法国波铎大学，获理科学士学位，继入里昂大学学习法国文学，获文学博士学位。1921 年冬，任里昂中法大学秘书长。1925 年初回国，任广东大学教授，7 月任广东军政府秘书
袁昌英（1894～1973）	湖南	6 篇	杨端六妻子。1916 年进入英国爱丁堡大学，后入法国巴黎大学研习英国文学、法国文学，获文学硕士学位。1921 年与杨端六回国，出任北京女子高等师范学校教师。1928 年任上海中国公学教授。1932 年起，任武汉大学外文系教授，主讲英法文学史、戏剧史和名著选读

续表

姓名	籍贯	篇数	说　　明
陈承泽（1885～1922）	福建闽县	1篇	字慎侯，号说难、洗心。杨端六朋友。清末举人，1906～1909年就读明治大学，"习法政，兼治哲理"，并加入同盟会。回国后，任职商务印书馆编译所。供职之余，为《民立报》、《甲寅》、《时事新报》等撰写时政论评。1920年起，参与《学艺》杂志、《东方杂志》编辑事务。1922年与友人创办《孤军》杂志。同年8月因病去世①
梁龙（1889～1971）	广东梅县	4篇	字云驰，毕业于英国剑桥大学，1921年回国，任北京政府外交部条约委员会委员。1924年2月，任广州中山大学法学院院长。1928年10月，派署驻德国使馆一等秘书。1930年5月，加参事衔
李四光（1889～1971）	湖北	5篇	1904年湖北官派留学日本，1905年加入同盟会。1910年学毕回国，任湖北高等工业学堂教员兼工场场长。1911年，出任湖北军政府实业部长。1913年入英国伯明翰大学，先学采矿，后改学地质。1919年毕业，获硕士学位。1920年到北京大学地质系先后任教授、系主任等职
刘秉麟（1891～1956）	湖南长沙	3篇	1913年入北京大学经济系，1917年毕业后到湖南高等商业学校任教，1918年在北京大学图书馆担任馆员，1919年担任上海中国公学大学部教务长。1920年出国留学，先后从英国伦敦大学经济学院研究生班、德国柏林大学经济系研究员班毕业。1925年回国，在上海中国公学大学部任教授兼商学院院长，并任商务印书馆主任编辑，1929年出任武汉大学法学院教授等职
胡庶华（1885～?）	湖南攸县	4篇	早岁赴德国留学，入柏林工业大学，获冶金工程师职称。回国后，历任国立武昌大学总务长兼教授。1925年9月，任江苏省政府教育厅厅长兼江苏图书馆馆长。后任国民政府军政部上海炼钢厂筹备处长，汉阳兵工厂厂长。1929年任国立同济大学校长，1932年任湖南大学校长
田汉（1898～1968）	湖南长沙	1篇	李剑农朋友，1916年考入日本东京高等师范学校，1921年与郭沫若等组织创造社，倡导新文学。1922年回国，受聘于上海中华书局编辑所
许仕廉	湖南	1篇	留学美国，获艾奥瓦大学哲学博士学位。1924年任燕京大学社会学系教授，1926年任系主任
李敬思	湖南	1篇	民初湖南省官费留英学生，回国后任职北京中国银行
阎一士	四川	4篇	1923年获法国巴黎大学法学博士，并寄博士论文一份给《太平洋》编辑部
宁协万（1881～1946）	湖南长沙	1篇	字楚禅。民初湖南省官费留英学生，回国后任职北京炮厂，1923年出任北京大学教授

续表

姓名	籍贯	篇数	说　明
杨少荻	湖南	1 篇	1906 年入日本东京高等师范数理科,辛亥后又赴德国留学,考入柏林工业大学采矿科。后任湖南省公立高等工业专门学校校长
余籍传	湖南	1 篇	1917 年入美国伊利诺斯大学专攻土木工程。1921 年毕业回国,主持潭宝公路修建工程。1924 年任复旦大学等校土木工程学教授
王祉伟	湖南	2 篇	1912 年赴美留学,先后就读芝加哥大学、纽约大学。归国后历任国立东南大学商科、吴淞中国公学商科教员
张季鸾(1888 ~ 1941)	陕西榆林	1 篇	1909 年入东京第一高等学堂,习政治经济学,并加入中国同盟会。1913 年担任《大共和日报》国际版主编,兼任上海吴淞中国公学西洋史教师。1916 年 6 月出任北京《中华新报》总编辑,兼上海《新闻报》记者。1926 年 9 月任《大公报》主编
武堉干(1899 ~ ?)	湖南溆浦	2 篇	1917 年入武昌商业专门学校,1921 年毕业于国立武昌高等商业专门学校,其毕业论文由杨端六推荐在《东方杂志》上刊登。1921 年任上海商务印书馆会计员。1924 年任《东方杂志》编辑。后任国立中央大学商学院教授
丁燮林(1893 ~ 1974)	江苏泰兴	3 篇	又名西林。1905 年入江苏省立中学,1912 年赴英国留学,入伯明翰大学,毕业后获理科硕士学位。1922 年任北京大学物理系教授。1928 年任中央大学物理学教授
朱希祖(1879 ~ 1944)	浙江海盐	1 篇	1906 年留学日本早稻田大学,1913 年起任北京大学中国文学系、历史系主任。1920 年底,与郑振铎等发起成立文学研究会。1926 年夏,改任清华、辅仁两大学教授。1928 年重返北大任历史系主任,并发起中国史学会
吴颂皋(1898 ~ 1953)	江苏吴县	5 篇	早年毕业于上海复旦大学,后赴法国留学,入巴黎大学法科,毕业后赴英国,入伦敦大学为研究员。归国后,任复旦大学法学院院长,中央大学法学院副教授,中央政治学校外交系教授。1932 年 7 月,任国民政府行政院参事。1933 年 11 月,任外交部参事
董时进(1900 ~ ?)	四川垫江	1 篇	早年毕业于清华学校,后赴美国留学,入康乃尔大学,获农学博士学位。历任国立北京大学、燕京大学、交通大学、国立北平大学等大学教授
张务源	河南商城	1 篇	留法学生。有记录:"顷有本校学生张务源,豫籍商城人。曾于民国八年负笈来法,已四经寒暑。去年春奉法国教育部令,准入里昂大学文本科肄业,近已逾年,素称刻苦攻学、勤慎尤能,将来学徒正未可量。"[②]

姓名	籍贯	篇数	说　　明
燕树棠（1891～1984）	河北	5篇	字召亭,曾赴美国留学,入耶鲁大学,获法学博士学位。1921年任国立北京大学法律系教授
石瑛（1878～1943）	湖北阳新	1篇	字衡青。1903年中湖北乡试,后被选派留学欧洲,初至比利时,旋转法国习海军。在英国时结识孙中山,协助成立欧洲中国同盟会。辛亥后,在南京临时政府任禁烟总办。1913年当选为众议院议员。二次革命后,再赴英国,入伯明翰大学习采矿冶金,历九年归国,选任北京大学教授
西滢（1896～1970）	江苏无锡	4篇	原名陈源,字通伯,1912年赴英留学,先后在爱丁堡大学和伦敦大学攻读,曾得到费边主义思想家拉斯基的指导,1922年获政治经济学博士学位。但他志在文学,尤钟情于英国文学,于1923年出任北京大学英文系教授
杨树达（1885～1956）	湖南长沙	4篇	字遇夫,号积微。早岁赴日本留学,1916年任湖南省立第一女子师范学校教员,1920年在北京政府教育部任职,1921年任北京高等师范学校教授,1926年改任清华大学中国文学系教授
张效敏（1896～?）	湖南长沙	3篇	《大中华》、《甲寅》、《新青年》、《太平洋》等刊物作者。20世纪20年代中期,赴美留学,获宾夕法尼亚大学政治学博士学位
戴修骏（1894～?）	湖南常德	2篇	字毅夫,早岁赴法国留学,入巴黎大学政治经济法律科,获法学博士学位。回国后,历任国立北京大学教授,国立中央大学法学院院长
李书华（1890～1979）	河北	2篇	字润章,1912年留学法国莫兰中学,1915年入都鲁芝大学,1919年转入巴黎大学理学院,1922年任北京大学物理系教授,1925年任北京大学物理系主任
程振钧（1886～1933）	安徽婺源	2篇	字发甫,早岁赴英国留学,入英国格拉斯哥大学、皇家伦敦皇家学院。回国后历任国立北京大学理科讲师,北京交通大学、北京师范大学讲师,后任安徽省长公署政治顾问
江绍原（1898～1983）	安徽旌德	3篇	毕业于北京大学,并留校任教。后赴美国留学,入芝加哥大学,获硕士学位。1927年4月,任广州中山大学教授兼英国语言文学系主任
王星拱（1889～1950）	安徽怀宁	1篇	字抚五,毕业于英国伦敦理工大学,1916年获硕士学位,被聘任为北京大学化学系教授。同时投身于新文化运动,1923年参加"科学与玄学"论战,倡"科学万能",颇具影响。后历任中央大学理学院化学系副教授,国民政府建设委员会专门委员,武汉大学校长
唐钺（1891～1987）	福建	1篇	字擎黄,留学美国康奈尔大学、哈佛大学,1920年获哲学博士学位,并出任北京大学哲学系教授
周佛海（1897～1948）	湖南沅陵	1篇	早年留学日本第一高等学校,后转入第七高等学校。1921年7月,参加中国共产党第一次全国代表大会,11月返日本,入京都帝国大学攻读经济。1924年4月返广州,出任国民党宣传部秘书,兼广东大学教授

姓名	籍贯	篇数	说　明
徐旭生（1888～1976）	河南唐河	1篇	原名炳昶，1913～1919年在法国巴黎大学攻读哲学，1919年任北京大学哲学系教授。毕业回国，在开封第一师范学校及河南留学欧美预备学校教课。1921年起，任北京大学哲学系教授。1925年任《猛进》主编。1926年秋，任北京大学教务长
白鹏飞（1890～1943）	广西桂林	1篇	字经天，毕业于日本东京帝国大学，历任北京法政大学、北京大学法律系教授，广西大学教务长等职
冯友兰（1895～1990）	河南唐河	1篇	1918年毕业于北京大学哲学系，1919年考取河南公费留学生赴美，1923年毕业于哥伦比亚大学研究院，1924年获哲学博士学位

注：①参见岳秀坤《"说难"不是胡愈之——兼议被遗忘的陈承泽》，《清华大学学报》2010年第4期。

②《张务源致曾仲鸣涵》，转见李长莉《民国时期留学生爱国感情的生活基础：以留法官费生为例》，《徐州师范大学学报》2005年第5期，第11页。

　　《太平洋》第二、三卷多为杨端六编辑，但周鲠生在联络欧洲作者方面亦有贡献，所以作者群与第一卷相比，有一些变化，如社员文章相对减少，而加入的新作者不少。杨、周二人在1919年前后均离英而前往法国、德国访学，自然与欧洲大陆的中国留学生多有联系，如袁昌英、阎一士、张务源、杨润余、胡庶华、杨少获、许丹歌等留法、留德生，均应邀为《太平洋》撰稿。1920年5月杨端六回国，在留日好友郑贞文的引荐下，加入了"丙辰学社"（1923年后改名"中华学艺社"）。① 后来《太平洋》上亦可见《学艺》杂志的部分作者如陈承泽、曾仲鸣、杨树达、李书华、白鹏飞、周佛海等人的文章，② 大概是应杨端六的邀约。同时，杨端六在1921～1922年兼任了商务印书馆的《东方杂志》的主编，部分《东方杂志》的作者如刘秉麟、刘彦、张效敏等，多是术业有专攻的学者，也同样为《太平洋》供稿。

　　因此，我们可以认为，《太平洋》第二、三卷的作者群已突破了留英学

① 丙辰学社是1916年中国留日学生在东京创立的学术团体，其宗旨是"研究真理，昌明艺术，交换知识，促进文化"。出有社刊《学艺》。1918年，绝大多数社员因反对中日军事协定，辍学归国，社务停顿。1920年，在商务印书馆的扶持下复社。1923年改名"中华学艺社"。

② 关于《学艺》的作者人名，参见钱益民《1920～1921年商务印书馆的改革》，《浙江师范大学学报》2002年第3期。

生为主力的局面，而开放给更多的留学生和国内（以上海为中心）的知识分子，这样该杂志原来留英学生的"圈子杂志"色彩已大为减弱。

从第三卷后几期（1922 年年底）起，《太平洋》的作者绝大多数是北京大学的教授。原来的老社员如周鲠生、皮皓白、王世杰等人，此时已分别受聘为北京大学社会科学各个学系的教授。[①] 他们在北京大学还组织了《社会科学季刊》杂志（1922 年 11 月创刊），并由顾孟余主编，王世杰、周鲠生、燕树棠等人担任编辑委员。其他新加入的北京大学的教授，如朱希祖、江绍原、石瑛、陈源、丁西林、李四光、唐钺、王星拱、郁达夫、戴修骏、程振钧、白鹏飞、刘光一等，则成为了《太平洋》的新成员，他们关于史学、科学等方面的学术论文为《太平洋》增色不少。以上教员大都是五四后蔡元培校长亲赴欧洲时礼聘而来，成为北京大学社会科学、自然科学各个系科的师资。

后来一位北大学生在回忆文章中写的一段话，恰足说明《太平洋》同仁与北大社会科学起步的关系：

> 当时在第三院叫的最叫座的教授，首推安徽高一涵老师的政治学。法律、经济两学系第一年级生合班听讲，到了迟了便无座位，窗户外面也有人站着听，高老师是刚从日本东京帝大回来的。本系主任崇阳王世杰开的比较宪法，慢吞吞讲得最有条理，层次分明，最易笔记。……教经济学原理的，是蔡校长新从欧洲礼聘回国留学英伦的湖南皮宗石（皓白）教授，可是他口词笨拙，兼之一口佶屈聱牙的湖南方言，抱着一本 Seligman：*Principal of Economics* 念，甚不为学生所欢迎，很快的由一位也是留英的刘光一教授所接替。……学生嘲弄"去皮而牛光，一也"。……教务长兼系主任高阳顾孟余，只好自己开这门课和马寅初唱对台。……可是后来国立武汉大学历任校长王雪艇老师、安徽王星拱（抚五）和湖南周览（鲠生）莫不倚皮皓白教授如台柱。[②]

又因其中一些教员曾在吉祥大院共同租住一所民房，在学生中流传着

---

①　蔡元培：《我在北京大学的经历》，《蔡元培全集》第六卷，中华书局，2009，第 348 页。

②　黄宝实：《忆一湖寄庐》，（台）《传记文学》12 卷 6 期（1968 年 6 月），第 23 页。

"吉祥八君子"的说法，而鲁迅后来攻击的所谓"东吉祥派的正人君子"，亦有所指。①

1924 年 12 月，以"东东吉祥派"为中心的太平洋社与创造社骨干之一的郁达夫合作，成立了新杂志《现代评论》。关于两社的合作，郭沫若回忆说：

> 太平洋社和创造社的合伙在当时的情势上是有充分可能的。太平洋社本来有《太平洋》月刊在商务出版，他们的构成分子大都还是有点相当学识的自由主义者，所发表的政论，公平地说，也还算比较开明。……我对他们虽然没有什么接触，但其中的主要角色多是湖南人，与仿吾有同乡之谊，而与仿吾的长兄劭吾又多是日本留学时代的同学。仿吾随着他的长兄留学日本时，是和他们之中的一部分人同居过的。其在达夫，则因为多是北大的同事，过从当然更加亲密。有这种种关系，加上我们自己本已有趋向政治的要求，两社的合伙，除掉我自己的一点点洁癖和矜持之外，几乎可以说是等于自然之数。②

而《太平洋》自 1924 年 12 月出版第 4 卷第 9 号以后，已处于半停刊状态；直到翌年 6 月才出版第 10 号，并转载《现代评论》对于时局问题的主张的数篇文章，已有终刊的迹象。但在这最后一期的杂志中仍然附上启事说要继续出版《太平洋》："本杂志社近因编辑出版分在京沪两处，诸多不便屡致出版愆期，对于撰述人及读者俱深抱歉。现在第四卷业已出完，决定重新组织，移到北京出版，务求按期发行，以副读者之望。兹经与原出版家上海商务印书馆解除出版合同，从第 5 卷起由本社在北京自行经理，一俟筹备就绪，再行宣布出版，此告。"③ 事实上，《太平洋》第五卷并没有再出版，

---

① 参见王书庄《怀念丁西林老师》，收入孙庆升编《丁西林研究资料》，中国戏剧出版社，1986，第 48 页。并据李书华的回忆，20 世纪 20 年代初住在北京后门内东吉祥胡同里的北大教师包括他自己、王世杰、周览、李麟玉、李四光、丁燮林、皮宗石、陈源、石瑛等人。参见李书华《七年北大》，收入陈平原、夏晓虹编《北大旧事》，生活·读书·新知三联书店，1998，第 93 页。关于"东吉祥派"的描述，亦可见周作人《知堂回想录》（下），"女师大与东吉祥"（一）、（二），河北教育出版社，2002，第 500～507 页。

② 郭沫若：《创造十年续篇》，收入《郭沫若全集》第 12 卷，人民文学出版社，1992，第 211～212 页。

③ 《特别启事》，《太平洋》4 卷 10 号（1925 年 6 月 5 日）。

它的成员大多数加入了《现代评论》。①

尤须注意的是,在"同乡、同门、同事、同道"②诸种因素的促成之下,《太平洋》留英同仁经历了留学、办报刊和大学任教,他们之间的合作始终都比较密切和一致,后来也不因为《太平洋》、《现代评论》的解散,而趋于瓦解。1929年,原来的同仁又聚集到了刚刚成立的武汉大学,原来所谓的《太平洋》留英同仁竟构成了武汉大学的教授班底。据统计,到1934年,任职于武汉大学的留英学人即有18人之多,分别是王星拱、皮宗石、任凯南、朱世溱、李剑农、周鲠生、邵逸周、俞忽、胡光廷、韦润珊、梁骧、郭霖、陈源、杨端六、袁昌英、刘乃诚、戴铭巽、萨本炘等。其中一些人先后担任过武汉大学的校长、院长或教授,为武汉大学的发展起到过重要作用。③

朱东润的回忆录可以说明这一点,他说:

> 武汉大学是1928年开办的,由湖北建设厅长刘树杞担任校长,原是挂名差使,后来刘树杞调任福建建设厅长,武汉大学的班底就形成了。这个班底,一般教师称它为"中执委",是以北京大学部分教授为基础,吸收了清华大学一些人士联合组成的。校长王世杰,教务长王星拱,文学院、法学院、理学院、工学院共四院,院长是闻一多、皮宗石、王星拱、石瑛。各院之中又有重心人物,为文学院的陈通伯,法学院的周鲠生、任慧忱(即任凯南——引者)、杨端六,工学院的赵师梅等。法学院是武大的中心,而法学院的皮、周、杨、任都是湖南人,更成为重心的重心,因此武大开办时的湖南教授特别引人注目,时人称为湘军。④

---

① 《现代评论》创办之初,其核心人物有"十三太保"之称,此13人包括:王世杰、陈源、周鲠生、皮宗石、陶孟和、杨振声、丁西林、高一涵、燕树棠、唐有壬、彭浩徐、刘光一和张奚若。参见陈纪滢《陈通伯先生一生的贡献》,(台北)《传记文学》16卷6期(1970年6月)。以上人员包括前举的"东吉祥派"。

② 关于民初新知识分子的聚合途径的讨论,参见杨琥《同乡、同门、同事、同道:社会交往与思想交融——〈新青年〉主要撰稿人的构成与聚合途径》,《近代史研究》2009年第1期。

③ 薛毅:《王世杰传》,武汉大学出版社,2010,第35页。

④ 朱东润:《朱东润自传》,第171~172页。

上引文中提到的王世杰、皮皓白、周鲠生、杨端六、任凯南、王星拱、石瑛等人均是曾经聚集在《太平洋》杂志上的留英同仁，这不能说只是一种巧合，《太平洋》杂志对同仁的学术共同体意识的影响更具有重要意义。

第四节　中华民国的"爱丁堡评论"

上面几节对《甲寅》杂志和《太平洋》杂志的作者群体做了比较，已经明确留英学人事实上在《甲寅》杂志上开始聚集，到《太平洋》杂志时期已经形成同仁的圈子。下面将从他们思想特点的角度继续阐述二者的联系。

一　英国同仁杂志的中国反响

1917 年，曾经游学英法的吴稚晖在《太平洋》上叙述 19 世纪英国同仁杂志的兴起，他说：

> 杂志与日刊，皆为近世文学界之新产物。最早之杂志刊于 1731，厥《名都人士杂志》（Gentlemen's Magazine）。嗣是而定期出版，旋即停刊者，亘十八纪之后期，不胜悉数。至 1802，而《蔼丁堡杂志》（The Edinburgh Review）发刊，杂志在言论界始放一大光明，至今尚有杂志界大王之号。当时有柏乐罕之政谈，有乔佛来之文学。发挥民党（Whigs）宗旨，论辩锐利无当。殆 1825，有名之大文豪麦柯来，亦加入而为特约之投稿人。一时脍炙人口之著作，传诵于麦氏文集者，直至于今。最近时代，足与《蔼丁堡杂志》抗手者，则有1866 发刊之《论世杂志》（Contemporary Review）、1877 发刊之《十九纪杂志》（The Nineteenth Century）。论世杂志之著名记者诺来斯（Knowles），甚有延名流之能力，当时发稿之人，如大政治家格兰斯敦、大文豪勒斯庚、大诗人邓尼孙，大著作家赫胥黎、穆雷等，皆被诺氏所招致。其后与社长史倬罕有违言，史氏自兼《论世杂志》编辑主任，而诺氏即另创《十九纪杂志》。第一期发刊词，邓尼孙为作短歌，其歌在邓氏诗集中，为有数名作，复约格兰斯敦、赫胥黎诸氏常常投稿，其宗旨专以不偏不倚之议论，解决公众利益之大问

题，各著名字于所为之文，以负其责。故今日英国图书馆之杂志室，常以《蔼丁堡杂志》、《论世杂志》、《十九纪杂志》同列一桌，视为一时言论界得失之林。①

吴稚晖这段文字可谓是近代以来中国人对于英国同仁杂志及其特点较为全面的认识。吴稚晖将维新时期康、梁较早创办的《强学报》和《时务报》视为中国最初的杂志，犹如英国的最早杂志《名都人士杂志》。因为19世纪中国新闻事业并不发达，当时"报"与"刊"尚未有明显分工，吴稚晖将《强学报》、《时务报》视为政论杂志亦无不可。而1731年出版的 Gentlemen's Magazine（今一般译为《绅士杂志》），确实是英国人最早的杂志。该刊内容包含小品、诗、论文和其他各式各样体裁的文章，可说是包罗万象，应有尽有，与杂志一词的本意名词相符。② 但18世纪英国的杂志最初的作用在于介绍和评论（reviewing）新出版的文学类和学术类书籍，使读者非常经济又及时地了解到最新的文艺思想和各个学科领域的学术进展，这类著名的杂志有1749年问世的 Monthly Review（笔者译为《评论月刊》）、1756年出版的 Critical Review（笔者译为《批评杂志》）等。③ 1802年问世的《爱丁堡评论》（The Edinburgh Review）杂志，如吴稚晖说的"在言论界始放一大光明"。

考察《爱丁堡评论》超越之前的评论杂志的原因：一是它精心订立编辑方针，以所信奉的核心理念，作为编辑和刊登文章的指针，不受商业利益的驱动；虽是季刊，《爱丁堡评论》第一期就只刊登29篇评论，不到其他月刊杂志的一半，却因为它的精挑细选和独立的批判性观点，而大受欢迎。而且杂志还设立了编读互动的栏目，读者可以向作者发去批评信，反驳具体的观点，而编辑和作者则耐心地回答他们的质问，从而维持着广泛的通信联系。④ 二是采取同仁杂志的形式，刊物的核心成员是若干志同道合的年轻知识分子，上引吴稚晖即提到了其中乔佛来

① 吴稚晖：《通讯·杂志界之希望》，《太平洋》1卷1号（1917年3月1日）。
② 张觉明：《现代杂志编辑学》，中国书籍出版社，1987，第58页。
③ Derek Roper, *Reviewing before the Edinburgh*, 1788-1802, London：Methuen & Co Ltd.，1978, pp. 19-21.
④ Derek Roper, *Reviewing before the Edinburgh*, 1788-1802, London：Methuen & Co Ltd.，1978, pp. 40-41.

（Francis Jeffrey）和柏乐罕（Henry Brougham）两位主笔，其他著名的评论家包括 Horner，Sydney Smith，J. A. Murray，Thomas Brown，他们都曾是大学文学社团的成员，创办杂志前经常就科学调查、法律改革、书籍评论等问题进行讨论，并有鲜明的政治倾向和文学倾向，如全力支持辉格党，并反对湖畔派诗人的浪漫主义观点。① 三是杂志的内容发生极大转变，18 世纪的杂志大量篇幅是用于摘抄书籍内容而不作深度分析，一小部分版面处理时事、政策方面的讨论，诸如历史学家麦考莱（Macaulay）的长篇原创性政论文是不可能在此类杂志上出现的。② 《爱丁堡评论》采取文学与政治两条腿走路，既在重大问题上形成政治舆论，又通过评论和筛选新书并确定文学典范。③ 因此，《爱丁堡评论》自创刊以后，就迅速取得"公共舆论之王"的称号，如论者指出的，"它使辉格主义的观点更受大众欢迎，它向社会陋习挑战，它满足了公众期盼启蒙和道德指引的需要，最重要的是，它帮助读者养成对他们自己观点的尊重，易言之，在大众中间培养起公共舆论的观念"。④

1809 年创刊的《评论季刊》（The Quarterly Review）是以《爱丁堡评论》的反对者面目出现的，其第一任主编是 William Gifford，在政治和外交事务上则全力支持托利党的自由保守主义政策。⑤ 1823 年，代表当时英国第三种文化倾向边沁主义的《威斯敏斯特评论》（The Westminster Review）诞生了，创办者就是英国功利主义之父杰里米·边沁（Jeremy Bentham），在政治立场上他自称是中产阶级中激进派和改革派的代言人，赞成把最大幸福原则运用于英国政治、法律和社会生活的所有方面。⑥

这三份同仁杂志在 19 世纪 20 年代到 30 年代英国公共舆论界三足鼎立，

---

① John Clive, *Scotch Reviewers：The Edinburgh Review*, 1802 – 1815, London：Faber and Faber Ltd. , 1959, pp. 17 – 38.

② Derek Roper：*Reviewing before the Edinburgh*, 1788 – 1802, London：Methuen & Co Ltd. , 1978, p. 41.

③ Joanne Shattock, *Politics and Reviewers：the Edinburgh and the Quarterly in the early Victorian age*, London：Leicester University Press, 1989, p. 125.

④ John Clive, *Scotch Reviewers：The Edinburgh Review*, 1802 – 1815, London：Faber and Faber Ltd. , 1959, p. 184.

⑤ Jonathan Cutmore, *Contributors to the Quarterly Review：A History*, 1809 – 1825, London：Pickering & Chatto, 2008, p. 5.

⑥ 〔美〕刘易斯·科塞：《理念人——一项社会学的考察》，中央编译出版社，2004，第 86 页。

同仁杂志及其所团结的最优秀的知识分子，各拥护大致相同的原则和信念，利用这些能够表达其独立观点的"论坛"，塑造公众舆论。可以说，正是这些杂志帮助英国新一代中产阶级读者形成了共同的意识形态、政治及审美上的偏好，并强有力地刺激了19世纪英国激进的社会、司法和选举等改革思潮。① 有学者称之为19世纪英国的"评论季刊现象"，但到40年代初期，这种以政治和文学结合的评论季刊的社会政治影响力已经风光不再，因为随着时效性更强的自由报纸逐渐占据舆论中心，季刊的政治作用日渐式微。②

19世纪中叶以后，英国报纸取得了所谓的新闻自由权，其标志性事件，是《泰晤士报》在1834年12月26日发表的一篇措辞严厉的声明，宣布从此不再接受政府预先公布的任何信息，因为这与"本报的尊严和独立"相违背，而且首次态度严正地向公众表明"本报自己收集的信息更为快捷和可靠"。③《泰晤士报》的独立性，使人们相信这类报纸提供的意见真实性较政府或党派机关报强，进而可以反映真实的舆论，帮助他们进行准确的判断。有人甚至断言："英国人民靠阅读《泰晤士报》参加对自己国家的管理。"④ 它巨大的发行量，使其在政府、同仁及读者群体中拥有极高的声望，被称作"欧洲的首要日报，而且也许是世界最大的当代舆论的工具"。⑤ 也正是从这个时候起，《泰晤士报》因其权威性、影响力和独立性为英国报刊赢得了"第四等级"的称誉，主编约翰·德兰（John Thadeus Delane）于1952年在《泰晤士报》上发表两篇关于报刊功用和记者职责的文章被公认为是关于报刊独立地位的经典性认识。⑥

尽管报纸在19世纪中期已经成长为英国社会的舆论机关，但报纸和杂志毕竟不同，杂志的作用仍不能忽视。朱东润在英国留学期间曾用"朱世溱"的笔名为上海的《申报》编译《欧西报业史》，其中一章即论报纸和杂

---

① 〔美〕刘易斯·科塞：《理念人——一项社会学的考察》，第77~89页。

② Joanne Shattock, *Politics and Reviewers：the Edinburgh and the Quarterly in the early Victorian age*, London：Leicester University Press, 1989, p. 153.

③ 〔英〕詹姆斯·卡瑞、〔英〕珍·辛顿：《英国新闻史》，栾轶玫译，清华大学出版社，2005，第7页。

④ 陈力丹：《精神交往论——马克思恩格斯的传播观》，开明出版社，1993，第285、293页。

⑤ 〔英〕马丁·沃丁：《报纸的力量——世界十二家大报》，苏潼均、诠申译，新华出版社，1987，第46页。

⑥ 张好玫：《第四等级报刊观念：基于历史文本的解读》，《国际新闻界》2012年第2期。

志的区别，他指出："取报章与杂志较其材料，则报章所重在于新闻，以消息灵通纪载正确为事；若在杂志，则于新闻多略之而不载，即载之亦必原始要终，详述其本末而研究其得失，非如报章之编比罗列，苟然而已也。若自言论一部论之，则日报性质在能发布舆论，务取民意所向而阐明之，在杂志则不然，凡国民所不知者则教诲之、指导之，无形之中，国民为其学说所中，不期然而主张其议论，故其事成为造成舆论而负有国民导师之任矣。"① 而就影响力而言，日报出版周期非常短促，而杂志的出版周期较长，"夫时促则鲁莽灭裂之病在所不免，时豫则思虑周详而后出之，必然之理也。且有识之学者，妙思之作家，其文必不屑以载之日报，……而杂志之中其文多出学者作家，崇论鸿议，磅礴一时，所以能收教育国民之效者"。② 所以，同样是制造舆论的机关，日报能够直接反映舆论，杂志不一定是舆论所在，但对读者的影响却是持久且深刻的，"故日报者，号为舆论之表面，杂志者，实为舆论之里。一隐一现，两者势力，有攸分矣"。③

实际上，上述三份同仁评论杂志依然发挥着重要的舆论作用，直到 20 世纪初，仍如吴稚晖所言是"一时言论界得失之林"。而且从 19 世纪 60 年代起，英国的杂志界的声望似乎又复兴了，出现了几份影响力甚大的周刊、月刊形式的评论杂志。在月刊方面，即如吴稚晖提到的两份杂志：1866 年发刊的《论世杂志》（Contemporary Review）和 1877 年发刊的《十九纪杂志》（The Nineteenth Century）。

同时，19 世纪下半期，周刊介于日报和月刊或季刊杂志之间，其舆论影响力也在逐渐增强。其中最有名的就是《观察家》（The Spectator）周刊。《观察家》本是一份 18 世纪初即已诞生的日刊报纸，朱东润介绍说："各国中读英国杂志者，好称司佩铁特（Spectator），以义释之，犹云旁观报也。初出现于 1710 年，当时文豪艾狄生主之颇为一时传诵。"④ 哈贝马斯曾将艾狄生参与主撰的《闲话报》（Tatler）、《观察家》（The Spectator）、《监督者》（Guardian）等报刊视为 18 世纪英国社会公共领域结构转型的重要机制之一。⑤ 该报于 1714 年年底停刊，但其轻松的谈话形式的散文，在当时的阅

---

① 朱世溁：《欧西报业史》（四十七），《申报》1915 年 11 月 2 日，1 版。
② 朱世溁：《欧西报业史》（四十八），《申报》1915 年 11 月 3 日，1 版。
③ 朱世溁：《欧西报业史》（四十七），《申报》1915 年 11 月 2 日，1 版。
④ 朱世溁：《欧西报业史》（四十八），《申报》1915 年 11 月 3 日，1 版。
⑤ 〔德〕哈贝马斯：《公共领域的结构转型》，曹卫东等译，学林出版社，1999，第 47 页。

读大众中产生了深刻影响。1828 年，同名的《观察家》周刊诞生，以激烈支持英国议会改革法案（Reform Act，1832）著称。1861 年以后，该周刊又由大记者 Meredith Townsend 和神学家 Richard holt Hutton 共同出资购买，朱东润将此二人名译为"汤山"和"赫敦"，指出"汤氏主政治事，赫氏主文学事，于宗教方面一方面尤所偏至，此之论者至谓斯报之于神学德学实为英国学者大师，与其于政治上社会上所占之位置同也"。① 《观察家》杂志在19 世纪后半期对英国政府的内外政策持续不断地批评，产生了相当大的影响。

由此可见，19 世纪的英国报刊已将两种传统发展至成熟：一种是公众舆论（Public Opinion）的传统，一种是独立政论（Political Review）的传统。前者以《泰晤士报》等报纸为代表，后者以《爱丁堡评论》等同仁杂志为代表。晚清的留英学人对于这两种报刊传统，均有所引介；而民国以后，国人渐渐区分出报纸和杂志的功能，对于同仁杂志的呼唤才愈加热切，如吴稚晖就将维新派的《强学报》、《时务报》都列为杂志，他说："我国杂志萌芽于康长素之《强学报》，而梁任公之《时务报》继之，椎轮大辂，斯其英国《名都人士杂志》之时代欤。后数年而定期出版，旋即停刊者，亦以二三十数，至今记忆于吾人脑影中者，以所谓《新民丛报》者，所谓《民报》者，所谓《甲寅》者称最。"② 下面就英国报刊的自由主义传统在留英学人中的反响再详加论述。

二 留英学人自由主义政论传统的形成

晚清国人对英国报刊多有了解，尤其对《泰晤士报》更是推崇备至，在王韬、康有为、严复、英敛之等人的论述中，时常可以见到对该报的赞美之词，并在实际办报过程中，将《泰晤士报》作为标杆，对其经营理念、体制规划等方面进行学习及借鉴。③

较早体验到英伦报刊自由主义传统，并躬身实践作政论文章的当自清季的王韬开始。1874 年（同治十二年）2 月 4 日，王韬在香港创办《循环日报》，推崇《泰晤士报》"其立论一秉公平，其居心务期诚正"的公共舆论

---

① 朱世溱：《欧西报业史》（四十八），《申报》1915 年 11 月 3 日，1 版。

② 吴稚晖：《通讯·杂志界之希望》，《太平洋》1 卷 1 号（1917 年 3 月 1 日）。

③ 林盼：《仰之几如泰山北斗——晚清中国报刊对英国〈泰晤士报〉的追崇与仿效》，《新闻大学》2012 年第 1 期。

的立场，首开华人论政的政论报纸的先河。① 尤其是他关心晚清中国的政局和国家的前途，促进中国富强的强烈愿望，遂在每日头版上亲自作"论说一篇"，"取西制之合于我者，讽清廷以改革"。② 其中，他所撰写的《变法》、《变法自强》、《重民》等政论文都是传诵一时的名篇。对于英国报刊主持政论的主笔的舆论地位，他说："西国之为日报主笔者，必精其选，非绝伦超群者，不得预其列。今日云蒸霞蔚，持论蜂起，无一不为庶人之清议。其立论一秉公平，其居心务期诚正。如英国之泰晤士，人仰之几如泰山北斗，国家有大事，皆视其所言以为准则，盖主笔之所持衡，人心之所趋向也。"③

王韬这一从英国取经而来的报章政论思想对后来的维新派政论家的影响颇巨。甲午战争后在救亡图存的危机意识刺激下，士人创办报刊，发表要求变法图强的意见，渐成风潮。最有代表性的人物，就是曾为留英学子的严复，他接连在天津《直报》上发表《论世变之亟》、《原强》、《辟韩》、《救亡决论》等数篇政论文，猛烈抨击君主专制政体，宣传民权思想，鼓吹变法自强，提出了一整套政治改良主张，在当时思想界产生很大影响。1897年，严复又与王修植、夏曾佑等自筹创《国闻报》，也提议"略依英国《泰晤士报》之例"作为办报的态度，并宣言"国不自私其治，则取各国之政教为一国之政教，而吾之国强"。④ 这种思想取向不能不说是承自王韬政论思想的思绪。

民国以后，留英的中国学生陆续归国，成为引入和实践英国自由主义报刊理念的生力军。章士钊在清末曾经作过《民报》式的革命政论，后留学日本、英国，接受西方正规学院式的法政教育之后，政治思想由激进转向温和。1910 年前后他回国，在北京的《帝国日报》上开始了新的政论生涯。他通过介绍西方各派的政治学说和评论国内的政治改革问题，密切关注晚清的立宪运动。民国建立后，章士钊又出任同盟会机关报《民立报》的主笔，秉持独立论政的原则，发表言论，评论共和国政事。1912 年 9 月，他自己

① 〔新〕卓南生：《中国近代报业发展史（1815～1874）》，中国社会科学出版社，2002，第187、200 页。

② 戈公振：《中国报学史》，第 153 页。

③ 王韬：《论日报渐行于中土》，收入朱维铮主编《弢园文新编》，生活·读书·新知三联书店，1998，第 109 页。

④ 孙应详：《严复年谱》，福建人民出版社，2003，第 89 页。

创办《独立周报》，公开声称是以英伦艾迪生主办的著名周报《司佩铁特》（Spectator）为榜样，并每以艾迪生自况，秉持一贯不偏不倚的超然态度，从学理上谈中国的政治问题。

1914 年在反袁斗争中，他创办了月刊杂志《甲寅》，将"不偏不倚"、"不囿于党见"、"条陈时弊，朴实说理"[1] 的英伦自由报章的宗旨发挥得淋漓尽致。这一系列政论报刊的问世，使章士钊成为清末民初十年间"政论文发达时期"当之无愧的政论大家。章士钊创立《甲寅》杂志时，开宗明义宣示其办刊的宗旨如下：

> 本志以条陈时弊，朴实说理为主旨，欲下论断，先事考求，与曰主张，宁言商榷，既乏架空之论，尤为无偏党之怀，惟以己之心，证天下人之心，确见心同理同，即本以立说，故本志一面为社会写实，一面为社会陈情而已。[2]

在此宗旨影响下，《甲寅》杂志上的政论，多以法律为依据，以西方的形式逻辑为论证手段，论据充足，逻辑严密，使用的语言是古文和欧式中文的混合物，独具一格。胡适在《五十年来中国之文学》一文中曾称赞说，章士钊是 1905～1915 年政论文章发达时期的代表作家，他的政论文有章炳麟的谨严与修饰，而没有他的古癖；条理可比梁启超，而没有他的堆砌；与严复最接近，但不用典故；有点倾向"欧化"的古文，使古文能够直接传达繁复的西方法政知识和思想。[3] 罗家伦更是认为政论文学发展到《甲寅》那里，已经算是清末以来的政论文的集大成者了，他说："政论的文章，到那个时候，趋于最完备的境界。即以文体而论，则其论调既无'华夷文学'的自大心，又无'策士文学'的浮泛气；而且文字的组织上又无形中受了西洋文法的影响，所以格外觉得精密。"[4] 陈子展也指出："迨章士钊的《独立周报》、《甲寅》杂志先后出世，时时和梁启超论难，和一般谈政治的人论难，还时时批评当时政治的现象，谨严的论政文，因之发展至

---

① 《章士钊全集》第 2 册，文汇出版社，2000，第 518 页。
② 《本志宣告》，《甲寅》1 卷 1 号（1914 年 5 月），封二。
③ 胡适：《五十年来中国之文学》，欧阳哲生编《胡适文集》第 3 册，北京大学出版社，1998，第 234 页。
④ 罗家伦：《近代中国文学思想之变迁》，《新潮》2 卷 5 号。

于成熟了。"① 可见民初的政论发展到《甲寅》阶段已经达到了相当成熟的程度，并且在章士钊的影响下，产生了一个重要文派——"《甲寅》派"②，这一派的健将包括黄远庸、张东荪、高一涵、李大钊、李剑农等人，"都朝着这个趋向做去，大家不知不觉的造成一种修饰的、谨严的、逻辑的，有时不免掉书袋的政论文学"。③

常乃悳对《甲寅》派政论文在当时之影响的描述至为生动，他说："《甲寅》也是谈政治的刊物，但是他的谈政治和当时一般的刊物不同，他是有一贯的主张，而且是理想的主张，而且是用严格的理性态度去鼓吹的。这种态度确是当时的一付救时良药。在当时举国人心沉溺于现实问题的时候，举国人心悲观烦闷到无以复加的时候，忽然有人拿新的理想来号召国民，使人豁然憬悟现实之外尚复别有天地，这就是《甲寅》对于当时的贡献。"④

但在袁世凯称帝以后，民初热闹一时的政论沉寂下来了，许多政论机关也烟消云散，《甲寅》1915 年年底停刊。胡适描述说："民国五年以后，国中几乎没有一个政论机关，也没有一个政论家；连那些日报上的时评也都退到纸角上去了，或者竟完全取消了。这种政论文字的忽然消失，我至今还说不出一个所以然来。"⑤ 这实则是由于袁世凯的政治高压造成了政论家的无力感。

《甲寅》停刊时，陈独秀的《青年杂志》（即后来的《新青年》）已在上海树立起来了。但陈独秀为《青年杂志》定下的宗旨是："改造青年之思想，辅导青年之修养，为本志之天职。批评时政，非其旨也。"⑥ 与原《甲寅》杂志在思想脉络上联系不大。故最初几期《青年杂志》的文章多为一些勉励青年的普通文字，并没有什么特色，不过因为其作者有不少是在《甲寅》上做过文章的人，《甲寅》式的通信又早已引起青年自由讨论的兴趣，因此《青年杂志》出版不久就得到人们的注意。⑦ 一位自称因《甲寅》

①　陈子展：《中国近代文学之变迁·最近三十年中国文学史》，上海古籍出版社，2000，第210 页。

②　胡适：《五十年来中国之文学》，欧阳哲生编《胡适文集》第 3 册，第 201 页。

③　胡适：《五十年来中国之文学》，欧阳哲生编《胡适文集》第 3 册，第 236 页。

④　常乃悳：《中国思想小史》，第 136 页。

⑤　胡适：《五十年来中国之文学》，欧阳哲生编《胡适文集》第 3 册，第 237 页。

⑥　陈独秀：《通信·答王庸工书》，《青年杂志》1 卷 1 号（1915 年 9 月 15 日）。

⑦　常乃悳：《中国思想小史》，第 138 页。

停刊而感觉"饷源中绝，饥饿特甚"的读者写信给陈独秀说："今幸大志出版，而前之爱读《甲寅》者，忽有久旱甘露之快感，谓大志实代《甲寅》而作。"① 又一读者余元叡同样认为，《新青年》当为《甲寅》之后起者："前秋桐先生之《甲寅》出版，仆尝购而读之，奉为圭臬，以为中华民国之言论界中首当为屈一指。不谓出仅十册，而秋桐先生遽以国事故，不克分身及此，仆当时为不欢者累月，然不料继《甲寅》而起者，乃有先生之《新青年》，仆于今岁始得而读之，乃知为《青年杂志》之改名。"② 可见从读者的实际体验的角度言，《青年》杂志与《甲寅》杂志有一定关联。

但《甲寅》式的以政论解决政治问题的方式，也并不因《甲寅》停刊而不再尝试。实际上，《甲寅》在 1915 年 10 月停刊的同时，张东荪的《新中华》杂志即应运而生，他亦约集小部分《甲寅》成员如汪馥炎、李剑农、杨端六等继续讨论政治问题，尤其通过对联邦制、国体论等问题的讨论，与袁世凯的专制论、帝制论等针锋相对。张东荪为杂志立下如下宗旨：

> 同人等窃不自揣以为中国政治非根本改革无由救亡，又以国家组织不良则政治亦无由改善，特详究中国最适宜之制度并及政策，期与国人共相质证，不涉一党偏私之见，不为一时苟且之谋。③

这显示了张东荪、李剑农等人在继续着《甲寅》式政论救国的尝试。后来吴稚晖称赞李剑农等人："年来足下数同志与章秋桐、张圣心（笔者按：张东荪）诸贤哲，始能综学而言政术。大志所刊，不惟论断翔允，几有纯粹谈学之倾向，所以治政学者固甚表欢迎，即望治非政学者亦极满意。此则非足下之所料也，故驰书报之。"④

可见，读者认为《新青年》与《甲寅》类似，多半基于它的主编陈独秀及一部分作者来自于《甲寅》，而不是因为办刊宗旨和政治主张这些方面的因素。前一位读者甚至完全赞同陈独秀为《新青年》定下的宗旨，要求《新青年》只要"改造青年之思想，辅导青年之修养"即可，"盖现政

---

① 《新青年》2 卷 1 号（1916 年 9 月 1 日）"通信"。
② 《新青年》3 卷 3 号（1917 年 5 月 1 日）"通信"。
③ 《本社征文启事》、《本社简章》，《新中华》1 卷 1 号（1915 年 10 月 1 日），封二。
④ 吴敬恒：《通讯·以政学治非政学》，《太平洋》1 卷 2 号（1917 年 4 月 1 日）。

府之不可谏不足责久矣。乃必欲哓哓不已，不唯无益，徒买祸耳"。① 而事实上，章士钊主持《甲寅》的意愿并非如此，就算因议政而"买祸"，他仍不改政论救国的初衷。《甲寅》最后一期登载了黄远庸的一封信，这封信是劝告章士钊在改良政治之前，发动一场如西欧那般的"文艺复兴"运动，说："至根本救济，远意当从提倡新文学入手，综之，当使吾辈思潮如何能与现代思潮相接触，而促其猛省。而其要义须与一般之人，生出交涉。法须以浅近文艺普遍四周。"但章士钊的回答却是："提倡新文学，自是根本救济之法，然其必其国政治差良，其度不在水平线下，而后有社会之事可言。文艺其一端也，欧洲文事之兴，无不与政事并进。"② 由这样两封通信可以看出当时的两条路：一条是发动所谓"文艺复兴"来解决中国政治问题，以新文学启蒙普罗大众；一条是继续走戊戌以来政论文字的老路，以为政治改良好了，其他如社会的、文艺的所有问题自然能够得到改善。

章士钊表示他仍然要走政论文字的老路，坚持政治是所有问题的根本，所以对于陈独秀等人的文学救国的路子，深不以为然。不过，他本人却又于1916年参与了反袁政治斗争，政论报刊的事业也就中断了，而前述张东荪的《新中华》接踵而上，但不到一年，仅出版6号，亦告停刊。及至1917年1月底，章士钊才又邀请李大钊、高一涵等人在北京创办《甲寅日刊》，以日刊的形式（后改为周刊），着重评论北京时政，"日刊一号，八开六版"，③ 虽为政治评论，但在文章风格上、效果上与前《甲寅》很不相同，且存在的时间比较短，张勋复辟事发时即停刊。但1917年3月《太平洋》于上海问世，标志着《甲寅》式的政论的重张旗鼓。

《太平洋》和《甲寅》杂志的"发刊宗旨"，在思想上同样脉络贯通。《甲寅》声言要从政治之根本精神着手，"条陈时弊，朴实说理"，以学术的态度来讨论政治。李剑农创刊《太平洋》以后，即尊称章士钊为"吾邦论坛先导"④，并有意继续《甲寅》的政论传统，发布"本志宣告"，说明发刊的宗旨：

---

① 《新青年》2卷1号（1916年9月1日）"通信"。
② 章士钊：《答黄君远庸》，《章士钊全集》第3卷，第613~614页。
③ 丁守和主编《辛亥革命时期期刊介绍·甲寅日刊》第4册，第602页。
④ 李剑农：《读〈甲寅日刊〉之舆论一束》，《太平洋》1卷2号（1917年4月1日），第1页。

　　本志主旨，在考证学理，斟酌国情，以求真是真非；于财政经济各问题，尤多论列；不为何种政团张其党势，亦不自立门户，别成一新政团之机关。①

　　两份刊物同样声明自己不关心以派系之争为中心的所谓"时政"，而要从政治思想和政治理论的高度来为中国探寻出路。这些地方明显地表现着《太平洋》政论色彩与《甲寅》的传承关系。陈子展的《最近三十年中国文学史》同意胡适"《甲寅》派的政论文"的说法，并补充说："稍后一点，李剑农、杨端六、周览（鲠生）诸人在《太平洋》杂志里做的文章都还如此。"② 不仅文学史家如此认为，近代中国第一部留学史的作者舒新城也指出："章士钊创办《甲寅》杂志，文体注重理论，注重文法，在政论中，别开生面，且影响于当时以至于现在作者不少。章固留学生，其同派高一涵、李大钊、李剑农等也是留学生。"③

　　前引吴稚晖旅英、法多年，与章士钊、李剑农等留英学界素有交往，认为李剑农的《太平洋》与章士钊的《甲寅》杂志是有人事和思想上的联系的，而且他希望《甲寅》复刊以后，与《太平洋》一起，成为民国的英伦式自由主义评论报刊的两大重镇。他说：

　　惟《甲寅》短时后，即谋继续，比诸《论世杂志》，而公等今所发刊之《太平洋》杂志，以比《十九纪杂志》，庶行迹亦微有合。盖《太平洋》之记者，皆即《甲寅》一部有名之记者。虽其离《甲寅》而独立，止以《甲寅》继续有待，非与《十九纪杂志》记者之诺氏有违言，与《论世杂志》之社长者同。然《甲寅》主旨，可谓无所偏倚矣，而闻《太平洋》主事之诸公，尤愿陈述学理，于无所偏倚上严重注意。是未始无《十九纪杂志》出版时之特别意向也。故有《十九纪杂志》与《论世杂志》之分离。一时英国图书馆遂增一名刊。吾于《太平洋》之与《甲寅》亦云然。④

---

① 《本志宣言》，《太平洋》1 卷 1 号（1917 年 3 月 1 日）。
② 陈子展：《中国近代文学之变迁·最近三十年中国文学史》，第 212 页。
③ 舒新城：《近代中国留学史》，上海文化出版社，1989，第 213～214 页。
④ 吴稚晖：《通讯·杂志界之希望》，《太平洋》1 卷 1 号（1917 年 3 月 1 日）。

再从当时读者体验的角度看，《太平洋》所宣示的宗旨与《甲寅》也是一致的。有读者说："自帝制发生以来，吾国之舆论销沉极矣。《甲寅》、《大中华》相继停刊，国人想望，与日俱殷。贵杂志产生，与《甲寅》取同一之态度，注重通讯一门。无愧为全国舆论代表，而所持论，尤极纯正，皆厘然有当于人心，后来居上，吾于贵杂志之前途，有无穷之望矣。"① 李泰棻从李大钊处读了《太平洋》后，写信给李剑农说："记者足下：往者秋桐先生，主撰《甲寅》，征引名著，朴实说理，发刊十期，仆尝百读不厌，至今都门发售，其志虽旧，价犹不减，社会欢迎，于兹可见。天祸吾华，袁氏叛国，秋桐襄赞机务。《甲寅》停刊，续出之议，迄未实行，求之不得，中心怅怅。顷于友人李守常处获读尊志，欣喜之余，尤深钦佩，盖《甲寅》不出，而能得一与《甲寅》主张相同之杂志，此则仆所欣喜者也。丁兹时会，人人醉心政界，尊志诸公，独能洁身在野，匡导国人，此则仆所钦佩者也。"② 可见在时人眼中，后于《甲寅》一年半出版的《太平洋》，与《甲寅》在刊物宗旨、言论姿态和议论主题方面均有承续关系。

当然，最重要的是，留英学人对于自己创办的杂志，确实如吴稚晖评论的，有着效仿英伦同仁杂志的思想动因。李剑农曾说："Edinburgh Review者，英月刊杂志中之价值甚高者也，其编辑主任 Hanald Cox 于前年十月揭一文于该志中，题曰《内阁政府》，痛论英内阁组织不适时宜之弊，并陈改革之方，仅及一载，竟尔实现。不期吾邦论坛中，今亦有此同一之主张，而为此主张者，又为吾邦论坛先导之章君秋桐，其平昔政论之价值，持与《蔼丁堡杂志》主纂柯克氏所为者相较量，亦复难于伯仲。"③ 李剑农对章士钊及其杂志的这番期许，正可说明以《爱丁堡评论》为代表的英伦自由主义评论传统已通过留英中国学人的引入和实践，成为民初知识分子创办同仁杂志的极为重要的思想资源。

小结：不应忽略的"心灵社群"

由上述可知，留英学人从二次革命失败到五四运动前后已集结成了一个

---

① 徐天授：《通讯·孔道》，《太平洋》1卷3号（1917年5月1日）。
② 李泰棻：《通讯·共和》，《太平洋》1卷4号（1917年6月15日）。
③ 剑农：《读〈甲寅日刊〉之舆论一束》，《太平洋》1卷2号（1917年4月1日）。

非常特殊的社群——具有留英背景的湖南籍知识分子社群。就第一节所论，二次革命失败后，新知识分子发生了一次分化，在救国的途径上，一部分知识分子，如章士钊、李剑农等人开始疏离直接的革命行动，提倡"苦学救国"，负笈英伦，专心研究学问，试图从学理上指导国家重建的问题。第二节认为，在后来的研究者看来，章士钊所办《甲寅》杂志与后来的陈独秀《青年杂志》在人事和思想上关联紧密，从而成为新文化运动的渊源之一；但是论者都忽视了《甲寅》杂志实际上也是拥有留英背景的学人的一个园地，而且主编章士钊似乎也有意在其杂志上聚拢这批或已归国的或仍在读的留英学人。但是国内的激烈政治斗争打断了这样的规划。第三节从刊物宗旨、政治立场以及时人认知中，显豁《太平洋》与《甲寅》在思想上、人事上的确具有紧密联系，并明示《太平洋》上的留英学人在面对民初政局变换，在选择解决中国问题的途径上，渐渐有着与《新青年》不同的理解。实际上，这可理解为民初知识分子的第二次分化。但同时对《太平洋》上主要作者的分析，显示他们其实与《新青年》属于同一个时代，比起那些五四的青年学生要成熟得多，知识理论素养也扎实得多。第四节说明了《甲寅》和《太平洋》杂志都以英国的自由报刊，尤其是《爱丁堡评论》，作为自己效仿的榜样，可见英国知识精英改造社会的思想模式在民初中国得到了反响。

重要的是，在精神状态上，留英中国学人既具有传统中国士大夫忧国忧民的入世使命感，更因他们曾比较系统地接受西方社会政治思想的影响，已具有西方近代公共知识分子的精神。杨端六说："以予观之，最近之将来——否，最远之将来——社会活动之中心，决不能不在乎少数之青年志士；所谓群众云者，皆随此少数人之后者也。此少数人之道德与能力必为一般群众所钦仰，而后能形成社会活动之中心。"[1] 他们要以坚诚果敢、福国利民的精神，领导一般民众，向前进取，"以树一国之风声"。[2] 余英时先生说过，五四的思想世界由很多变动中的"心灵社群"（community of mind）所构成，所以在他看来，每一个五四知识分子都似乎是独特的。[3] 然则，从《甲寅》到《太平洋》杂志上的留英学人所代表的"心灵社群"，不应值得我们关注吗？

---

[1] 杨端六：《罗素先生去华感言》，《东方杂志》18卷13号（1921年7月10日）。

[2] 杨端六：《时局问题之根本的讨论》，《太平洋》3卷8号（1922年12月）。

[3] 余英时：《文艺复兴乎？启蒙运动乎？——一个史学家对五四运动的反思》，收入余英时《现代危机与思想人物》，生活·读书·新知三联书店，2005，第98页。

国　内　篇

第二章

"《甲寅》派的政论文"：
思想资源与政治主张

前一章已经论述，"甲寅派"是二次革命以后兴起的以留学精英为核心的政论派，成员包括章士钊、黄远庸、张东荪、高一涵、李大钊、李剑农、周鲠生等，他们因最早聚拢在章士钊所办《甲寅》杂志上而得名，《甲寅》杂志停刊后他们分散在《正谊》杂志（1916）、《上海中华新报》（1916～1917）、《甲寅日刊》（1917）、《太平洋》杂志（1917）等同仁刊物上，坚守独立评论的理念（某种程度上说是受到英伦自由传统的感召），继续政论事业。

有学者对"甲寅派"的理解取狭义的视角，认为"甲寅派"酝酿于《独立周报》时期，出现于《甲寅》月刊时期，形成于《甲寅日刊》时期，其主要成员除章士钊外，还有李大钊、高一涵和李剑农等人。[①] 而本章对"甲寅派"的理解，是基于第一章的阐述，取广义的视角，尤其是把同样以效仿《爱丁堡评论》为志向的《太平洋》杂志作为"甲寅派"在1917年最重要的继承。

因为，作为一个可以从发生学角度考察的"自在的派"，应当具有一些基本的特征：主要骨干有明确的"派"的认同；基本主张及所依据的学理相同，人员之间具有密切的联系；在观点的形成中存在相互影响，在观点的表达中经常自觉呼应。或者说，有"派"的实际发生过程。[②] 依此界定，从

---

① 郭双林：《前后"甲寅派"考》，《近代史研究》2008年第3期。以前也有学者认为"甲寅派"来源于五四运动以后章士钊创办的《甲寅周刊》，参见邓新华《"甲寅派"政治思想述论》，《湖南师范大学学报》"历史研究专辑"1988年卷。

② 赵立彬：《"论"与"派"：文化论战中的全盘西化思潮》，《历史研究》2006年第1期。

《甲寅》杂志到《太平洋》杂志可视为一个实际发生的"自在的派"的过程。下面各节将围绕这两份杂志展开，同时兼顾评述思想家个体的思想表现，即章士钊、李剑农、周鲠生诸人的政论。

第一节　"甲寅派"的西方宪政理论

"甲寅派"之所以被视作一个政论团体，不仅因为他们具有英伦自由色彩的评论态度和逻辑文式的论述形式，更重要的，是他们的政治思想有一个共享的知识背景，即以现代欧美国家主流的宪法学说和政治学理论作为思想资源。本节通过"甲寅派"的政论文字，追踪相关的欧美政治学、宪法学学者的著述，探讨"甲寅派"的政治思想与西方政治学说和宪法学说的具体关系，以理解"甲寅派的政论文"背后的西方宪政主义思想脉络和知识背景。

一　英国宪法学的背景

胡适曾经用"白芝浩——戴雪——哈蒲浩——蒲徕士"的公式来概括"甲寅派"的思想资源。[①] 这个概括虽然不全面，但大致概括了"甲寅派"的核心理论和思想倾向，亦即以英伦宪法学家、政治学家为中心的理论建构，和以英伦模式的宪政主义为政治改革的典范。以下就"甲寅派"所受英国著名宪法学家的影响详为讨论。

白芝浩（Walter Bagehot，1826–1877，今或译白哲特），"英伦政论大家，言政制最先，而亦最当"。代表作主要有《英国宪法》（*The English Constitution*，1865）和《物理学和政治》（*Physics and Politics*，1867），尤以前书为民初政论家所重视，章士钊称之"为书虽去今已四五十年，而其所言，固无一与今之政迹相背，斯诚可实之名作，而吾作宪之楷模也。愚两年来橐笔东南，既时时称其片言支字，以自矜重，信愚说者，以不窥全豹深滋恨焉"。所以为了帮助国内"谈政制者"理解英国的内阁制并对民国改制提供借鉴作用，章士钊将《英国宪法》第一编"内阁"部分译成中文，在《甲寅》第1号上发表。[②] 白芝浩此书对于英国政制和宪法精神的阐发十分

---

① 胡适：《五十年来中国之文学》，参见欧阳哲生编《胡适文集》第3册，第237页。
② 秋桐译：《白芝浩内阁论·译者识》，《甲寅》1卷1号（1914年5月10日）；另参见《布莱克维尔政治学百科全书》，"白哲特"条，中国政法大学出版社，2002，第50~51页。按：白芝浩《英国宪法》一书已有今译本，夏彦才译，商务印书馆，2005。

精彩，"著者描写内阁制度在巴力门政治中之真相，惟妙惟肖，且能道人所未道"。① 白氏对于英国政制特征所作的一项著名解释，是区分政制中的"名部"（the dignified part）和"实部"（the efficient parts），"其一以受全体人口之尊崇，其一则利其尊崇而实行政事"。又说："盖自来宪法之能以有成，必达二鹄：一曰得权，二曰行权。名部以寄国人之忠信，而权以得；实部承其流以布于政，而权以行。"② 白芝浩并不同意早期那种认为英国政体是一种以分权为特征的平衡政制的观点，他相信英国政制的"玄秘"在于"立法、行政之融成一片"，而内阁的定义，"质而言之，内阁者特一富于缀系性之委员会也。譬如连字符，此会连立法部于行政部。譬如扣衣带，此会扣立法部于行政部"。③ 以上白芝浩对于英国政制尤其是内阁制的论述，成了章士钊、李剑农等人理想的内阁制的范本④："白氏所著 The English Constitution，其序及首章内阁论，发明内阁制之理绝精，乃不刊之鸿文也。"⑤

哈蒲浩（L. T. Hobhouse，1864～1929，今译霍布豪斯），"为伦敦大学之名教授，以讲授社会学著称"。其主要著作包括《民主与反动》（Democracy and Reaction，1904）、《自由主义》（Liberalism，1911）、《形而上学的国家论》（The Metaphysical Theory of the State，1918）等。在章士钊早期国家观中，哈蒲浩的"权利说"和边沁的"功用说"是最重要的两块基石，"庄严灿烂之国家，坚筑于人民权利之上"，"以权利之理，与公安民福之道相融合，乃社会学者至高无上之的也"。⑥ 而且，他特别译出《民主与反动》书中的第五章"权利说"，对此他有一定的考虑，他解释说："英儒哈蒲浩者，病欧洲近持国家主义过甚，其势趋于官僚政治，而去责任政治将日远，……本斯旨而发明之，枝叶扶疏，其说至为精邃，愚既取而译之，别为一篇，以资参考。"⑦ 言外之意，章士钊对于袁世凯把持下的民国政权将

---

① 〔英〕戴雪：《英宪精义》，雷宾南译，中国法制出版社，2001，第99页。
② 白芝浩：《白芝浩内阁论》，秋桐译，《甲寅》1卷1号（1914年5月10日）。
③ 白芝浩：《白芝浩内阁论》，秋桐译，《甲寅》1卷1号（1914年5月10日）。
④ 行严：《论内阁政治》，《民立报》1912年3月25日。参见《章士钊全集》第2册，第124页。
⑤ 行严：《总统责任制》，《民立报》1912年5月14日。参见《章士钊全集》第2册，第296页。
⑥ 秋桐译《哈蒲浩权利说》，《甲寅》1卷2号（1914年6月10日）。参见《章士钊全集》第3册，第176页；另参见《布莱克维尔政治学百科全书》，"霍布豪斯"条，第348页。
⑦ 秋桐：《国家与责任》，《甲寅》1卷2号（1914年6月10日）。

走向专制和独裁政治表示出深切的担忧。

英国牛津大学教授蒲徕士 (James Bryce, 1838～1922) 和戴雪 (A. V. Dicey, 1835～1922)，是英国同时代的政治学家、法学家，他们的各种著作也是"甲寅派"所据以阐述宪政思想的最重要的理论来源。当 1922 年这两位学者先后辞世时，《太平洋》(3 卷 6 号) 发表了周鲠生的纪念文章《英国两大政学家》，全面评述这两位学者的生平和学术贡献。这篇文章可以帮助我们更好地理解这两位著名的英国自由主义政治学者对于"甲寅派"政治思想的影响，如周氏在文章开头总结的："就两人的思想色彩上说，他们都是代表英国维多利亚中期的自由主义，属于穆勒一派的；他们的政治倾向，个性主义的色彩，都很浓厚，都不离十九世纪英国思想界的传习。"① 以下再依据这篇文章对蒲徕士和戴雪作进一步的介绍。

蒲徕士 (周鲠生写作"蒲莱思") 不只是一个学者，还是一个活动面极广的政治家、外交家，一个世界和平运动的领袖，死后他获得了"世界的公民"的称号。这些事实使他在政治学上的贡献与众不同，"他的实际经验足，实地观察社会现象之机会多，他的政治研究就特别有生气，切事实，有实用的价值；他在政学上的贡献，就有其特点，和通常学者之贡献截然不同"。最早的成名作是《神圣罗马帝国》(Holy Roman Empire)，接着是《美国平民政治》(American Commonwealth, 1888)，"此书出世，大受美国欢迎，美国本国人关于美国政治之观察，从来没有如此公平确切得要者。如此包罗的杰作，不单是美人奉为标准的教本，就在世界政学上亦是空前的大贡献"。再次则有《历史与法学之研究》(Studies in History and Jurisprudence, 1901)，最后的著作是《近代民主政治》(Modern Democracy, 1921)，"庞然两巨册，内容丰富"，研究范围极广，"泛论近代民主政治的原则，而且把现存的欧美各洲的民主政治国家之政治组织状况分别研究"。② 蒲徕士开创了从政治制度上研究政治的学派，周鲠生指出："他一贯的精神，全是研究现存制度的运用，他不注重什么国家起源、主权的性质、国家之职务种种问题。他的研究主眼，要考究在一定的环境和文化状态之内，哪一种政治制度方法，运用最圆满，适能发达民治。他的方法，是在分析现存的政治制度，溯其历史的发达，察其实际的运用，究其效果，而测其将来的发达。换句话

---

① 松子：《英国两大政学家》，《太平洋》3 卷 6 号 (1922 年 6 月)。
② 松子：《英国两大政学家》，《太平洋》3 卷 6 号 (1922 年 6 月)，第 2 页。

说，蒲莱思在政学上使用的研究方法，是归纳的、历史的、比较的。"① 蒲徕士这种"本实证科学之精神研究政治"，深刻地影响了"甲寅派"的大部分学人，因此他们的政论文的特点，多有事实归纳、史例引用以及各国宪政史的比较。

比较而言，戴雪（今或译戴西）却是一个纯粹的学者，一个法律家，但他在政治学上的独特贡献，也是世人所不能忘记的。其闻名遐迩的著作是《宪法论》（*Law of the Constitution*，1885）和《法律与舆论》（*Law and Public Opinion*，1905），前者阐明现代英国宪法的三项根本原则，即"巴力门万能之原则"、"法之宰制"和周鲠生文中没有提及的"宪典"。② 还有书中提到的"法律的主权"和"政治的主权"区分的概念，以及对英国人"自由之特质"的概括和对欧陆行政法制度的批评，也都成为了甲寅派分析中国宪政的理论框架。周鲠生说："国人之初听得戴雪的名，是在民国元二年之交，民国制宪法问题，争论最盛的时代；他的《宪法论》，就是那时候援引最力的学说。"③

《法律与舆论》这部著作虽不如《宪法论》著名，但周鲠生却认为两者比较起来，前者"尚更有科学的价值，更为创作的贡献"。④ 因为对英宪的研究到这个时候已经积累了一定的学术传统，戴雪《宪法论》的贡献在于诸家学说之中，"自成一家言"；⑤ 而他的《法律与舆论》出世后，则为"法律的研究方法，开一个新生面"，"戴雪把英国十九世纪中主要的政治思潮，精密的分析出来，迹其趋势，而察其及于英国立法之影响，使我们明白边沁主义、个人主义、社会主义、共营主义各种思想，各在一定时期，具有若何之势力，如何影响当时及后来之立法事业。思潮趋势和立法进程中间，由此看得一个连锁出来"。所以说"他的这个著述，实在是一个新创的研究，在政学中占一个独特的地位"。⑥

以上借着胡适的提示，按图索骥，对"甲寅派"的一些基本宪法学理

---

① 松子：《英国两大政学家》，《太平洋》3卷6号（1922年6月），第3页。

② 戴雪的 *Law of the Constitution* 在 1930 年才有雷宾南的中译本《英宪精义》面世（商务印书馆，1930；中国法制出版社，2001 年 4 月重印本）。雷宾南将英宪的三大原则译为：巴力门主权、法律主治和宪典。

③ 松子：《英国两大政学家》，《太平洋》3卷6号（1922年6月），第6页。

④ 松子：《英国两大政学家》，《太平洋》3卷6号（1922年6月），第7页。

⑤ 雷宾南：《英宪精义·译者序》，中国法制出版社，2001，第14页。

⑥ 松子：《英国两大政学家》，《太平洋》3卷6号（1922年6月），第6~7页。

论进行探讨，不过，还有另外一些英国宪法学家也受到他们的关注。例如，有学者指出，英国人自己对英国宪法的理解有一条非常重要的线索，亦即，经过柏克、布莱克斯通、白芝浩、戴雪的精心论述，普遍"认为英国制度达到了政治成就之顶峰的宪法观"。①

在这条线索中，柏克（Edmund Burke，1729~1797）和布莱克斯通（William Blackstone，1723~1780）也是"甲寅派"十分熟悉的两位宪法学家。柏克关于政党的定义及其在现代国家中的作用，屡屡为章士钊等人所引用，章曾在一篇政论中介绍说："政党者，英伦政海之产物也。18世纪，彼中有绝世之政雄柏克，尝作政党之界说，曰：'政党者，乃本特异之政纲，为全体所共认者，以一致之运动，图国家之幸福，因而相与联合之一团体也。'"② 实际上，政党这个概念在18世纪时仍然是一种不太符合爱国主义精神的观念，但面对英王乔治三世日益扩大王室特权的恶行，柏克竭力主张有良知的人们联合起来，去恢复宪政，他在《关于目前不满情绪的根源》中论证了政党的必要性，并阐明政党对于推进国家利益和维护人民自由的作用。③ 因此，柏克的学说在民初试图建立政党政治背景下颇为章士钊等政论家们所认同。其次是布莱克斯通，其不朽名声来自于他关于英格兰普通法的系统化著作《英格兰法释义》（*Commentaries on the Laws of England*，1765~1769），该书对老辉格党人关于1688年革命确立的18世纪宪政秩序的观点做了极其详尽的表述④，并申明"政治或公民自由是宪法的真正目的和目标"。布莱克斯通一再强调议会的职能，并提出议会的"无限立法威权"，这启发了后来的戴雪的"巴力门主权"思想。⑤ 因而同样深得"甲寅派"政论家的青睐。

除以上列举诸人以外，其他著名的英国宪法史、政治思想家、政治学学者如哈廉（Henry Hallam）、梅特兰（Maitland）、梅依（Thomas May）、苻礼门（E. A. Freeman）、西犁（Seely）、薛纽伯（Seignobos）、波洛克（Pollock）、席兑（H. Sidgwick）、安孙（Anson）、薄得烈（J. E. C. Bodley）、莫烈（Morley）、斯宾塞（Spence）、边沁（Bentham）等人的著

---

① 〔英〕马丁·洛克林：《公法与政治理论》，郑戈译，商务印书馆，2002，第198页。
② 行严：《政党与党纲》，《民立报》1912年2月24日；参见《章士钊全集》第2册，第37页。
③ 参见《布莱克维尔政治学百科全书》，"埃德蒙·伯克"条，第83~84页。
④ 参见《布莱克维尔政治学百科全书》，"威廉·布莱克斯通"条，第65~66页。
⑤ 〔英〕戴雪：《英宪精义》，雷宾南译，第117~120页。

述，均是"甲寅派"经常引用并用以阐述自己的政治理想的思想资源。限于篇幅，此处不及枚举。

二 美国新政治学的影响

尽管有以上极强的英国宪法学流派的倾向，但由于"甲寅派"成员早年留日时大都进入早稻田大学学习政治学，并受早稻田大学美国新政治学模式的影响，所以他们对于同时代知名的美国政治学者的著述亦同样倾心。① 美国新政治学的代表性学者，有柏哲士（John W. Burgess）、伍德罗·威尔逊（Woodrow Wilson）、罗伟（Lawrence Lowell）、吴汝雪（Theodore D. Woolsey）、黎白（Francis Lieber）、韦罗贝（Willoughby）。从 19 世纪 80 年代末开始，这批美国学者的著作，逐渐在日本学界获得回响，尤其是"早稻田丛书"已将他们的著作同步选入，并陆续译成日文，大多数作为日本大学教材使用。② 所以，"甲寅派"的诸多成员留学早稻田大学时便其中多有受益，而在英国学习期间，他们在原来的基础上直接接触到美国新政治学的文本的可能性也很大。下面以影响最大的三位美国学者为中心，探讨美国新政治学对于"甲寅派"政论的影响。

首先看美国哥伦比亚大学柏哲士教授。柏哲士是 19 世纪末美国新政治学研究的领军人物，但他早年留学德国，所以 1880 年他在哥伦比亚大学里所创设的"政治研究院"的政治学研究志向，主要是顺从了德意志的国家传统的政治学。甚至其主要著作《政治学和比较宪法论》（*Political Science and Comparative Constitutional Law*, 1890），亦是在德国指导教师和学术背景下所产生的问题意识。③ 但柏哲士在民初学界的政治思想言说中的遭遇，可比戴雪、蒲徕士等人，尤其是章士钊在《民立报》、《独立周报》时期就已经有意地引用柏哲士的理论来解释或澄清诸如"国体"、"政体"、"萨威稜贴"（Sovereignty，民初人或译统治权或译主权，章士钊赞成后者）等时人

---

① 关于日本早稻田大学与美国新政治学的联系的研究，可以参见〔日〕内田满：《早稻田与现代美国政治学》，唐亦农译，复旦大学出版社，2003，尤其是第四章的内容。

② 〔日〕内田满：《早稻田与现代美国政治学》，第 14 页。

③ 参见〔美〕格林斯坦、波尔斯比编《政治学手册精选》（上），竺乾威、周琪、胡君芳译，商务印书馆，1996，第 34 页；〔日〕内田满：《早稻田与现代美国政治学》，第210～212页；根据章士钊的提示，柏哲士此书在民初已有中译本，系从日文本转译，商务印书馆出版。参见行严《再论国体与政体之别》，《民立报》1912 年 3 月 23 日，参见《章士钊全集》第 2 册，第 118 页。

讨论政治法律问题时极易混淆的一些重要概念。① 章士钊肯定柏哲士在政治学上的一个重要贡献，他说："至柏哲士，而国家与政府之别乃大明。柏氏所贡于政治学者，此点实一空前哲之理障。"② 而且柏哲士对于总统制与内阁制孰优孰劣，其观点正与白芝浩相反，所以章士钊以下这段话可以帮助我们理解是如何接受柏哲士的学说的："记者尝读美儒柏哲士之书，彼比论政制，颇伸美而屈英，谓英制非不良，而非可滥施之于人国，其故则此制首须社会组织之完全，人民德智两方之进步，皆臻绝顶，然后可以政府全托之一党之手，而不加以防范。然兹条件，当世无一国能践之，即最近之将来，亦殊不敢望此，故居今而择政体，不可行险侥幸云云。记者夙昔崇信英制，当时大不悦柏氏之所言。而徐徐验之，渐见其言有不可易处，而欲记者据此与内阁制割席，尚病未能也。"③

在对抗袁世凯的御用文人的国体论、帝制论过程中，柏哲士的理论尤为"甲寅派"所重视。周鲠生、李剑农等人虽身处海外，但出于对国家政治前途的担忧，加入了这场反对帝制舆论的争论，他们发表在《甲寅》、《新中华》、《太平洋》上的长篇大论，如《共和政治论》、《国体与政治》、《鸣呼中华民国之国宪》，对柏哲士的理论尤三致意。④ 其中，李剑农较为系统地介绍了柏哲士的学说，他说，"于国体、政体辩之最严、论之最透者，无若美人柏哲士"，柏说的主旨包括两个方面："（一）柏氏以国家与主权为一体。凡称国家即同时既称主权者，盖以国家与主权为不可分离，从其凝而言之为国家，从其动而言之为主权者。一物而呈二象，因得二名，欲问其国为何形体，但观其主权构成之形体何如耳。（二）柏氏之所谓国家又呈主观、客观之二象。主观之国家盾乎宪法之后，客观之国家则组织于宪法之中。其所据以为国体分类之标准者，即此客观之国家也。以其在宪法

---

① 参见行严《国体与政体之别》、《再论国体与政体之别》，《民立报》1912 年 2 月 28 日、1912 年 3 月 23 日，见《章士钊全集》第 2 册，第 50、118 页；秋桐《约法与统治权》、《主权与统治权》，《独立周报》1912 年 9 月 22 日、1912 年 10 月 6 日，见《章士钊全集》第 2 册，第 524、558 页。

② 秋桐：《主权无限说》，《独立周报》1912 年 10 月 6 日，参见《章士钊全集》第 2 册，第 566 页。

③ 秋桐：《论政见商榷会》，《独立周报》1912 年 11 月 17 日，参见《章士钊全集》第 2 册，第 618 页。

④ 参见周鲠生《共和政治论》，《甲寅》1 卷 10 号（1915 年 10 月 10 日）；李剑农《国体与政治》（上、下），《新中华》1 卷 4 号、1 卷 5 号（1916 年 1 月、1916 年 4 月）；李剑农《鸣呼中华民国之国宪》，《太平洋》1 卷 5 号（1917 年 7 月 15 日）。

上地位，有创造变更政府之最高权能，故即为主权者，即为国家。"李剑农还认为柏哲士所谓"客观之国家"其实就是章士钊所立的一个名词"造法机关"，有别于通常所谓的"立法机关"。① 李剑农对于柏哲士的解读颇为精确，国内有些知识分子正是通过他的译文来了解柏说的，李大钊就是一例。②

继柏哲士之后，罗伟和威尔逊则是美国政治学从对欧洲政治学的依附演变为独立发展，即"政治学的美国化"过程中的关键人物。他们在 1908 年相继出版的《英国的政治》（*The Government of England*）和《美国的立宪政治》（*Constitutional Government in the United States*）对美国新政治学具有"牵引车"的作用。他们与古德诺、本特莱（Arthur F. Bentley）等教授的政治学研究取向被评价为"全把法的以及意识形态的任何一种形式主义视为非，而把现实的作用、动作、行动等研究当作是来看待"。③ 美国新政治学这种研究取向，开始有别于欧陆的国家学以及英国的宪法学。

先论哈佛大学的罗伟（今或译洛厄尔）教授。罗伟的研究领域主要在政府与政党方面，主要著作有：《欧洲大陆的政府和政党》（*Government and Parties in Continental Europe*，1896）、《英国政府》（*The Government of England*，1908）、《公意与平民政治》（*Public Opinion and Popular Government*，1913）。一般认为，罗伟及其领衔的哈佛政治学具有极强的盎格鲁撒克逊（英格兰）政治学的取向，他们的著作基本摆脱了德法学者公法学色彩的政治学的影响，因而在美国现代政治学史上具有杰出地位。④ 实际上，罗伟的研究更多的是面对 19 世纪末 20 世纪初时代大变迁中的美国民主政治如何推进的问题，即关注"活动着的政府"等现实问题。不过，他的研究旨趣和方法，仍是受到了前面提到的英国学者白芝浩和蒲徕士的影响。⑤

罗伟学说对"甲寅派"的影响主要有两个内容：其一是调和论。

① 剑农：《呜呼中华民国之国宪》，《太平洋》1 卷 5 号（1917 年 7 月 15 日）；剑农：《国体与政治》（篇上），《新中华》1 卷 4 号（1916 年 1 月）。
② 守常：《暴力与政治》，《太平洋》1 卷 7 号（1917 年 10 月 15 日）。
③ 〔日〕内田满：《早稻田与现代美国政治学》，第 224 ～ 225 页。
④ 孙宏云：《中国现代政治学的展开：清华政治学系的早期发展（1926 ～ 1937）》，生活·读书·新知三联书店，2005，第 45 页；〔日〕内田满：《早稻田与现代美国政治学》，第 264 页。
⑤ 〔日〕内田满：《早稻田与现代美国政治学》，第 244 ～ 264 页；〔美〕格林斯坦、波尔斯比编《政治学手册精选》（上），第 39 页。

《欧洲大陆的政党与政府》这本书，被章士钊称作是"近今之鸿著，读之，欧陆之政治，可以窥见其真相，诚吾人不可不读之书也"。① 罗氏于此书中论述了法国1875年宪法成于调和的观点，"今政府之所由成，其精要在于调和。调和者，固政制成于仓卒，而又传之永久所必具之性也"。章士钊、李剑农奉之为经典论述而加以引用。② 其二是宪法"假面"（fiction）论。章士钊早先对此论已有一般的认识，他曾依罗伟的提示指出法制与政治的关系："政治事情实发展于宪法条文以外，条文之效力以政治事情对消之者，往往而有。"③ 他希望国人注意政治力的冲突和调和对于政制、法制的形成至关重要，"是可知英、法两国内阁政制之完全，得之于政治方面者多，而得之于法律方面者少，此固不必薄法律而尚政治也"。④

李剑农在《宪法与政习》上将章士钊的解释更进一步，他正式使用"假面"来表达罗伟的这个宪法观念，他说："不佞一人，对于宪法之观念，则一罗伟所指之假面，其效用足为政治剧界写生，臻进治理，固甚不可蔑视；然其用亦仅在使优场作者持为写生之具，能否付以生气，则仍视优场作者之伎俩何如耳。伎俩不精，徒断断于此假面之装点，附牙添角，冀其自能生动，无须作者之因时因地以意为润饰，此必不可得。"⑤ 借此理论，李剑农提示制宪议员须十分注意宪法的弹性特点："故知今世至刚之宪法，如北美，亦含有若干程之弹性。非是则不能瞻其用，弹性之量宏者，其容许政习发生之量亦宏，弹性之量狭者，容许政习发生之量亦狭。政治若生物，自胚胎以至于成长、衰老，息息改观，苟以其胚胎孕诸固匣，其成长力强于匣力，则匣裂，成长力弱于匣力，则胎毙裂。裂匣、毙胎，皆为制宪者之所大忌。"⑥

再论威尔逊（1856～1921）。威氏在1913～1921年出任美国总统，但在

---

① 行严：《论行政裁判制》，《民立报》1912年5月4日；见《章士钊全集》第2册，第264页。

② 秋桐：《政力向背论》，《甲寅》1卷3号（1914年8月10日）；剑农：《调和之本义》，《太平洋》1卷1号（1917年3月1日）。

③ 行严：《再论总统权限问题》，《民立报》1912年6月26日，见《章士钊全集》第2册，第375页。

④ 行严：《论国务院官制与内阁制》，《民立报》1912年6月30日，见《章士钊全集》第2册，第386页。

⑤ 剑农：《宪法与政习》，《太平洋》1卷1号（1917年3月1日）。

⑥ 剑农：《宪法与政习》，《太平洋》1卷1号（1917年3月1日）。

此之前却是卓有贡献的政治学家，他在 1885 年出版的《国会政府》（*Congressional Government*）据信是以白芝浩的《英国宪法》为范本而写作的，"是按照白芝浩先生对待英国政体那样来对待美国政体的"。① 威尔逊在此书中已初步反省白芝浩所指出的美国三权分立和抵衡给美国宪政所带来的弊病。李剑农在《美国新任旧总统》一文中，高度赞扬威尔逊的这个见解，并指出威尔逊在欧战前发表的一次重要演讲，是彻底清算了抵衡制的不利影响，他引述威尔逊的话说："美之宪法，亦无异于英之大宪章，可因时而易其精神，立法、行政，宜使融为一贯，总统之地位，当如英之内阁首长，负指导立法之任。"不宁惟是，威尔逊在其总统任内，将他的学说应用起来，实现了美国宪政改革。李剑农评论说："盖自 18（世）纪下期以来，美虽久籍议长地位，造成所谓立法、行政半连环之小内阁，总统于立法上之活动，终有限度。威尔逊则以为总统之任务，非徒为行政之首长，且为立法之指导者，务使其趋近于英之内阁首长为当。故自就任以来，如关于关税、货币、银行及其他种种法案之修改制定，无不极其指导活跃之能，是成为美之宪政放一异彩者也。"②

这样看来，李剑农借用威尔逊的学说与宪政改革的事实，批评三权分立和抵衡制，主张立法、行政融合，实则只是深化了章士钊先前借用白芝浩而表达的一个重要观念，亦即融汇立法权与行政权的英国内阁制优于三权分立的美国总统制。李剑农说："抵衡制之精神，为仆根本上所不取。盖政治若生物，机械之抵衡主义，终不若机体之灵活主义。正美总统威尔逊君所谓政治作用，以奈端动力学之理论驭之，不如以达尔文生物学之理论驭之也。"③ 这种政治思想取向在《太平洋》上所在多有，如周鲠生在所著《孟德斯鸠分权说》结论处亦说："然自 19 世纪中叶以后，孟说之势力浸衰，此一世纪之中，英伦国会政治演进，内阁制之原则昌明。与谓立法行政两权分离，宁睹内阁议会融成一片之势，并世立宪国家，大抵趋近英伦内阁制。孟氏分权说应用之范围，渐次缩小。"④

---

① 参见《布莱克维尔政治学百科全书》，"白哲特"条和"伍德罗·威尔逊"条，第 51、860 页。

② 剑农：《美国新任旧总统》，《太平洋》1 卷 1 号（1917 年 3 月 1 日）。

③ 剑农：《地方制的终极目的》，《太平洋》1 卷 2 号（1917 年 3 月 1 日）。

④ 鲠生：《孟德斯鸠分权说》，《太平洋》1 卷 12 号（1919 年 7 月 15 日）。

三　法国、德国自由主义思想及公法学的影响

上述我们大体明确了"甲寅派"对于民国宪政主义的表述、自由民主的诉求，其理论根据多源自英、美国家的思想学说，但并不就此认为他们排斥欧陆法政的思想资源。实际上，他们对于法国、德国的理论思想同样有很深的了解和研究。章士钊和李剑农都自学过法语，能够简单阅读一些法国学者的作品，并在一些政论文中引用法语原著；① 而周鲠生和王世杰却先留学英国，后又在法国、德国留学，并获得法国巴黎大学的法学博士学位。所以他们的政论文也多借用欧陆理论家的思想资源。从他们的论文中，可以看出他们对于欧陆的政治思想有两项重要的应用。以下分别述之。

第一，对于欧陆古典自由主义思想家的推崇

在法国，古典自由主义的代表人物包括孟德斯鸠（Montesquieu，1689～1755）、托克维尔（Tocqueville，1805～1859）及贡斯当等人②，孟德斯鸠和托克维尔则是"甲寅派"最为熟悉的自由主义政治思想家，但贡斯当未见"甲寅派"引用。孟德斯鸠在他的《论法的精神》中，根据他对英国宪法并不完整的理解，认为它包含了一个借以保障个人自由的权力分立与制衡体系，这部分学说如上所述，已为章士钊、李剑农等人所否认；但孟氏对于英国立宪主义制度的阐释以及对政体的区分，却是不刊之论，深为政论家所信赖。例如，孟氏认为，区分政府形式不是看权力掌握在谁人手中，而是看权力是如何由政府实施的。由此可能出现一人单独统治的专制主义，也可能出现全体人的专制主义。③ 应该说，这个观点，正适合"甲寅派"用来阐明袁氏当国时期的政治现象，章士钊引论说："故共和有两端之可忧，一曰不平等，一曰极平等。不平等之弊，流于贵族与君主，极平等之弊，流于绝对之专制，杀敌锄异，惟己独尊。"由此可见，政走两端，均为专制，"明明有中，得其中道，共和斯茂"，以"中道"实现"共和"，正是《甲寅》宣扬"调和立国论"的中心思想。

---

① 章士钊曾说过"往习法兰西文"这句话，引见秋桐《民国本计论——帝政与开明专制》，《甲寅》1卷10号（1915年9月17日）。李剑农也能在他的政论文中引用一些法文著作。

② 〔英〕约翰·格雷：《自由主义》，曹海军、刘训练译，吉林人民出版社，2005，第25～33页；李强：《自由主义》，中国社会科学出版社，1998，第60页。

③ 〔意〕莎尔沃·马斯泰罗内：《欧洲政治思想史》，黄华光译，社会科学文献出版社，1998，第161页。

关于托克维尔，章士钊绍介颇详，他说："平民政治一语在欧文歧义甚多。法儒涂格维尔，言平民政治者之泰斗也。1831 年彼亲游美利坚，详究彼中之政态，越四年，发行《美利坚平民政治》一书，轰动全欧，其影响较之英儒边沁之立法说出世为尤大。"① 诚如斯言，托克维尔在西方政治思想史上影响巨大，他对自由主义发展的最重要贡献就是把从贡斯当开始的自由主义对"大众民主"的恐惧发展为一套系统的理论，即所谓对"多数暴政"的恐惧，所以，他也是第一个明确阐述自由与民主两种理念可能发生冲突的思想家。② 这对倾向于精英民主论的章士钊等人来说，"多数暴政"亦是他们所担忧的。

至于德国古典自由主义思想，周鲠生的《德意志政治学说之变迁》一文，对于 18 世纪末以来的德国政治思想的变迁论之颇详。他指出，在法国大革命以前，德意志"久以文艺哲理，雄于欧洲"，对于"政学治理"则无人过问；但经大革命的刺激，德意志人的国民精神和政治思想，才"如雨后之笋，勃然挺生"，其文人学士如梦初醒，对于政治问题，骤增兴味，"自始厥后，政论勃兴"，"而于国家之性质与义务诸问题，讨论尤力"。他称这个时代是 18 世纪入 19 世纪由旧德意志入新德意志之过渡时代，而代表此过渡时代的政治学说者，当推芬波特（Humbodt，今译洪堡）、康德（Kant）、菲希特（Fichte）三人。他指出，这个时期德国的政治学说与同时代之英法思想略为一致，"个人主义、自由主义、国民主权、国会政治之论，盛极一时"。但经拿破仑一世的铁蹄践踏，德意志人最感挫辱，"国民主义，因之激扬"，连原先信奉极端个人主义的菲希特，其晚年亦渐变为民族国家主义的先驱。于是乎黑智儿（Hegel，今译黑格尔）所阐扬的国家主义渐得德国人的认同。周鲠生指出："黑智儿之哲学，起端于国家，彼视国民生活，为一切高等生活之基。于其所著《德意志宪制》，主张坚固之政府，谓秩序者，社会之急需；欧罗巴鉴于法兰西之祸，已不甚应自由之声，安定之政府，自由所需也。"这说明黑智儿的政治思想"脱离 18 世纪个人自由主义之学说，而新以国家为立论之起端，舍民主政治而唱国家主义"。尽管如此，周鲠生并不认为黑智儿与德意志后来的反动军国主义合流，宁以

---

① 行严：《平民政治之真诠》，《民立报》1912 年 3 月 10 日；见《章士钊全集》第 2 册，第 82 页。

② 李强：《自由主义》，第 68 页。

"保守派"视之。实际上，他认为，19 世纪中叶德国自由主义精神盛极而衰的标志性人物，是古亭坚大学的达尔曼（Dahemann）教授，"主唱英伦国会政治最有力者也。1835 年著有《政治学》，一时视为北德意志之圣经，稽考历史经验，衡论政制，在德意志以彼为始。全书论旨主唱代议政治，博引英伦史实以证其说，以彼热诚之国民主义，深固之自由信仰，感化大学士子甚深"。达尔曼时代可谓德意志自由主义全盛时代，"不幸自彼殁世，后继无人，毕生梦想之自由国民主义，从此一蹶不振"。①

在德国极力推崇英伦自由主义宪政制度的，除周鲠生指出的达尔曼教授，还有一位章士钊和李剑农均关注过的学者格乃斯特（Gneist），格氏是英伦宪政制度的崇拜者，通过考察英伦政治，提出英国是"法治国"（Rechtsstat）的见解②，对于这样一位从英国之外观察英国宪政的思想家，章、李等人备加推崇，他们对于格乃斯特的学说都有所认识："时则格乃斯特教授，熟于英伦之自治制，乃言欧陆规仿英之议会制，恒取其壳而遗其核，故绝无成功之可言。盖英制立脚之点，全在地方团体组织之善，而浅识者不能察也。盖英之纳税者，率为中上流社会，而权力亦即属之。权力既为少数优秀者所运用，彼等遂为舆论天然之领袖，其结果则各阶级之冲突，赖以调和，而寓于集合性之政治理解，日发达于选举社会。于是自由、保守两派，本其固有之势力，平流而进，性不易迁，而党派之有定性，即议会政府强固之征也。"③

尽管 19 世纪下半叶以来德国自由主义思潮衰落，与之反动的专制主义学说乘势兴起，但周鲠生预测欧战之后，德国人由于深受战争痛苦，及俄国革命的影响，可能对于政府反感，那么"专制主义，必难维持，则政治学说似有不能不改趋自由之势，吾人拭目观之可也"。④

由上可见，"甲寅派"对法国、德国古典自由主义思想家的推崇，大体是符合他们的自由主义政治社会观的，与他们对英、美国家的自由主义思想的追求是相一致的。

第二，对于法国宪法学家（公法学家）著述的译介和运用

---

① 鲠生：《德意志政治学说之变迁》，《太平洋》1 卷 11 号（1919 年 4 月 15 日）。

② 雪艇：《平政院制平议》，《太平洋》1 卷 6 号（1917 年 10 月 15 日）。

③ 秋桐：《普鲁士省官制论》，《独立周报》1912 年 9 月 29 日，参见《章士钊全集》第 2 册，第 553 ~ 554 页；李剑农：《地方制之终极目的》，《太平洋》1 卷 2 号（1917 年 4 月 1 日）。

④ 鲠生：《德意志政治学说之变迁》，《太平洋》1 卷 11 号（1919 年 4 月 15 日）。

欧陆法律强调公法与私法之分，这是同英美法学的主要不同点。时在法国巴黎大学攻读法学博士学位的周鲠生和王世杰是"甲寅派"中最早区分并使用这个概念的论者，在《平政院制平议》中，王世杰解释说："欧洲大陆学者区别法律之种类为二：一为私法，一为公法。私法者，规定私人间之关系者也，普通民法及国际私法属之。公法者规定国与国之关系，或国家与私人之关系者也。规定国与国之关系者，为国际公法，规定国家与私人之关系者，为刑法、为宪法、为行政法规。"① 他们的政论文频繁引用法国公法学家的学说观点，尤以叶思曼和狄骥为重点。

叶思曼（Adhemar Esmein，今译艾斯曼，1848～1913），是法国古典宪法学理论的集大成者，也是法国现代宪法学的创始人。其代表作《法国宪法和比较法的要素》（1895），在法国历史上最早构造了比较严密完整的宪法学体系。该书对"个人权利理论"和"国民主权理论"的重新阐述，并使个人权利理论摆脱了"自然状态"和"社会契约论"等在当时已受到实证主义法学派批判、攻击的缺陷，从而维护了个人权利理论在宪法学中的核心地位。② 周鲠生在一篇论文中评介了叶氏这个理论："群约说久为论争烧点，实则今日即弃群约说主权在民之义，根据仍不可破弃。叶思曼尝于群约说之外求得证明主权在民之理由有二：曰国家所以为民，国家之运命应由国民自支配之；曰国家存在之根据在势力而最后之势力无如全体国民大者。叶氏为当代政学大家，关于此点研究，尤精详于其所著《比较宪法论》，别为国民主权说一章彻论之。"③ 周氏还向读者承诺翻译该书核心理论部分的章节，后未见动作。叶思曼的另一学说成果——内阁制，也深得周鲠生的推崇和引用，他为之介绍说："现代历史派法学家之斗山，于英法两国内阁制比较研究最精透者也，其论内阁制国家元首之地位，极得正鹄，可以一扫俗论，为斯问题下一健全之解决。"④

狄骥（Leon Duguit，1859～1928）是现代西方社会连带主义法学的创始人和主要代表，他的学说在西方法学界虽然褒贬不一，但人们对其创立的社会连带主义法学以及其在现代宪法学和行政法学方面的贡献则是肯定的。⑤

① 雪艇：《平政院制平议》，《太平洋》1 卷 6 号（1917 年 8 月 15 日）。
② 何勤华主编《法国法律发达史》，法律出版社，2001，第 81～84 页。
③ 鲠生：《共和政治论》，《甲寅》1 卷 10 号（1915 年 10 月 10 日）。
④ 周鲠生：《责任内阁与元首》，《太平洋》1 卷 4 号（1917 年 6 月 15 日）。
⑤ 何勤华主编《法国法律发达史》，第 84 页。

周鲠生在一篇译作前介绍说："法国博多大学教授狄骥，当代公法学家之赫赫有声名者也。所著有《公法学》、《宪法原论》、《法国宪法大纲》诸书，风靡欧美法学界。"又介绍狄骥的主要学术观点说："狄氏持论之最惊人处，在否认一切所谓国家人格主权之观念。自彼视之，近世国民主权之纯属假想，犹之帝王神权说之荒诞无据也。狄氏既持此见，故其对于国家政府之概念，所立公法学系，与当世一般法学者截然不同，而受抨击之处，亦颇不少。"周的这篇译作是当时英国法学家蒲兰（W. Jethro Brown）对于狄骥学说的有力批评，所持论点颇能代表英美一般公法学说，所以他翻译此文的目的是："两相比较，吾人得以识法学系统分歧之点。"①

周鲠生以自己留学之便，关注狄骥宪法学说的进展，并尽力将之介绍于国内。欧战结束后，狄骥"举其积年研究，重订《宪法学》，公之于世"。周鲠生则立即将狄骥的这一新成果用书评的形式向国人予以介绍，他先后写了三篇《读狄骥宪法学》，分别评论了狄骥的"法律之观念"、"国家之观念"及"国际公法之观念"，指出狄骥与传统公法学说主要不同之处：一是提出了"客观法"和"社会准规"的概念，"力辟主观法之观念，而专从客观论方面，立一实验的法律国家学说也"；② 二是在国家问题上，狄骥不取英国法学家戴雪的"无限主权说"和德国法学家耶林、耶律芮克的"国权制限说"，认为这些学说仍没有打破"传习的纯理观念"，惟有就"事实之观察"而立说，才能成为科学的法则。故而所谓国家，并不具有命令权之高级意志，而是其目的必须合乎社会内之客观法："质言之，即政治的权力之目的为何之一问题，可以简单解决如下：政治的权力，以法之实现为目的，此项权力，依法具有义务，应尽其力之所能，保障法治。国家建于势力之上，但此项势力，必合于法以行使，始为正当。"③

对于狄骥学说的重大理论成果——行政法学，周鲠生也极为重视。民元以来关于拥护或反对平政院制（行政裁判制）的讨论争锋不断，而以章士钊为首的"甲寅派"基本上站在坚决反对的立场上。他们主要以戴雪、甄克思等英人的观点作为辩护的理据，指出法国行政法的存在，使官吏享有一

---

① 〔英〕蒲兰：《狄骥之法学评》，鲠生译，"译者附识"，《太平洋》1 卷 5 号（1917 年 7 月 15 日）。

② 鲠生：《读狄骥宪法学》（一），《太平洋》3 卷 2 号（1921 年 9 月），第 3 页。

③ 鲠生：《读狄骥宪法学》（二），《太平洋》3 卷 3 号（1921 年 10 月）。

种特权，这与"法治"的原则和司法平等的理念相冲突。① 但实际上，19世纪末戴雪等人误解了法国公法学系统下的行政法，戴氏本人亦在后来纠正了这个看法，承认他的论点基于错误的材料。② 由此可见，周鲠生翻译狄骥的《法国行政裁判制》，能在一定程度上为国内读者提供关于行政法和平政院的最新理论："行政裁判制，法兰西发达最早，今人拥护斯制与反对斯制之两方，率以法国为例证，实则法国行政裁判之起，其因既杂，而发达之程序，历变亦多。骤睹现制，殊难了然，隔靴搔痒之病，欧美人士于此亦多不能免。况事情隔阂如吾国人者乎。此所以有详细研究之必要也。"③

综合上述三点可见，"甲寅派"的政治思想大体上倾向于英美宪政主义，对于欧陆的政治哲学，也偏向自由主义者的观点，因此，他们的政治观带有英国宪法学者戴雪的乐观态度："大凡仿效英吉利宪法的形式，最好采用该宪法的精神，至足以降福于任何文明国家的人民，使之得享受秩序与进步无疆的福祉。"④ 他们坚信仿效英国的"宪法之治"的模式，必能令中国走上进步的道路。李大钊称赞说："英伦者，世界立宪国之先进也。"⑤ 章士钊亦歌颂不成文的英伦宪法却较其他成文宪法更能够保护公民自由，"英吉利者，人民自由最巩固之国也"。⑥ 所以，"甲寅派"主张大力吸收英美宪政主义的思想资源，以之建构取法英国政治模式的理论。

第二节 "甲寅派"的政治主张：内阁制

清朝末年至民初，章士钊在《帝国日报》、《民立报》和《独立周报》上的言论，一直重在议论政治组织的形式及制宪问题，如内阁制或总统制、一院制或两院制、平政院制等。《甲寅》时期，由于特殊的政治形势，章等

---

① 行严：《论特设平政院与自由原理不相容》，《民立报》1912 年 3 月 18 日，见《章士钊全集》第 2 册，第 105 页。

② 〔法〕勒内·达维：《英国法与法国法：一种实质性比较》，潘华仿、高鸿钧、贺卫方译，清华大学出版社，2002，第 99 页。

③ 〔法〕狄骥：《法国行政裁判制》，鲠生译，"附识"，《太平洋》1 卷 12 号（1919 年 7 月 15 日）。

④ 〔英〕戴雪：《英宪精义》，雷宾南译，第 73 页。

⑤ 守常：《爱国之反对党》，《甲寅日刊》1917 年 3 月 5 日，参见《李大钊全集》第一卷，人民出版社，2006，第 310 页。

⑥ 行严：《临时约法与人民自由权》，《民立报》1912 年 3 月 12 日，参见《章士钊全集》第 2 册，第 85 页。

人转而探索立国之精神，提出著名的"调和立国论"（详见下节），同时以"联邦制"、"统治权"等学理阐述，反对袁氏大权独揽主义。但政制、宪法的制定远未完成，因而袁世凯死后，章士钊携李大钊、高一涵在北京办《甲寅日刊》，继续评论北京宪法会议的制宪问题，章并以参议院议员的资格得以在宪法会议中发言，倡议宪政改革；而李剑农、周鲠生等人则在《太平洋》上，阐发他们的政制理想、宪法主张等问题，直至国会再度解散。因此，本节将继前一节所讨论的"思想资源"之后，讨论"甲寅派"一以贯之的政治主张——效仿英伦内阁制。

一　章士钊论政党内阁制

早在清末留英时期，章士钊即以秋桐的笔名，在《帝国日报》上发表了大量政论，介绍英国学者白芝浩、戴雪等人的政治、宪法学说，并关注国内的宪政改革及实施政党内阁的问题。他批评清政府的立宪以日本明治宪法为张本是错误的，主张采行英国式的君主立宪制及体现议会万能的政党内阁制，才是立宪的正途。他主张中国的国会应像英国巴力门（Parliament）一样，是一个万能的议会，可以制定或废止一切法律，"英人既以君主与上、下两院三大种族组成国会，于是国会之权力乃至无垠，而国会万能之名词以立"。[①] 他又主张建立一个"能力绝强"的政府，而这样的政府应是由国会内多数党组成的政党内阁式的政府，只有这种内阁政府才能真正操纵国会，才能与国会协调一致共同应付危机，以保中国的生存，谋求最大多数国民的幸福。[②] 可见，章士钊在清末即已提出英国模式的内阁制主张，他的主张未被清政府采纳，相反，皇室的虚伪立宪以及成立被章称为"畸形内阁"的皇族内阁，未能阻止辛亥革命的发生，君主立宪制亦成为历史名词。

辛亥以后，于共和政体下，内阁制是否可行，曾在民初政坛引发讨论。章士钊首先指出，内阁政治，始于英国，世人曾怀疑此种制度只适宜君主国而不适于民主国，但只有白芝浩坚定地说："吾主张内阁政治之合于政治原理，人或疑之。吾英之久行此，此不待说。今由法兰西观之，则此制之行于

---

① 秋桐：《国会万能说》，《帝国日报》1911 年 1 月 18 日，参见《章士钊全集》第 1 册，第466 页。

② 秋桐：《政党政治果适于今日之中国乎？》，《帝国日报》1911 年 5 月 29 日，参见《章士钊全集》第 1 册，第 537 页。

共和国，断非不可能之事，有谓此制为英伦之特产，真腐儒之语也。"① 后来法兰西第三共和政府真正确立内阁制，则证实了白芝浩对于内阁制亦适用共和国家的判断。

白芝浩的见解增强了章士钊在共和国政体下亦能推行内阁制的信心，他在《民立报》、《独立周报》上，仍如《帝国日报》时期的主张一样，坚持政党内阁制适宜中国，"记者（即章士钊本人）之主张，则吾国虽属共和，当采内阁政治而不当采总统政治"。② 他认为英国能够运用宪政极其圆融者，并由此组成强有力之政府，不在孟德斯鸠所误解的"三权分立之论"，实在"行政、立法两部之能融成一片"，亦即，"议会与内阁得以沟通"。③ 所以，内阁政治的定义如下："夫内阁政治，乃指议会控制多数之后，杰者出而组织内阁，因而立法、行政两部精神一贯也，即所谓议会行政部之作用也。有时内阁云者，立法、行政两部之连环也，如本英儒白芝浩之用语，则'议会中最强有力之一委员会'也。凡一会必有一长，于是，内阁总理者，即此强有力之委员会之会长也，绾立法、行政两部之连环者也，与总统行权之区域不相妨也。"④

与内阁制相对的是总统制，章士钊指出："此制之特质，在划定立法、行政两部之权限，立法部不得以行政过失迫行政部辞职，行政部亦不得解散立法部。质而言之，两部之名，各副其实。立法部立法、行政部施行之焉，如斯而已。"亦受到白芝浩的影响，章认为总统制最大弊病即在于立法、行政两部不能沟通，呈"半连环"状态，则"议会讨论时期，行政部无从加以影响，以是两部之情感不通，问题稍大，即无协和一致之望"。其结果是造成软弱之政府，对于民国这样的新造国家殊为不利。他说："此种政府，其弱无对，在美洲宪法神圣之国，权力之分配至为严明，政府只求其守成，而无取乎有大作用，故能行之至今。若新造之邦，需中央大开大阖之力至巨者，运用此制不善，行至自弊，此记者之所信也。"⑤ 这可表明章氏不赞同

① 行严：《新总统与内阁制》，《民立报》1912 年 2 月 21 日，参见《章士钊全集》第 2 册，第 26 页。

② 行严：《共和略说》，《民立报》1912 年 2 月 13 日，参见《章士钊全集》第 2 册，第 22 页。

③ 章士钊：《在宪法会议第三十次会议上的发言》，《宪法会议速记录》第 3 册（1917 年 3 月 9 日）。见《章士钊全集》第 4 册，第 37 页。

④ 行严：《论内阁政治》，《民立报》1912 年 3 月 25 日，参见《章士钊全集》第 2 册，第 124 页。

⑤ 秋桐：《变更政制之商榷》，《独立周报》第一期（1912 年 9 月 22 日），参见《章士钊全集》第 2 册，第 521 页。

总统制的理由。

当袁世凯取代孙中山而当选为临时大总统时，章士钊作《新总统与内阁政治》一文，试图阐明元首（总统）在内阁政治中的责任问题。他指出，在内阁政治下，民国总统可以效法英、法元首中之一种。比如，效法英国，则"总统殆如英吉利之国王，不直接受政治上之影响，而当政治之冲者，乃其内阁总理，而内阁总理必属控制议会之多数党，阁员皆其党员，全阁对于议会负连带责任是也"。但章士钊担心民初的形势，直接效法英国国王，令总统权力架空，恐怕不利于秩序稳定和内阁制的运作，所以他以1871年法兰西第三共和国民议会选举出的戴冶（今译梯也尔）比论袁世凯，并非比较二者的才能，而是就两国的形势之比较，他引白芝浩评论戴氏之语说："戴冶者乃时世之骄子，法人舍彼，殆无以为选。倘法人必不欲戴氏为其总统，而欲别选一人为之，事将莫举。"以此喻袁氏为民初形势之得人。他认为民国初立，秩序未定，新旧交替之际，"政治首长必赖非常之才"，则希望袁氏也如戴氏那般，作为国家元首，成为推行和维持内阁政治的有力保障。他说："记者今论袁君，联想及于前法总统戴冶，于是戴冶时代所有之现象，颇以为行复见于今也。……当法兰西新败于普，义愤莫堪，全国主战，而内阁且含有主战一分子，议会之叫嚣、无纪律、又无过于彼时，而戴氏卒能运其长腕，保其政策之统一，以维持和平，是固不能不责望于袁君者也。"[①]

戴冶虽为总统，但他在当时法国政府中的作用，"深有类于英吉利之内阁总理"（白芝浩语），所以章士钊亦认为，民初内阁可暂不设总理，"以为袁君果能举戴冶之实，即循戴冶之例以行，亦无不可"。但不是让袁氏拥有美国总统那样的权力，而是效法法兰西第三共和之行政首长，为过渡时期内阁政治运行的保障。他认为："内阁政治之精髓，不在内阁总理之有无，而在立法、行政两部之打成一片。所谓打成一片者，即立法部员出为行政部员，而行政部员即视为立法部之一委员会是也。苟非如此，则政府为议会所左右，诚为莫大之危险。"[②]

对于阁员的遴选问题，章士钊认为既然民国政党尚为幼稚，天下英才又

①　行严：《新总统与内阁制》，《民立报》1912年2月21日，参见《章士钊全集》第2册，第25页。

②　行严：《新总统与内阁制》，《民立报》1912年2月21日，参见《章士钊全集》第2册，第26页。

未能群集于议会中，组阁时则不论议会内外的英才先行纳入，然后采取补选的方法，将阁员发送各所在选区补选为议员。经过一定阶段的"天演"，议会政治的习惯逐渐养成，以及各个政党势力的形成，则内阁制的成功指日可待。章士钊指出："阁员既为全院之精英，议员之佼佼者必乐于联合，而多数可期，而政府之政策，以阁员同时为议员之故，解释、辩论、审查、通过，悉较易为功。此风既成，政党复有势力，不久即完成之内阁政治可见矣。"①

以上是章士钊对于推行内阁政治的方法所作的一次具体讨论，尽管未见采行，但却颇有预见性地指出民国内阁制"迟滞不得立"的三个问题。首先，是总统责任或权限问题。民初的政局形势是，袁世凯并不甘心只具有英国国王的尊贵地位，也不愿意止步于法国戴冶式的总统兼过渡时期内阁总理的角色，而是不断地违宪（约法），摧折内阁总理的权力，挑战宪政规则，以实现大权独揽主义。而革命党则期望以《临时约法》上的责任内阁制制服袁世凯，乃至造就了一个被章氏称为"非英非法之内阁制"②。于是总统与内阁之间的权限与责任问题始终是政论家争论的热点，1916年后则演化成了所谓"府院之争"。其次，是国会（1912年是参议院）与内阁的关系问题。白芝浩曾指出，在1871年法兰西第三共和成立之时，法国内阁制远未成型，但最终发展成可与英国内阁制相并列的共和内阁制，原因是"立法、行政两部既经打通，而纯粹之内阁制乃其不可逃之结果也"。③ 章士钊受白氏的影响，亦一再强调内阁政治的精髓，在于立法、行政之两部融成一片。但实际上，到1912年下半年民国内阁制已运行了几个月，一般论治者对于"立法、行政两部之邮未全打通，议员果可出为国务员，或国务员果可列席于议会否，无人能言之"。④ 而到后面，反而形成了李剑农指出的"议会与内阁打成两橛"的问题（详见下节）。第三，是"政党之建造尚未完成"。章士钊相信，内阁政治的前提条件之一，如上述是立法、行政融成

---

① 行严：《新总统与内阁制》，《民立报》1912年2月21日，参见《章士钊全集》第2册，第27页。

② 秋桐：《政府责任与议会解散权》，《独立周报》第2期（1912年9月29日），参见《章士钊全集》第2册，第546页。

③ 行严：《论参议院与行政部之关系》，《民立报》1912年6月25日，参见《章士钊全集》第2册，第373页。

④ 行严：《论吾国责任内阁制之难速成》，《民立报》1912年6月19日，参见《章士钊全集》第2册，第357页。

一片，"一有议案，行政首长以议员之资格，纵横辩论，无所掣肘"；条件之二是拥有良好的政党组织，"复以党员之拥护，一呼即为多数，而政府以强"①。所以内阁制又以组织政党内阁为最优，"政党内阁以阁员无内部之抵衡，而同时复得操纵议会，朝建议而夕可见诸实行，一切机宜悉不至失，故西儒颇以政党内阁为最适于国家多事之秋"。②而民初的政党组织差强人意，政党斗争激烈，阁员不易遴选的实际情形，使得"政党内阁"、"超然内阁"在当时俱属理想，而实际上唐、陆、赵、熊四任内阁皆为混合内阁③。洪宪帝制乱后，所谓"不党主义"盛行，虽不冠以政党之名，却以派系相称，而政党之精神却已大大衰落了。④

这每一项问题的产生都与章士钊所熟知的欧美政治学原理背道而驰，因此，他在评论中或以"吾国政治现象之怪特"，或以"政治之新经验"，或以"民国宪法之前途"为题，来探索内阁制在民初民主实践中的困难与经验。观察他的《民立报》与《独立周报》上的政论文，相当多的文章是对以上三个问题的评论，以及就这些问题而与其他论者的商榷。后来《太平洋》的评论文章亦与章士钊思想主张一脉相承，而且在政治经验和学理陈述上，更有成熟之处。

二 章士钊与宋教仁的"责任内阁制"方案

章士钊所宣扬的英国模式的宪政理想和政制主张，在早期本有一个极佳的实验机会，那就是他的主张得到了国民党的实际领袖宋教仁的重视。宋教仁与主张总统制的孙中山不同，他是政党内阁主义的急先锋，主张糅合新旧势力，以袁世凯出任正式总统，但内阁必须由政党组织，始能发挥责任内阁制度的精神。⑤

钱基博曾叙述章、宋在辛亥之后会面及共话宪政理想的情景：

> 士钊归自英伦，晤桃源宋教仁遁初于游府西街。教仁以能文善

---

① 行严：《说强有力政府》，《民立报》1912 年 2 月 29 日，参见《章士钊全集》第 2 册，第 52 页。

② 行严：《组织内阁谈》，《民立报》1912 年 6 月 29 日，参见《章士钊全集》第 2 册，第 383 页。

③ 张玉法：《民国初年的政党政治》，岳麓书社，2004，第 456 页。

④ 李剑农：《中国近百年政治史（1840～1926 年）》，第 329 页。

⑤ 李剑农：《中国近百年政治史（1840～1926 年）》，第 337 页。

辩说有造于共和，而为孙总统所倚重者也，则坦然相告曰："子归乎？吾幸集子所言，以时考览，藉明宪政梗概。"士钊问其故，教仁出示一帙，盖士钊投寄北京《帝国日报》"英宪"各论，教仁次第裁取，已袖然成一册也。于是士钊乃以明宪法、通政情，为革命党人所欲礼罗。①

虽然，章士钊一贯标榜"独立"，并不完全承认同盟会（国民党）的内阁制主张是受自己影响而形成的，但对于自己的理想，未尝不愿意得到国内有力者的试行。他曾对此稍作辩解说：

> 记者年来稍习政事，即深信非有绝强之中央政府不足图存，而此种政府惟在内阁政治之下可以得之。久怀挟此意，欲以救正于国中贤达。归国之日，首晤宋君渔父（即宋教仁），所见即与记者绝合，可见同盟会本此制为政策，渊源甚深，与记者执笔了无关系。今某报转谓同盟会之政见为记者所影响，何其厚诬同盟会之甚也。②

可见章士钊与宋教仁的政治信念相差无几。因感于无谓的小党林立和相互倾轧，章士钊在《民立报》上发表"毁党造党"之说，主张国内所有各党一律毁弃，"相与共同讨论，以求其适于己之政纲，因新政纲而造为新党"，所造成对立的两大党，"相迭代用之利"，以为实现责任内阁制度的良好基础。③ 宋教仁对于民初政党改革的认识亦与章相合，于是展布他的敏捷手腕，与统一共和党、国民公党等六小党实现联合，在 1912 年 8 月主持并完成了同盟会的改组和国民党的组建工作。④ 1913 年初宋教仁领导的国民党在国会选举中获胜，给宋实现其政治理念提供了机会。宋氏在各地演讲中，对袁世凯公开进行攻击，并暗中运动黎元洪出任总统以取代袁世凯，同时宣称他将领导制定一部英系宪法，并组成政党内阁和虚位总统，"总统当为不

---

① 钱基博：《现代中国文学史》，第 403 页。
② 行严：《解惑篇》，《民立报》1912 年 7 月 20 日，参见《章士钊全集》第 2 册，第 424 页。
③ 行严：《毁党造党说》，《民立报》1912 年 7 月 29 日，参见《章士钊全集》第 2 册，第 446 页。
④ 李剑农：《中国近百年政治史（1840～1926 年）》，第 324 页；又见张玉法《民国初年的政党》，第 52～58 页。

负责任，由国务院负责，内阁制之精神，实为共和国之良好制也"。① 不幸的是，宋教仁的成功遭袁世凯的妒忌，在 3 月 20 日，宋为袁所指使的刺客暗杀。宋教仁、章士钊的责任内阁制方案遂告流产。

三 李剑农对章士钊内阁制主张的支持

讨袁之役胜利以后，各派政治势力重新回到国会中来，以"天坛宪草"为基础的制宪工作继续进行。关于中央政制，宪草的精神趋重内阁制，并且经过袁氏变乱之后，议员的心理亦普遍倾向内阁制，但是宪法条文该作何规定，成为宪法会议中争论不休的问题。争议的问题包括：国务员是否可兼议员？总统是否应有解散议会权？国务总理之任命，是否须提出于议会求同意？不信任投票及投票之结果，是否须规定于宪法？等等。② 1917 年章士钊已身为湖南省的参议员，参与制宪会议，得以在会议上就宪法问题发言。这亦是实践章自己政治理念的又一次机会。同时，他与李大钊共同主持《甲寅日刊》，为实现他的政治主张而造舆论，李剑农则在《太平洋》上予以呼应。1917 年"甲寅派"的政治主张颇受舆论瞩目，计有以下两项：

第一，"国务员得兼议员"

在宪法会议上，章士钊曾就上述诸问题表述自己的立场。如关于"国务员兼议员"案（草案第 26 条），有议员提议删去该案，但在章士钊看来，这一条是造成立法、行政两部能否融成一片的必要条件，"今同人日言责任内阁，而乃对于养成责任内阁之条文痛加攻击，真所谓南辕北辙。……本席之意以为，使内阁绝对对于国会负责，以图举行议会政治之实，非以议员兼为国务员不可，故本席主张维持原案"。③ 又如，关于解散权和不信任投票问题，章士钊亦认为这同样是实行内阁制的必要条件，此二者在内阁制中，"如鸟之两翼，车之两骖，阙一而不可"。但仍有议员主张不信任决议不必规定于宪法之上，章士钊则指出，内阁制的特点（比较总统制而言），在于政治运用圆活，内阁与议会之间恒处于相抵相衡地位，一方失去制御另一方的"武器"，则平衡关系即失，"本员以为，政治为物，贵乎流动，宪政运

---

① 宋教仁：《国民党宁支部欢迎会演说辞》，陈旭麓主编《宋教仁集》（下），中华书局，1981，第 467 页；又见胡绳武、金冲及《辛亥革命史稿》卷四，上海辞书出版社，1991，第 511～513 页。

② 剑农：《宪法与政习》，《太平洋》1 卷 1 号（1917 年 3 月 1 日）。

③ 章士钊：《在宪法会议第三十次会议上的发言》，见《章士钊全集》第 4 册，第 38～39 页。

用，期其进化，如望将来政府与国会俱立于水平线上使其平流而进，其势非一方政府应有解散权，一方议会有不信任决议权不可。且不但政府应有解散权也，尤当不加制限。"① 由上可见，章士钊在民国元年预见的议会（立法）与内阁（行政）的关系问题，仍然是民五、民六年宪法会议中悬而未决的问题，仍然需要"甲寅派"以舆论来推动国会制宪议员的政治观念的转变。

李剑农在《太平洋》第一期上发表《宪法与政习》一文，阐述自己对于"责任政府制"的观点，其对于立法部与行政部的关系的基本精神，可见与章士钊的主张一致。他指出，责任政府制（内阁制）以英国为鼻祖，然英国责任政府制的完全成熟，亦只是19世纪上半期之事。其政制之精神，由16、17世纪时的"分权抵衡"精神（孟德斯鸠所言"三权分立"大概可对应这个时期的史实），经18世纪的发展，立法、行政日益接近，而抵衡精神逐渐消去，至19世纪初"进于第三期之立法、行政融成一片时代"。那么，所谓英系之议会政治的精神大概可以概括如下："议会多数以选民意思为转移，使议会之朝党忽变而为少数，内阁苟信议会中多少数之变动，与选民意旨不符，则以改选之方法令选民裁决之。故选民选举议员之时，即选举内阁之时。其极也，所谓责任政府者负责于选民而已。行政部含于立法部之中，行政之指导者即立法之指导者，政府二字合指行政、立法言之，皆负责于选民。此民主政治之进步，英制现代之精神盖如是也。"②

而返观中国的"天坛宪草"关于责任政府制的规定，似乎是要造成一个非驴非马的政制，李剑农批评这是制宪议员们"蔽于政制系统之混乱"的产物。他说："吾国宪法草案关于此点，其详密非徒过于坎、澳、南非，亦且架意、比、法而上之，如意、比、法有弹劾权，吾亦设之；意、比、法于元首命令须大臣副署，吾亦须副署；意、比、法任命国务员无须议会同意，吾则任命总理须求同意；意、比、法无信任投票之规定，吾则非徒规定信任投票，且并及于投票后之结果；然意、比、法虽不若澳与南非，以阁员兼议员为必要，仍容许其兼之，吾则于阁员兼议员，竟疑之而不相许；尤奇者，凡行责任制之邦，莫不许元首以解散议会权，吾亦疑之而不相许。呜

① 秋桐：《论解散权与不信任投票》，《甲寅日刊》1917年3月23日；章士钊：《在宪法会议第三十八次会议上的发言》，1917年3月28日。均见《章士钊全集》第4册，第49、55页。

② 剑农：《宪法与政习》，《太平洋》1卷1号（1917年3月1日）。

呼！此种政制，吾不知其为何种政制也。"①

所以，李剑农对于宪草修正案也提出了若干意见，大体与章士钊的主张一致。比如，关于国务员得兼议员的草案，李剑农亦强烈主张保留之，"盖将来能否成为英系之议会政治全视此条但书之运用为转移，无此将成为分权倾衡制"。又如，关于解散权和不信任投票权问题，他赞成总统须有解散议会权，并且不应有制限，"若谓虑总统之滥用解散权，是虑选民之不能裁判也。选民苟无裁判之能，则议会政治之根本不立，选民如能裁判，即无滥用之可忧"。同样，他认为保留了国务员对于众议院负责之规定，即保证了议会对于内阁有不信任投票权。总之，李剑农认为，惟依以上主张修宪，"则于责任制之系统了然，而亦含有若干程之弹性；政党改进，运用得宜，英伦式议会政治不难于实现"。②

第二，"创置特别国务会议，增造不管部之国务员"

1917 年 3 月，在国会通过了段政府的对德绝交案之后，章士钊在《甲寅日刊》上再次发表文章，声称值此外交、军政紧急，须举国一致时刻，负有实行之责的内阁却"无力镇压纷扰，贯彻主张"，说明自身存在着重大缺陷。他发现内阁的大缺陷有如下四端：（1）内阁人物除段祺瑞以外，其他人物均分量较轻，不足以代表各种政治势力；（2）国务员皆有部务在身，所用处理国务之时间较少，不足以应瞬息万变之时局；（3）已设置的外交委员会，虽吸纳梁启超参与机要，但于《约法》上无根据，易遭误会与攻诘；（4）依据惯例，参谋总长因不得列席于国务会议，当此外交军事交织密切之时，后果不堪设想。以上四端缺陷，致使中国内阁运作困难，但要直接改造内阁，又不易行，所以章士钊认为，惟一救弊之法，"在创置特别国务会议，增造不管部之国务员"。③

章又声明他的改造方案，其实仿自"英伦小内阁"。英国在欧战爆发后，内阁中"以阁员庞杂，议事极感不便"；1916 年冬雷德佐治组阁后，便创立特别"军事委员会"，将内阁辟为两部：普通内阁与特设内阁。特设内阁仅限五人参与，"专议一切军国大计"，自有此组织后，"英国之军事计划，乃形敏捷"，所以"此诚最近可法之一良例也矣"。章建议段祺瑞亦即

---

① 剑农：《宪法与政习》，《太平洋》1 卷 1 号（1917 年 3 月 1 日）。

② 剑农：《宪法与政习》，《太平洋》1 卷 1 号（1917 年 3 月 1 日）。

③ 秋桐：《创设特别国务会议增造不管部之国务员议》，《甲寅日刊》1917 年 3 月 12 日，参见《章士钊全集》第 4 册，第 46～48 页。

时创设一个"特别国务会议"，"以足以代表社会势力之中心人物，如段总理、梁任公、唐少川、岑西林诸人组织之，而参谋总长王士珍亦应加入"。凡有军国重政，悉在此中讨议，其余阁员，非有临时关涉之事，不必加入，于是，这五人"以其本身之资格及约法赋予之权能，拟议天下大计，定为国是，布之全国，无论何派均不至有违言。所谓举国一致，至此方有希望，而又人少事专，运用极便，虽不敢谓无遗算，而较今日所为之有系统；虑易周，而事易集，则可断言"。①

章士钊提出这个调和方案后，并在《甲寅日刊》呼吁舆论的支持，希望能够得到其他政论家对其"实行之方法"的详细讨论。李剑农亦在《太平洋》上作《读〈甲寅日刊〉之舆论一束》一文，表示赞成章士钊的方案，甚至认为章的方案与《爱丁堡杂志》主笔柯克所提议的英国内阁制改革方案难分伯仲，但他也承认，章氏改革方案是否如英国的柯克氏那般成功，颇难为预卜，必须有更多的学者加入讨论，以制造舆论。②

李剑农首先为章士钊反击那些反对意见，指出该方案既不是摹仿日本的元老政治，也不会与现行国法相冲突，因此从法理上论，章氏方案毫无疑问。但要明了该方案的真正目的，还须就"吾邦之政局上而为政理论"。他认为，章士钊所指出的政局四大缺陷还只是针对内阁本身而言，"不佞虽认定此缺陷，然窃以为真正之大缺陷，乃存于今日政局之全体"。换言之，是整个议会政治体系上存在着缺陷。中国今日政治虽号称议会政治，就形式上看，"英法有负责之内阁，吾亦有负责之内阁；英法有课责之议会，吾亦有课责之议会，实无不同"，但从实质上看，"英法之内阁与议会为一贯，吾之内阁与议会已打成两橛，故时陷于杲兀之境"。③

就政治原理来说，内阁制国家的政治中心在于议会与内阁，且二者密切关联，李剑农以"大轮"与"小轮"来比拟说："夫责任政府之精要，在使全国政力发动之中枢，悉集于议会与内阁。内阁之于议会，犹机械小轮之藏于大轮，大轮运转恒与小轮之运转相关联，运转大轮者，小轮之力也。然力有正、反二种，小轮运转之力为正力，使任此一力独往，必走绝端，故必赖有与其相反之力，以缓和之；而此相反之力，即存于大轮之议会，所谓议会

---

① 秋桐：《创设特别国务会议增造不管部之国务员议》，《甲寅日刊》1917 年 3 月 12 日，参见《章士钊全集》第 4 册，第 46～48 页。
② 剑农：《读〈甲寅日刊〉之舆论一束》，《太平洋》1 卷 2 号（1917 年 4 月 1 日）。
③ 剑农：《读〈甲寅日刊〉之舆论一束》，《太平洋》1 卷 2 号（1917 年 4 月 1 日）。

中政府之反对党是也。正、反二力，又复以时易位，即为更迭内阁。然任易至何度，二力之中枢，必存于此大小二轮中。易词言之，凡为政治活动之政党领袖，非居于内阁，即居于议会，苟既不居于内阁，复不居于议会，则必其人已抱隐退之志，不复出为政治活动矣；否则虽退而在野，仅在议会中反对之分野而已。"①

举英国议会政治为例。譬如，英国保守党领袖庞纳鲁在未组阁以前，作为在野党之领袖，则日日列席于议会中的反对党前席；至自由党爱斯葵斯内阁倒台，而由庞氏组阁之后，爱氏与其退职在野的同僚，同样"日往巴力门反对党之前席，与庞氏等相对坐"，就政府的政策进行问难、商榷和议论。这就是所谓的以议会活动为中心的"规则政治"，李剑农指出："盖其国民政治活动力之中枢，皆集于议会。各党群为国民各部意思所铸造，又以各党群意思反而铸造国民各部之意思。而持此铸造力之中枢者，即为各群领袖人物，偕其党员共处于一堂，相荡磨、相质剂，彼此之意念由是陶冶情感，由是涵濡日夕晤对，无虞疏远。故除各展其策，明张旗鼓，吸取国民同情，以得政权外，别无所谓排斥、阴谋、嫌怨、疑忌，成为两不相容之势，而出于激越之行动，此所谓规则之政治势力也。"②

返观中国的议会政治，则不是这样的。李剑农说："所谓政治势力之中枢何在，在内阁？在议会？吾无从认识之。"他分析指出："在朝在野之名词，于吾国仍存旧解。在朝者，总理、总长积极握有政权之谓；在野则非徒不握政权且必远走山水烟霞间，天津、沪上、蓬岛即吾所谓政家之野。因是，热中权位者以在野为寂寞不可聊耐，闻有思取而代之者，则视同仇寇之不可与并立；而关怀国难者，亦恐冒争夺政权之名，以参与政事为嫌疑之所集，必远走政治场所之外以避之。然忠心亦不能安于坐视而无所为，于是内阁与议会之大小二轮，惟一力有其中枢，他力之与相反者中枢不存于议会，散漫四出。非一力走于极端，则散漫四出之力奔驰妄动。而所谓阴谋、所谓排斥、所谓疑忌嫌怨者，随在伏处。意见以疏越而愈趋于疏越，性习情感以无地为之陶冶涵濡而愈趋于恶劣。盖既抱有强度之政治思想活动才力，又不能觅得适当之活动场所，以发舒之，势非趋于规则以外不止。"③ 依此说来，

---

① 剑农：《读〈甲寅日刊〉之舆论一束》，《太平洋》1 卷 2 号（1917 年 4 月 1 日）。
② 剑农：《读〈甲寅日刊〉之舆论一束》，《太平洋》1 卷 2 号（1917 年 4 月 1 日）。
③ 剑农：《读〈甲寅日刊〉之舆论一束》，《太平洋》1 卷 2 号（1917 年 4 月 1 日）。

是中国政治家不能完全理解在朝、在野的现代含义，李剑农说：他们"不知议会中有对立之分野，不知议会中与内阁对立之分野其重要与内阁相均。舍此分野而散处于真正之草野，又不能忘情于政治之活动。是乃吾邦政治势力之所以为不规则，是乃吾邦议会政治之所以异于他邦。"①

根据以上的分析，李剑农强调说："秋桐君所发见之大缺陷，与其云存于内阁之本身，毋宁谓存于内阁与议会之总体。"所以，应当从政制的根本精神上求所以改进之方法，"即打破内阁与议会离立之政习，勿将政府打成两橛，宪法草案国务员得兼议员之但书，仍保留之，凡代表政团势力之领袖人物，务求纳诸议会中，则国会之质量重，内阁亦随之而重"。而章士钊的主张，设置"特别国务会议"，将在野各派的领袖一体罗致，就直接目的来说，是调和各派的感情，并"与各派领袖以参与政治之权利"，而间接目的，则是对于内阁制的根本精神，"乃在求各派之人，负一种未来的莫大之义务"。因此，于当下国家多难之秋，除章氏方案外，"惟无别种方法之可求，不获已而驰思至此，所谓山穷水尽疑无路，柳暗花明又一村也"。②

遗憾的是，章士钊的主张仍不为当局所采纳，仅在国务院组织一个国际政务评议会，由总理聘请各派人士为评议员，而各派所谓第一流领袖仍不在内。③ 然则，不可否认的是，李剑农对于民国议会政治下畸形的政治文化的分析与批评，有深刻之处。

第三节 "调和立国论"：哲学与政治

章士钊曾鉴于国人误认政体的区分在于精神的说法，乃胪举西人如奥斯丁、奢吕、梅因等学者所议，指明"诠政体者，当求之于形式，而不当求之于精神"；又说："考国成者，乃就一国之组织，研求其所以存在之道，故重在精神；诠政体者，乃就各国之组织而推出其组织上之异点，故重在形式"。④ 上一节既对"甲寅派"的一贯的政治主张（形式）做了具体的分析，以下则探讨他们所提出的一个重要的立国原则（精神）——"调和立

---

① 剑农：《读〈甲寅日刊〉之舆论一束》，《太平洋》1 卷 2 号（1917 年 4 月 1 日）。
② 剑农：《读〈甲寅日刊〉之舆论一束》，《太平洋》1 卷 2 号（1917 年 4 月 1 日）。
③ 李剑农：《中国近百年政治史（1840～1926）》，第 437 页。
④ 行严：《答客难》，《民立报》1912 年 3 月 15 日，参见《章士钊全集》第 2 册，第 93 页。

国论"。在《甲寅》和《太平洋》上,他们围绕这个概念,展开了具有丰富内涵的政治思想论述。首先将这个概念解析成两个部分来理解。

一 "调和立国论"的哲学基础

章士钊的"调和"(compromise)思想产生于清末留英时期。他在《帝国日报》上便已使用"调和"这一词汇,并赋予了它"差异协同"、"冲突融合"和"兼两"的基本哲学内涵,经《民立报》、《独立周报》阶段不间断地论述,及至《甲寅》时期,"调和"论方走向成熟。[①] 从思想来源上说,"调和"论直接受到 19 世纪以来英国的社会哲学思想的影响。此一哲学思想的代表人物之一就是英国社会学家斯宾塞(Herbert Spencer)。他在《社会学研究》(即严译《群学肄言》)中所阐述的进化哲学,是甲寅派"调和"思想的哲学基础。斯氏说:

> 蜕嬗之群,无往而非得半者也。其法制则良窳杂陈,其事功则仁暴相半,其宗教则真妄并行,此杂而不纯者,吾英之所有,正如是也。其冲突龃龉,自乱其例,上困国政,下淆学术,所樊然日多者,即以演进方将损益之,以与时偕行之故。义理法制,古之所谓宜者,乃今以世变之更新而适形其不合。且是之世变,往往即为前时义理法制之所生。特世变矣,而新者未立,旧者仍行,则时形枭兀,设图新而尽去其旧,又若运会未至而难调。此所以常沿常革,方死方生。孰知此杂而不纯,牴牾冲突者,乃天演之行之真相欤。[②]

章士钊在《甲寅》上作《调和立国论》时首度引用严译本中的这段话,指出此"即所以著调和精要也",严译虽未指明是"调和",但原文实有"compromise"一词,"原文本明著调和字样,严译以他字代之"。斯宾塞指出的"蜕嬗之群,无往而非得半者也"以及天演的真实是"杂而不纯,牴牾冲突者",意味着"调和"的必要性。章士钊表示当前中国社会即处于进化过程中的"迂回宛转之途",但不得就此视为失败,而应属于自然现象。

---

① 郭华清:《宽容与妥协——章士钊的调和论研究》,天津古籍出版社,2004,第 25~41 页。
② 秋桐:《调和立国论》,《甲寅》1 卷 4 号,1914 年 11 月 10 日,参见《章士钊全集》第 3 册,第 275 页。

他说："大凡一意之生，生必不灭。一象之进，进必不退。有时见为灭为退者，非真灭而退也，乃正其迂回宛转，所以为生与进也。今者吾以一人政治最古之邦，被以多数政治最近之号，为生与进，遽至终端。于时旧势尚存，则促其生与进者，就于迂回宛转之途，乃题中应有之义。惟若抹杀新机，一意复旧，则大背天演之道，必且绝胭断腴而亡。"①

而面对袁世凯复古、帝制等运动，造成社会痛苦，人们逃避现实的悲观和"自绝"心情，章士钊也将"调和"解释成一个动态的、以人为主体的过程。他指出，人们在错综复杂的矛盾冲突中，应"脚踏实地，从所踏处做去"，将社会所有情感、利害、意见、希望予以"爬梳条理"，最终求得一个儒家所谓的"位育"（折衷）之境。他说："所谓今者，为吾人不可逃之一限，而又决非理想之域。其中情感、利害、意见、希望、新旧相衔，错综百出，欲爬梳而条理之，所须调和质剂之功，至无涯量。而此者又断非不可能之业。国家之事，逻辑中恒有境焉。纳所有情感、利害、意见、希望于其中，各各到其好处，吾儒之所谓位育，即斯境也。谓治国者其功能将与斯境合体，诚为欺人之言，然悬为标的，息息而意之，期于不中不远焉，则立宪之精义也。"②

但章士钊的"调和"论也容易被人说成是机会主义，让权势者借以"瓜分富贵、互植权势"，结果社会、国家呈现"新旧相与腐化、群体衰败之象"。③ 李剑农有鉴于此，在《太平洋》上为章士钊的"调和"论辩护，他在《调和之本义》中继续引用斯宾塞的那段话，表示应从斯宾塞的定义上准确理解章士钊的"调和"论，"此斯氏所陈调和为进化之象者，章秋桐先生言调和时称引之，英儒莫烈言调和时亦称引之"。他对这段话做了进一步的解释："盖以为举凡革制易政之事，新者未能猝立，旧者未能猝除，良恶参半，乃天演自然之象。使当国者徒欲用其最真之理解，以方枘纳于圆凿，势不可行。然其所以为进化之机者，乃在使新者渐即于完全成立，旧者渐即于完全消释。后起之新者，复渐进于今日新者，得半之位；而今日之新者又渐为余半之旧者，以次递演，斯为进化。故调和精要之所在，特为新者不可以锐进过猛之势，使若枘凿不相容，决非使新者自毁其新机，削其方

---

① 秋桐：《调和立国论》，《甲寅》1 卷 4 号（1914 年 11 月 10 日）。
② 秋桐：《发端》，《甲寅日刊》1917 年 1 月 28～29 日，参见《章士钊全集》第 4 册，第 4 页。
③ 剑农：《调和之本义》，《太平洋》1 卷 1 号（1917 年 3 月 1 日）。

枘，以入于圆凿也。"总结李剑农阐发的调和之含义，至少包含以下两层：一是"调和为新旧蜕嬗、群体进化之象"；一是"调和为人事演进、自然之象，歧力相剂之结果"。①

英国保守主义思想家莫烈（John Morley）及所著《论妥协》（On Compromise）亦是甲寅派"调和"论的哲学来源之一。章士钊指出："英儒莫烈言调和最知名者也。"② 莫烈依据斯宾塞的社会演进的理论，将"调和"区分为"合理调和"与"非理调和"两种概念。李剑农译介此观点说："盖同为调和，有含阻碍进步之意味者；有相机以待时者；有故意摧败其构成之新想，以求合于安常蹈故之俗癖，不论其问题所关为何如者；有因蚩蚩群众尚未足与一己之新想相契合，而姑为准情度理之容忍者。故在其一，以调和相命者，直无异排斥最高之真义，或任其所已信受为真义者，沦诸暗昧之乡；其他，则成竹已具，毅然坚持，但于总体之群众未能与一己猝合者，不存迫胁、希冀之心，驱之使即从耳。前者延引固陋之局，捉进步之潮而使之逆流；后者则竭其智力所能达，以短缩固陋之局，捉进步之潮而速之，循其驰驱而范围之，然若激剧之改革，欲其有效，非得群力之助不为功者，彼亦未尝迫切行之也。"③ 据此，李剑农认为莫烈对于"调和"的区分，与他前述的"群体衰败之象"与"群体进化之象"的区分是一致的，他说："莫氏之意，盖恐世之所持调和主义者，误认良窳杂陈、仁暴相半、真妄并行，为牺牲新者以从乎旧，使进化之新机，渐为旧污所渍，蜕嬗之消息停滞，而久之，遂成腐化，是乃群治之大忧也。"④

英国人是最具有"调和"特性的民族，论述这个课题的英国学者著述也不知凡几；而以上斯宾塞和莫烈是"甲寅派"所信服的论述"调和"最有力的思想家。但如果我们将考察的对象延伸到李大钊，就会发现他对于"调和"论的理解和信念，可与前述章士钊、李剑农不相上下。李大钊发表在《太平洋》上的《辟伪调和》一文，复述了前述斯宾塞、莫烈、章士钊、李剑农诸人的"调和"论，又补充了英国学者穆勒（J. S. Mill）和古里天森（Chrestensen）的学说，如他指出："古里天森之论调和，则谓一群之中，其世界观及政治信念皆基于二种执性，即急进与保守是已。"因此从理论角

---

① 剑农：《调和之本义》，《太平洋》1 卷 1 号（1917 年 3 月 1 日）。
② 秋桐：《调和立国论上》，《甲寅》1 卷 4 号（1914 年 11 月 10 日）。
③ 剑农：《调和之本义》，《太平洋》1 卷 1 号（1917 年 3 月 1 日）。
④ 剑农：《调和之本义》，《太平洋》1 卷 1 号（1917 年 3 月 1 日）。

度说，李大钊的"调和"论的思想资源又有所扩大，并有自己的发挥创造。他综合以上四位英国思想家，为"调和"下一定义说："准四子之言，试为调和之语诂一定义焉：调和云者，即各人于其一群之中，因其执性所近，对于政治或学术，择一得半之位，认定保守或进步为其确切不移之信念；同时复认定此等信念，宜为并存，匪可尽灭，正如车有两轮，鸟有双翼，而相牵相挽以驰驱世界于进化之轨道也。"[①]

以上对"甲寅派""调和"论的英国思想资源进行追溯，确认了其哲学思想的来源，但不能忽视"甲寅派"论述"调和"思想时，也一定程度上借用了传统的儒家思想资源。比如，章士钊用"调和"二字译英文"Compromise"，抑且有深刻的传统文化背景，因为在儒家传统中，"和"是一项极为重要的价值，儒者至高理想的大同世界，也正是以"和"的精神为基础。[②] 又比如，李剑农在一篇论文中借用了王船山（夫之）《读通鉴论》中的"贞胜"说来阐发"调和"论，他引王氏之言说："胜者，仅以胜彼也，非贞胜也。且夫立两说而衡其得失，有定者也；就一事而计其初终，有恒者也。然而，固无定而无恒也。特以庸主佞臣之所陷溺，而其为失也，天下交起而憎恶之，已而又有不然者，天下又起而易其所憎恶。故一事之两端，皆可执之以相胜。然则所以胜者之果为定论乎？定论者，胜此而不倚于彼者也；定论者，随时处中而自求之道皆得也。斯得贞胜也。"[③] 李氏用以警惕当时各政派"互求相胜"的观念，可能激祸变之再起，但可知王船山的"随时处中而自求之道皆得也"与前述斯宾塞的"得半之位"有相通之处。

二 "调和者，立国之大经也"

严格说来，民初"调和"论从一开始就是针对民国政治合作和妥协问题而提出的，"当南北相持急时，中立者颇欲以调和之说进，而时论大詈之，以为兹番不可更坏于敷衍"。章士钊贬斥这种反对调和的时论完全是谬论，是不明政治常识，"西方三尺之子，无不知社会之中，与接为搆，无不有调和之意行于其中，团体愈宏，意尤切要。前引罗伟之言曰：调和者，政

---

① 守常：《辟伪调和》，《太平洋》1 卷 6 号（1917 年 8 月 15 日）。
② 沈松侨：《五四时期章士钊的保守思想》，《近代史研究所集刊》第 15 期（1986 年 12 月），第 186 页。
③ 剑农：《时局罪言》，《太平洋》1 卷 4 号（1917 年 6 月 15 日）。

制所必具之性也。英之大家莫烈且专著一书，名曰《调和》，十七世纪以还，欧洲所有政治运动殆可以此二字尽之。今我方极力背此而驰，宜西人之以特别国家辱我"。① 那么，以下的问题就是考察"甲寅派"如何将"调和"哲学阐发成政治精神，并以之作为政治进化的根本和建立现代国家的基础。首先讨论章士钊《甲寅》对于"调和立国论"的阐述，包含以下三层政治含义：

第一，"为政有本，本何在？曰在有容；何谓有容？曰不好同恶异"

章士钊认为"好同恶异"乃是人类残余的兽性，在学术上表现为"苟简之思，单一之性"，在政治上，表现为专制主义，"强人之同于己也"，"故专制者，兽欲也"。历来抵抗这种危害社会的兽性的方法，不出谏诤、革命与立宪三者。"由三代以迄前清，立宪之义，非吾所有，有之亦惟革命与谏诤已矣。"而世界民族中惟英国不愧是立宪的先觉，"彼既明王权不当绝对，即创为根本大法，使国中贤智，得所准据，以发抒其意气，而若政若法之因仍变化，举在种种意气相剂相质之中，而极端之民政，转得养成于君政之下，且为他共和国所莫能及，非偶然也"。章士钊进一步解释说，英伦政治之成功，"其因在反对党之得力"，或如梅依（May）所言："政党之德，首在听反对党之意见流行"，又如穆勒所言："一国之政论，必待异党相督，而后有执中之美。"因此，他强调首先矫正国人政治上、学术上的"好同恶异"的习气，才能挽救衰颓国势，实现长治久安，这亦要求统治者必具"有容"的政治信条，"悉除其好同恶异之见"，允许反对党的合法存在，使天下才力发挥最大限度，"于是若者居政府，若者居议会，若者为新闻，若者办学校，有一分之才，务得一分之用。毋投间，毋邀进，用为所学，学为所用，于是天下之智勇辩力，各得其所。太息之声，不闻于陇畔，责任之重，尽肩于匹夫"。②

第二，"政力向背之一大政则"

所谓"政力向背"，就是"向心力"与"离心力"的关系。这个概念取自英国科学家奈端（牛顿）的天文学术语，蒲徕士用来解释政治现象。蒲氏指出："生民以来，有若社会，有若宪法，综其历史，率不外此二力之争衡，其一集之，其一散之，其一合之，其一分之。"所以，任何长治久安的

① 秋桐：《调和立国论》，《甲寅》1 卷 4 号（1914 年 11 月 10 日）。

② 秋桐：《政本》，《甲寅》1 卷 1 号（1914 年 5 月 10 日）。

政治都应当是"保持两力平衡之道"。章士钊一一分析法国 1875 年宪法、美国 1787 年宪法及英国所谓的软性宪法的历史，指出三国宪法成功的背后是遵守了一个共同的原则，亦即："于是所谓共同之点者，乃政力之向背，本无定形，而无论何种国家，两力又必同时共具，则欲保持向心力，使之足敷巩固国家之用，惟有详审当时所有离心力之量，挽而入之法律范围之中，以尽其相当应得之分而已。易词言之，使两力相剂，范成一定之轨道，同趋共守，而不至横决而已。"①

以这条原则论民国宪法，章士钊指出，南京政府时代基本出自革命派之手的《临时约法》和北京政府时代改造自官僚派之手的"新约法"，二者制宪过程都不曾理解"政力向背"的原则，"由起草以至通过，不闻有意见之相轧、利益之莫容"，似乎天下之力，于革命派或官吏派以外即不存在，但结果是《临时约法》不二年而毁，所谓"新约法"，亦不能长远。"虽欲讳言，亦不可得。何也？离心力之作用则然也。"② 他总结说："简而举之，则一国以内情感、利害杂然并陈，非一一使之差足自安，群体将至迸裂不可收拾，故凡问题领域及于是焉者，非以全体相感、相召、相磋、相切之精神出之不足以言治国之长图也。"③

第三，"凡政治号有建设，非以合理之调和为鹄，基乃不真"

这种政治上的合理之调和，要求三个条件：

一是，"调和者，实际家之言也，首忌有牢不可破之原则，先入以为之主。"譬如，袁世凯政府推行的"大权总揽主义"的根本原则，革命党标示"共和建设主义"的根本原则，前者是"独裁帝制之精神也"，后者是"政想之最高者也"，两者虽能自成一说，但却根本不相融，"是宜双方并议，而讲其所为调融和合之方"。④ 章士钊认为，中国不能建立共和于"调和"之上，就是"大权总揽主义"与"共和建设主义"这两不兼容的原则在作梗。但章士钊在《调和立国论》一文中，主要抨击了袁世凯的"大权总揽主义"，"使失其根据"。他举正、反史例，反面的例子是，英国克林威尔和法国拿破仑之失败，皆由于缺乏调和精神；正面的例子是，英国本来至尊的君主制，与近世民政潮流相抵，但它"坦然与他质相投，自为体合，因得

---

① 秋桐：《政力向背论》，《甲寅》1 卷 3 号（1914 年 8 月 10 日）。
② 秋桐：《政力向背论》，《甲寅》1 卷 3 号（1914 年 8 月 10 日）。
③ 秋桐：《调和立国论》，《甲寅》1 卷 4 号（1914 年 11 月 10 日）。
④ 秋桐：《调和立国论》，《甲寅》1 卷 4 号（1914 年 11 月 10 日）。

保其固有尊严之量。至其量之多寡强弱，则政力消长天演深浅问题，一视时势为转移，初不与权力调融之说相背"。

二是，"调和者，两让之谓也。"政治权力者需要有"让德"，"调和生于相抵，成于相让，无抵力不足以言调和，无让德不足以言调和"。

三是，政治各方要有所谓的"公心"与"通识"，即哈蒲浩所言："凡人聚而为群，其事成于相剂相质，其习行于相与相让，当割之利不割，不可；当低之求不低，不可也。"①

至此，我们可以看出，章士钊《甲寅》所阐发的"调和立国论"的政治内涵"有容"、"调融和合"、"两让"，皆"政本"、"国本"所在。在不断地与读者的辩论中，章对自己提出的"调和立国论"的信念愈加坚定。他在后来一篇《共和平议》中总结说，"调和"是现代国家立宪政治的根本原则，"立宪政治云者，无他，亦萃集四者（引者按：指人的智、勇、辩、力四种能力）之量，投之政治总体之中，使之调和而淬励焉，以表见其高华多福之群制而已。然欲为此，有一通则不可不守，即认反对为合法是也。盖人之意见不同，情感尤各异，相抵相衡，以趋于共同之鹄，斯为善治。不然，此有所屈，彼必有所伸。伸屈不得其平，政象即失其理"。②

但我们要注意，《甲寅》时期章士钊的发言位置，并不是十分有利。他因"二次革命"失败而逃亡日本，"知袁不可与争锋，而欲借文字以杀其焰"。③ 他同情被逐出国中的国民党人，以及因国会解散而失去参政资格的进步党人，虽然对这两派他不无批评，但显然此时的"调和立国论"更有针对性的目标，是专权极致的袁世凯政府。在他看来，由于袁政府的大力排斥，国中已无其他政力可与袁氏争锋，他的"调和立国论"其实是一种迂阔之谈："调和生于抵力，今之抵力安在？以政府之道推之，又岂容人以此迂阔不近事情之谈扰其意志，而未已也。"但他又表示袁世凯需要一种自我反省的姿态，及时采取"调和"、"有容"的政治措施，悉纳各方人才于议会、政府中，"夫苟现政府自审其病，从而转圜，冀有合于悠久可存之道，固非吾论所能拒"。④

此外，他深信莫烈所言的"进步者非能自动也"的理念："凡一理想之

① 秋桐：《调和立国论》，《甲寅》1卷4号（1914年11月10日）。
② 秋桐：《共和平议》，《甲寅》1卷7号（1915年6月22日）。
③ 钱基博：《现代中国文学史》，中国人民大学出版社，2004，第408页。
④ 秋桐：《调和立国论》，《甲寅》1卷4号（1914年11月10日）。

见于世，决非偶然。苟其已至吾前，必将次第往叩他人之门，而求其采纳。吾冥行而得见光明，亦必有他人暗中摸索，去吾不远，吾之发明特其的耳。"所以章士钊要说："此而不谬，可见实行调和是为一事，提倡调和又为一事。吾调和之说，何时可见实施，愚无从知，惟斯说也，举国之人，今日即当深深印入脑际，则了无疑义。"换言之，他要努力做的是，将"调和"学说转换成民国政治的精神或信条，"树为大义，昌言于众，以证同心"。至于它的实现，则有待时机。①

自章士钊首先揭橥，"调和立国论"不胫而走，得到许多政治温和派、保守派的认同与影响，蔚为民初一股重要的政治思潮。②曾经依梁启超的意见而阐发过"对抗论"的张东荪，此时则宣布自己的主张实与章士钊的"调和"论无异，他并具有章士钊同样的心情对于民元、民二年间失去调和的最佳时机而表示惋惜，他说："捉摸近世文明国之根本意味者，有章秋桐在调和论及不佞之对抗论。不佞非敢自慢，实以为苟不及第二次革命以前，即保持对抗之局，维系至今，断无今日之黑暗可断言也。"③著名记者黄远庸感慨现时惟有章士钊能"号称以言论救世者"，并表达说："然尚异一论，最所倾倒，以为改革之初，双方之人，互持此义，何有今日。"④

之后，还有李大钊、高一涵在《甲寅日刊》，及后又有李剑农与李大钊在《太平洋》杂志，重新续起探索前《甲寅》的"调和立国论"的基本理念，而且向前着实推进了一大步。李大钊在《甲寅日刊》出世之时，宣称"调和"就是"《甲寅》之精神"，宇宙间一切美都是"调和之美"；又说："《甲寅》而欲成其自身之美以固阅者之爱也，必与各方之利害情感以调和之域，俾如量以彰其实。《甲寅》而欲以其自身之美，感化国人，使之益昭其美而交相爱也，必人人本《甲寅》之精神，与人人以调和之域，俾如量以获其分。是即《甲寅》之美，亦即宇宙之美。"⑤

---

① 秋桐：《调和立国论》，《甲寅》1 卷 4 号（1914 年 11 月 10 日）。

② 沈松侨：《五四时期章士钊的保守思想》，《近代史研究所集刊》（台北）第 15 期（1986 年 12 月），第 177 页；邹小站：《章士钊社会政治思想研究（1903～1927 年）》，湖南教育出版社，2001，第 144 页。

③ 张东荪：《中国之将来与近世文明国立国之原则》，《正谊》第 1 卷 7 号（1915 年 2 月 15 日）；参见左玉河《张东荪传》，山东人民出版社，1998，第 47～49 页。

④ 黄远庸：《致〈甲寅杂志〉记者函》，参见《章士钊全集》第 3 册，第 615 页。

⑤ 守常：《调和之美》，《甲寅日刊》1917 年 1 月 29 日。

可知，虽经讨袁之役的干扰，"甲寅派"对于共和政治的理念没有改变，以下继以《太平洋》上的政治"调和"论为中心，检讨"《甲寅》之精神"的发展。

第四节　《太平洋》与"调和立国论"

随着讨袁战争的胜利，国会于 1916 年 8 月得以恢复，黎元洪继任总统，段祺瑞出任国务总理，南北第二次实现统一。从 1916 年 9 月 5 日开始至 1917 年 1 月 10 日的宪法会议，对于宪法草案进行初读审议；从 1917 年 1 月 26 日起，又继续开会，进行二读审议，但由于 6 月国会二度解散，未完成制宪。《太平洋》的"调和"论正是针对二读审议会期间的政治冲突的。由于各派合作讨袁的"清流大同盟"，以及国会作为"调和之域"条件的具备，李剑农发论说："自调和立国说，发见吾邦论坛，倒袁之役，已稍收效。今日政局，据表面观之，似仍以此调和二字为系维之中坚。"① 在此意义上说，《太平洋》需要关注的是"调和立国论"的实践的时机问题，所以李剑农可以直接说："盖调和者，实际之境，非理想之境也。"② 其主张有三：

一　"急、缓二派之新者，通力合作"

1916～1917 年国会中的党派形势经过了重新演变，但大体上的分野是以汤化龙、梁启超为领袖的研究系（俗称缓进派）与内部分化颇为复杂的旧国民党系（俗称急进派）的对立；而立于国会之外的势力有北洋军阀、地方武力派以及旧官僚。③ 所以袁世凯之后的政局，可如李剑农指出的："今日之政局，非所谓合新旧各分子而一炉冶之者乎？曰缓进、曰急进、曰官僚，日所震撼于吾人之耳鼓者，皆此一炉所共冶之各派，相与为泥中斗兽之事。"《甲寅》时期章士钊主张的"调和"，是革命党与袁世凯为首的旧官僚之间的"两让"，并不认为新与新之间有"调和"之问题。但李剑农观察到："今吾之政象乃不若是。其两不相让者，不仅在新与旧之间，而更在

---

① 剑农：《调和之本义》，《太平洋》1 卷 1 号（1917 年 3 月 1 日）。
② 剑农：《地方制之终极目的》，《太平洋》1 卷 2 号（1917 年 4 月 1 日）。
③ 关于 1916 年 8 月国会恢复后政党变化形势，参见李剑农《中国近百年政治史（1840～1926年）》，第 428～430 页。

新与新之间。新与新恒呈一两不相让之势，其结果乃至各相趋而入于旧。新旧之间反若不必求其两让，而自成一两相矣逆之势焉。因是，旧者若为渔人，中天下而立，急、缓二流，皆以次分道而奔赴于其下。是虽未尝不为一调和之象，特于进化之机为相去愈远耳。"① 这就是后来李大钊在《辟伪调和》一文中所称的"自毁之调和"，属于"伪调和"的一种。②

李剑农进一步分析认为，从理论上说，急进派与缓进派，同属于"进"或"新"的阵营，"必易相抱合，两让之道不难求而可得"，同时自然都与顽固派"自为鸿沟"；但实际上，急、缓二派反而抛弃"进"的目的，争与固陋势力相抱合，"所争反不在进，而在收揽固陋势力之多少以为胜负"。这样二派各自摧毁了自己的理想和原则，"非徒邻于固陋，且不惜与固陋合为一家"，结果是增强了固陋者的势力。这种调和被人们斥为"瓜分富贵、互植权势"的伪调和，亦有所依据。但李剑农认为，二派的中坚分子仍是有超越富贵、权势以外的国家目的，"特各为历史上情感之所蔽，使其的不见耳"。所谓历史上之情感，即二派自清末以来的冲突和斗争的历史。有人认为经讨袁之役的合作，急、缓二派可消去历史上的恶感，从此握手共谋国政，但李剑农以法兰西第三共和成立的历史为例，指出历史上之情感实难消去尽净，他所希望的是急、缓二派既能"各守其历史传来之旧帜"，也能像法国的新君宪派和共和派一样，"一遇政潮逆流时，则两相握手以与逆流相抗耳"。一如罗伟（Lowell）所言"法兰西第三共和成于调和者"，民国的共和主义也有赖于急、缓二派之间的真调和才能实现，李剑农指出："盖彼之所谓调和乃急、缓二派之新者，通力合作，以与固陋之旧者为中和之抵拒，不使旧者为渔人。今吾缓派之新者，其地位颇同于法之新立宪派，岂独无贤明之士，愿舍旧邻而取新邻乎？急派之贤者，亦岂不愿邻之乎？二者果邻矣，按步而趋，无伤于固陋，亦无所狗新旧蜕嬗、群体进化之机，以成吾所望于调和者如是。"③

数月之后，复辟事变发生，李大钊"仓皇南下，侨寓沪上"，在精神痛

---

① 剑农：《调和之本义》，《太平洋》1卷1号（1917年3月1日）。

② 守常：《辟伪调和》，《太平洋》1卷6号（1917年8月15日）。李大钊发表在《太平洋》上的四篇文章，向来受到李大钊传记研究者的注意，并得到很高的评价，但实际上，第一、二篇是关于"调和立国论"的主题，如下文揭示的，其理论表述和观点均受到李剑农的影响，因此，本文的论述以李剑农的"调和立国论"思想为中心，仅在一些方面补充以李大钊的言论。

③ 剑农：《调和之本义》，《太平洋》1卷1号（1917年3月1日）。

苦中思考"民国以来政局纷扰之真因",指出还有一种"伪调和"的形式,亦即"间接之调和","似尚为时贤所未及注意"。他说,"调和者,直接之事,非间接之事"。直接的调和就是希望异派殊途之各个分子,各守一定之限度以相抗立,既不趋于极端,也不故意超然于外,"而由忠恕之道自范于如分之域,仍本其政治信念以进,非在使一部分人超然以弃其所确信,专执调和之役,徘徊瞻顾于二者之间也"。后者就是间接之调和,是某种势力背弃了忠恕之道,视正在调和的两方为鹬蚌相争,自己则成局外,坐收渔翁之利,这种调和亦属于"吾人排斥之列"的"伪调和"。

观察当下国内的政团中,从政治信念上区分,缓进派当属于旧或保守之列,"与云特殊势力为缓进派之保护者,宁谓缓进派为特殊势力之指导者",但它不甘背负旧派之名,却与急进派"不惜叙'吾侪新派'之谊,乃为伪调和构成之根本观念"。实际上,民初以来的政争多发生在急进派与缓进派之间,李大钊指出:"由是观之,民国以还,政争迭起之真因,穷本溯源,固在新旧思想之冲突,官僚与非官僚之暗斗。而常短兵相接,首当其冲,相功相搏之方面至广,程度至烈,时期至久,嫌怨至深者,乃不在急进派与特殊势力或官僚之间,而转在急进派与缓进派之间。故中国政争之问题,几全为急进派与缓进派辑睦与否之问题。统计缓进派与急进派提携之时期,远不及哄争之时期之长。而当二派交哄之日,即为缓进派依傍特殊势力之日。政治上之巨变,往往即肇兴于此时。"[1]

这说明李大钊彻底省悟了梁启超和研究系以狭隘的政治需要玩弄"伪调和"之术乃至误国甚多的政治实质。[2] 但出于对"调和立国论"的真诚希望,李大钊仍然呼吁各派人物"反省悔悟,开诚相与,剖去种种之假相,而暴露其真面目,鼓荡其真血气","但愿缓进派确立于旧者之一方,坚持其政治信念,与急进派为轨道内之对抗,不为轨道外之芟锄,主义不妨与急进者稍事融通,权利不妨对固陋者稍有退让。……或有几分之成功也"。[3]足见此时李大钊的政治立场是主张诸政治势力"调和论"。

李剑农在《太平洋》上提出关于国中急、缓二派应行合作的观点,得

---

① 守常:《辟伪调和》,《太平洋》1卷6号(1917年8月15日)。
② 关于李大钊批判梁启超的"伪调和主义"与"伪国家主义"的问题,朱成甲先生论之颇详,参见朱成甲《李大钊早期思想与近代中国》第十四章,人民出版社,1999,第483~517页。
③ 守常:《辟伪调和》,《太平洋》1卷6号(1917年8月15日)。

到了读者的认同。时在英国的留学生读者周春岳投书给杂志社，表示李剑农的调和论的确是治国良言："读《太平洋》一号，尊论《调和之本义》，稳健精透，信为经世之言，今日热闹场中之政客，是否能如足下所望'急缓二派之新者，通力合作，以与固陋之旧者为中和之抵抗，不使旧者为渔人'，非予所敢知。然今日非如此，决不能脱民国于危险，则予之所深信。"他接着指出美国周刊《国民》杂志上登载的一篇俄国作者某某的《论俄国革命问题》一文，"其中可与尊论互相发明之处不少"，他发觉这位俄国作者其实也是以"调和"的观点来看待刚刚发生的"二月革命"。周春岳指出："观于作者所述，可知俄国 1905 年之革命败于急缓二派之新者，自相攻击，授旧政府以渔人之利；此次革命（指二月革命——引者注）之有望，则在'急缓二派之新者通力合作'，吾民国二年之悲剧，其原因果何以异于 1905 年俄国革命之失败。今兹之大局，安危亦恰如俄国此次革命，成败系乎新党各派是否能通力合作，以抵抗固陋之旧势力。吾深冀足下之苦口婆心，广达于国人之前，破其迷梦，则中华民国之幸，否则吾恐后起之俄国革命事业，专美于世，吾侪乱国之小民，终徒看他人浴共和自由之幸福而已。"①

可见，无论《太平洋》作者，或读者，在经历了袁世凯帝制运动的惨痛教训以后，更加认识到章士钊的"调和立国论"的重要性，也认识到西方国家的政治经验中"调和"的智慧及其实际效用，他们希望用"苦口婆心"的言论方式，将调和思想"广达于国人之前"，冀望在重新恢复的议会政治中，各派势力尤其是急进派与缓进派之间的调和问题能引起国会制宪诸议员的注意。

二　"宪政常轨中政党活动之正当范围"

参与制宪的急进派与缓进派的"调和"非但不能如李剑农所言得以良性发展，反而由于闹意气，由于政见不同，在许多宪法问题上展开激烈的争论。在某种程度上说，这也是一个调和的过程。但这届国会，国民党方面有较大的力量，频频压制了研究系的宪法主张；而眼见自己的主张不得实现，研究系则不甘心居于少数派的地位，遂撺煽已由于对德宣战案问题而蠢蠢欲动的段祺瑞和督军团来威压国会，于是"自对德外交问题发生，迄今数阅月矣，由抗议而绝交，而督军会议，而乞丐公民团请愿，而督军干宪示威，

---

① 周春岳：《通讯·调和与俄国革命》，《太平洋》1 卷 4 号（1917 年 6 月 15 日）。

而段氏免职，而武人称兵"。① 李剑农对此感慨万千，"不禁流入悲观"，写下《时局罪言》，"且细心探索祸变之所由来与其所造之归结"。②

李剑农首先指出，这场祸变"不外以两端互求相胜之一念成之"。急进派与缓进派互求相胜由来已久，"更进而思之，各方互求相胜之念，又何自来？必因根本上各怀一不可放弃之原则，一切行动皆为此原则所蒙蔽"。一端害怕固有权力旁落，另一端则以共和首功者自居，其实各持谬误的原则，却两不相让乃至互求相胜而相倾；而居中者，或主张"行政部之强有力"，或主张"议会之强有力"，就原则而言，固然"各有其独得之真"，但是他们一蔽于对于责任内阁制的误解，"不知行政部与议会其机关虽厘而为两，其运用当贯而为一。强有力政府云者，惟可得之于二者之行动相辅决非削彼益此、弱其一而强其一之所可得也"。其二由于不理解王船山所指出的"贞胜之理"，"处中之两部，本各有其贞胜之理，亦有其相互成全之用，徒以各溺于其一端之故，亦不惜为倚彼胜此之计。至于处中者，并以相胜为事，则相倾之势成矣"。这也就是罗伟所指出的，"政群派别，两端相离，而实相衔，非截然不可联贯之物，然苟无居中以驭两者，则水火之争剧、彼此之界严，情感激之，始而互求相胜，继乃相倾，终至于绝不相融"。简而言之，五年以来的政治灾难之不可避免，原因就是："两端之互求相胜而相倾，居中者不能守贞胜之理以驭两，徒为两端之所假借。"③

问题尚不止于此，李剑农进一步指明，论政者更应该明白何者为政治行动，何者为非政治行动，"苟既成严整之政党，且平昔所持党义，复以稳健为其精神，主张不得猝生，即假手于特别势力，以为铢锄敌党之计，是类于图报复之小人，其罪非徒浮于以多数抑少数，亦且视称兵作乱者为尤险鸷。盖其行为如此，非徒与其所标榜稳健之党义相矛盾，亦且自打消其严整政党之资格，国民对于此种政团尤不可恕"。④ 这里，李氏对缓进派的批评还比较含蓄，至少不曾点出名来，但他对这一少数派不按宪政规则活动、而"假特别团体势力以求伸其主张者"，是愤慨有加的，甚至认为这已危害到了"国本"。

---

① 剑农：《时局罪言》，《太平洋》1卷4号（1917年6月15日）；另参见王世杰、钱端升《比较宪法》，第429页。
② 剑农：《时局罪言》，《太平洋》1卷4号（1917年6月15日）。
③ 剑农：《时局罪言》，《太平洋》1卷4号（1917年6月15日）。
④ 剑农：《时局罪言》，《太平洋》1卷4号（1917年6月15日）。

李剑农又全文转录高一涵的《宪政常轨中政党活动之正当范围》一文，认为此文是"名言谠论，实足代表今日国民最纯正之心理"，并可"补愚论所不逮"。在文中，高一涵指出，在宪政条件下，政党活动有两大正当的范围：其一，政党必在政治状态下运动；其二，政党运动是与政治的生命相联系的，无政治则无政党活动之可能。根据上述两项原则，他亦认为民国宪政的问题多出于"号称稳健之流"，"此派所指即为旧进步系一流"，高并奉劝进步系及时悬崖勒马，走堂堂正正的政党政治之路。他说："则今日进步系所得为者，但应以合法行动抵制国民系之主张，不应越出轨外借他力以推翻旧国民党。推翻且滋物议，奚况迹近诛锄。使之翻然下野，固不失堂堂正正之师；若使之绝其根株，则终昧夫政力向背之理。且称兵独立脱离中央者，已达数省，中央政府根本飘摇，已陷入无政府之状态。政府不存，党于何有？悬崖勒马，惟有出于国民运动护国、护法之一途。仗义执言，平情释忿，方不失为大政党之德量。即如人言称激烈者为暴民，然暴民虽厉，容之尚有令其忏悔之机；暴力一伸则炙手可热，欲其悔祸，殆无望已。亡中国者，果为暴民抑为暴力，尚不可知？证以史例，则暴民能力仅能扰乱和平之秩序，至暴力之贻患，每足以倾覆国家。甚愿稳健诸公认定肇亡之媒，以自正其趋向可也。"[①]

三 "认定事实势力，使活动于宪法假面之下"

1917 年 6 月中旬以后，国会在督军团的威压之下再度解散，紧接着张勋、康有为进京策动了帝制复辟，又引起段祺瑞誓师讨逆，及至复辟谢幕，段祺瑞组阁，并宣布召集临时参议院以改造国会。这一连串的"离奇政象"、"突至之祸"使人对国家前途甚感悲观，"皆皇皇焉如不能终日，不曰国事今已绝望，即曰乱事方兴未艾，沉郁抑塞之气，宣之无可宣，三五相聚，辄以彼此之叹息摇首相对答"。[②] 所以，如何从政治、法理的层面去分析这种局面，又如何"调和立国"，又如何将这已因暴力和既成事实而脱轨的政治拉到宪政的轨道上来，成为"甲寅派"必须面对的问题。

在袁世凯帝制运动时期，美国政治学家柏哲士（Burgess）的"国体说"

---

① 高一涵：《宪政常轨中政党活动之正当范围》，见剑农《时局罪言》，《太平洋》1 卷 4 号（1917 年 6 月 15 日）。

② 杨树人：《通讯·对于时局之舆论（三）》，《太平洋》1 卷 5 号（1917 年 7 月 15 日）。

和英国宪法学家蒲莱思（Bryce）的"主权说"，曾为《甲寅》的政论家们用来抵御袁世凯的御用文人变更国体的企图的重要理论之一。而面对国会再度破毁的事实，《太平洋》又一次以柏、蒲二氏的理论来分析其政治后果。

张一湖借《太平洋》的"通讯"栏，指出国会破毁所导致的民国"主权"与"国家"分裂，使整个国家呈现出"非国家"、"无政府"、"非政治"的奇象。他说："美儒柏哲士论国家，视主权者与国家为一物，而法理上之主权者即握有造法权之机关，是此造法机关之主权者即国家之所赖以显者也。今在吾邦，法理上握有造法之权者，实为国会。国会破毁，法理上之主权者已不知何存，国家之所赖以表显者，亦同归于无何有之乡，是在法理上已陷于 Non-state 之境矣。"[1]

李大钊也表达了同样的观点："准斯（指柏哲士）言以求国家若主权者于吾约法之中，舍握有造法权之国会无足当之者。顾自督军团肇变以还，强力迸发，集矢国会，威暴所劫，遂尔立解，至高无上之主权，不知其已移于何所？然则今日之象，无国家也，无政治也，抢攘纵横者，暴力而已矣！"[2]

李剑农则依据蒲莱思的观点，指出主权分为法律上之主权（Legal Sovereignty）与事实上之主权（Practical Sovereignty），两者理应落实在同一团体之上，亦即国家的完美组织务求其合法权力与实际强力联结于相同之人或团体，人民才有义务服从这样的统治；若统治者所依据的仅是事实上之主权，而非法律上之主权，则其统治就失去了正当性，人民的服从就不能视为义务。李剑农据此观点引论说："则依蒲氏之言，强力与事实，虽或因维持公安之故，可以暂时致人之服从，然使法律上无可依据，一般无力之疲民，纵以姑息之念服从之，其不肯姑息而以善良之公民自负者，必以抵抗报之，则公安终不可维持。且法律上既不必有依据，歧力之出，即莫由测度。使更有他力崛起，与之相抗，彼亦不必问法律上之依据如何。力力相持，吾人又将何所适从？"[3]

可知李剑农担心的是，"国命根本之所托，要非可纯以强力为归"，国家如果依赖强力求得所谓"公安"，实际上是埋下将来难以预测的"力力相持"的政治动乱的导火线，质言之，强力不足以治国。李大钊下面这段话

---

[1] 张一湖：《通讯·对于时局之舆论（一）》，《太平洋》1卷5号（1917年7月15日），第10页。

[2] 守常：《暴力与政治》，《太平洋》1卷7号（1917年10月15日），第2页。

[3] 剑农：《呜呼中华民国之国宪》，《太平洋》1卷5号（1917年7月15日），第8页。

则补充说明强力政治恶性循环的社会影响："信斯（指蒲莱思——笔者注）言也，论势则力难永存，论理则民可峻拒。我有强力可以造成事实以制人，人亦有强力时谁则不可以同一之事实而强我？人人争以事实相迫制，弱者固可胁之使从，强者将揭竿而起以抗拒报之矣。种瓜得瓜，种豆得豆，善泅死水，善斗死兵，力力相寻，循环无已，推原祸始，皆任力为治之谬想有以成之。"①

这与依"宪法之治"而保障的社会秩序不能同日而语。所谓"宪法之治"，在李剑农看来，就是美国学者罗伟（Lowell）所指出的，宪法作为政治的"假面"，万不可毁弃，"夫宪法之于政治原则，如剧场之假面能令观者之群众致其叹服者，皆此假面掩饰之功，一旦假面揭去，则失其所以蔽人之具矣！"而英国作为世界上法治国家的典型，其政治家正是鉴于革命之祸，"一切改革务求于假面之宪法上得所凭借"，不宁对于英伦本国政治惟是，而且当面临殖民地自治权的扩张要求，英国人"对于母国巴力门主权之假面终始维持之，不肯轻于破毁"。英国以一岛国统御加拿大、澳大利亚、南非等地区，却无破裂之虞，治术的秘密就是始终维持巴力门主权之"假面"的尊严。李剑农指出："英人恒自诩曰：吾英民族政治之才能，远非他族所能及。夫以地球一隅之数小岛，控制日光不没之广土，谓非具特别政治能力，固亦不可。然熟考其帝国发展之历史，所谓特别政治才能者，舍'认定事实势力使活动于宪法假面之下'而外，亦复难于他求。"②

但返观中国，政治家的政治智慧远不及此，急进派往往不认事实上势力之存在，"一意排之"，而缓进派则偏徇事实上之势力，"不顾假面之不可轻于毁坏"，这样，两相冲突，不可调和，"祸变之来，遂莫知所底止也"。而实际上，"今吾国所谓不相容之势力，其差异之点，不过曰新旧耳、缓急耳，以视坎拿大、南非洲、爱兰等，民族异其血，宗教异其神，操业异其术，情感利害之不相洽，殆如水火者，程限相去，当不可以道里计。即此根本问题之解决，亦当远不若彼之难"。所以李剑农建议解决当下中国问题，可以取法英国解决政治问题的方法。他提出的具体主张有以下四项：（1）"约法"及由其产生的旧国会作为政治假面，不宜毁坏，而临时参议院不应召集；（2）仿照英伦解决爱尔兰问题的办法，组织一个宪法审议会，

---

① 守常：《暴力与政治》，《太平洋》1卷7号（1917年10月15日），第5页。
② 剑农：《呜呼中华民国之国宪》，《太平洋》1卷5号（1917年7月15日）。

以各派势力的首领人物和有学识经验的人充任，修订宪法、国会组织法、选举法等草案，但尚未即成为法律；（3）旧国会仍可自由集会，而且如英国主权巴力门那样，履行对宪法审议会所拟宪草的三读讨论之手续，任务完成之后，即行解散，并依新法召集新国会；（4）旧国会仍承认现存之事实政府，并同意由削平复辟之功的段祺瑞组织内阁。①

　　这个主张一如当时许多温和派知识分子所提出的和平主张一样，并不能实现，但我们不能不承认，李剑农在事实与法理之间的调和上所做的理论探索，则是"甲寅派"所提倡的"调和立国论"体系中的重要组成部分。

第五节　"君子之过"：辟梁启超

　　由上所述，可知政变的频繁发生及政力愈趋于极端，使得1917年再次失去政治改革的良机，而在很大程度上说，这次机会的失去又与梁启超及其领导的研究系的政治行动有密切的关系。事实上，自《甲寅》以来，"甲寅派"对梁启超的批评和责备就一直未曾间断，但他们的批评绝不是"如今日挑拨毁骂言论家之所为"，与言他们批评，毋宁是讽劝梁氏将"爱国之诚、救世之勇"利用在正确的途径上，"然其行为有足滋疑讶、长人口实者，则亦不能不为之爬梳剔抉，以救智者千虑之一失"。②

　　比较而言，《甲寅》对梁启超的评议多半是对于他的政治言论和政治策略的反响，如在梁启超所倡导的"开明专制论"、"国民程度不足说"、"政谈无用论"等问题上，章士钊皆一一进行了回应和批评。但他也申明他的批评，是针对梁氏学说自身的误谬之处，以及常为有政治用心者的利诱之处，"时论既引其言为重，愚又安能不从源头而致其辩焉。夫贤者立言，稍不经意，即永为世论口实"。③但在《甲寅》最后一期发表的《评梁任公之国体论》中，章士钊对梁启超既为言辩，同时也对他的政治行动抱以否定的态度。他写下一大段文字评点梁氏的政治品性：

---

①　剑农：《呜呼中华民国之国宪》，《太平洋》1卷5号（1917年7月15日）。
②　剑农：《专制与秩序》，《太平洋》1卷7号（1917年10月15日）。
③　秋桐：《共和平议》，《甲寅》1卷7号（1915年6月22日）。

呜呼！如是者有本有原，则梁先生入民国来，一言一动，俱不免为政局所束缚，立论每自相出入，持态每臬兀不宁，实有以致之然也。夫当共和立国之日，身为辅导共和之人，而乃不恤指陈共和之非，其言又为一时所矜重，岂有不为人假借遂其大欲之理，殆既见之，则又废然。此四年间，观其忽忽而入京，忽忽而办报，忽忽而入阁，忽忽而解职，忽忽而倡言不作政谈，忽忽而著论痛陈国体，恍若躬领大兵，不能策战，敌东击则东应，西击则西应，苍黄奔命，卒乃大疲。盖已全然陷入四面楚歌之中，不能自动，而与其夙昔固有之主张，相去盖万里矣。呜呼，补苴之术，岂可久长，有谋而需，乃为事贼，梁先生自处有所未当，八九归诸社会之罪恶，即过亦为君子之过，谁肯以小人之心度之，惟以其人于中国之治乱兴衰，所关甚切，如是之举棋不定，冥冥中堕坏国家之事，不知几许，愚诚不能不付诸责备贤者之义，于排斥浮说之次，贡此数言，狂悖之罪，不敢辞卸。①

章士钊既以"君子之过"评价梁启超的政治作为，李剑农、李大钊在《太平洋》对梁启超的批评亦大体延续了这种批评姿态。如前文所述，他们发觉以前的"调和"论忽视了急进派与缓进派之间的调和，且正是缓进派的"伪调和"，是民国几年以来政象不宁的真正原因。而梁启超作为缓进派的党魁，"此诚不得不谓为君子之过，而吾侪所由屡申责备贤者之义，以望其痛自忏悔者也"。② 总结起来说，《太平洋》对于梁启超个人有以下数项批评：

第一，"言行不相顾"

在《呜呼！中华民国之国宪》中，李剑农依据柏哲士的"主权与革命的关系"，指出从法理上说，主权与国家是一物而呈二象，其正当性或革命性，纯视造法之权在什么人手上。他说："凡由政府机关团体，或以武力，或以其他方法，自进而为主权者，攫取最高之造法权，即为革命。"他分析认为，以此看北美十三洲独立、1787 年费城制宪会议，以及英国1215 年大宪章运动、1832 年巴力门（议会）改造等，均可以冠之以"革命"。因为美国的费城会议是将"主权"从各洲转归于联邦总体；而英国

---

① 秋桐：《评梁任公之国体论》，《甲寅》1 卷 10 号（1915 年 10 月 1 日）。
② 守常：《暴力与政治》，《太平洋》1 卷 7 号（1917 年 10 月 15 日）。

在 1832 年议会改造后,"主权"从此从君主贵族转移到"普通选民代表之众院矣"。由此返观国内政象,他认为梁启超所谓的"无论何时皆反对革命"之说与他的行为并不相符:"梁先生于辛亥之革命,曾反对之矣,于袁氏宣告废去民国之名则反对之矣,于张康之假第三次革命而变为第四次革命,则反对之矣;然于癸丑袁氏对于民国之革命,则非徒不加反对,且身为参赞机务之一人,发令文告,大都皆有梁先生之名列于其间;于今督军对于民国之革命,梁先生始则安守缄默,处旁观之态度,及至张康变起,则剑及履及,与段君芝泉毅然崛起,殄灭张康,取得事实上之政府最高机关,梁先生果反对革命也?"①

当国会为暴力驱散,梁启超更直接地提出废弃旧国会,召集临时参议院的主张,其理由是:"中华民国已为张勋复辟灭亡,今国家新造,应仿照第一次革命先例,召集临时参议院,重定国会组织法及选举法后,再行召集新国会。"② 他们的意思是要承认国会破毁"实为事实之所当然",但李剑农反对说:"旧国会事实上虽不存在,而盾乎约法后主观之国家,即法律所认定主权者之选民总体,固依然无恙,临时参议院召集之议,果何从发生乎?"又说:段、梁等人只求事实上之当然,而"独于约法所认定为主权者——主观、客观之国家,不肯承认之",甚至公然宣称"处此政象之下,法律殆如业已宣告死刑之囚犯",这不但在法理上不可通,而且与梁启超平昔所以教导国人的"鄙人无论何时皆反对革命"以及"与法律有无上之爱情"等信念亦大相矛盾。因此,他说:"呜呼!以指导国民之先觉自任者,言行不相顾若是,变乱相循之局,尚安知所底止乎?"③

李大钊同样责怪梁启超将暴力引入政治的行为,他说,既申言反对革命,首先应反对暴力:"盖革命恒为暴力之结果,暴力实为革命之造因;革命虽不必尽为暴力之反响,而暴力之反响则必为革命;革命固不能产出良政治,而恶政之结果则必召革命。故反对革命者当先反对暴力,当先排斥恃强为暴之政治。执果穷因,宜如是也。愚尝怪梁先生既反对革命,而独不反对暴力,有时且与暴力相依为命,以致法律为宣告死刑之囚犯者,抑又何欤?"④

---

① 剑农:《呜呼中华民国之国宪》,《太平洋》1 卷 5 号 (1917 年 7 月 15 日)。
② 李剑农:《中国近百年政治史 (1840~1926 年)》,第 447 页。
③ 剑农:《呜呼中华民国之国宪》,《太平洋》1 卷 5 号 (1917 年 7 月 15 日)。
④ 守常:《暴力与政治》,《太平洋》1 卷 7 号 (1917 年 10 月 15 日)。

第二，"政治家之节操问题"

李剑农指出，梁启超提出的所谓反对变更国体、反对革命，只是指他"不愿自以言论为之前驱"，但若有某种势力，先造成了革命事实，"则事实既成，则不问何种国体、革命至于若干度，梁先生皆不反对，非惟不加反对，且恒愿依此势力所造成之事实，而为政治活动焉"。所以观察梁启超的政治行为，在袁氏僭国之下，他可以坦然做政治活动，在督军团僭国之下，他亦可为政治活动，不消说，在他自己看来，"此不成为政治家之节操问题也"，是因为"革命已成之事实，无可相抗也"。但李氏批评说，在他看来，这其实就是政治家的节操问题了："惟牺牲其平日政治上之主张，以售易一时政治上之地位，斯则成为政治家之节操问题耳"；又说："梁先生生平有一根本大病，主张不能持久，恒倚强力所造成之事实为转移，换言之，则惟依傍强力为政治之生活。强力之正不正，无暇细问，因是，其政治上之主张无往而不为所依傍之强力所格；其终也，则其所主张徒以供窃据攘夺者之牺牲而已。"①

李剑农的这一评语深得李大钊的同意，后者认为这可谓是"洞见隐微，精辟无伦矣"，并就此引出他自己对于梁启超及其领导的政团更激烈的批评："严格言之，梁先生及其政团之所主张（即开明专制等），既已全属幻想，空无是物，即或有之，亦非今世所宜，实现已所不能，持久又胡可得？此种梦想，乃徒以驱策其利用特殊势力之勇气，造成一种事实以诛除异己，而达政治上攘权之目的，固不仅为强力所造之事实所转移。至其所利用强力之正不正，岂惟所不暇问，抑亦所不愿问。其终也，敌党之势力方尽，己党之生死亦操诸强有力者之手。彼蒙失败以去者，尚有空渺之荣誉以相偿，而冒耻辱以来者，则并此幻瞬之胜利而不保，于是掉头以伺反动潮流之声势，苟有可乘，则又引新制旧以反噬之，一如向之引旧以制新。如斯途辙，一踏再踏，左支右吾，应付已穷。由是所有举动，凡以势力为重，以情理为轻，以成败为重，以是非为轻。久而久之，积习成癖，倚傍而外无生活，趋承而外无意思，反覆而外无举动，挑拨而外无作用。堂堂政团，覆雨翻云，至于若此。国家非常之变，安有已时？"②

第三，"秩序之误"

国会破毁之后，政治秩序又复现混乱局面，"武人之焰大张，纪纲不

---

① 剑农：《呜呼中华民国之国宪》，《太平洋》1卷5号（1917年7月15日）。
② 守常：《辟为调和》，《太平洋》1卷6号（1917年8月15日）。

存，群龙竞逐，分崩离析之祸方兴未艾"，于是有人又怀念起袁世凯时期的所谓专制下的"秩序"，并说："袁氏苟非称帝，以彼枭雄之资假共和之名行专制之实，中国必可长治而久安"。李剑农认为，这种想法实际上是受到"伪共和而实专制"的情感及思潮的影响，以为专制、强力可以获致秩序。他反对说："盖势将至，有开必先，一小部分人士之脑中，既有此伪共和而实专制之悬想，即不啻为实行专制者导其先机。"① 因此，必须对这股思潮根本廓清，而要廓清此种思维的对象就是梁启超。

李剑农指出："今之梦想伪共和而实专制，悬袁氏之术以为鹄者，要其操心所在，不外一言曰'保持秩序'而已。"但问题是，以专制之术获致的秩序，"果复能持续几何？"以清末民初国人熟知的墨西哥大独裁者爹亚士（迪亚士）为例，其才望、能力，远非袁世凯所能望其项背，其操伪共和而实专制之术，也极其有效，在其任内三十年中，墨西哥国内亦能保持着繁荣与秩序。这个实例具有两面性，在主张专制统治的一面，爹氏无疑是其他独裁者可以直接效法的模范，如袁世凯及其御用文人所为；而在民主派那里，则纷纷预测爹氏所造的秩序必不可持。蒲莱思著《南美洲》一书，评论爹亚士时说："自爹氏当国以还，彼邦富源开发之速，实不可以道里计，而一部分羡慕繁福，尊重秩序之人士，益增其相维相系之势。使爹氏就木将届之年，彼复能得一类己之人为之后继而授之柄，则彼所造成之繁福与秩序，或能持续而无疑。"蒲氏这个预测极其准确，李剑农指出："蒲氏之书方出，而爹氏所造之秩序与繁荣，果皆归于无何有之乡矣！"墨西哥的失败，原因正是"伪共和而实专制"。②

梁启超在清末即预测爹亚士死后"洪水必来"，又在他那篇响亮文章《异哉所谓国体问题者》中力辟袁世凯独裁专制，申言："爹亚士假共和之名，行专制之实，在职三十年不务培养国本，惟汲汲为固位之计，拥兵自卫以劫持其民，又虑军队之骄横，常挑间之使互相反目以遂己之操纵，摧锄异己，惟力是视。其对于爱国之士，或贿收以变其节，或暗杀以伐其生，又好铺张门面，用财如泥，外则广借外债，内则横征暴敛，以至民穷财尽，无可控诉。"

梁启超此言也实在，但李剑农不禁反诘：当袁世凯摹仿爹亚士之行为，

---

① 剑农：《专制与秩序》，《太平洋》1卷7号（1917年10月15日）。

② 剑农：《专制与秩序》，《太平洋》1卷7号（1917年10月15日）。

如"挑间军队"、"摧锄异己"、"贿收"、"暗杀"、"铺张门面，用财如泥"等，以攘夺大权，励行专制之时，却为何不见梁先生出来警告，"反为之亲效驰驱"，直至"洪水"已成，方始有所省悟呢？这不能不说又是梁先生的一个弊病。他评论说："仆盖窃信梁先生之所以被玩弄于袁氏者，其自身实有足以致人玩弄之资。何也？即梁先生辈常悬一理想之秩序二字，以为展施抱负、整理庶政之资，非先得此二字，则诸种怀想，皆无所附丽，以见诸实施。于是凡有一人具此敏腕、负此威力，足以控制一国而纳诸秩序二字之中者，不问其根本之宅心如何，所操之术又复如何，皆可为之效指臂之劳。及夫秩序既得，徒为石田耕耘之力，一切无以为施，而秭稗蔓莠之属，独能乘此不惊不扰之秋，发荣滋长，以待'洪水'之至。故以梁先生观政之明，能断定爹亚士之成败于十余年前，不差累黍，而己身反被污于袁氏者。一言以蔽之，曰秩序二字误之也。"①

李剑农接着指出，国家政治的整理与进步，毫无疑问必以秩序为基础，但惟有真秩序才能保障政治的进行，伪秩序是一死物之秩序，无望其能保持永久。而真、伪秩序之辨，则视达致秩序所操作的手段如何？枭雄强暴者必以个人之权势为目的，决不容许其他人或团体分其权势，所以其所操之术，必以摧败消灭对立之人或团体为归结；而真正以国家进步为目的者，恒思考将所有势力所寄托之人或团体——纳诸相当之域，所以其所得的秩序一般呈现为异同兼备、强弱并存、权衡质剂、循环不紊的特点。"约言之，真秩序者，范围各种之势力，求为有规律之进行发展以为动者也；伪秩序者，诛锄异己之势利（力），是（使）之不能存在以求静者也。动者，有变化，有进步；静者，变化不生，终乃腐化而成为死物。"② 可见真秩序的实现，依然惟"调和"之术为根本。

从《甲寅》到《太平洋》，"甲寅派"知识分子对于梁启超的批评，从其内容实质来看，基本上是对于一个"君子之过"的批评。这表明梁启超并不是一位合格的政治家，即使他曾立意良善，并具有良好目的之政策，也常误入歧途，对民国政治的伤害远大于建树。1916 年，反袁斗争刚刚结束之时，对于时局忧心倍加的严复亦发表对梁启超的看法，引用一个歌谣表示梁氏并非高明的政治家："《黄台瓜辞》曰：'种瓜黄台下，瓜熟子离离，一

---

① 剑农：《专制与秩序》，《太平洋》1 卷 7 号（1917 年 10 月 15 日）。
② 剑农：《专制与秩序》，《太平洋》1 卷 7 号（1917 年 10 月 15 日）。

摘使瓜好，再摘使瓜稀，三摘犹为可，四摘抱蔓归。'康、梁之于中国，已再摘而三摘矣。耿耿隐忧，窃愿其慎勿四摘耳。"① 严复希望梁启超不要再入政界，否则将是"自毁之举"，但事实上梁氏在1917年同样热衷于政治活动，却又以失败告终，犹如"四摘"，造成政治失误。因此，梁启超遭到崇奉宪政主义的"甲寅派"的严厉批评，亦良有以也。

小结：学术、政治与道德

从戊戌到1915年"二十一条"国耻，由于大量留日学生通过日本的资源译介西书和传播西方社会政治思想，以及清末"新政"时期朝野上下俱主张假途日本而学习西洋，所谓"东学"，沛然而兴。② 进一步，辛亥革命结束了二千余年帝国体制和思想，所发展的民国体制和思想，"正是完全以新政年代的思想和体制为基础"，其典范是明治维新之后的日本模式；③ 背后并有德国学术的观念④。在某种程度上说，这种混合日本、德国学术资源的"东学"模式，对民国初年的政治体制运作，及对知识分子的政制构想和政治论述，均有影响。

但问题尚不止于此，因为由同盟会主导下的临时参议院在制定《临时约法》时又以美国宪法为范本，其中的共和精神具有美国宪法的背景，周鲠生说："然揣立法者之意，中必有一美国宪法规定之成例在；则以当时共和初建，模仿先进共和国制度之精神推之，可以想见。"⑤ 还有一个事实，《临时约法》规定的是法国式的内阁制，章士钊说："吾之约法，效法法兰西，乃政党内阁之基础也。故吾国之采内阁制无人疑之，特迟速成一问题耳。"⑥ 可知《临时约法》规定的宪政体制在思想、知识及思维模式上混合了日、德、法、美等国的法政思想和宪法体系。这对于初行宪政的中华民国来说，制度运作的难度和思想混沌可想而知。这些均说明民初"甲寅派"

---

① 严复：《与熊纯如书》（三十），王栻编《严复集》第3册，第633页。

② 郑匡民：《梁启超启蒙思想的东学背景》，上海书店出版社，2003，第269页。

③ 〔美〕任达：《新政革命与日本、中国（1898~1912）》，李仲贤译，"序言"部分，江苏人民出版社，1998，第4~8页。

④ 桑兵：《晚清民国的知识与制度体系转型》，《中山大学学报》2004年第6期，第97页。

⑤ 周鲠生：《外交使节与国会同意权》，《太平洋》1卷3号（1917年5月1日），第5页。

⑥ 行严：《党争中宪法问题》，《民立报》1912年7月22日，参见《章士钊全集》第2册，第429页。

在这样一种约法体制与知识氛围中，展开了面向英国立宪模式及在中国建构共和立宪政治的论述。

此外，从文体上说，"甲寅派的政论文"亦是中国古文体政论文发展的成熟阶段。胡适在《五十年来中国之文学》中指出，"甲寅派的政论文"就是古文学向白话文学过渡的最后一个段落，"章士钊一派是从严复、章炳麟两派变化出来的，他们注重论理，注重文法，既能谨严，又颇能委婉，颇可以补救梁派的缺点"。但它的优点也是它的缺点，"做的人非常卖气力，读的人也须十分用气力，方才读得懂"，在实用的方面，仍旧不能不归于失败。胡适所谓的"实用"，是要求"用浅近文艺普遍四周，要与一般的人生出交涉"；而"甲寅派的政论文"仍属于贵族文学，其文字是修饰的、谨严的，表达的是西方繁复的观念和学究的理论。胡适说："这种文章的读者仍旧只限于极少数的人。当他们引戴雪，引白芝浩，引哈蒲浩，引蒲徕士，来讨论中国的政治法律的问题的时候，梁士诒、杨度、孙毓筠们早已把宪法踏在脚底下，把人民玩在手心里，把中华民国的国体完全变换过了！"①

这里胡适为"甲寅派的政论文"陈情的是两个困境：一是文学的困境，二是政治信念的困境。前者是逻辑和历史的统一，欧化的古文终究为白话文所取代；后者则是现实与理想的悖论，章士钊、李剑农都辨析过其中的关系："凡在一国，政治之事，有两领域，广袤等焉，一即实际，一即理想。无实际，政治无由行；无理想，政治无由进。前者政家所为，后者哲家所为。政学两派，融和而并迈，固最足尚。苟不可得，即一时之舛迕，亦无所妨。要之，一国有政而无学，举所施措，皆苟且颟顸之为，而无辨理析义之士盾乎其后，其国将不足以久存。是故史家记政，政治史与政治思想史并重，盖舍思想而言政治，亦如无本之泉，涸可立待已耳，不足称也。"② 这里，章、李二人对于自己的政论文，虽不如他们所欣羡的英伦政论家那么自信，但却深刻表明了他们作政论文的动力何在，即为现实政治寻找"学"之本和树立理想。

"甲寅派"的政论文还有一个特点不可不注意，即它对于道德的吁求，

---

① 胡适：《五十年来中国之文学》，欧阳哲生编《胡适文集》第3册，第236页。

② 秋桐：《学理上之联邦论》，《甲寅》1卷5号（1915年5月10日）；另李剑农亦引用章氏的原文来说明他的观点，参见剑农《地方制之终极目的》，《太平洋》1卷2号（1917年4月1日）。

尤以它的"调和立国论"主张为甚。如前所述，章士钊常常强调，"为政之本，在有容，在不好同恶异"、"调和者，两让之谓也"、"无让德不足以言调和"，以及"调和云者，贵有公心，尤贵通识"等，这些话语均在很大程度上包含着一种道德主义要求。《甲寅》的一位读者周悟民即对这些话语保持着一种警惕，他说："准此数语，吾妄揣足下立言注重之点，似偏于人治，而略于法治；偏于道德方面，而略于法律方面。"他对章士钊指出，当下国人正亟须以"法治之精理"来"引掖指导"，而足下仍以"人治之说"作为论旨，恐怕反助长了"专制政治之复活"。①

但章士钊对于"法治之精神"另有不同的理解，所以他这样答复读者说："以愚观之，法也者，一国所有公私权利相维相系之规则或习惯也。号为权利，必各各有其经界，国度文野之分，人种优劣之判，举视守此经界之程度，以为权衡。由是法治之精神，亦在一国之人，共守其权界而不失耳。须知欲守此也，须克治一人类共通之野性不可，是无他，即愚所谓好同恶异也。必先不好同恶异，而后可生法治之精神。非能于人欲横行之地，卒然以一物号曰'法治之精神'者，如明珠之夜投焉，而其好同恶异之情，自然以遏也。是足下所言，似有倒果为因之病。"②

由这段辩解中，清晰可见章士钊仍对于自己的政治主张保持道德上的吁求，如提出"须克治一人类共通之野性不可"，或"必先不好同恶异"，作为法治和政治改良的前提，这似乎暗示了后来新文化运动的目标之一：培养新道德。

同样的，亦有读者认为李剑农的"调和"主张，是一种"软弱无能之道德论"。盖李剑农对于时局问题的主张，亦要求一个前提条件，他要求"各派人士，果有悔祸之诚心，能不视异派如雠仇否？"这位读者则据此断定："假令其为条件也，终属理想之条件，何也？以其为软弱无能之道德论，欲当今之有力者各发现其政治上最高之道德心诚心悔祸，终属理想也。"③

而又一位读者在1917年政局日益恶化的情形下，认为政论文应该转向改造国民性，他写信给李剑农，说：盖自辛亥以还，举国人士昏迷于朋党之

---

① 《周悟民致〈甲寅杂志〉记者函》，见《章士钊全集》第3册，第153页。
② 秋桐：《论人治与法治——答周悟民》，见《章士钊全集》第3册，第152页。
③ 邓希禹：《通讯·对抗力》，《太平洋》1卷7号（1917年10月15日）。

争，一切良心真理，大都为仇恨、怨嫉、猜疑、忌妒之种种私情恶感所蔽，论事立说，动于此种私情恶感者多，而基于良心真理者少也。足下具愿救世，婆心苦口，闻者感动，未审亦思有以扫去此等私情恶感于当世士大夫之脑底，还其本来否乎？否则日日痛陈国事，篇篇精论政制，皆嫌词费，奈何奈何？"[1]

李剑农没有直接回答这些读者的疑问，但"甲寅派"的另一成员李大钊在一封给朋友的信中，再次道出了"甲寅派"的政论文的无奈，他说："前不自禁，偶为《太平洋》作文一首，既而思之，又自深悔，以今日人心之沉溺于利欲，逆耳之言，庸何能入？且以吾侪年少性率，修养未善，诚信中孚，未足格物，有所论列，徒召恶感，不足诲人也，诚不如缄默自守，徐俟劫尽之期，听其自忏之为愈也。"[2] 这似乎遥相呼应了两年前黄远庸对于政论文的忏悔，这说明在"政论救国论"一再受挫的情况下，李剑农、李大钊及《太平洋》终于如胡适所言的成为"已做新文学运动的同志了"，并且汇入新文化运动的洪流中。

---

① 周春岳：《通讯·国会政治》，《太平洋》1 卷 6 号（1917 年 8 月 15 日）。
② 李大钊：《致李泰棻》，《李大钊全集》第五卷，第 271 页。

第三章
留英学人与五四新文化运动

袁世凯帝制运动发生以后，有识之士绝望于单纯的政治运动，于是提出文化途径解决中国问题，新文化运动由此发生了。这一从政治运动向文化运动的转换，学界一般以 1915 年年底鼓吹政论救国的《甲寅》杂志停刊、《青年杂志》（后改名为《新青年》）开始讨论文学革命为标志。[①] 近年来学界也认识到《甲寅》与《新青年》和新文化运动之间极深的渊源关系，指出新文化运动的人事和思想均可追溯到《甲寅》杂志时期。[②]《新青年》北迁以后，与北京大学的新知识分子联合，推动了声势浩大的新文化运动，在思想上社会上造成了种种革命或改革，如反孔运动、伦理革命、文学革命、白话文运动等，而在运动的后段，由文化运动进到思想解放，所谓社会主义

[①] 丁守和、殷叙彝：《从五四启蒙运动到马克思主义的传播》，生活·读书·新知三联书店，1979，第 18～22 页；岳升阳：《移殖西方民主政制的失败与启蒙思想的复苏——〈新青年〉的先声〈甲寅〉月刊》，收入刘桂生编《时代的错位与理论的选择——西方近代思潮与中国"五四"启蒙思想》，清华大学出版社，1989；王汎森：《思潮与社会条件——新文化运动中的两个例子》，收入氏著《中国近代思想与学术的系谱》，河北教育出版社，2001，第 233～234 页。

[②] 陈万雄：《五四新文化的源流》，第一、二、三章，生活·读书·新知三联书店，1997；魏定熙：《北京大学与中国政治文化》，第三章，北京大学出版社，1998；刘桂生：《章士钊与〈甲寅〉月刊和〈新青年〉》，《百年潮》2000 年第 10 期；郑超麟：《陈独秀与〈甲寅杂志〉》，《安徽史学》2002 年第 4 期；杨琥：《〈新青年〉与〈甲寅〉月刊之历史渊源——〈新青年〉创刊史研究之一》，《北京大学学报》2002 年第 6 期；李怡：《〈甲寅〉月刊：五四新文学运动的思想先声》，《中国现代文学研究丛刊》2003 年第 4 期；庄森：《〈青年杂志〉相承〈甲寅〉论》，《学术研究》2005 年第 5 期；杨琥：《同乡、同门、同事、同道：社会交往与思想交融——〈新青年〉主要撰稿人的构成与聚合途径》，《近代史研究》2009年第 1 期。

问题辩论、人生观问题大讨论等，更表现出五四新文化运动所激起的壮阔的社会风潮。但正如我们在第一章分析的，《甲寅》杂志上的通讯作者成为后来《新青年》的主要成员，而有留英背景的政论文作者后多聚合在《太平洋》杂志，但二者的分流，并不意味着思想的分歧，他们对于如何缔造新国家有共同的思想和价值观基础。

本章通过梳理《太平洋》杂志上有关教育、文化、新思潮及人生观方面的讨论，来探讨留英学人在五四时期的活动方式和社会文化主张，及与五四社会思潮的关系。下面的讨论即以留英学人与新文化人之间的互动为中心而展开。第一节叙述留英学人对于现代社会价值观的认同，及早在1917年留英学生便已思考在中国推行新教育的问题；第二节叙述《太平洋》上由于一封通信，引来对孔教、孔学问题的讨论，与当时的《新青年》的反孔潮流是相配合的；第三节叙述留英学人从不自由的痛苦经历中，首先提出从宪法制度上确立人身自由、思想言论自由的主张，并引发了新文化人的争自由运动；第四节叙述留英学人对"问题与主义之争"、对社会主义问题的理性讨论，及以杨端六与英国著名哲学家伯兰特·罗素（Bertrand Russell）之间的思想交流为中心，探讨留英学人对于20世纪20年代纷乱社会思潮的观点；第五节叙述留英学人站在新文化人的立场参加了人生观问题和"科学与人生观"的论战。

第一节　"欲示国内学生以青年奋斗之范"

与留美学生的思想倾向一样，《太平洋》留英社员在留学时期就对教育、文化的问题特别眷顾。[①] 首先，他们现身说法，以自己的留学经验和体会向国内青年做出示范，以及提醒政府当局改良教育方针。李剑农曾在《太平洋》上发表了他们社员之间的几封通信，以此向国内人说明留英学生的"苦学中之快乐"的情形。因为《太平洋》社员均是欧战发生前后到达英伦留学，但紧接着战事愈来愈紧张，加上1917年以后德国潜艇封锁英伦三岛，使得他们的生活异常困顿。其中一位社员写信告诉李剑农说：欧战持久以来，"英国食物日缺，物价日涨，生活费大增"，房租、伙食费等比以前"多三分之一"，他已无多余钱购买书籍，"衣服则除购冬衣一套外，皆

---

① 关于五四以前留美学生的思想活动，参见〔美〕周策纵《五四运动史》，陈永明译，第30～37页。

破敝仍旧。三年前在伦敦所购之唯一外套，冬夏皆服之，今已破孔累累，犹日被以俯仰自雄于壹丁堡（引者注：即苏格兰的爱丁堡大学）之自由天地也"。更糟的是，"公费恢复之杳无消息如故"，他们中有一人"久已一钱莫名矣"。但他的学习却不因此落下，反而于"高等经济学"一科，在去年年终试验中"幸列第一"，力压前年的冠军亚历山大女士，他称这是"老夫战胜女将军"。① 另一位社员也写信告知，他们的学习生活为德军封锁所困扰的情形："惟月明之夜，每每有德飞机来袭，人心惶惶，不敢高枕而卧，为可恨也。此间食物缺乏，终日觉肚饿不堪，奈何奈何！"而他们最担心的还是书籍涨价的厉害，"书籍亦涨价百分之二十五至百分之五十不等，有多少书不能购得，因纸价过昂，多暂时绝版故也"。②

李剑农之所以将他们的私函发表于《太平洋》，"一欲示国内学生以青年奋斗之范，二欲使政府改良教育行政之方针"。他在第一封信后作按语说：该某君"癸丑由某省政府咨送英伦，嗣因某省都督易人，将前督之案，全体推翻，不分良莠，一律裁撤，某君誓非学成不归，即以撤学之川资与同社某君同佃一小舍，节用苦学，后闻苏格兰居食较廉，始迁往壹丁堡，入该处大学，极为该校教授所奖许，稍暇则作文寄售各杂志为生，今已三年又半矣。去冬闻某省有恢复留欧未归学生公费之议，并闻已由该省政务会议议决，自今岁正月起寄费往欧，不知何故忽来变议，延搁至今，闻系格于中央新定之补费章程"。这里的"同社某君"应是指周鲠生、向复庵二人，他们二人先是得到湖南省官费留英的名额，生活本不困难，不料湖南政局陡变，北洋派汤芗铭取代原来的都督谭延闿入主湖南后，将前任选派的留学生一律当作革命党，取缔他们的官费留学名额。③ 周、向二人就是其中的受害者。

各省留欧学生的费用竟受到中央政府的无端干预，是拜中央集权主义所赐。李剑农在政治上强烈主张分权主义和地方主义，因此他借此又呼吁中国政府应该将教育行政的权力放手给地方，说："按某省旅欧学生共仅数人，皆系青年奋斗、前途多望之士，恢复原有省公费，本属省政府已成之事实，与中央无干，何须彼此互为缪戾，延误青年。按今日当局心理，事事梦想中

① 本社某君：《通讯·苦学中之快乐》，《太平洋》1卷2号（1917年4月1日）。该函虽未署名，但从所述情况分析，可以确定为时在爱丁堡大学学习的周鲠生。

② 石、冕（即皮宗石、杨端六）：《通讯·欧战中之社会状况》（一）、（二），《太平洋》1卷10号（1918年7月15日）。

③ 向绍轩：《大学与中国民族文化·自序》，正中书局，1947，第1页。

央集权，事事欲干涉，其极也。一事不能办，彼此相干涉，彼此以虚文程式相钳制，彼此不负责任，延误要政，不知凡几，学生补费一事，犹其小焉者也。夫教育行政，实无中央集权之必要，非徒无必要，且为有害，征诸学术发达之英美，未有不取地方自由主义者也。今日各省之骄兵悍将冗滥糜费，一任各督军之自为编制，语对外则不克自由调遣，供国防之急需，语对内则徒有扰骇愚民之害，中央竟无如何，独于遣送学生一事，则惟恐各省之稍有滥费，当集权者不能集，不当集者则百计集之。愚窃为当局不取也。今因某君函，附言于此，顾世之留心教育者垂察焉。"①

　　这是从政治的角度对教育自主性问题的一个反思，在更多的情况下，《太平洋》是从社会的角度，发出他们对于教育问题的倡议的，其热衷程度，非当时正将绝大部分精力注入反传统运动和文学革命的《新青年》所能及。他们所讨论的问题包括小学义务教育、大学学制、女子地位及其教育问题，以及科学教育、实业教育等问题，除了第一个问题是来自一位留日学生的议论，其余问题均是留英学生自发提出的倡议。不宁惟是，他们尤以世界的眼光来审视中国的教育问题，并结合欧战前后欧洲的新教育趋势来为中国教育改革指导方向。

　　已有七八年在英伦学习经历的李寅恭、张绍南夫妇，对于欧洲新教育的趋势深有体会，遂借《太平洋》向国内人做了很有力的发言。在《论今日教育之趋势》中，李寅恭指出，欧洲各国自19世纪下半叶以来即重视"使国中男女青年，于智育上切实发展，而国势乃有恢复之望"，德国更是喊出"救亡惟教育"之语，故各国对于教育问题即屡有改革方案的引入。而欧战以还，英、美、德虽陷于战争环境，但对于教育的重视丝毫不松懈，并着手制订教育改革计划。这让李氏深切感到战后"世界教育大革命，已毕呈于吾前"。他接着指出，虽然战争使宗教教育的观念在下一代人的信仰中一落千丈，亦为欧美社会教育的一大损失，但它们早已崇尚"实学"的风气，则造就了大量科学发明家，及取得巨大的科学进步。具体地说，欧美社会已充分意识到，仅仅实行普通教育已属不足，而应引入科学教育于普及教育之中："英学者现所具之目的，在实事改革，增设科学各班于普通学校与工厂试验，同一进行，多购置科学上试用之品，及大出奖励金，以观后效。无论战后经济情形若何，而此项岁费，社会及私人皆所乐输。至于国家之常年经

---

① 本社某君：《通讯·苦学中之快乐》，"李剑农按语"，《太平洋》1卷2号（1917年4月1日）。

费，去年计金十五兆十七万四千三百磅，向后预算，有增无减，且办法改易，斯结果不同，譬之制衣，剪裁之法在人，亦成彼教育家之口头禅也。"①

本着这个观念，李寅恭对于国内的"科学社"及其刊行的《科学》杂志和提倡新文学的《新青年》杂志，表示了赞许的态度。因为他相信这两者的结合，使国内少年"既能为清白文字，则从事科学，不虑不解译名，亦不难学制译名，而我之文学亦日富矣"。但另一方面，他对于国内有人固守"闭户造车，出门合辙"的传统教育的迷思，则持强烈批评态度。足见他所提倡的是一种新教育，要求国人拥有"教育为人类进化之原理"的信念，并能够深刻理解欧美列国"日日所竞争之科学教育"的趋势，"自是以往，如欲追随世人，出我不开化之阶级，则科学为唯一之事业，有待于我，亦时事之所需求也"。②

对政治经济学研读颇深的杨端六，则发表《实业前途之曙光》一文，提议中国应该大力振兴实业，同时重视发展实业教育，以为实业长远发展提供技术支持。他指出，现今世界各国除了极不开化者外，莫不为长足进步，而欧战爆发以来，列强虽受战争之灾，尚能发明许多新器械，那些未曾参与实战的国家如日本，莫不乘机奋起，转弱为强，转贫为富；"乃还顾吾人，犹内斗未已也，实业迟迟不进，政府焉能辞其咎？"但是杨氏深明当下政府无论如何指责，仍然不可恃，因之提议离开政治问题不论，但由有力之实业家负起社会责任，"挟不屈不挠之毅力以打破政治上之障碍"。不倚靠政府而独立发展中国实业，成效如何，自有后来事实证明。③ 但当时杨端六确实相信中国实业家能够担当此任，他说："世界科学在新异，强国愈强，弱国愈弱，吾人既已居人之后，若不急起直追，则相差之比，日益增大，吾人苟思立足于世界，不得不奋勉以从事。此予所深望于实业家之自觉者也。"他进一步指出，实业家的自觉行动不仅是于资本、原料、劳力等实业发展的必

---

① 李寅恭：《论今日教育之趋势》，《太平洋》1 卷 5 号（1917 年 7 月 15 日）。

② 李寅恭：《论今日教育之趋势》，《太平洋》1 卷 5 号（1917 年 7 月 15 日）。

③ 1920～1923 年，在缺乏强有力国家政权干预的情况下，中国实业家和商人们幻想通过自治运动，摆脱官僚的束缚，获得稳定的社会秩序和经济的自由发展。上海商界甚至尝试创立一个"商人政府"以代替虚弱的国家政权，但这些自由主义运动都不可避免的失败了。平心而论，这股思潮与上述杨端六的观点是不谋而合的，但我们亦不必就此认为杨端六已自觉地成为中国实业阶级的利益代言人了，毋宁认为撇开中央政府的干预搞自主自治的观点在五四前后颇获人望。关于中国商人的自治运动，参见〔法〕白吉尔《中国资产阶级的黄金时代（1911～1937 年）》，张富强、许世芬译，上海人民出版社，1994，第 239～245 页。

须要素上考求，更应该着眼于为实业界造就"特出之人物"，特别人才从何而得，"是不外乎教育与经验"。依据英国和德国的实业教育的经验，杨端六向中国实业界提出了他久已拟就的实业教育方案："吾尝有一未曾发表之议案，欲国内大实业家提倡之（前汪精卫先生过英时，曾与言及，颇以为然）。即于每年赢利之内，提出若干，作为养育人材费。其办法或在本地设立工商学校，或选送东西洋留学生，或独立行之，或联合同类之公司行之，均听各公司之便。开办之初，股东或少受红利之分配，然'十年树木，百年树人'，公司之发展，正惟此项新进人材是赖，目前之小小损失，毫不足计。英美实业教育之发达，不仅政府提倡之力，工商业者亦与有劳焉。常有大公司寄赠款项若干与某某大学作为奖金。无论何学生或已卒业学生，苟有应选从事一特定科目之研究者，则以奖金给之。奖金之名额，或一名或数名，奖金之继续，或一年或数年，均酌量情形定之。吾国大公司可仿此办法，更加以扩充，则公司事业不蒸蒸日上者，吾不信也。"[1]

再以女子教育问题为例。《太平洋》本身团结了数名留英女生，张绍南、袁昌英即为其中的佼佼者。正是基于对自身经历的深刻体会以及当时欧洲社会思潮的刺激，她们在《太平洋》上呼吁女子社会地位平等、女子与男子同样出洋留学，以及国内开放女子大学或实行男女同校等要求。张绍南在《英国女子教育及其生活》中，指出英国的平民女子"特具一种独立之精神"，为老大中国人所不能想象。她说：在英国，"有进取心之女子，尽出贫家，及敏而勤学者，亦多来自贫家，……，欧战以还，贫女生活，途径愈辟，国中凡百职务，悉仰籍女子承乏。"[2] 此用英国女子自立、自主的形象昭示中国女子的努力方向。

一位未具名字的英国留学生指出，今日世界大势所趋，是女子的社会地位蒸蒸向上，到处与男子享有同等权利、均等机会，"所谓男女平权，在欧美文明国家，已成事实"。但中国女子问题却因传统社会习惯的桎梏而踯躅不前，其中一个关键原因，是女子自身对于打破现状、超脱社会专制，跻于与男子同等地位的问题尚未有思想上的觉悟。她引述穆勒《女子隶属论》（*Subjection of Women*）中关于男女平权的定义说："规律男女两性现在社会

---

[1]　端六：《实业前途之曙光》，《太平洋》1 卷 11 号（1919 年 4 月 15 日）。

[2]　李寅恭：《通讯·英国女子教育及其生活》，《太平洋》1 卷 8 号（1917 年 11 月 15 日）。文中附张绍南回复家乡某女子询问英国女子教育及贫女生活书。

关系之原则，女子在法律上隶属于男子，此实根本谬误，而阻止人类进步之一大障碍也。如此原则，应令抛弃，而代以完全平等之原则，不许一方有特权，不认他方无资格。"欧美女子运动正是本此精神以进行，所取得成果虽未圆满，却久已今昔迥异，"大有天上人间之别"。她提议中国女子地位之增进和觉悟之提高，仍是以教育为最重要的手段，教育"实同时为女子地位增进之因，而又其果也"。①

袁昌英亦同意，中国女子欲在政治上、法律上及社会上，实际争得男女平权，"则非首从教育平等之问题争起不可"。但她还指出，从教育上争取男女平权，不仅须普及初浅及中等女子教育，而"高等女子教育，万不可忽视"。因之，她主张在现有国内条件下，最好的办法就是在男子大学中开放女禁，实行大学男女同校制度。② 更进一步，袁昌英强调女子不仅有权利接受现代教育，亦可与男子同等权利出洋留学。她在《论女子留学的必要》一文中，指出现在国人都知道西洋文化不可不学，送出许多男生出洋留学，但对于女生的要求则重视不够，如英国留学生已达五六百人，而女生不到十人，法国留学生已有千余人，而女子则不过区区十余人，因此必须提倡女子留学运动，以改变这种男女不平等的状况。她说，女子到文明国家留学正可以培养出一种活泼精神，"一种合法合理的自由和独立精神"。她说："中国的女学生对于自由、平等、独立等字样，是很熟悉的。但是怎样叫做自由、平等、独立，其中所含蓄的精神，觉未必有十分的研究。这种精神到底如何，这篇文字上是不能讨论的。但是这样的精神是很要紧的。并且非亲眼观察，是难得其真象的。数千年间，中国女子关在闺房之内，不准出门，现在忽然开放，行为自然，难得其中。大半都是对两头走：有的说，我们现在是自由，有什么事不可做？所以他们万事都要来试一试，到了末了，或不能收拾，以至于身败名裂；有的还把旧日做小姐的习惯拿起来，万事都不敢做，万事非依赖他人不可。这样过于激烈、不正当的自由和这样腐败不堪的守旧，都是我们新中国所不要的状态。我们所要的是一班稳健的女子去改造女子社会，这样合中的德行，这样健康的活动，非到这个文明的境地亲身考察是很难得到的。"③

---

① S R S：《通讯·女子之自觉》，《太平洋》1 卷 9 号（1918 年 1 月 15 日）。
② 袁昌英：《通讯·大学男女同校说》，《太平洋》2 卷 5 号（1920 年 6 月 5 日）。
③ 袁昌英：《论女子留学的必要》，《太平洋》2 卷 8 号（1920 年 12 月 5 日）。

　　《太平洋》的留英学生对于教育问题的批评和倡议既述之如上，可知他们所提倡的新教育与五四新文化潮流是并行不悖的，毋宁说是对新思潮也具有推动和指导的作用。他们对于教育问题的有些批评甚至能够直接推动国内有识之士的反思，如周春岳仅以投函的形式发表了《大学改制之商榷》一文，对 1917 年 9 月 27 日颁布的由蔡元培等人参与修订的"大学改制方案"，表示了不同意见，很快得到蔡元培的答辩书，即是一例。① 可见，《太平洋》的教育观点在国内亦已形成了一定的影响。"五四"以后，新文化人在美国杜威、孟禄等著名学者的影响下，实际地开始阐述他们的新教育方针和改革目标，教育改革运动由此兴起，其改革的内容包括教育基金独立、职业主义教育、平民主义教育、男女同校教育，等等。② 尽管这些均是以仿效美国模式的教育改革主张，但亦可见与前面《太平洋》所阐述的新教育的观点相一致。

第二节　　"孔子未尝集大成"

　　"五四"之前新文化运动的过程，大概可以从《青年杂志》介绍"青年文化"开始，到批评孔教与军阀因缘为用，并抨击孔子之道与现代生活的不合，再到伦理革命、文学革命及思想革命。而新文化运动所取得最早的成就也就是反孔运动。民初袁世凯专权及称帝时，复古主义思潮迅速在社会上蔓延开来。在所有文化复古运动中，最令人瞩目的是风起云涌的、在宪法中明定"孔教"为国教的运动。③ 早在《甲寅》时期，新派就已针对康有为等旧派人物发起的国教运动进行抨击，而在《新青年》上，新文化人易白沙、陈独秀、吴虞等人继续向孔子学说思想冲锋挑战，而拥孔派或尊孔派终为新派势力所吓，未敢直接交锋便已败退。④ 《太平洋》出版也晚，《新青年》的反对"孔教"入宪法的运动已基本取得胜利，但它马上呼应了《新青年》的第二阶段的反孔运动，亦即，反对所谓的"孔学"和"孔道"。以

---

①　周春岳：《通讯·大学改制之商榷》，《太平洋》1 卷 9 号（1918 年 1 月 15 日）；蔡元培：《读周春岳君〈大学改制之商榷〉》，《太平洋》1 卷 10 号（1918 年 7 月 15 日），蔡元培一文系李剑农转录自《北京大学日刊》。

②　〔美〕周策纵：《五四运动史》，陈永明译，第 375～376 页。

③　王汎森：《思潮与社会条件——新文化运动中的两个例子》，收入王汎森《中国近代思想与学术的系谱》，河北教育出版社，2001，第 223～226 页。

④　郭湛波：《近五十年中国思想史》，山东人民出版社，1997，第 225 页。

下就此问题进行讨论。

《太平洋》第 1 号便刊登了两封讨论孔子的"通信"。一封来自时在英国的留学生周春岳，一封来自上海的曾嵩峤。周春岳的来信仍然在重申反对"定孔教为国教之说"，他写道："自耶教传入吾邦，一般儒服儒冠者，不知修学以明先哲之旨。徒惴惴焉深亡教之忧。孔子不为教主，其功在后世之处。章太炎先生已阐发无余义，兹不必赘。即令孔子为教主，如一般盲瞽者所悬想，亦何必定为国教。而后足以保存之乎，即定为国教矣，亦遂以数十字之墨迹条文，而奏保存之功乎?"又说，孔教入宪法，"籍国家之势力，以与新潮流抗，是所谓道不足以胜天下之贤智。乃假借时君之推尚，以诱人之师已，忘乎其为孟子所斥之'垄断，贱丈夫也'"。实际上，这个议题在《新青年》上已是过去时，所以此文"固不足为舆论之增重"，只能说是表达出这位留学生个人的一种不安心情。①

曾嵩峤的那封被加上"孔子未尝集大成"标题的"通信"，却揭示了新派下一步反孔运动的目标。曾氏说，他从不承认孔教是宗教之"教"，也反对定为国教以入宪，但尊孔派从根本上推崇孔子的心理，"亦实不在其为宗教之教，而在其学，以为孔子集我国数千年学术之大成，支配吾国民精神，殆已通幽显而无间，而国脉之所由不堕者，实赖于兹"。他进一步指出，尊孔派这种心理可以从两个层面来看："集学术大成"为主因，而"支撑国脉"则为其副因。所以他的意思是从学术源流上考证孔子学术"是否能集我国数千年之大成"，则可以破尊孔派的拥戴孔子的主因，"此主因破，而副因当然不成问题矣"。②

曾氏认为，中国数千年的积弱不振的原因"多专制于孔子之道"，而孔学"实不过割吾国先祖相传学术之半体"。对这个观点，曾氏在这封信中做了初步的考证，认为中国的学术渊源本有太公、周公两支，"予考中国之学术，固出于尧舜禹汤文武历圣之酿成，而其剖此混沦各执其半，以成分陕之势者，实始于周之周公、太公。尧舜禹汤文武，以作君而兼作师之任，其道载见《尚书》，茫无分际。……吾以割而分之者，始周公、太公，实有见二人学术彩色极分明之故。二人并为周家开国元勋，一在创业，一在垂统。……两人之学术，似已有所偏长，太公类伊尹前一节人，周公类伊尹后

---

① 周春岳：《通讯·国教》，《太平洋》1 卷 1 号（1917 年 3 月 1 日）。
② 曾嵩峤：《通讯·孔子未尝集大成》，《太平洋》1 卷 1 号（1917 年 3 月 1 日）。

一节人；周公似短于权谋，太公似短于制法；……太公长于进取，周公长于保守；太公以武，周公以文，两人前后互相避而各得其宜。……是以太公之术，因机窥机，急功近利勇于有为，长于击险，周公之术宏规远度，积渐守平而易失于迂缓。……是则太公、周公学术之面目，一为实利派，一为道义派。以今之国政准之，周公宜于内务与教育，太公宜于财政与军事。战国纵横，太公之术之结果，秦汉以后则纯为周公战胜"。[1]

而孔子之学则只是承继周公一脉相传而来，并经后世儒家宗为祖师，"太公之学"遂彰而不显："孔子生于鲁，囿染其风俗睹其文武之昌盛，因举周公之学而明之。曰：'甚矣，吾衰也；久矣，吾不复梦见周公。'又曰：'周监于二代，郁郁乎文哉，吾从周。'又曰：'如有用我者，吾其为东周乎。'其信仰之殷如此，赖其门徒众盛，师传广被。孟子起而承之，以愿学孔子自励，而力崇奖之。后世寻流及源，遂以孔子为教育界不祧之祖。孟子数伊尹太公为见知，视认为直系，而韩愈则数文武周公孔子，未尝旁及其他，以为大道之归在孔子。其实孔子不过为周公一家之嫡嗣，周公不过分尧舜禹以来道术之半体，而于太公之学则未尝及焉者也。太公之学，以治兵、理财为其特色，兼之者，后世未尝有一人。"[2]

所以，曾氏的结论就是："孔子不过分得周以前全道之半体，岂能代表吾国数千年之学术而树为宗主哉！"秦汉以后历代"独夫"、君主，"皆假之以为羁束国民之术，遂使国民沉溺于此半体之学术，无以自拔，反辄被野蛮无学之民族所征服"。最后，他劝说那些以为"孔学"可以维持"国脉"的人们，首当破除"惟孔独尊之心"，然后以平等的眼光将中国数千年诸子百家的学术进行研究。[3]

大概因为新文化运动击破孔教运动的确已取得了一定的社会效果，曾嵩峤降低孔子道德学说的地位的论断只遇到保守派非常微弱的抵抗。《太平洋》第2号收到了一个对于"孔道"的不同声音，是来自一位名叫徐天授的普通读者，不过，从他自述喜读《甲寅》、《太平洋》类的杂志来看，实在不能称他为保守派，何况他声称自己也是反对将"孔教"入宪；但他认为曾嵩峤的"孔子未尝集大成"的论断有待商榷。他认为，中国历史和社

---

①　曾嵩峤：《通讯·孔子未尝集大成》，《太平洋》1卷1号（1917年3月1日）。

②　曾嵩峤：《通讯·孔子未尝集大成》，《太平洋》1卷1号（1917年3月1日）。

③　曾嵩峤：《通讯·孔子未尝集大成》，《太平洋》1卷1号（1917年3月1日）。

会的衰乱，实际上恰恰是因为背离了孔子的道德学说而造成的，他说："更进而取吾国之历史读之，孔氏之前无论矣，自有孔子以迄今日，春秋至于亡秦，百家纷起，未定一尊，其衰乱固不得为孔氏咎。及乎汉初学说，定于一尊，似乎以孔道治国矣。然其所学，乃不出训诂、考据、策对之外。魏晋流为清谈，六朝习于绮靡，唐以贴括，宋以科举，明清以制艺，究其实，无一不落文字空言之蹊径，与孔氏道德实行之学，绝然成为反对。故识者以为二千五百年来孔子之道，实可谓未尝有一日实行于吾国，非过激也。"①

所以今日中国的社会难题就是"由今之人心，无变其道德，政教各事，名实不相符"。所以"法屡变，名屡更，而人心如故，实际如故也"。徐氏指出，法律与道德二者不可偏废，政治方面必以宪法为规范，则道德方面不可不以"孔道"为标准了。因为"孔子之学，并非集百家学说之大成，乃所以集群圣道德之大成，专以人道为主旨，和平为目的，其所以不以理财用兵见长者，那其思想之高尚，非学力之不逮"。这样看来，徐天授倒不怎么反对曾嵩崝的说法，也不以孔子为宗教，但是他坚持以强化"孔道"或"孔学"教育作为人心、国势的"补救之道"。他说："吾之所谓实行孔氏之学以救人心，先从崇拜孔子最有诚意之人入手，更由政府有识者实行提倡。复将孔子所有学说，分其层次类别，定为最要、次要，循序研求，人人事事，时时处处，皆以实行为职志，功效渐著，再引而伸之，推而通之，则不必定为国教，而自然天下从风，国是日臻于上理。此吾所主张之实际尊孔也。微特与宗教无涉，亦并与共和无碍，不讲性命，不拘名目，直捷痛快做去，数年之后，吾国人心风尚，有不改观者，吾不信也。"②

徐天授这个主张排除了将孔子作为政治的目的，并出于对道德沦丧的考虑，高度认同孔学的伦理价值，固然可以博得一些同情。但在新派看来，这仍然是一个谬论。李剑农即批评徐氏囿于孔子学说，不明社会进化的道理，实则西方学者，对于世界各地的道德学说、风尚习俗，"能以世界之眼光，考求人类所以善群之真正渊源"。所以他建议徐氏说，若希望提倡道德以正人心，"则望足下稍开放其研究之门户，分门类别，序次节目，不必专以孔氏为范围，即世人所目为异端邪道，洪水猛兽，足以祸群者，亦稍致其比较，或于道德之实行上不无小补"。李剑农并发表自己对于孔子学说的看

---

① 徐天授：《通讯·孔道》，《太平洋》1 卷 2 号（1917 年 4 月 1 日）。

② 徐天授：《通讯·孔道》，《太平洋》1 卷 2 号（1917 年 4 月 1 日）。

法:"仆窃以为孔子非惟未尝集学说之大成,并未尝集道德之大成;非惟孔子未尝集道德之大成,即世界之群圣,未有集道德之大成者;非惟世界已往之群圣,未有集道德之大成者,即将来能否有集道德之大成者,出现于世,亦属疑问。何也?道德之为物,乃变易不可名状,此邦以为道德,彼邦乃以为不道德,先世以为道德,今世乃以为不道德。今世以为道德,将来又将以为不道德。"①可以说,这种态度的背后是一种与胡适的思想方法相差不远的"经验主义",是对任何一种先验的或超越的知识的高度警惕。

敌人虽不甚强大,新派却要乘胜追击,丝毫不放弃彻底批驳保守派的机会。在《太平洋》第 3 号上,曾嵩峤既写了一封完全针对徐天授的观点而反驳的"通信",又应李剑农的邀请而写作《我之孔道全体观》,后者是《太平洋》上唯一一篇批评孔子的正式论文。在"通信"中,曾氏回应徐氏所提出的"孔道"两千余年来"未尝一日实行于吾国"的说法,指出:"此正坐孔道之难于实行而易流于空谈之故也。孔子所讲之道德,为贵族道德而非平民道德,以在上为主体,以小己为单位,故其推行专重于'化'。……然以小己为主体,他人为客体,客体多而主体少,客体能否从'化'为一问题。即曰能之,能否恒久不变又为一问题,更进而绎之,即主体自身能否保持不懈,亦为一问题。设曰能之,而其人常旦夕兢兢以专治其道德(宋儒最多),则无多暇逸,可以从事器艺之研求,虽欲不空谈而不可得矣。"这是指出"孔道"在普遍意义上对于社会是一种"消极的道德",在实际生活中也很难实行,但曾氏并不曾否认"孔道"对于个人修行的教化作用。

其实,无论曾嵩峤还是李剑农等人,他们都不敢轻视道德的社会功能,"仆于道德,主张改良则有之,主张革命则有之,非从根本否认也。仆以为专谈道德,其道德决不足恃。而道德之成行,乃为人群进化上生存上所发见之常则,不特不能废,且日有盛兴,不待教而自存,不过有人昌明之、训练之,可以助其发达耳"。②可见他们是以进化论和功利主义的态度看待先圣的道德学说。

在《我之孔道全体观》这篇论文中,曾嵩峤重申新派的进化主义的立场:"盖就世界而立论,其为孔子之所不知不能而足敌孔子者众矣;就吾国而立论,其为孔子之所不知不能,而足敌孔子者亦众矣。往古来今,其足统

①　记者(李剑农):《答徐天授》,《太平洋》1 卷 2 号(1917 年 4 月 1 日)。
②　曾嵩峤:《通讯·孔道》,《太平洋》1 卷 3 号(1917 年 5 月 1 日)。

一切学术而立之极者，盖未尝有其一人焉。以人之所知，仅限于其所身受之时间与空间之范围。易言之，即其人所得考知之历史与其周围所遭值之状态，而抽绎之结果。本此以观，吾不知今日以后，尚有若干历史之变化，而现世界以外，尚有若何新世界之发现。时间无穷，空间无穷，即新理新事亦与之无穷。孔子亦人也，其又安能逃时间空间之限制，而谓其兼容并包，可与立万世人道之极则哉。然则今之争孔教入宪者误矣，即降而以孔子之道为修身大本者亦误也。"①

与其"建一尊以自隘"，不如"容纳众流"，这应是新派都能共同接受的面对现代社会所采取的一种思想自由、兼容并包的立场。曾嵩崎指出，今日已是民治时代，"以权利义务并举"，而孔孟之道，专从消极方面言道德，"皆依于君主贵族政治，而致力修身，实为唯一制造良好官吏之教，而于民治时代，固有未合"。所以，理性的对待孔子之道就是，将孔子道德学说，具有柔性的部分，如关于心性之说，"备之以与老、墨、苏格拉底、柏拉图、亚里士多德、边沁、康德、黑智尔诸儒，为供理论哲学之考求焉可也"。此外，挽救民德的根本在于发展物质文化和经济民生，以功利主义"彰明较著，开示学者以求利之理法"，而空言道德将无济于事。②

论者曾指出《新青年》的言论态度可用八个字归纳："议论激昂，态度刚愎。"这的确是有据可查的，如他们在反传统时喊出的"桐城谬种"、"选学妖孽"、"打倒孔家店"等，又如陈独秀在确立文学革命方向时声称："其是非甚明，必不容反对者有讨论之余地，必以吾辈所主张者为绝对之是，而不容他人之匡正。"③ 相比之下，《太平洋》的温和、持重的言论态度显然在当时言论界颇为少见，所以上海的读者有这样的评价："贵杂志产生，与《甲寅》取同一之态度，注重通讯一门，无愧为全国舆论代表，而所持论，尤极纯正，皆厘然有当于人心，后来居上，吾于贵杂志之前途，有无穷之望矣。"④ 但不可否认，如另一位论者指出，若不是《新青年》诸人用宗教家的态度来武断地宣传新思想，则新思想能否一出就震惊世俗，引起绝大的反响尚未可知。⑤ 惟其如是，武断的《新青年》与严守论理的《太平洋》，这

① 曾嵩崎：《我之孔道全体观》，《太平洋》1卷3号（1917年5月1日）。
② 曾嵩崎：《我之孔道全体观》，《太平洋》1卷3号（1917年5月1日）。
③ 参见赖光临《中国近代报人与报业》，商务印书馆，1980，第532～533页。
④ 徐天授：《通讯·孔道》，《太平洋》1卷3号（1917年5月1日）。
⑤ 常乃惪：《中国思想小史》，第139页。

一北一南的自由主义刊物，一个冲锋，一个维护阵地，可见物各有长短，贵各得其当罢了。

其实，对于旧思想、旧学术的去神化，只是《太平洋》的一个消极的举动，它在新文化方面的建设亦有积极作为的方面。除了前一章讨论的《太平洋》从政治方面努力输入西方宪政文化以外，在思想文化方面，他们也是域外文化的传播者，如对于英国文化的介绍。与李剑农同年由英返国的朱东润，应李氏的邀请，在《太平洋》上分四期连载《莎氏乐府谈》，不仅介绍了莎士比亚的生平和著述，而且比较了莎氏与我国诗人李白的不同特点，最后具体分析了《凯撒》与《罗密欧与朱丽叶》这两部莎剧。这篇文章是现在所能见到的我国最早独立成章的、完整的莎评。①

五四新文学的另一源流，乃是从世界文学中吸引过来的。② 《太平洋》同样受到胡适等人的"文学革命"的影响，其文苑栏目转向了翻译外国小说和介绍外国文艺思潮，尤多俄国和法国著名作家的作品。在俄国作品方面，主要是高尔基（Maxim Gorky）和契呵夫（Anton Chekhov）二人的作品，如胡适译《他的情人》、今非译《这样就是名誉》、张三眼译《那个恶作剧的小孩》等。对于 Chekhov 作品的成就等方面，袁昌英另作一篇《短篇小说家契呵夫》予以评介。在法国作品方面，有曾仲鸣翻译的《法国的古歌谣》及译自莫泊山（Maupassant）的《补椅的妇人》，西滢译自亚伯的《土匪大王》等，并有曾仲鸣所撰《法兰西近代之小说家》、《巴斯嘉与洛朗》、《洛朗百年纪念》等专文介绍法国文艺思潮。另外，《太平洋》亦发表一些新诗和新小说等创作文学，如杨璠的《新式的婚礼》、杨润余的《小雀》等，而第四卷中的丁西林的戏剧，亦曾引起轰动，其所创作《一只马蜂》、《亲爱的丈夫》等戏剧，是"一时脍炙人口，广泛上演，成为五四时期难得的佳作"。③ 这些不能不说是新文学运动的一部分。

或许是受到英国调和主义思想的影响，留英学生对于中国文化并未给予排斥的态度。又比如，一次偶然的机会，李寅恭、皮皓白、陈源和杨端六四人拜访了英国最著名的汉学家解尔斯先生（晚清时曾任英国驻华领事），他们并了解到解氏所在的剑桥大学图书馆里收藏的中国典籍至为丰富，而他有

---

① 孟宪强：《形成具有中国特色的莎学——中国莎学史述要》，收入孟宪强编《中国莎士比亚评论》，吉林教育出版社，1991，第 8 页。

② 曹聚仁：《文坛五十年》，东方出版中心，1997，第 131 页。

③ 孙庆升编《丁西林研究资料》，中国戏剧出版社，1986，第 3 页。

意将这些典籍陆续整理出版，并翻译成英文，无奈个人资金有限，无法独立承担，希望中国政府能提供资金方面的帮助。李寅恭等人认为这的确是传播中国学术文化的一个机会，"欲传播我国之文化，我国民责无旁贷，进行之道，不外二种：一使外人传习我语言文字，二将我典籍译成西文。二者异曲而同工，理宜兼程而并进，然事体重大，非一二人所能举，宜合中外有志之士，协力图之"。于是他们联名通过《太平洋》向国内发出一份通告函，希望获得国内资金以资助解尔斯出版中国典籍的计划。[①] 此事反映出《太平洋》同人依然认可中国文化在学术上、思想上的价值，并不是如激进主义者所主张的极端的反传统主义。

"五四"时期新文化方面的一个重要成绩，在于运用现代思想方法来研究传统学术，开启新的治学门径，并树立新的学术"典范"，而胡适的学术著作的发表正是这个"典范"的代表。[②]《太平洋》上的留英学人本身尚不能在研究传统学术方面有所成就，但他们对于"建设"的心情与新文化人是一致的。当胡适发表《诸子不出于王官论》、《墨家哲学》两篇学术论文后，李剑农即征得他的同意，在《太平洋》第 1 卷上先后转载。而那本奠定胡适学术地位的《中国哲学史大纲》卷上甫一出版，李剑农立刻就去买来，"费了一天两晚的工夫，把他翻过一遍"。本来《太平洋》第一卷没有"介绍书报"栏目，但他读了这本书之后，"忍不住就要提起笔来写几句话，把这本书介绍到各位，使各位不曾在北京大学听过讲的，也来赏识一番"。李氏的评论有三点：

> （一）我觉得这本书，确实是胡先生费了很精密的心思去研究才著成的，并不是书贾作投机生意，请人抄袭的，也不是失业的文人，因为没有钱用，东涂西抹，拿日本人的"唾余"作他们的赚饭品的。
>
> （二）近来研究中国古代哲学的人虽然多，从没有哪个指示我们一个门径、一个研究方法。章太炎先生对于中国的诸子学，算是有大发挥的，但是我们看了他的书仍旧"不得其门而入"，虽然说是我们的资性太蠢，又没有学问，但是那"先觉"要来"觉后觉"，也要有个"觉"

---

① 李寅恭、皮宗石、陈源、杨冕：《通讯·剑桥大学图书馆》，《太平洋》1 卷 7 号（1917 年 10 月 15 日）。

② 余英时：《中国近代思想史上的胡适》，收入余英时《现代危机与思想人物》，第 137 页。

的方法。看了胡先生这本书，就觉得我们有个"觉"的方法。（三）胡先生提倡白话文学，我也是赞成的，但是我每次和人论及这件事，那反对的就说："白话固然有益于通俗教育，但是要研究哲理，白话还是不能达意。"我说："白话也是人的话，哲理也不过是人的思想所能到的，有这种人的思想，总可以用人的语言达出来。若说最高深的思想，用白话说出来，别人难懂，就用古文说出来，别人也是难懂。"但是那反对白话的人，总不相信。现在胡先生这本书，就是用白话著的，中国古代哲学，算是最高深的学理了，胡先生竟用白话把他说出来使我们懂了。觉得从前反对白话的人，失了一个证据。[①]

由于有胡适的这个学术"典范"，新文化运动算是真正有实绩的运动，对于反击国粹派或保守派的攻击也更有说服力了。李剑农亦以此反击守旧派对于胡适的攻击："还有一层，自从胡先生提倡白话文，在《新青年》做了几篇指导青年、不合'国粹派'的胃口的文章，那'国粹派'的人就视他为外道邪教，甚至于想用不正当的方法，来摧残北京大学的生机，现在我要请'国粹派'的先生也平心静气，把胡先生这本书过细一读，看胡先生到底是外道邪教么？"[②]

在胡适、陈独秀等《新青年》派的领导和推动下，新文化运动已取得蓬勃的发展。1920 年 5 月归国的杨端六，应李剑农的约请，发表《归国杂感》一文，视这种思想解放思潮为新文化运动中的进步现象，他对于由《新青年》主导的新文化运动有一番中肯的评价："且说进步的现象在那里呢？那就是思想的变迁和言论的发达是了，原来我们中国人并不是不会想事，你看那春秋战国的时候，出了多少思想家，说了许多新奇的议论，后来虽经秦始皇烧去各种书籍，而现在所存的还不少。但是这两千年以来，哪怕印刷的法子发明了，反觉得思想界一天一天的退起步来。这无非是几个实行愚民政策的君相和几个曲学阿世的后儒弄到这步田地。这几年来，有几位见识很高的学者出来提倡，竭力打破思想界的束缚，使人人知道，我们有思想自由言论自由之权，不要为古人所拘束，于是乎许多问题才有人来讨

---

① 李剑农：《介绍〈中国哲学史大纲卷上〉》，《太平洋》1 卷 11 号（1919 年 4 月 15 日），第 1～2 页。

② 李剑农：《介绍〈中国哲学史大纲卷上〉》，《太平洋》1 卷 11 号（1919 年 4 月 15 日），第 1～2 页。

论。……现在所谓文化运动，实际上，不过是借言论自由的特权，去改变我们历史上遗下来的陈腐不堪的旧思想，而想出较好的法子，以解决社会一般的问题。"①

有意思的是，三年前（1918 年 1 月）胡适也有一篇《归国杂感》在《新青年》上发表，那时胡适看到的中国社会还是一个"走上几步，又退回几步"的保守社会，出版界、教育界、思想界"和现在的思想潮流绝无关系"，学校教育和培养的人才"不但不能救亡，简直可以亡国"；惟一的社会运动，就是陈独秀等人发动的反孔运动和文学革命。从二十年前的叶德辉那班人做《翼教丛编》骂康有为"太新"，到康有为出来做一部《翼教续编》责备陈独秀"太新"，这个差距"便是中国二十年来的进步了"。② 比较胡、杨二人的"归国杂感"，可见在 1918 ~ 1920 年不到三年时间，从胡适看到的一个暮气沉沉的中国社会，到杨端六看到的一个思想解放并日趋激进的社会，其间的差别不可同日而语，此真正说明了五四新文化运动的影响力之广大、之深远了。但是，两人都观察到中国人的赌博习性和浪费时间的习惯一点未改，所以杨端六指出这些就是新文化运动"不及的处所"，"我劝运动文化的各位也要分一点心照顾这件事"。但他最后表示："就全体上讲来，总算是有进步的。我对于热心运动诸君，真正是感佩的了不得，我们如果一面设法破坏不好的旧习惯，一面设法造就较好的新思想，那才可以说是运动成功咧。"③

诚然，从思想上、学术上破除了中国人追求自由的桎梏，是新文化运动的初步成果，也是进一步发展的必要条件，但是如何巩固和保证这个条件，则是运动的下一步目标。而留英学人似乎更早地预示了这一点，这就是下节要讨论的《太平洋》发出的从宪法上争自由的倡议。

第三节 "要争自由，就要争宪法"

从《甲寅》到《新青年》的过渡，自由思想是一条极重要的线索。《甲寅》大量引证西方尤其是英国学者的关于自由的论述，主张思想和言论自

---

① 杨端六：《归国杂感》，《太平洋》2 卷 6 号（1920 年 6 月）。
② 胡适：《归国杂感》，欧阳哲生编《胡适文集》第 2 册，第 472 ~ 474 页。
③ 杨端六：《归国杂感》，《太平洋》2 卷 6 号（1920 年 8 月 5 日）。

由，强调运用公众舆论限制政府权力；以理性的方式讨论国家和个人之间的关系，强调独立人格和自我意识，为新文化运动初期的自由主义（个人主义）冲破传统学术文化和伦理思想的束缚打下了理论基础。[①] 不过，此时期的自由主义偏重于文学、伦理以及观念领域的启蒙和倡导，到 1920 年以后，自由主义才又有了质的变化，胡适领衔发表《争自由的宣言》，随后又与陈独秀等人在上海邀请各界共同组成"自由同盟"，以"同心协力设定人民在宪法上之绝对自治权，并破除一切障碍"作为同盟的宗旨。这是新文化人从政治和法律制度的层面争取自由权的实际行动。[②]

但 20 世纪 20 年代初期争自由的运动之所以出此新动向，论者或未曾注意，李剑农在《太平洋》第 2 卷第 1 号（1919 年 11 月 15 日出版）发表的《宪法上言论出版自由权》，对新文化人以及社会各界具有启发作用。杨端六 1921 年 7 月 27 日在商务印书馆国语讲习所的讲演，便提到李剑农此文的意义，他说：

> 中国这两千年来的积弊是由思想束缚来的，所以我们现在惟一的方法，是从种种方面解除这种束缚，使我们得以尽量发挥自己的本能。因此，言论自由、出版自由、集会结社自由是我们最要紧的生活，从前李剑农先生在《太平洋》杂志上发表了一篇《宪法上的言论出版自由权》说得非常透彻。到去年，感动了北京大学同志的人，发布了一个《争自由宣言书》。这两次的运动虽然未曾达到废止各种束缚自由的条例，然而近来确是人人知道自由的要紧，比方今年上海工部局要把印刷条例通过纳税人会议，那时候我们中国人和主张公道的外国人同声相应，一致起来反对他，所以那个条例因为纳税人会议出席人数不足，不能提出。这次运动可谓一时的成功，以后如果再有同样的工部局提议，我们不可不竭全力去反对他，因为这个自由是我们的生命，是解决我们一切问题的关键。[③]

---

① 岳升阳：《移殖西方民主政制的失败与启蒙思想的复苏——〈新青年〉的先声〈甲寅〉月刊》，收入刘桂生编《时代的错位与理论的选择——西方近代思潮与中国"五四"启蒙思想》，第 112～129 页；李怡：《〈甲寅〉月刊：五四新文学运动的思想先声》，《中国现代文学研究丛刊》2003 年第 4 期，第 91～100 页。

② 欧阳哲生：《自由主义之累——胡适思想之现代阐释》，江西教育出版社，2003，第 295 页。

③ 杨端六：《中国改造的方法》，《东方杂志》18 卷 14 号（1921 年 7 月 25 日）。

李剑农的文章能够引起众人的反响，在于当时的言论思想界处于一种十分微妙的地位，一方面的确较前有了很大进步（李剑农、杨端六等人即如此认为），另一方面一些有影响力的报刊却常常遭到官僚武人的摧残，"今年学生出的《五七日刊》，说是犯了《出版法》的第四条，被警厅没收禁止。现在湖南的《湘江评论》，北京的《京报》，听说也被封了；还有北京的某周刊，也日日在封闭的恐慌中；上海的《星期评论》，他们没有封闭的能力，就想禁止出售"。① 虽然新文化运动打破了以孔教为中心的传统思想的束缚，迎来了思想解放，但以上事件却使人们不得不考虑新思想不受制度保障的事实。

李剑农从宪法（《临时约法》）上研究这个问题，他指出：

> 中国人的思想，被"非圣无法"四个字锢闭了几千年，不能发展，文化也就阻滞了几千年。现在"非圣无法"四个字将要打破了，又有新造的铁笼铁锁来锢闭我们的思想。这种新造的铁笼铁锁是什么？……这种"摧残言论出版自由"的权，实在是我们从《约法》上给予政府的。各位不信，我就把约法上所载言论出版自由的解释，写在后面：
>
> 《约法》第二章第六条第四项说："人民有言论著作刊行及集会结社之自由"；本章第十五条又说："本章所载人民之权利，有认为增进公益，维持治安，或非常紧急必要时，得依法律限制之。"
>
> 第六条第四项，算是承认我们的言论出版自由了；第十五条就是束缚那种自由的铁链铁锁，就是给政府"摧残那种自由"的自由权。因为"增进公益"，"维持治安"，"非常紧急"，"必要"，这些名词，都没有一定的界说；遇着恶劣政府，就可以任意伸缩；助他们为恶的言论出版物，随便乱说，都不受干涉；反对他们为恶的，他们就可以借"维持治安"等种种名词，来压迫你；洪宪时代是如此，现在也是如此。②

李剑农接着指出，《约法》第十五条完全是由日本留学生为主的南京参议院抄袭日本宪法而来，"所以就造成这种'有弹性'，'以法律摧残自由'

---

① 剑农：《宪法上的言论出版自由权》，《太平洋》2卷1号（1919年11月15日）。
② 剑农：《宪法上的言论出版自由权》，《太平洋》2卷1号（1919年11月15日）。

的条文，给恶劣政府一种自由应用的武器"。于是，民元以来历届政府均利用《约法》第十五条的规定，由国会通过了一部部可能摧残人民自由权的法律"利器"，如《戒严法》、《报纸条例》、《出版法》等，正是这样，人民处于了"恶劣法律上的不自由状态"。而要改变这样的情形，他主张学习美国宪法有关这个问题的规定，"我们中国的言论出版界，受政府的摧残也受够了，在满清时代受摧残，在民国时代也受摧残。满清时代的摧残，是无法的摧残；民国时代的摧残，虽说是恶劣政府的摧残，却是恶劣政府利用由约法而生的法律摧残。我们也应该要有一点觉悟，应该知道现在痛苦的来源；待到真正宪法要出现的时候，就应该以美国为师资，不要再把日本式的自由权写作宪法上才好"。所谓以美国宪法为先例，即在未来中国宪法上明明白白地说出来："人民言论出版之自由不得制定何种法律以侵减之。"在这篇文章的最后，李剑农引美国总统卢思福（即西奥多·罗斯福）的话说："假若一个人不能为自由奋斗，就不配享自由"，以此号召同胞们为打破将来的新宪法上继续存在这种不自由的状态而奋斗。[①]

由于李剑农的启示，新文化人发起了以"同心协力设定人民在宪法上之绝对自治权，并破除一切障碍"为宗旨的"自由同盟运动"。不过，"自由同盟"所争的自由权要比李剑农来的广泛，他们要求废止《治安警察条例》、《出版法》、《报纸条例》、《管理印刷条例》、《预戒条例》等，不仅争言论出版的自由（李氏认为此项自由最重要），而且要求诸如集会、结社、书信秘密各自由，不得在宪法外，更设立制服的法律，还要求政府不得滥行宣布戒严，应即实行人身保护法，选举须由公民监督，等等。[②]

争自由运动在北京、上海两地先后展开以后，李剑农在《太平洋》上再发表《争自由的要着》一文，以宪法学家的眼光，指出"自由同盟运动"仅仅要求组织有民意的立法机关，并用监督立法机关的办法，达到废止各种条例和维护人民自由权，其效率仍不足用。因为就算是英国、美国都有个真正人民的立法机关，它们的立法权还是要有所限制，"无限制的立法权，与人们的正当自由最难相容"。换句话说，当下中国也不能"过于信托立法机关"，因为："我们中国的政客，本来藐视人们无知识，并且利用人民无知

---

① 剑农：《宪法上的言论出版自由权》，《太平洋》2卷1号（1919年11月15日）。

② 此为李剑农在《争自由的要着》中对于"自由同盟运动"的总结，参见《太平洋》2卷8号（1920年12月5日）。

识，选举的时候，纵受人民的监督，一旦当了选，作了议员之后，他还认识人民吗？还管你们自由不自由吗？纵然一时容纳我们的意见，把那几种剥夺人民自由的条例，通过废止的议案，一时候果然都废止了；一旦他们为利禄所诱，权势所迷，做出对不住国民的事体来，大众要责骂他们；他们感觉不便，又和当局勾结，想出什么新名词，制定什么新法律新条例，不知不觉，把人民的自由又剥夺得干干净净；等我们发觉了，再要求废止，却又要费尽无穷之力。如此，人民的各种正当自由权，就永久在不定的状态之中；尽管今日争得，明日又没了；明日争得，后日又没了。"①

实际上，李剑农宪政理念中有十分强烈的英美国家的"法律主治"的理念，他指出他只相信宪法上的保障，"专信托宪法，不敢过于信托议会；以宪法宰制议会，不使议会宰制法律，以侵害人民的自由"。② 所以中国人民现在争自由就要从宪法上制限立法机关的立法权，具体的办法有两种：一如美国宪法规定的"关于某某等自由，不得制定何种法律以侵减之"；二如瑞士宪法规定的"如有单行法之制定，涉及于人民某某等之自由权时，非经公民总投票取决，不生效力"。总之，他的主张是人民"要争自由就要争宪法，要争根本的'采定宪法权'，不要把争自由与争宪法分为两途"。③

第四节　"思想务必要高远，而方法却极要确实"

在思想解放的大潮下，很多西方思想和学说蜂拥进入中国思想界，引起五四青年人的"主义的流行病"，正如周策纵指出，他们有些人虽然只是一知半解，却变成某种主义的坚定信徒，他们热烈地讨论主义和理想，只顾抽象的理论，而不曾详细研究实际问题。④ 或如罗志田指出的，近代中国至此可以说已失去重心，思想界和整个社会都形成一股尊西崇新的大潮，可称作新的崇拜。⑤ 对于这种不良的社会思潮，老师一辈的新知识分子忧心忡忡，试图通过更多的讨论，给青年一代提些理性的建议。

---

① 李剑农：《争自由的要着》，《太平洋》2卷8号（1920年12月5日）。
② 剑农：《宪法上的言论出版自由权》，《太平洋》2卷1号（1919年11月15日）。
③ 李剑农：《争自由的要著》，《太平洋》2卷8号（1920年12月5日）。
④ 〔美〕周策纵：《五四运动史》，陈永明等译，第323页。
⑤ 罗志田：《权势转移：近代中国的思想、社会与学术》，湖北人民出版社，1999，第19页。

在如何对待外来学说和主义的问题上，留英学人的意见与胡适一派知识分子比较一致。同时，他们力图纠正青年对社会主义问题、"罗素风波"的误解，提出一些中肯的意见。

一 问题与主义之争

1919 年 7～9 月发生于胡适、李大钊和知非（蓝志先）之间的"问题与主义"的辩论，是新文化人在思想观念上即将分裂的讯号。[①] 但如果不是李剑农以下这段话的提醒，后人也许会忘记《太平洋》曾经也是这场著名辩论的后继战场：

> 于是新文化运动的团体内部发生了裂痕，一派趋向提倡社会主义，以为这是救中国的良药，一派以为中国尚没有具备需用社会主义的条件，《新青年》社因此渐渐分裂；于是我们在北京的《每周评论》和上海的《太平洋》月刊上面，看见胡适和李大钊关于问题与主义的辩论，一个要提倡主义，一个说宜"多研究些问题，少谈些主义"。这就是中

---

① 〔美〕周策纵：《五四运动史》，陈永明等译，第 320 页。须注意的是，周先生并没有过分强调当时争论派别之间的冲突和对立，他后面还指出，"至少在表面上，这些左派领袖的观点与自由主义者相差不远，所以他们就此中止了这场辩论"（第 322 页）。曹聚仁也认为当时胡适和李大钊互相尊重对方的观点，并无蔑视之意，但是，这一分歧的观点，是慢慢扩大起来的，后来《新青年》那一小团体，也就分裂了（参见曹聚仁《文坛五十年》，东方出版中心，1997，第 124 页）。但后来马克思主义史学家倾向于认为争论双方激烈对立，如彭明所著《五四运动史》（人民出版社，1984）中，指出这场争论是"马克思主义与反马克思主义之间的第一次论战"。对于后者的研究结论，近来已有学者进行了反思和修正（参见罗志田《因相近而区分："问题与主义"之争再认识之一》，《近代史研究》2005 年第 3 期）。罗先生还因"问题与主义"之争所反映的中国现代思想的复杂特性，故而又有"二论"、"三论"的写作，对"问题与主义"之争的后续发展及持久影响，进行深入的讨论（参见罗志田《整体改造和点滴改革："问题与主义"之争再认识之二》，载《历史研究》2005 年第 5 期；《走向"行动的时代"："问题与主义"争论后的一个倾向》，载《社会科学战线》2005 年第 1 期；《外来主义与中国国情："问题与主义"之争再认识之三》，《南京大学学报》2005 年第 2 期）。另外较为客观的研究成果参看邓野《王揖唐的"社会主义"演说和"问题与主义"论战的缘起》，《近代史研究》1985 年第 6 期；李庆：《胡适和问题与主义之争》，《近代史研究》1985 年第 5 期；林毓生：《"问题与主义"论辩的历史意义》，《二十一世纪》1991 年第 12 期；李林：《还"问题与主义"论辩的历史意义》，《二十一世纪》1991 年第 12 期；李良玉：《关于五四时期"问题与主义之争"的历史考辨》，《南京大学学报》1993 年第 1 期；李林：《重论"问题与主义"之争》，收入刘青峰编《胡适与现代中国文化转型》，香港中文大学出版社，1994。

国社会思潮发生大变化的征兆。①

这里，李剑农也许带有几分后见之明，一下子点明这场争论所造成日后的两条不同的社会改造路线，即个人主义（自由主义）与社会主义（马克思主义）的分歧。但此处可以不论。实际上，在当事人尤其是胡适那里，恐怕只是对于当时汹涌不已的社会革命思潮的一个反应，借讨论这个问题来纠正社会风气的偏颇，并表述自己认为合理的社会改造思路。曹聚仁总结说："他（胡适）对于国内一般新分子，天天高谈基尔特社会主义与马克思社会主义；高谈阶级战争与赢余价值，表示不满意，他就写了那篇有名的《多研究问题，少谈些主义》的文章，引起了激烈的争辩！"②

胡适寄给《太平洋》稿件时，亦说明："这些讨论是《每周评论》发起的。我做了最后一篇《四论问题与主义》，预备登在《每周评论》第三十七期上。不料那一期就被政府封禁了，那篇文章竟不曾出世。因此我把这一篇连以前的讨论一并寄给《太平洋》发表。"③ 可见大家对于这场争论的确很重视。在胡适方面，写了"一论"和"三论"后，"觉得还有几点小意思，不曾发挥明白，故再说几句"，所以又写出"四论"；④ 而在李剑农方面，或出于朋友的情谊，或出于对于时代思潮的担忧，或二者兼而有之，所以甘愿冒一定的风险全部转载关于这场争论的五篇文章。这或可理解成为是南、北自由主义知识分子联手主动出击，批评社会中"高谈主义，不研究问题的人"。

表面上看，《太平洋》对于这场争论，只是为胡适更全面地阐释他的主张而提供的一个讨论平台（《太平洋》第2卷第1号），并未曾有参与的意味，但是仔细读李剑农发表在《太平洋》第2卷第3号的第一篇文章《幸福论》，第6号杨端六的《归国杂感》，第8号李凤亭的《时代思潮的杂评》，就可以发现，《太平洋》其实也在参加讨论，并表示了他们对于"问题与主义"的立场。

李剑农对于"问题与主义"并不做出正面的表态，但犹如胡适文章的缘起是对于安福系首领王揖唐发表"民生主义"演说而产生的反感一般，他亦对现政府标榜"人民幸福"的招牌表示不满，于是乎有意向读者说明

① 李剑农：《中国近百年政治史》，复旦大学出版社，2002，第540页。
② 曹聚仁：《文坛五十年》，东方出版中心，1997，第123页。
③ 胡适：《问题与主义》，"识记"，《太平洋》2卷1号（1919年11月5日）。
④ 胡适：《四论问题与主义》，见欧阳哲生编《胡适文集》第2册，第274页。

何谓"幸福"与"幸福"从何而来。他指出，人的劳力和知识（包括经验）才是构成"幸福"的两大元素："由劳力、经验、知识扩充所得人类生活上的各种便利就是幸福。故幸福不是一件给人家呆享的死物，是用劳力、知识灌溉而生长的活物。有绵亘不断的灌溉，就可以绵亘不断的生长；灌溉断绝了，幸福也就断绝了。"对于"知识"，他进一步解释说，人类文明就是由一点一滴的具体经验累积和汇合而成的"知识"所塑造，然后才有文明时代的幸福生活："我们文明时代所享的幸福，都是由于野蛮时代一点知识的活动，绵亘不断的增加扩充起来的。前时代的活动经验，后时代的人把他汇合条理起来，成一种新知识；他们又应用这种新知识去活动，就得一种较大的幸福。他们应用新知识去活动，又得一种新经验；后时代的人，又把他们活动的新经验汇合条理起来，成一种更新的知识；应用这种更新的知识去活动，就得一种更大的幸福。如此绵亘不断的相积，知识进步无穷，幸福的增加也是无穷。幸福的大小，就是以知识的程度为标准。然则，我们不能不承认知识是构成幸福的一个重要元素。"①

考虑到此时"问题与主义"的争论已然兴起，李剑农此文的针对性就更明显了。因为文章回答了将当下社会改造成幸福社会倚靠什么，如上所引，是经验主义式的"知识"论，而这类知识，只能从人们活动所得的经验历时代累积而来。这样的答案，显然对于胡适所批评的那些爱好空谈"好听的"、"外来进口的"和"纸上的"主义的人来说，同样有斥责之意。

"问题与主义"的争论发生一年之后，杨端六、李凤亭显然更体会到了"主义派"对于社会思潮的影响。杨氏在其《归国杂感》中，指出过去几年的文化运动似乎走过头了，"譬如社会主义，近来似觉得成了一个口头禅；杂志报章，鼓吹不遗余力，最近，则与社会主义素来不相干的人也到处以社会主义相标榜"。他还指出其他在社会上进行的比较激烈的社会运动，如劳力与资本的争论、同盟罢工、排斥日货、同盟罢学等，均是社会的过激行为，本希望急切的、根本的解决，"然而效果并不满足"。所以他提醒那些做"根本解决"者说："还有一层，非常要紧，各位不可不注意：人类社会的组织，是合各种原素而成的，伦理、法律、经济、政治等项交错进化而成今日的社会现象。如果觉得一项根本的改变，其余别项也须得同时加以根本

① 李剑农：《幸福论》，《太平洋》2卷3号（1920年1月5日）。

的改变。不然，总是不成功的，我们今日果然有从根本上改革社会组织的觉悟吗？有这样的必要吗？希望大家仔细想来。"①

李凤亭也写了《时代思潮的杂评》，对社会改造思潮进行反省，并明白宣布支持"问题派"的立场。他首先用马克思唯物观的形式指出："一种学说，一种主义，都是说明当时物质生活的状态，而补救当时物质生活状态的缺憾与不安定。"② 这与胡适所给出的"主义"的性质不谋而合，胡适说："凡'主义'都是应时势而起的。某种社会，到了某时代，受了某种的影响，呈现某种不满意的现状。于是有一些有心人，观察这种现象，想出某种救济的法子。这是'主义'的原起。"③ 其次，李凤亭认为中国人一方面富于保守性，一方面富于雷同性，"正如朱子所谓扶醉人，'扶得东来西又倒'，听见人家说了一个新鲜名词，大家都作应声虫，雷同附和；把旧偶像一脚踢倒，随着奉一个新偶像出来，扬扬得意。俗话所谓'拾得封筒就是拜书'，毫不加一点思考"。④ 这种社会雷同性现象在"五四"时期的确十分普遍，也是"问题与主义"辩论三方共同认识到的。再次，胡适在"三论"中批评进步党人蓝志先所主张的主义必然犯了两大毛病：一是"目的热"，二是"方法盲"。⑤ 对此，李凤亭也有同感，他指出，当下社会的困苦逼出一些爱国之士急切改造社会的心理，"从前的什么政治革命，代议制度那些话，都不中用，而又极不彻底，不如悬一个极合理极彻底的理想国，一步踏到，岂不直截了当。这个话现时舆论界，颇有相当势力。我觉得这种意见，有两个误谬：第一，以为世界上有一个'一劳永逸'的事情，第二，只问目的，不问方法，就是只问到达终点，不问活动的过程。"因此，他回应胡适的话说："从前我读胡适之先生那篇《多讨论问题，少谈些主义》的那篇文章，有无限的感慨，总觉得中国人只取那些不着边际、不关痛痒的某某主义，高谈阔论；讲到具体的问题，大家都觉得烦碎屑琐，听得闷头；只有谈主义，便容易而好听。我无以名之，只好说一句，这是中国式的脑筋。我的意思，以为凡讲改革的人，感情要极热烈，头脑却极要冷静，思想务必

---

① 杨端六：《归国杂感》，《太平洋》2 卷 6 号（1920 年 8 月 5 日）。
② 李凤亭：《时代思潮的杂评》，《太平洋》2 卷 7 号（1920 年 12 月 5 日）。
③ 胡适：《多研究些问题，少谈些主义》，欧阳哲生编《胡适文集》第 2 册，第 250 页。
④ 李凤亭：《时代思潮的杂评》，《太平洋》2 卷 7 号（1920 年 12 月 5 日）。
⑤ 胡适：《三论问题与主义》，欧阳哲生编《胡适文集》第 2 册，第 274 页。

要高远，而方法却极要切实。"①

最后，对于那些主张用某种主义"根本解决"中国问题的人，李凤亭也提醒说："现代的社会，莫说是百孔千疮的中华民国，就是欧美先进诸国家，其不自然的现象、不合理的事实，还是不堪枚举，无奈现在的人群知识道德，还只有这样程度，明知道有许多不合理、不自然的事情，然不能不将就现在社会的状态，只能努力把这些不合理不自然的状态，慢慢的求其减少，而不能一举根本排除。"②

以上李凤亭所表达的"思想务必要高远，而方法却极要切实"的思想方法，与胡适、李剑农、杨端六等人所主张的方法是一致的，也就是说，经验主义的批判性思维是他们处理外来学说的基本态度。他们共同发出理性的声音，期望国人大众在解决中国问题时只需诉诸真理与事实，而非古圣先贤的道德教条，更非舶来的"主义"与"学说"。

二　对社会主义的认识

尽管留英学人不赞成"空谈主义"，但并不排除他们以试验的心态，将"社会主义"当作学理引进来分析和考察中国问题。在《太平洋》上，对待社会主义有三种认识：一是彭一湖视社会主义和民主主义是不可阻挡的两股时代新思潮；二是李凤亭主张对马克思主义的唯物史观持批判性态度；三是杨端六认为当前中国应倡导实业主义，而非社会主义。下面分别述之。

彭一湖（彭蠡）是《太平洋》杂志讨论社会主义的急先锋，欧战尚未结束，他的第一篇评论文章《民主主义与社会主义之趋势》就已经表示了对于社会主义的迎接态度。在这篇文章中，他指出，人类的近世生活与中世不同，是"动"之生活，是"逐理想而自由进步"，而近代以来的两大理想：一是法国大革命以来至于今日已达全盛"民主主义"，二是在当代欧美各国已有相当势力，此后更将发展进步、支配未来世界的"社会主义"，正是人类走向进步的两大理想。③ 他相信人类既然有这些理想，迟早"必有事实相征应"，所以，他主张对民主主义也好，对社会主义也罢，应采取"应顺主义"的态度，说："吾所主张之应顺主义，即根于此前提以立言：谓社

---

① 李凤亭：《时代思潮的杂评》，《太平洋》2 卷 7 号（1920 年 12 月 5 日）。
② 李凤亭：《时代思潮的杂评》，《太平洋》2 卷 7 号（1920 年 12 月 5 日）。
③ 彭蠡：《民主主义与社会主义之趋势》，《太平洋》1 卷 10 号（1918 年 7 月 15 日）。

会上凡产出一理想，无论属于政治方面、属于社会方面、属于经济方面，均宜详审其理想之所要求，讲求应顺之方，迎其机而导之；决不容钳制压抑，取快一时，使之郁而不伸，至于放决横流，破坏全局以终达其理想之所期，而始引大蹙也。盖理想之为物，实具有无争不对之权能，欲以权力抗拒之，刑威劫制之者，非愚则妄。"①

一年后，彭一湖对于社会主义有了进一步的认识，在《社会主义论》一文中，他认为社会主义其实就是经济上的民主、平等的原则，"然则社会主义，究竟是一种什么东西？从根本上一句话说出来，就是经济上的自由平等主义，要让全社会的个人，都从事于社会的劳动，都收获他的劳动果实，却不使有一部分人和机械一样役使他人，垄断他们的利益。这几句话好像说得太简单，但是社会主义的根本要义，实在不外乎是"。② 这里，我们不能臆断彭氏信奉社会主义的程度，但却很清楚地看到他真诚地希望在实现自由民主方案的同时，也能实现社会平等。

1919 年 11 月，彭一湖又写《防止中国社会破灭策》，对于解决中国问题的方案，是结合了民主主义与社会主义的基本原则而设计的。他说对于中国这个危险万状的社会，只有兼用两个方法，可以治疗：一是建设中国的民主政府，也就是美国第 16 任总统林肯所说的"为着人民、由人民自己组织、人民的政府"（Government of the people by the people for the people）；二是实行与欧美、日本稍有不同的社会政策，"（欧美、日本）是讲劳动与资本要怎么样调和，我们中国现下所要求的社会政策，却是要讲如何筹集资本兴办实业，消极的创造劳动收容劳动，一面不使新的土匪流氓孳生，一面还把现有的土匪流氓化作健全的劳动者，积极的更要使中国社会一步一步有接近社会主义的理想的可能"。不过，对于二者的关系，彭氏强调，只有先解决政治的问题，才可以有社会建设，"我所主张的社会政策，恐怕非真正的民主政府，不会有实行的希望。千言万语总一句话，目下中国的问题，还是一个政治问题"。③

李凤亭比较关注马克思派的社会主义，他在 1920 年时就已着手翻译英国学者拉尔金（W. P. Larkin）所著的《马克斯派社会主义》（*Marxism*

① 彭蠡：《民主主义与社会主义之趋势》，《太平洋》1 卷 10 号（1918 年 7 月 15 日）。
② 一湖：《社会主义论》，《太平洋》1 卷 12 号（1919 年 7 月 15 日）。
③ 一湖：《防止中国社会破灭策》，《太平洋》2 卷 1 号（1919 年 11 月 5 日）。

Socialism）。在《太平洋》编辑的催促下，作为对于时代思潮的回应，李凤亭将自己的译书感想和一些评论性文章在《太平洋》上发表了。[1] 在《中国的问题》一文中，他认为马克思的唯物史观（经济史观）是观察中国社会问题的一种有效方法，说："马克思的意思，以为一部历史，都是筑在物资生活的上面，一切政治，法律，习惯，伦理，及其他的社会产物，都是以经济组织为转移的。经济的组织一变，这些社会产物，都不能不变。经济组织是基础，政治法律这些东西就是筑在这上面的房屋；经济组织是骨子，政治法律是表象。……时代推移，经济组织变了，旧时代的政治法律，倘若还不变，不惟不能维系社会，并且成了一种不适应新生活的障碍物。如果一定要拿这种政治法律来束缚他，社会经济组织上便要生出破绽来。于是生产上，分配上，发见许多不平的事情；一部分劳而不获，一部分不劳而获；社会中现出两种阶级。（富者阶级与贫者阶级，或有产阶级与无产阶级）。阶级越显得分明，阶级的斗争便越激烈。所以历史就是阶级斗争的历史。马克思这种观察，我自然赞同。"[2]

接着，他运用唯物史观分析中国的社会问题和革命的原因说："中国革命的原因，是由于人民生活的不安；这个生活不安，是受欧美机器工业的压迫；是欧美各国，在资本主义的经济组织底下，生产过剩的物品，把中国当一个最大消场。所以中国的社会问题，不是本国的资本家与劳动者对立的问题，也不是社会生产力达到一定限度的问题。要说对立，是中国企业家、劳动者和外国的资本对立。这种的对立，除掉以国家的力量和他对抗，没有别的方法。这就是这回政治革命的主因。"[3]

同早期信奉马克思主义的那批知识分子一样（如李大钊），李凤亭信服的是马克思主义的唯物史观或经济的历史观，但同时存有一定的反思和批评的精神。他指出：马克思唯物史观和阶级斗争说作为观察人类社会的基本方法和视角，是非常深刻的，但是，它忽略了人类意识或观念的因素对于物质社会的影响，则是它的不足之处，"他（马克思）以为人类意识，完全受物资生活的支配；凡属社会组织的变动，与个人的思想感情意志，一点也不相干；这一点我却有些怀疑。本来人类的欲望，最重要的就是衣食住；一刻不

---

[1] 李凤亭：《时代思潮的杂评》，"作者附言"，《太平洋》2 卷 8 号（1920 年 12 月 5 日）。

[2] 李凤亭：《中国的问题》，《太平洋》2 卷 3 号（1920 年 1 月 5 日）。

[3] 李凤亭：《中国的问题》，《太平洋》2 卷 3 号（1920 年 1 月 5 日）。

可缓，一样不可缺。这种欲望，在时间上，空间上，性质容量上，都没有一点弹性。但是人类全部的欲望，尚不止此。譬如男女的性欲，自己表彰欲，交际欲，知识欲，却是很重要的；并且都能影响于物资的生活。……所以我觉得物质欲望，固然是很重要，但是单说物质的生产关系，不能认为社会组织的惟一原因。人类意识，也能够左右社会上的生产关系。环境固然可以左右人类的意识，人类思想也可为改造环境的主因。"①

在《时代思潮的杂评》中，李凤亭对马克思关于未来共产主义社会的描述，也持疑问，以为其与进化论不合。他说："马克斯的唯物史观，用两力相衡的辩证法（Dialectic Method），说明阶级斗争的历史，本极精确；然有一点极难信服的，就是他把社会主义的理想国家，当做人类的极致，到那时候辩证法也不适用，社会斗争都没有，一切生活都是永远在一定的状态。我看人类无论何时，都是在进化的过程上，并没有什么止境的。"② 可见，对于马克思唯物史观解释社会历史问题的有效性和理论上的缺陷，李凤亭的认识颇为中肯。

杨端六留学英国多年，受过西方政治经济学严格的学术训练，早期投给《太平洋》的稿件，如《中国币制改革论》、《银行券发行制度》、《我国银行券发行政策》、《世界通货之膨胀》、《实业前途之曙光》、《实业教育与实业界之责任》等，是主张中国学习欧美资本主义财政、金融和货币制度，以及呼吁在中国积极推行实业主义和对劳动人民进行实业教育。但是回国后不久，他观察到一般舆论流行讨论社会主义，他担心："此等一唱百和之风，果我国学界之福乎？抑我国社会之幸乎？"因此，他提议要对社会主义尤其是最流行的马克思学说的"真正的价值与其应用于我国现在之得失"，作详细的考究。③

他自己并不作文评论，而是译介一位英国学者客卡浦（今译柯卡普，1844～1912）的主要观点，以表达他自己对于马克思主义的学理性态度。他说："评马克思《资本论》者不知多少，然吾信客卡浦《社会主义史》不失为一最良参考书。（Thomas Kirkup, *History of Socialism*, 4th edition 1909.）"④客卡浦于此书中论述马克思主义的部分，是杨端六专门挑出予以介绍的。

---

① 李凤亭：《中国的问题》，《太平洋》2卷3号（1920年1月5日）。
② 李凤亭：《时代思潮的杂评》，《太平洋》2卷8号（1920年12月5日）。
③ 杨端六：《马克思学说评》，《太平洋》2卷7号（1920年11月5日），第1页。
④ 杨端六：《马克思学说评》，《太平洋》2卷7号（1920年11月5日），第2页。

第一，马克思《资本论》是论述"资本之自然历史"，尤其关注资本与劳力之间的关系。其最出色处，即是由古典经济学推阐出来之两大原则：其一，劳力为值之本原；其二，于此值中，劳力者仅得恰足生存之薪资，其余则为资本家所垄断。"马克思之伟功，在从历史上详细揭出理嘉图经济学之皎然的矛盾。此矛盾即是工资铁律与劳力为富之本原是也。马克思之劳力概念，与理嘉图相同，而马克思即以理嘉图之矛刺理嘉图之盾，洵为后世无敌。"然而彼两人所下劳力之定义均过于狭隘，不适于当下发达的资本主义市场，"与经济进化之实绩相背，则无可掩也"。"亦与己所主张社会进化之哲学原理相冲突"。

第二，马克思学说两大发明点之一——"历史之进化为物质的"，使世人开始意识到经济在历史上的重要性，以前学者大都忽视这一点，"忽视的原因，半由于材料之缺乏，半由于史家职务之误解，昔之所谓大事，专属于高级人士之行为；民间日常琐屑之事，无有顾及之者。"今后的历史本经济史观而改编，对于历史上真正原因，"世人既渐明之矣"。但是，马克思误在以此为牢不可拔的思维，"至谓一切社会组织，如哲学、宗教等均可以经济事实说明之，亦未免过于夸耀。历史者，人类各种活动之纪录也。人类社会虽为一有机全体，而其利害关系各有其实在独立之精神，不能混而为一也"。

第三，马克思之缺点在于遇事武断及空想太过，其学说第二大发明点："剩余之值"，尤不可掩。这种缺点的产生与他的生活阅历极有关系，"彼六岁之时，即由犹太教徒变为基督教，故对于旧教既失其传习，而对于新教，复无所信仰。是固不独马克思为然，即其他多数犹太人亦复如是"。所以，马氏虽天资聪明、知识渊博，"宜可为欧洲自由思想家之泰斗"，"乃不幸采取狭隘之哲学如唯物主义者，彼之批评斯密亚当及理嘉图，可谓极其严厉，而乃早年即用其值之学说，毫不加察，后更欲见之于实事以造成世界之革新，于人类思想界中常留一不良之影响，是诚可为马克思叹息者也"。

第四，马克思之为人，却值得崇拜。"吾侪观其为人，则知其殚精竭思，实欲为世界贡献一真理，而犹不肃然起敬者非人也。彼之诚恳、勇敢、自克，多年困厄而不蹶，可谓思想界之英雄。假使彼稍存自利之心，则以彼之才，不难掌握普鲁士最高之政权，而乃弃专制如敝屣，出亡四十载，一心为贫民奋斗，人孰不欲富贵，孰能如马克思之勇于为善哉？"[①]

---

① 以上均见杨端六《马克思学说评》，《太平洋》2 卷 7 号（1920 年 11 月 5 日）。

　　杨端六一直以来都认为中国的问题是资本贫乏、工商业不发达及政府的破坏侵蚀造成的，"而一般有志青年误认目下我国之病根，以为在于资本主义之渐次发达，于是竭全力以提倡社会主义，反置实际贫乏问题于不顾，是欲救中国之危殆而适以延长贫乏之时期。吾自始至终，未曾一言赞扬社会主义，不知者或以为我过于守旧，然区区之衷，窃望我国青年百人中有九十九人致力于国富之开发，余一人焉致力于社会主义之研究，则一切问题方有解决之日"。① 这里鲜明地表示了杨端六的态度，即他希望少数人先从学理上研究社会主义问题，而大部分人应将实际的努力用于促进工商业生产，发展中国经济上面，"此吾所以不惜冒大不韪而常持绝对之异说也"。②

　　综上而论，"五四"前后的留英学人及《太平洋》杂志在处理社会主义及马克思主义问题时，其认识虽不能谓为深刻，但基本上能以客观平实的心态，予以讨论和评介。当然，他们对社会主义的认识角度并不一致，彭一湖从哲学思想史的角度看待社会主义新思潮；李凤亭从社会理论的实用性角度吸收马克思主义；而杨端六则向一般竭力鼓吹社会主义的青年提出疑问，提醒说社会主义未必能解决中国的贫穷问题。加之他们自身也不断感受到时局、社会与文化变迁的激荡，所以在这调适过程中，他们对新思潮的掌握不尽一致，反应也各有不同。这在五四前后数年应该是很自然的事。

三　杨端六与"罗素风波"

　　伯特兰·罗素（Bertrand Russell, 1872~1970）是现代西方一位著名思想家。他曾于 1920~1921 年来中国讲学，以其大哲学家的眼光，就中国问题发表过不少看法，并与当时许多著名的知识分子有过学术和思想上的交流。但是围绕罗素访华事件及其学说观点的争论，同样在"五四"后浮躁的中国思想学术界引发一场大风波。冯崇义在其专著中指出："那时中国正处于十字路口上，而且内部张力和外部拉力都前所未有，中国知识界在中国应该选择何种政治模式、经济模式和文化模式这些大是大非问题上深深地陷入了分裂。罗素是中国新知识界的客人，中国新知识界的各派人物都希望罗素成为他们的同盟，或尽力将罗素解释为他们的同盟。具有改良倾向的人们希望罗素是一位彻头彻尾的改良主义者；具有共产主义思想的人们希望罗素

---

① 端六：《欧战后之经济届》，《太平洋》2 卷 10 号（1921 年 3 月 5 日）。
② 端六：《欧战后之经济届》，《太平洋》2 卷 10 号（1921 年 3 月 5 日）。

提倡社会革命；无政府主义者希望罗素专谈'纯粹的社会哲学'；对中国传统文化含情脉脉的人们则要将罗素解释成'东方文化派'。罗素当然不可能同时满足这歧异很大甚至相互矛盾的期待，因而一开始就面临使各方面都失望的危险。"这的确可以称得上是一场"罗素风波"。①

1920 年 5 月，杨端六回国，即受聘为商务印书馆主办的《东方杂志》的撰述人，同时兼任吴淞中国公学的教员。同年 10 月 12 日罗素抵达上海，15 日即在杨端六的陪同下到中国公学做第一个正式演讲。10 月底，罗素受邀前往长沙参加湖南省教育会举办的"长沙名人演讲会"活动，一同前往的中国学者包括杨端六、赵元任、傅铜等人。一般以为，罗素长沙讲学的现场译事工作，均由赵元任担当；但事实上，在这次长沙讲学过程中，杨端六亦担任了罗素的译员，且其作用甚至大过赵元任。

本节拟以长沙《大公报》的相关报道，讨论杨端六与罗素长沙讲学的关系，并以杨端六发表在《东方杂志》和《太平洋》杂志上的文章，探讨罗素社会政治哲学对于杨端六的影响，以此作为个案来了解罗素学说对于中国人影响之一斑。

1. 杨端六是不是罗素的翻译员？

关于杨端六是否为罗素长沙讲学的翻译员问题，颇有疑问。存在着两种不同的观点。杨端六的女儿杨静远回忆指出罗素在北京的活动，是由赵元任陪同并担任翻译，而从上海去长沙的一段，则是由杨端六陪同并担任翻译。但李国涛的文章，纠正杨静远的说法，认为杨端六只在宴会等非正式的场合担任过罗素的翻译，而正式讲演会上的翻译则均是由赵元任负责。② 所以，我们首先依赖当时长沙《大公报》的记者报道，来解开这个疑问。

对于 1920 年 10 月底的名人演讲会，湖南方面在开讲前半个月已经着手准备。省教育会的陈凤荒、孔竞存、朱剑凡、彭泉航四人在 10 月 14 日组成长沙演讲筹备会，后又邀请曾葆荪、余家菊、舒新城、何叔衡等人加入筹备，并安排北京的熊知白负责联络杜威、蔡元培等人，李石岑负责联络上海的罗素等人。李石岑不负众望，在众多学术团体的竞争中力邀得罗素长沙

---

① 冯崇义：《罗素与中国——西方思想在中国的一次经历》，生活·读书·新知三联书店，1994，第 163～164 页。

② 杨静远：《罗素·毛泽东·杨端六——罗素 1920 年访华之行的补遗》，《万象》6 卷 6 期（2004 年 6 月），第 47～48 页；李国涛：《罗素长沙讲学谁任翻译》，《万象》6 卷 9 期（2004 年 9 月），第 152～153 页。

行。10 月 19 日，李石岑发函通知长沙筹备会有关罗素的翻译员的人选问题，信中说："罗素讲演，翻译最难觅人，以罗素哲学非精通高等数学者不能了解，上海方面为此事颇感困苦，昨觅得清华学校教师赵元任君，充当翻译。昨晚闻上海各界欢迎罗素联合会，赵君任译事颇洽舆望。弟比时即向赵君商量，请其偕罗素莅湘，渠以非在清华校再续假不可。其手续则在写两信，一与范源廉，一与清华校长金仲藩；若能用湖南教育总会名义，具二公函，说明原因，当能办到。赵此行从 20 日起至多不能过三周，此事弟再当函商熊知白先生。请其就近一交涉也。弟向罗素及他方面声明，罗素在湘讲演定一周。（若要罗素久留，非到比时再觅译员不可。）因罗素此次赴湘，乃弟与中国公学及其他方面叠次磋商之结果。"①

赵元任是经梁启超、张东荪的推荐，准备出任罗素的翻译员，② 李石岑和筹备会自然能够接受。但稍后一天，李石岑补发了下面这封信，说：

凤荒、竹雅先生惠鉴：

昨发一信，已收到否？今日再有事奉商，分条报告如左：（一）罗素及其夫人，决于 20 日起程。惟有奉商者：聘请罗素之主人，虽为中国公学、新学社、共学社、北京大学四团体，而与罗素相识者仅傅铜先生（别号佩青，英国留学生）一人。今兹罗素莅沪，无论往何处，傅必与俱。一因罗素人地生疏，得傅，诸事便于询问，二因傅亦愿意偕罗素游各处也。似此，则罗素赴湘，傅先生当然不便辞却，而傅先生又不能任讲演译事。（普通译事交涉则概归傅任之，如罗素由湘再赴他处概傅任交涉，傅不啻为四团体中一代表人也。）此事今日已与东荪、杨端六商之，傅已列入赴湘团体中矣。（二）前函为觅译人，颇费周折，兹外间□赵，颇觉其翻译不圆满，而赵又系苏人，恐言语不便，兹弟又力请杨端六任译事，杨已决定向商务书馆暨中国公学请假 20 天，与罗素一同赴湘也。杨仅任讲演译事（社会哲学方面）。杨既许可，则赵之请假信（系昨信托向范静生及清华学校金仲藩请假者）可以不发，此聘员之情形也。③

　　傅铜是北京大学哲学系教师，所以李石岑说他是代表主人方面的，必须随同，以便交接。杨端六是湖南人，且留英数年，亦是翻译员的最佳人选，而且其翻译能力已在罗素吴淞演讲中得到认可。信中提到赵元任既由杨端六代替，续聘书可以不发，但实际上，后来赵元任也是作为翻译员，陪同罗素到了长沙，其中原因似乎是与傅铜一样，因他也是北京方面的代表，"不便辞却"。

　　23 日，长沙筹备处又发一公告，仍是对于译事甚为担忧，说："聘请翻译亦甚困难，罗素同来三人，以杨端六学问为佳，然闻人云，杨氏语言稍为欠火，至赵、傅两人不能供翻译学术之役，然罗素方面有此，犹可将就，惟杜威方面甚为困难，胡适之因病未愈，不能南来，以外猝难得一相当翻译。"[①] 所以，聘请三名翻译员恐怕也是出于周到方面的考虑，亦可看出湖南人对于罗素演讲的重视程度。

　　热心的湖南人本来安排罗素至少在长沙讲学一周，做六次以上的演讲，但罗素不愿意空发议论，表示希望能早日抵达北京。他就在两天内为湖南人做了四次演讲。10 月 26 日 11 时罗素到达长沙，当天下午 4 时就做第一个演讲，晚上 7 时继续第二个演讲；27 日上、下午又进行第三、第四个演讲，晚上 6 时参加湖南省教育会的宴请，之后，"即于是晚，偕勃勒克女士及傅佩青、赵元任、刘树梅三君，搭沅江轮北上，取道赴京"。[②]《大公报》对于这两日的演讲盛况均有报道，兹录两则相关新闻。

　　10 月 27 日新闻如下：

　　　　（杜威博士演讲始毕）陈会长又登台报告罗素先生已到，因海程甚为困顿，沿途经过各处，又均请其演讲，精神疲倦，急须赴京修养，故在湘不能久留，即拟于明日（即本日）晚起程。不得不将原定演讲程序变更，今天接演二次，明天接演四次。现在即请罗素先生出席演讲。自四时起至五时半止，稍事休息再演。自七时起至八点半止，听讲者得取回原券出场，七时开演，仍各持券再来，云云。遂由谭省长介绍罗素登台演讲。杨君端六翻译，全场亦鼓掌，所演讲者为俄国布尔雪维克主义与世界政治（译即多数主义，日人名为过激主义）。演讲约一点余钟

---

① 《杜罗等演讲筹备续记》，《大公报》（长沙）1920 年 10 月 23 日，6 版。
② 《教育会欢宴各讲演名人记》，《大公报》（长沙）1920 年 10 月 28 日，6 版。

之久。宣告休息。晚七时半复演讲其游俄之见闻（演讲词另录）。翻译为赵君元任。演讲毕，听讲者派代表要求罗素先生多留湘数日，未蒙允诺。遂由陈会长报告 27 日正会场讲演时间而散。[①]

10 月 28 日新闻如下：

> 昨日遵道会正会场开第二日讲演会，听讲人数与昨日等。九时半至十一时，罗素先生讲游俄之见闻。五时（疑为"九时"之误——引者），主席方科长竹雅登台报告，请罗素先生开讲，仍由赵君元任翻译。十一时至十二时，勃勒克女士讲演俄国之艺术与教育，方科长报告如前。勃小姐年二十余，精神焕发，语音清晰，只任翻译之傅君佩青不甚了了，减去生色不少。下午二时半至四时，仍为罗素先生讲演，杨君端六翻译，方科长循例报告，李君戊如以国音书题为"布尔塞维克失败的原因和共产主义将来成功的希望"。讲演毕，方科长报告下点钟请蔡子民先生讲"何为文化"，现因诸君坐久疲倦，请赵君元任唱歌一首以纾积闷。于是，赵君登台唱歌，歌名"中华"，首唱英曲，次华曲，清越可听，众大鼓掌，四时至五时，蔡先生讲演，以上各演辞均见本报讲演录。[②]

根据以上材料，可知杨端六和赵元任各替罗素担任两场译事。以此观察李国涛先生的判断，他引用了赵元任回忆录中的一段话说："在长沙（10 月 26 日晚），'我翻译了罗素的讲演，讲完后，一个学生上前来问我：你是哪县人？那学生是来认老乡来了。……在我们去湖南长沙途中，在江永船上有杨端六，他是湖南赞助人之一，我从他那里学了一点湖南方言。'这可证明，杨先生与赵氏是同船来的，陪同罗素，他的身份是赞助人。但是杨先生是不是参加翻译工作了呢？这一段恰恰也有记载，文曰：'在湘督谭延闿请宴席上，我为谭翻译，杨端六则为罗素翻译。'原来杨先生只在这个场合参与了翻译工作。至于后来对罗素的访谈和向学生介绍罗素，那就是另外的事

---

① 《昨日杜、罗讲演记略》，《大公报》（长沙）1920 年 10 月 27 日，6 版。
② 《昨日正会场演讲记略》，《大公报》（长沙）1920 年 10 月 28 日，6 版。

了。"① 由此看来，赵元任对于长沙之行的事实的叙述基本不错，所以这段话的确能够直接证明赵元任就是罗素长沙讲学的翻译员，但错误在于，李国涛先生仅凭一面的材料，就推断罗素的译事仅由赵元任一人担任，并肯定地以为杨端六根本未曾担任同样场合的译事。

再根据《大公报》的记录，可知杨端六所担任的其他公开场合的译事，还包括 26 日上午 11 时，罗素一行抵长沙小吴门火车站时，在湖南方面的欢迎仪式上，由杨端六一一介绍主、客相互认识；② 以及 27 日晚 6 时，湖南省教育会举办的宴会上，杨端六再次担任罗素简短演讲的译员。③ 这后一件译事，以上赵元任的回忆也提供了证明，但是赵将之记忆成由谭延闿省长的宴请，稍有失误。

以上主要是以长沙《大公报》的记录作为第一手的资料，对罗素长沙讲学的翻译员问题做了重要的澄清。实际上，中外文翻译，尤其是学术演讲的现场翻译，是十分困难的，仅一般习得英文的人很难胜任，甚至留学生亦因为学术背景的缘故，也往往不能很好地将讲演者的观点翻译到位。从《大公报》上的一些评论来看，对于杜威、罗素讲演的翻译，一些微词的批评所在皆有。杨端六的翻译，也曾引起了一场误会，他本人亦有一篇文章是针对译文的争论而发的，以下就此事情再论。

2. 杨端六与罗素的"布尔札维主义"

杨端六在《太平洋》杂志第 2 卷第 9 号（1921 年 1 月 5 日），发表《布尔札维主义与共产主义之异同》一文，是为澄清一个误会而作的。开头写道：

> 此次罗素先生在长沙演讲"布尔札维主义与共产主义之异同"，共四次；第四次的演题为"布尔札维主义失败的原因和共产主义成功的希望"（Why Bolshevism has failed and how Communism could succeed），当时有人要我把题目的大旨解释一下，我就说，布尔札维主义和共产主义是两种东西，所以罗素先生要讲出一个失败、一个可以成功的理由。第二天，我阅《大公报》（十月三十一日）见有"附记"一则，说布

① 李国涛：《罗素长沙讲学谁任翻译》，《万象》6 卷 9 期（2004 年 9 月），第 153 页。
② 《昨日欢迎罗素先生记》，《大公报》（长沙）1920 年 10 月 27 日，6 版。
③ 《教育会欢宴各讲演名人记》，《大公报》（长沙）1920 年 10 月 28 日，6 版。

尔札维主义就是共产主义。①

　　杨端六的这段话已很清楚地说明了自己是罗素第四讲的译员。《大公报》为此次演讲特别聘请了几位专门记录员，其中一起负责记录杜威和罗素讲演稿的，则是获得北京大学哲学士的李济民和文学士的杨文冕。② 罗素在长沙演讲的主题是布尔什维克主义，这或许是因为他新近考察过俄国，还应湖南方面的要求，专讲社会政治哲学方面的内容，以与杜威主讲教育哲学做一些分工。杨端六的这篇文章指出，两位记录员对于罗素所讲的Bolshevism 与 Communism 的意义的理解，与杨端六的翻译和解释不一致。前者认为两个词其实是一个意思，而后者则认为是两个不同概念。10 月 31 日的《大公报》，在罗素讲演稿连载之后，发表了这两位记录员的意见：

　　……布尔札维克就是共产主义，不过名字不同罢了。（注：翻译员说，布尔札维克和共产主义是两种不同的主义。）这样看来，我们两人的话，岂不自相矛盾么？岂不是我没照翻译员的直记下来么？……我先把罗素的底稿上的话写出两句给大家看看：

　　1、Bolshevism is simply a Russian form of Communism.

　　2、The Bolshevists would teach all school children Communism.

　　第一句的意义，布尔札维克就是俄国式的共产主义；第二句，布党必以共产主义教学校儿童。照第一句看来，布尔札维克就是共产主义，是极明显的了；照第二句看来，布尔札维克如果和共产主义是两种不同的主义，那末，布党怎么把共产主义教儿童呢？岂不是自相矛盾么？所以我说布尔札维克就是共产主义，这句话是不错的。……

　　杨端六阅读了这条批评消息以后，立即做出回应，就此翻译问题写信给《民治日报》，坚持自己原来的解释是正确的。11 月 2 日该报即以"布尔札维克与共产主义"为题，刊登杨的来信：

　　……罗素当日所讲的题目，是 Why Bolshevism has failed and how

---

① 杨端六：《布尔札维主义与共产主义之异同》，《太平洋》2 卷 9 号（1921 年 1 月 5 日）。

② 《编辑部特别启事》，《大公报》（长沙）1920 年 10 月 27 日，2 版。

Communism could succeed（布尔札维主义失败的原因和共产主义成功的希望），这个题目是一个最好的凭据，可以证明这两个名词不是一样的意思。如果是一样，为什么不说"布尔札维主义失败的原因和他成功的希望呢"？罗素说，布尔札维主义不过是一种俄国式的共产主义，就是不十分承认布尔札维主义就是共产主义。至于该记者所引的第二句话，更不待辨了。他说，中国人教英文，那"中国"就是"英文"吗？……

不仅如此，杨端六对于这个争议，仍觉得有彻底澄清的必要，所以他又专为此事写信给北京的罗素先生，询问其意见。12 月 13 日，杨端六便收到罗素的英文回信，杨氏认为此信正可以解开此次争议，他同样在《太平洋》的这篇文章中予以揭发。他在文中既附上罗素的英文原信，又将信译成中文。此录中文这段话：

> 关于共产主义和布尔札维主义，或者布尔札维党自己不为分别，然而事实上很有不同的处所。布尔札维党是共产党的一支派，就是那些想加入俄国共产党的。这俄国共产党从前公式的叫做布尔札维党，这个含得有政党的意思在里面，就是党员不可不服从党规，并且要奉承莫斯科发出的命令。然而共产主义是一个旧名称；自从 1840 年马克思和燕吉尔斯的共产宣言以后，为人所公用了；这个主义的信念，是说一切物件应该为人人所公有。这个原理，当 1871 年巴黎共产党一时的统治巴黎的时候，说是他们所有的。由此可见，共产主义和布尔札维主义有许多意见不同的人也许应有的。就事实上说起来，无政府党大概是崇奉共产主义的。譬如克鲁泡特金就是主张所谓"无政府共产主义"的一个人。再有法国的散地卡党，英国的基尔特社会党，等等，都是如此。[1]

可见，杨端六对于罗素的"布尔札维主义"的理解是不错的，"就罗素这个信看来，我们确不能说共产主义和布尔札维主义，是同一的主义"。[2] 从杨端六之认真对待这次译事问题，亦可见当时思想界对于布尔什维主义实已抱

---

[1]　杨端六：《布尔札维主义与共产主义之异同》，《太平洋》2 卷 9 号（1921 年 1 月 5 日）。

[2]　杨端六：《布尔札维主义与共产主义之异同》，《太平洋》2 卷 9 号（1921 年 1 月 5 日）。

以极大兴趣，但唯有如杨氏那样认真对待舶来"主义"的态度，才是真正可取的态度。

3. "究竟是一个模范的英国学者"

罗素在中国知识界的热望下来华讲学，某种程度上说激发了中国人讨论社会主义的热情，并引发了一场社会主义大辩论。郭廷以先生曾指出："罗素在某一方面的影响似大于杜威，这非由于他的数理哲学，而是因为他是一位社会主义者。在他的《到自由之路》书中，曾说马克思主义可望造成一个比较完善的世界。"① 同时，罗素高度赞誉中国历史文化的言论，在中国学术思想界又引起了一场关于东西方文化的论战。这就是前文提到的"罗素风波"两个焦点问题。某种程度上说，"罗素风波"反映的是"五四"后中国人如何对待外来学说和主义的问题，以及如何选择社会政治改造途径的问题。那么，在"罗素风波"发生以前，杨端六对罗素的解读及其对国人所作的各种劝告和解释，颇有讨论的价值。

罗素在上海时普受人们的关注和赞誉，并被寄予热烈的期待，但杨端六已从这种热望中敏锐地感觉到日后会有"罗素风波"的兆头。所以他在上海接待罗素之后，便在《时事新报》上发表《敬告欢迎罗素先生者》，指出中国方面应该首先明确自己邀请外国学者讲学的宗旨：

> 那就是，请外国学者来华讲演，是讨论学问的，不是替我们撑支门面的；是替我们社会国家增进幸福的，不是讲甚么国民外交的。这几句话很是要紧，因为我常看见我们中国人误把手段当作目的。所以弄来弄去，都是敷衍了事，于实际毫无影响。……我们请外国学者来中国，要察谅他长于那一门，就请他讲那一门，不要把他当一个神人，无论甚么题目都要出给他做。……我们请外国学者来中国最要紧的就是第二个目的，就是要想他替我们想个法子把他的学说从实际上试行起来。但是他的学说虽好，未必在我国就可以实行，要实行必定先使他的学说适合于我国的情势。这个事不是容易的，要达到这个目的，至少要有两个条件：一个是要使他有十分研究我们事情的时日；再一个就是要使他有十分研究我们事情的机会。要给他以充裕时日，就不要使他讲演时间太多，并不要使他讲演太早；要给他以十分的机会，就要我们自己竭力搜

---

① 郭廷以：《近代中国史纲》（下），中国社会科学出版社，1999，第505页。

聚材料，以供他的选择，所以与其一味的欢迎，不如各人私自搜集材料。……无论我们的事情、习惯，是好的，抑是不好的，都可以做他的材料；我们对于这样的自由平等的学者，无论何种事情可以开诚布公对他说，才可以希望他替我们想一个法子来试试看，古语说得好，讳疾忌医，是不可的。我们的病很深的了，非把病状详细发表不可。①

对于"五四"后国人对外国学说的盲目崇拜态度，杨端六这段话实具有醍醐灌顶的警醒作用。

杨端六在两周后的长沙演讲中再次提醒："罗素是一个学者，并不是一个政客，所以他喜欢清静，不喜欢热闹，喜欢研究，不喜欢应酬，喜欢著述，不喜欢吹嘘。他说，自从他到中国以来，还未得多少益处，因为并未得机会和时间去研究，只是纷纷扰扰去应酬罢了。若是这样的弄下去，他觉得此来毫无意义，既与中国无益，也与他个人无益。"虽然按照杨端六的说法，罗素此行的确不为哲学研究，而是为研究中国的社会状况的，"他觉得这事不仅有趣味，且非常重要，就是他将来要想对中国有所贡献，也就在这里。因为哲学原理，既不是一时可以研究成功，而且各种学说，尽有书籍做参考，不必要他另出心裁去翻陈出新，独是社会问题，是今日中国要急切解决的，不妨多有几个人去研究"。② 但实际上，中国人没有给罗素"时间"、"机会"以及"材料"，给予更多的却是"恭维"、"宴请"以及"讲演"；他们要求的不是罗素的知识和技术哲学，而更多的是要求他痛快淋漓地提供一个中国版本的社会政治的行动指南。这导致了罗素的为难。冯崇义指出，在中国不到三个月，罗素便觉得，当一切都变成了例行公事，中国的欢乐便消失了。他并逐渐感到，与北京的学生们在一起，对他本人的哲学进展毫无帮助，而且因为中国学生的基础知识都太差，对他们谈论高深的哲学实际上徒劳无功。同时，罗素认为北京太闭塞了，它本身如一潭死水，对外界的消息很不灵通，人在这样的地方住久了，智力将会衰退。而中国方面的失望和不满，恐怕不亚于罗素，学者论述已多，此不专论。③

对于以上情形，杨端六认为是中国人不能以"同情之了解"的心态去

---

① 转见杨端六《敬告欢迎罗素先生者》，《大公报》（长沙）1920 年 10 月 22 日，5 版。

② 杨端六：《和罗素先生的谈话》，《东方杂志》17 卷 22 号（1920 年 11 月 25 日）。

③ 冯崇义：《罗素与中国——西方思想在中国的一次经历》，第 111～112 页。

对待罗素，他说："以予之视察，见夫吾国人士对于学者之尊敬殊失其道。须知人之精力有限，不能餍无论何人之要求，而吾国之人，一见社会推崇某人，即思所以接近之。无论自己学问之程度何若，无论他人时间之分配何若，必思以种种方法自四面八方压迫之，迨其人应接不暇，名誉坠落，或因劳瘁过度，身罹重病，而后相率而去之。"① 真正的态度，应如杨端六自己所说的，"觉得他的为人，他的思想，究竟是一个模范的英国学者"。关于这个观察，杨端六认为应该从以下三个方面来理解：

> 第一，实用方面。……我看罗素的议论有时虽然极其高尚，而他的议论终结处总顾到实际情形，并不是一个空想家可比。他的意中总不忘记两件事：一件是他所在的地方，一件是他所遇到的时候。如果他在英国，他为英国人所说的话，他决不想人家把他拿来放在法国去用。他在英国今日所说的话，他决不想人家把他拿来去试验明日的事。……第二，自由方面。我们读罗素先生所著的书，就容易感觉这件事。你看他讲教育，讲哲学，讲社会原理，无处不以启发人类的自由思想为职务。譬如他论到各国的社会改造，都不甚满意。这并不是他只喜欢英国的办法，实在是他酷好自由，所以对于拘束自由的手段，总是不赞成的。……第三，调和方面。讲到这个，我想许多人还记得章秋桐先生在《甲寅》杂志上所发表的议论，调和是英国人的特性，犹如实用和自由也是英国人的特性，所以我举出这三个条件来观察罗素先生，并不是特别新奇的意见。②

饶有兴味的是，杜威、罗素即将同时离开中国、返回各自国家之际，1921 年 7 月 10 日出版的《东方杂志》这一期，一起发表了杨端六的《罗素去华感言》和胡适的《杜威先生与中国》。这种巧合似乎暗示了当时的中国人，只有胡适、杨端六两人能够分别对于杜威、罗素中国之行，进行平心静气地总结，以及表达"深挚的别意"。不过，今人对于胡适对杜威的解读关注甚多，颇以为胡适得到了杜威思想的真传，而对于杨端六评论罗素却不甚了解。

---

① 杨端六：《罗素先生去华感言》，《东方杂志》18 卷 13 号（1921 年 7 月 10 日）。
② 杨端六：《和罗素先生的谈话》，《东方杂志》17 卷 22 号（1920 年 11 月 25 日）。

　　事实上，正如上面所讨论的杨端六对于罗素的理解，他最后对罗素的评价同样是十分有见地和公允的。当胡适称杜威是中西文化接触以来，最有影响力的外国学者，甚至在未来几十年中，都将无人可及；① 而杨端六认为，将罗素比之中国的孔子亦不为过，他说："然至今思之，罗素先生为时中之哲，此一点不让于孔子。当此扰攘不已之秋，惜未有哲人从古今中外大局上指导一般群众，使逐渐逃出迷途。罗素先生挟研究中国社会情状之目的而来，若能假以时日，必有宏言伟论饷我国民。今留华不及一年，而其半乃消磨于呻吟苦痛之中。岂非中国大不幸耶！"② 当胡适大肆赞扬杜威不是提示中国人以一些"关于特别问题的特别主张"，而是给了一个哲学方法——"实验主义"，并预测此方法必在未来中国社会"开更灿烂的花，给更丰盛的果"；③ 杨端六则指出他"最慕罗素先生之学说能切中时弊以立言，不似他人专骛高谈阔论，然又能瞻前顾后，不忘将来之改进方法"。④ 因此，在他看来，罗素给中国人的最大帮助是关于社会政治方面的"实用哲学"。⑤他曾专门写过一篇评论文章《罗素之哲学研究法》，指出罗素哲学的研究方法对于中国人的意义，他说："哲学之研究所以须用科学的方法之理由，罗素亦曾剀切言之矣。大旨谓科学所以较为有进步者，以其所得真理为一部分的而不必为全体的，是以后之学者能以此一部分之真理为基础，再进而研究之。哲学在今日以前则不然，其研究所得之结果大都构成一束：非全体正确，则全体不正确，由是后之人欲研究哲学，非每次从新做起不可。盖前人之事业毫无裨故也。科学的哲学，即在仿照各种科学之法，一部一部证明其确实，而其研究之法，为分析而非统合，必将传来之一切问题，分门别类，各加讨论。如此则有许多巨大问题为人生所不能解决者，科学的哲学必将付之不问。然罗素以为哲学之真正的进步，必不可不先放弃此种广漠无涯之野心。罗素此论，可以为好高骛远而不讲求切实方法者之药石也。"⑥

　　我们看到杨端六一直是苦口婆心地劝勉国人以平常心对待罗素以及其他

①　胡适：《杜威先生与中国》，《东方杂志》18 卷 13 号（1921 年 7 月 10 日）。
②　杨端六：《罗素先生去华感言》，《东方杂志》18 卷 13 号（1921 年 7 月 10 日）。
③　胡适：《杜威先生与中国》，《东方杂志》18 卷 13 号（1921 年 7 月 10 日）。
④　杨端六：《罗素先生去华感言》，《东方杂志》18 卷 13 号（1921 年 7 月 10 日）。
⑤　这个说法是笔者借用了杜威对于罗素哲学的定义（参见冯崇义《罗素与中国——西方思想在中国的一次经历》，第 97 页）。而杨端六自己称罗素的哲学是"实用主义"，详见下节。
⑥　杨端六：《罗素之哲学研究法》，《东方杂志》17 卷 20 号（1920 年 10 月 25 日）。

著名的外国学者，理性地学习和研究他们的学说，还要求在应用他们的学说的同时要不断地平衡自己的需求，以及了解应用学说的社会条件。

四　罗素学说对于杨端六的影响

杨端六与罗素的直接交流前后不到三周时间，对于罗素的著作和学说，也是在罗素登陆中国以后，才开始逐步了解的。他自己曾说："因为听见罗素先生要到中国各地去讲演，我也不免得跟随众人的后面去把罗素先生的书看一看。"但是杨端六本人对于中国社会原已具有一定的问题意识，"我所喜欢研究的学问，也就在政治经济和社会的方面"，"而且我这几年来心中所怀的疑惑，也想借此机会和他讨论一下，所以我这回随他到湖南去一遭，也是我生平的一件幸事"。① 可见，通过与罗素的交流以及对其学说的研究，杨氏似乎增进了自己对于中国问题的认识，并有一定的解决思路。

前文已谈到杨端六在罗素来华之前，提醒大家注意罗素的"实用哲学"部分，认为此正可以为解决中国问题指点迷津。其实，这也就是罗素学说对于杨端六思想的最大启发之处。杨端六在一篇短文中，承认自己以前所信奉的就是这类"实用主义"，他说："予之主见，素偏于实用主义，近来读罗素之哲学研究法，益使我坚其所信。吾以为世界上大事有两种性质：一种是与他项问题牵涉在一处，非全体解决，则其中一部分之问题无从解决者；一种是范围较小，不牵涉他种问题，而常能独立解决者。此种分析，固非绝对的，前者虽牵涉全体社会，而照罗素之法，亦可自一部分着手，不过目光不可不常注视其他各部分耳；后者虽有独立解决之性质，而常因社会情形之变迁，不得不与他种问题相周旋。一言以蔽之，吾人对于一部分须采精深主义，同时对于全体须采广泛主义，故欲解决社会问题，与其高谈阔论不能实现之全体改革，不如缩小范围，先从事其一部分之研究，先着手一部分之改革。"②

这里，杨端六对于罗素所谓的"广漠无涯之野心"稍加变通，考虑到社会是一个有机体，各个问题互相"周旋"，因此，他强调改造政治社会须从极为细微的事情下手，但是眼光须广泛，即有一定精神和方针，"仍

---

① 杨端六：《和罗素先生的谈话》，《东方杂志》17 卷 22 号（1920 年 11 月 25 日）。
② 杨端六：《宴会与奢侈》，《东方杂志》17 卷 21 号（1920 年 11 月 10 日）。

不外乎边沁所谓最大多数的最大幸福。如果一个目的只能适于一个人的幸福，那目的的寿命就比那适于两个人的幸福的要短些，适于两个人的又比那适于三个人的要短些，因此类推，所适用的范围越广，那目的的寿命越久"。① 这在一定程度上超越了实用主义的狭隘视线，也可以说是领会了罗素哲学的精髓。

罗素在讲演中多次强调中国知识分子，尤其是那些在国内外的现代学校接受教育的新知识分子，即他所习惯称谓的"少年中国"（Young China），要担当起中国"走向自由之路"的前驱先路的角色。刚来中国时，他面对杨端六的提问，就回答说对于中国知识分子改入实业与教育两途的态度，他并不反对，但是他又说："中国要想把政治弄好，还是要许多有用的青年去牺牲，不然，中国政府永久是弄不好的。"② 在即将离去的两次演说中，他同样以"一打好人"（Good Men）和"一万名果敢坚毅之士"（Resolute Men）来表达赋予中国知识分子的重任。③

杨端六完全同意罗素的建议，认为可以作为中国的"救时之良药"。他说："观于报载最后之演说，叮咛以少数彻底之人秉强固不拔之精神去改造政府，又谓西方的德谟克拉西非数年内之中国所能企及，而主张以俄国式的方法对付现在之问题。可见基尔特社会主义，罗素先生只为英国说法而不为中国立词。而我国今日之青年，动辄主张极端之西方的德谟克拉西，遇有稍讲秩序及服从之事件，即群起反对之。卒至作事不成，社会不见有丝毫之进步，吾人对于罗素之最后讲演，确认为救时之良药。"④ 又说："以予观之，最近之将来——否，最远之将来——社会活动之中心，决不能不在乎少数之青年志士；所谓群众云者，皆随此少数人之后者也。此少数人之道德与能力必为一般群众所钦仰，而后能形成社会活动之中心。……中国今日之混乱，即在乎不能发见此种人才，为国民之先导者。"⑤

在湖南省自治运动过程中，他同样表达了对于一项政治运动成功的希望就在于少数人的政治觉悟，即这少数人必须具备知识关怀，又不放弃社会责任。他说："故今后之希望，在有最少数人出而奋斗，为民请命，以战胜此

---

① 杨端六：《社会组织的研究》，《东方杂志》17卷24号（1920年12月25日）。
② 杨端六：《和罗素先生的谈话》，《东方杂志》17卷22号（1920年11月25日）。
③ 杨端六：《罗素先生去华感言》，《东方杂志》18卷13号（1921年7月10日）。
④ 杨端六：《罗素先生去华感言》，《东方杂志》18卷13号（1921年7月10日）。
⑤ 杨端六：《罗素先生去华感言》，《东方杂志》18卷13号（1921年7月10日）。

作奸犯科行同强盗之徒。此最少数人不可复如历史上之善人君子，仅能独善其身而已。必用积极非常之手段，一面与恶魔奋斗，一面提起大多数蠢如鹿豕之人，使之齐心合力，为实际上之建设。苟使如此牺牲之精神，不能发见于吾人群之中，则政治之前途殆暗无天日矣"。①

杨端六本身在英国受过良好的社会科学的训练，颇具有独立思考和社会研究的能力，他对中国政治社会问题的持续关注，并且结合罗素的学说，对于中国时局问题如何解决，遂提出了一个"近世国家"的概念。他说："今苟认定我国社会之组织，独优于世界，则惟有坐以待毙，以冀一乱一治之循环；苟不安于吾国历史之推移，而思形成一'近世国家'，则吾人今日不可不大发愤，思所以模仿欧美百年前之国家。此所谓立国大方针，不先决此，一切议论皆无益也。"如何形成一个"近世国家"，在杨端六看来，莫过于"一打好人"或"一万名果敢坚毅之士"，参与到社会政治中去，秉持"最大多数之最大幸福主义"，才能改造好社会和国家。他说："惟欲建立一强有力之政府，积极的执行社会政策，不可不有一大群有力之人，共戴一适于人类共同生活之主义，而为之尽力。在此主义之下，此一大群有直接关系之人自然直接感受其影响，即非有直接关系者亦得间接沐其恩惠，然后此一群人为社会所信任，使之执行社会政策，而社会因之而安。此主义所以能得群众之拥戴，必因其能增进群众之幸福。……今欲挽回既倒之狂澜，非有坚诚果敢之人挟持福国利民主义，向前进取，以树一国之风声，不可也。"②

所以，我们认为杨端六改造中国的思想是能够体现罗素社会政治哲学的精髓，而在实践上，他又确实是以此精神作为行动指导的。他的活动包括教学、演讲、著述以及杂志编辑等，尤以报章杂志是其回国初期最主要的实践处所，他要凭此实现他"指导舆论、改造中国"的愿望。举其荦荦大端，首先，他在《太平洋》杂志上发表的《会计与商业》一文，受到商务印书馆的重视，并受聘为主持商务馆的会计改革，其改革在1921年获得了成功，成为第一个将西方现代企业管理引进中国企业的人。③其次，他在《东方杂志》上发表的《社会组织的研究》，倡议中国代议政治的选举方法，要以职

---

① 杨端六：《对于湖南省自治之希望》，《太平洋》3卷9号（1923年3月）。
② 杨端六：《时局问题之根本的讨论》，《太平洋》3卷8号（1922年12月）。
③ 参见杨静远《我的父亲杨端六》，《万象》6卷7期（2004年7月），第126页。

业代表制来纠正，后来，"湖南省宪草案，即将此义寓之"。① 再次，他还有许多的文章学问均是从"极为细微"之处入手，如《宴会与奢侈》、《上海房租问题》、《上海食米问题》、《中国币制改革论》等，实际上这正是他所主张的"缩小范围，先从事其一部分之研究，先着手一部分之改革"具体的实践；而他所反对的是那些倡言社会改造者，却"大抵空想过多，对于旧有之易于革新者反置之不问"的空想家。② 凡此种种事业，都可以看作杨端六自己所呼吁的那种"坚诚果敢之人挟持福国利民主义，向前进取"的写照，也可以说是罗素所希望的"一打好人"的实践运动。

综上所言，罗素来华讲学是中国知识界的一大盛事，激发了 20 世纪中国思想界的极大活力，促使各派知识分子纷纷结合自己关注的问题，重新对中国问题进行论述，由此引发了一场社会主义论战和中西文化之争。从此角度看，杨端六能够站在学者的立场上看待罗素，并且在罗素来华初期就已经预警了"罗素风波"的发生，是当时难得的一位理性胜于情感的知识分子；他积极与罗素交流，弄清思想本意与语境，极力提醒人们不要抽离罗素学说，如他在编辑一篇文章时加了这样的按语："按罗素的学说是极合于实用的，我有《和罗素先生的谈话》一文，载在《东方杂志》第 17 卷第 22 号，可资参考。罗素的社会改造学说是替英国人说的，不是替中国人做的。他对我说，若是问他对于中国的意见，他就要主张政府有权、强制教育、发达事业，等等。我希望他不久可以发表这种意见，并且希望我们听罗素的讲和看罗素的书的人不要误会了，特注数言以释群疑。"③ 可惜，他的意见并不为时人所重视，以致后来，随着罗素演讲和著述的不断散布，影响力增大时，中国人一方面获取了更多的罗素学说，一方面却对罗素学说的解读和借用愈远离其本意了。

第五节　从"幸福论"到"科学的人生观"

晚清以降，西方的挑战使得知识分子固有的思想信仰起了根本性的改

---

① 杨端六：《社会组织的研究》，《东方杂志》17 卷 24 号（1920 年 12 月 25 日）；《时局问题之根本的讨论》，《太平洋》3 卷 8 号（1922 年 12 月）。

② 杨端六：《宴会与奢侈》，《东方杂志》17 卷 21 号（1920 年 11 月 10 日）。

③ 陈震异：《外国学说与中国社会问题》，"记者附识"，《太平洋》2 卷 9 号（1921 年 1 月 5 号）。

变。支撑传统知识分子"意义世界"的基本价值观和宇宙观遭遇解纽的危机，原来的文化认同取向和终极意义取向因此错乱而失效。① 当这种危机加剧时，知识分子敏感的心灵自然会感到有必要设计新的价值体系，来作为共识和共信的基础，以适应变化的世界。早在1904年梁启超发表《余之死生观》一文，指出国人意志萎靡、贪生畏死，是因为不明了人有"死而不死之理"，是"社会的观念与将来的观念两不发达"造成的。他又从佛教的"羯磨"本义上指出人类的"精神不死"，因为"小我"的生命价值在于寻求"大我"的幸福。② 显然他认为在西方的挑战下，传统的人生观已经不能承担指导国人道德信仰的责任了，需要探寻一种新的人生信条。

五四时期，新文化人承接了梁启超的思虑，继续在生命的意义、精神与物质，个体生命与群体生命、社会责任等议题上进行探讨。③ "五四"前陈独秀即问："人生在世，究竟为的甚么？究竟应该怎样？这两句话实在难回答的很。我们若是不能回答这两句话，糊糊涂涂过了一生，岂不是太无意识吗？"④

对这些问题的回答，影响较大的就是留美学人胡适提出的"社会的不朽论"；而在《太平洋》方面，其关键人物李剑农提出"幸福论"，亦试图回应这些时代命题。本节先就胡、李二人的观点试作比较。而随着"五四"之后科学主义思潮的兴起，以及出于与"玄学派"划清界线的需要，新文化人又做出将科学的信念引入人生观的尝试，此又以《太平洋》上吴稚晖的"科学的人生观"的提出而掀起高潮。而李剑农、吴稚晖都有留英的背景，这种巧合，不能不说是留英学人的一个特殊贡献。

一 李剑农的"幸福论"与胡适的"社会的不朽论"

"社会的不朽论"是胡适在1918年年底为母亲办丧事时想到的一个与宗教名词相关的社会人生观念。在《不朽：我的宗教》（原载《新青年》6卷2号）文章中，他批评传统"三立说"不朽论的缺点：一是它只适用于

① 张灏：《转型时代在中国近代思想史与文化史上的重要性》，收入张灏《张灏自选集》，上海教育出版社，2002，第118~120页。
② 梁启超：《余之死生观》，《梁启超全集》第2册，北京出版社，1999，第1373页。
③ 关于五四知识分子对梁启超生死观的传承，参见陈友良《从"精神不死"到"社会的不朽"——梁启超、胡适两代人的生死观之比较》，《福建师范大学学报》2012年第4期。
④ 陈独秀：《人生真义》，见《独秀文存》，安徽人民出版社，1987，第124页。

少数精英，二是它可以引导人行善，却不能从道德上制裁恶人，三是它所说的"功、德、言"的范围太含糊了。[①] 从这个批判视角而言，胡适在思考传统生死观如何具备现代性的问题。所以他提议作为现代人，其社会观和人生观应该是"社会的不朽论"。大旨是：

> 我这个"小我"不是独立存在的，是和无量数"小我"有直接或间接的交互关系的；是和社会的全体和世界的全体都有互为影响的关系的；是和社会世界的过去和未来都有因果关系的。种种从前的因，种种现在无数"小我"和无数他种势力所造成的因，都成了我这个"小我"的一部分。我这个"小我"，加上了种种从前的因，又加上了种种现在的因，传递下去，又要造成无数将来的"小我"。这种种过去的"小我"，和种种现在的"小我"，和种种将来无穷的"小我"，一代传一代，一点加一滴；一线相传，连绵不断；一水奔流，滔滔不绝：这便是一个"大我"。"小我"是会消灭的，"大我"是永远不灭的。"小我"虽然会死，但是每一个"小我"的一切作为、一切公德罪恶、一切语言行事，无论大小，无论是非，无论善恶，一一都永远留存在那个"大我"之中。那个"大我"，便是古往今来一切"小我"的纪功碑、彰善祠、罪状判决书，孝子慈孙百世不能改的恶谥法。这个"大我"是永远不朽的，故一切"小我"的事业、人格、一举一动、一言一笑、一个念头、一场功劳、一桩罪过，也都永远不朽。这便是社会的不朽，"大我"的不朽。[②]

胡适主张用这种"社会的不朽"来做人生一切行为的裁制力，而把儒家的"父母的观念"和"祖先的观念"，以及其他所谓神权的宗教、崇拜偶像的宗教，都视为不中用的宗教的手段，"在我们的心里也不能发生效力，不能裁制我们一生的行为"。这样，他的社会人生观就是："我这个现在的'小我'，对于那永远不朽的'大我'的无穷过去，须负重大的责任；对于那永远不朽的'大我'的无穷未来，也须负重大的责任。我须要时时想着，我应该如何努力利用现在的'小我'，方才可以不辜负了那'大我'的无穷

---

① 胡适：《不朽：我的宗教》，欧阳哲生编《胡适文集》第 2 册，1998，第 528 页。
② 胡适：《不朽：我的宗教》，欧阳哲生编《胡适文集》第 2 册，第 528 页。

过去，方才可以不遗害那'大我'的无穷未来?"①

胡适是新文化运动浪尖上的人物，他论人生意义的文章，如《易卜生主义》等，很获得时人的注意；《不朽》这篇的影响虽不如《易》文，但也在《太平洋》上得到李剑农的回应。在《太平洋》第 2 卷第 1 号上，李剑农刊发了一篇翻译小说，是一位名叫今非的作者译自俄国 Anton Chekhov 著的小说——《这样就是名誉》。李剑农在小说后写了一个附言："这篇小说，可以和《新青年》第六卷第二号里胡适之先生的《不朽》参看。"② 由此可见，胡适"社会的不朽"的观点得到了李剑农的认同。后来，李剑农又专门写了《幸福论》一文，对"什么是幸福"这个普通人都会关注的问题发表自己的看法，但某种程度上说是响应了胡适的观点。

在《幸福论》中，李剑农与胡适一样信仰社会有机体说，认同社会的历史是不断的，前人影响后人，后人又影响更后人；社会的生活又是交互影响的，个人造成社会，社会造成个人。③ 他提出一个与胡适的"不朽"说极为相似的"不死"说：

> 我的"不死"说，不是宗教家的灵魂不灭说，——灵魂不灭说，我不相信，——也不是物理学上的物质不灭说。我说"人"是不能死的，意思狠平常，狠容易证明，我就把他说明在下面：一颗树叶子落了，枝干枯槁了，不再发生叶子开花结果了，我们说他死了。但是他所结的果子，总算是那颗树的一部分。果子落在地上腐烂了，那个果核又会发芽长枝叶成一颗大的树，又会开花结果。这颗树死了，这颗树的果子，又是一样的发芽长枝叶成一棵大树，所以那棵树是难得死的。人所结的果子就是儿孙，儿孙也是祖父的儿孙；那派儿孙的祖父与这派儿孙的祖父，穷源竟委，未必不是同一祖父的支体。纵说人类同种的话是靠不住的，有了异种杂婚的事实，世界人类，归结就是通往古来今为一体。我们各别的个人，不过是往古来今，旁枝歧出，交互联结的一个大"人"一部分。地球不消灭，这个"人"就是不能死的。这是不死的一

---

① 胡适：《不朽：我的宗教》，欧阳哲生编《胡适文集》第 2 册，第 525～532 页。

② 〔俄〕Anton Chekhov 著今非译《这样就是名誉》，"记者附言"，《太平洋》2 卷 1 号（1919 年 11 月 5 日）。

③ 参见胡适《不朽：我的宗教》，欧阳哲生编《胡适文集》第 2 册，第 528 页。

个说法。①

他进一步说：人类所结下的果子，除了儿孙以外，还有其他如文字、书籍、火种、罗针，还有如中国两千年来的政治、伦理、道德都是祖先结的"果"；其他如"欧洲宗教改革，就是路德和许多宗教家结的果；美国的独立、法国的大革命，就是卢梭、福禄特尔和一些人的学说结的果；此次欧洲的大战争，就是达尔文生存竞争的学说和许多人的思想议论结的果；俄国的大革命和现在的布尔扎维主义，就是脱尔斯泰、马克斯和许多人的学说思想结的果；再近言之，胶州湾被德国强占，就是攘夷主义结的果；庚子之乱，就是攘夷主义和道教妖孽参合结的果；山东挽回机会的丧失，就是几个想霸占政权，独发私财的人结的果。这一些有形无形，好的恶的果子，真是数不尽"。总而言之，"我们各个人的身体和所处的环境里，物质上、精神上，无在不含有过去人所产生果子的成分。就是现代的各个人在现代的社会中间，也无往不是以彼此所产生的果子相报酬。我们自己虽不觉得，其实所结的果子是异常多的。所以我说'人'是不能死的。"

由这种"一面食果，一面结果"的"不死"说，李剑农提出他的社会人生观：社会的个人发展"自觉的本能"于最高度，尽个人所能及，自觉地结"良果"和造"幸福"；不要不自觉地结"恶果"和造"不幸福"，贻害自己所依托、所构成的社会。这就是社会每一个人的"天责"。他说：

> 这个社会的大有机体就不同了：他不若植物全无自觉本能；他的本身总体虽无自觉本能，他的自觉本能，就寄托于他所构成的各个细胞，——个人。一个社会的活动，虽然和个人一样，全靠运用他所构成的细胞；但是个人因为要保存自己，发展自己，由总体自觉心的发展，而生保护其所构成各细胞的手段；社会的自觉本能，既寄托于各个人，社会的保存发展，就全仗各个人自觉心的发展，对于个人与社会不可离的关系生出最高的自觉心来，产生保护总体最良的各种手段。发展这种最高的自觉心，就自个人对于社会的天责。因为个人的生存、个人的幸福，既依托于社会，又有一种自觉的本能，为社会自觉的本能所寄托，就应该不辜负这种自觉的本能充量发展，自觉的结

---

① 李剑农：《幸福论》，《太平洋》2 卷 3 号（1920 年 1 月 5 日）。

果子，自觉的结良果子，——造幸福；不应该和植物一般，不自觉的结果子，结些良恶不定的果子，或且任意结些害自己本身的恶果子，——造不幸福。我想人生除了享幸福外，没有一事，比发展这种最高的自觉心还重要些了。①

李剑农对于"社会有机体"和"个人幸福论"的表述，很容易使人联想起 19 世纪后半期风靡英国的斯宾塞的"社会有机体"学说。斯氏在《社会静力学》中指出："人类是朝着更大程度的相互依存和更大程度的个体化的方向发展的"，"每个人的幸福寓于全体的幸福之中"，"社会有机体的兴盛在一定程度上取决于由单位参与的某种职责的履行，而每一个单位的幸福则取决于在社会机体中每一有机体的正常活动"。②

从上引文亦可见，李剑农与胡适对于现代社会需要怎么样的人生观，最后的结论是一样的，即：使个体对于群体的目标产生一种自觉心和道义感。新文化的另一位主角陈独秀早些时候表述的人生观，亦以个人为本位，并以社会为目标，他指出："人生在世，究竟为的什么？究竟应该怎样？我敢说道：个人生存的时候，当努力造成幸福，享受幸福，并且留在社会上，后来的个人也将能享受，递相授受，以至无穷。"③ 在《欢迎湖南人底精神》一文中，他又说："个人的生命最长不过百年，或长或短，不算什么大问题，因为他不是真生命。大问题是什么？真生命是什么？真生命是个人在社会上留下的永远生命，这种永远不朽的生命，乃是个人一生底大问题。"他用"造桥"来比喻真生命的价值，个人生命虽已过去，但是他们造好的桥却留下了永远纪念的价值，"不能说王船山、曾国藩、罗泽南、黄克强、蔡松坡，已经是完全死去的人，因为他们桥的生命都还存在"。④ 这些均可以看作梁启超的观念发挥着重要作用，尤其是他提倡的"小我"对于"大我"的责任等原则，仍支配着五四知识分子对于个体与群体关系的根本构想，形成清末民初思想发展一脉重要的伏流。但需要注意的是，五四那一代知识分子的社会观偏向于认为中国是一个无社会的国家，故他们特别强调个人要对

---

① 李剑农：《幸福论》，《太平洋》2 卷 3 号（1920 年 1 月 5 日）。
② 转引自〔英〕欧内斯特·巴克《英国政治思想：从赫伯特·斯宾塞到现代》，黄维新、胡待岗等译，商务印书馆，1987，第 74 页。
③ 陈独秀：《人生真义》，见《独秀文存》，第 127 页。
④ 陈独秀：《欢迎湖南人的精神》，《新青年》第 7 卷第 2 号（1920 年 1 月 1 日）。

社会做有价值的贡献，以培育社会的成长。①

李泽厚曾评价指出，这种人生观事实上是五四时代进步分子的共同信念："它的确集中地全面地表达了五四时期中国进步知识分子群所寻求的宇宙观和人生观，即西方近代的理性主义、乐观主义和怀疑精神，以生活进步和个人幸福为基础的社会改革便是所追求的目标。胡适以自由主义的姿态，陈独秀以急进民主主义的姿态表述了这一要求和理想。"② 应该说，李剑农与胡适一样都是以自由主义的姿态表述人生观，如果说有些区别的话，则在于他们的思想发源地上的差异，胡适是美国的实验主义，而李剑农则是英伦式的经验主义。

再就新知识背景来说，晚清、五四两代知识分子都吸收了生物进化论、社会有机体论等西方自然和社会科学学说。但梁启超的人生观还有一个重要特征，是它的人文宗教意义。因为科学只是被他用来说明佛教"羯磨"说的合理性，甚至到他的生命晚年，他仍然信仰佛教"羯磨"说，"是为了给予他的生命、他的行为以超越其能够达到的具体的实现之上的终极意义"。③而五四知识分子则完全不同，科学知识增强了他们对自然主义的信心，陈独秀曾用"桥"的比喻，李剑农用"果子"的说法，胡适在《不朽——我的宗教》一文中所举的数个例子，如"低矮的土墙旁的一个弹三弦的人"、"一个生肺病的人"、"一具无人收拾的尸体"等，说明他们对抽象的宗教概念不屑一顾，取而代之的是科学、民主、个人主义等现代性价值观，他们并反对一切传统的、宗教的偶像崇拜。最终，在这一点上，五四新知识分子与梁启超拉开了思想上的距离，上述西方的理性主义和中国的自然主义两种因素在五四以后迅速融合在一起，造成了新文化人"科学的人生观"的出现，并且最终成为 20 世纪 20 年代声势浩大的"科学与人生观"大论战的两大对立阵营。

二　吴稚晖的"科学的人生观"

1923 年的"科学与人生观"论战，将新文化运动推向又一波高潮。学

---

① 关于五四知识分子的社会概念，参见王汎森《傅斯年早期的"造社会"论——从两份未刊残稿谈起》，《中国文化》第 14 期。

② 李泽厚：《中国现代思想史论》，天津社会科学院出版社，2003，第 102 页。

③ 巴斯蒂：《梁启超与宗教问题》，收入狭间直树主编《梁启超·明治日本·西方》，社会科学文献出版社，2001，第 454 页。

界相关的研究成果甚夥①，此处只以吴稚晖为中心讨论《太平洋》和这次论战的关系。

由于以连载的形式发表了素有思想界里打先锋的"白发青年"之称②的吴稚晖的《一个新信仰的宇宙观及人生观》，《太平洋》亦作为当时论战的主战场之一，并与在北京的胡适主编的《努力周报》并肩，站在科学派或新文化人的立场上。这一南一北两刊物，正好对阵玄学派或研究系的上海阵地《时事新报》及北京阵地《晨报》。③郭沫若说："那个月刊（指《太平洋》）虽然从不曾左右过中国文化界，但在科学与玄学之战闹得昏天黑地的时候，吴稚晖在那儿发表过一些突梯滑稽的论文，把读书界轰动过一下。"④

说其文章"突梯滑稽"，则由于以下这段自嘲、滑稽的开场白："我所谓'新信仰的宇宙观及人生观'，不过说这个宇宙观及人生观，并非哲学家的宇宙观、人生观，乃是柴积上、日黄中乡下老头儿信仰中的宇宙观人生观。这个信仰是一个新信仰，非同'虞城隍拜土地'宗教式的旧信仰。"⑤可以想象读者如何在企盼一期又一期的《太平洋》杂志和吴稚晖的《一个新信仰的宇宙观及人生观》了。这场论战的硝烟未尽，亚东图书馆和泰东图书馆就将笔战的文字搜集，分别编出内容基本一致的《科学与人生观》和《人生观之论战》两书，字数都约为28万字，而其中吴稚晖此文就有六万字，所以说《一个新信仰的宇宙观及人生观》是投给玄学派中的一颗重磅炸弹，亦不过分。

---

① 参见伍启元《中国新文化运动概观》第九章，现代书局，1934；郭湛波：《近五十年中国思想史》，第七章第三节，山东人民出版社，1997；〔美〕费侠莉：《丁文江：科学与中国新文化》，第五章，新星出版社，2006；林毓生：《民初"科学主义"的兴起与含意——对"科学与玄学"之争的研究》，收入林毓生《中国传统的创造性转化》，生活·读书·新知三联书店，1988，第252~272页；叶其忠：《从张君劢和丁文江两人和〈人生观〉一文看1923年"科玄战"的爆发与扩展》、《1923年"科玄论战"：评价之评价》，分别载《"中央研究院"近史所集刊》，1996，第25、26期；雷颐：《从"科玄之争"看五四后科学思潮与人本思潮的冲突》，《近代史研究》1989年第3期；严博非：《自由的失落：科玄论战的演变》，《二十一世纪》1991年第12期；罗志田：《从科学与人生观之争看后五四时期对五四基本理念的反思》，《历史研究》1999年第3期。

② 郭湛波：《近五十年中国思想史》，山东人民出版社，1997，第126页。

③ 〔美〕周策纵：《五四运动史》，陈永明等译，第467页。

④ 郭沫若：《创造十年续篇》，《郭沫若全集》文学编，第12卷，人民出版社，1992，第211页。

⑤ 稚晖：《一个新信仰的宇宙观及人生观》，《太平洋》4卷1号（1923年8月5日），第5页。

　　当然，吴稚晖在"科学与人生观论战"中的影响，不只是他滑稽的文风和形式，而是他对于玄学派观点的冲击力。"吴稚晖正是以这种态度，并且不理睬'学术礼节'，猛烈地对那些声称不愿把自己的信仰建筑在科学之上的知识分子进行评击。更有意义的是，他建立了自己的一套宇宙观和人生观。"① 以下先看吴稚晖所谓的"科学的人生观"的基础——新"宇宙观"。

　　吴稚晖把宇宙或世界看作"一个"，即把宇宙上的一切，完全用"一个"来包括了。宇宙就是"一个"，"一个"也是宇宙；"一个"以外，什么东西也没有了，这样一来，就"开除了上帝的名额，放逐了精神元素的灵魂"。他坚持说，"一个"是一个活物，是有变化能力的，"我所谓一个，是一个活物，从他'一个'，变成现象世界，精神世界，万有世界，没有世界，无论适用时间空间的，不适用时间空间的，顺理成章的，往来矛盾的，能直觉的，不能直觉的，恒河沙数的形形色色，有有无无，自然也通是活物"。这就是说，"一个"里面的东西都是活的，人是活的，苍蝇是活的，连茅厕的石头也是活的；"活"即"有质有力"，"其方法也很简单，无非拿具有质力的若干'不思议'量，合成某某子，合若干某某子，成为电子，合若干电子，成为原子，合若干原子，成为星辰日月，山川草木，鸟兽昆虫鱼鳖"。所以，"宇宙是一个大生命"，是"永远的流动"。②

　　再看吴的人生观，他将这三字分开来解释。所谓"人"，其实就是"宇宙万有中叫做动物的动物"，概括地说，"人便是外面止剩两只脚，却得到了两只手，内面有三斤二两脑髓，五千零四十八根脑筋，比较占有多额神经系质的动物"。所谓"生"，就是演戏的意思。所谓"人生"，便是用手用脑的一种动物，在宇宙大剧场，于某个时刻，正在那里出台演唱，"请作如是观，便叫做人生观"。因此，他认为，人生最重要的问题，就是《孟子》所说"食色，性也"的"食色"，和《礼记》所说"饮食男女，人之大欲存焉"的饮食男女。简约地说，就是三个问题：（1）吃饭，（2）生小孩，（3）招呼朋友。③ 这是根据物欲和他的唯物质主义的宇宙观来分析人生、爱

① 〔美〕郭颖颐：《中国现代思想中的唯科学主义》，雷颐译，江苏人民出版社，1998，第42页。

② 稚晖：《一个新信仰的宇宙观及人生观》，《太平洋》4卷1号（1923年8月5日），第5～23页。

③ 稚晖：《一个新信仰的宇宙观及人生观》，《太平洋》4卷3号（1923年10月5日），第1～6页。

情和道德，亦周策纵先生概括的：宇宙一切和人生皆可以科学解说，文学、艺术、宗教、玄学和哲学皆属科学领域。① 吴稚晖说："恃有'科学万能'在，区区覆天载地，正可当仁不让。"②

吴稚晖宣布他的"新信仰的宇宙观及人生观"的时候，科学派与玄学派的交战正如火如荼地进行，一方的张君劢、梁启超站在"玄学"的立场来反对科学；另一方的丁文江、胡适、唐钺（擎黄）站在"科学"的立场攻击玄学。立场不同，所见不同，是非当然不易分别。但是吴稚晖却是"宁可冒'玄学鬼'的恶名，偏要冲到那'不可知的区域'里去打一阵"；这一冲入敌营的乱阵做法，的确打击了敌人，郭湛波认为科学派由此取胜："所以战终出了一个白发老将吴敬恒，发表他的《一个新信仰的宇宙观及人生观》，对于敌方主角——二梁迎头痛击，作了最后的胜利，结束这次的战争。"③

胡适高度赞誉并接受吴稚晖的宇宙观与人生观，声称"反对科学的先生们！你们以后的作战，请向吴稚晖的'新信仰的宇宙观及人生观'作战"。他正式替吴稚晖的新人生观取了一个尊号："科学的人生观"，但为了避免无谓的争论起见，他又主张叫做"自然主义的人生观"。他还扩充了吴稚晖的大意，将这种"自然主义的人生观"画出一个包括十条具体内容的轮廓来。每一条的人生观都是由那些具体的科学来解释，如他说："根据于天文学和物理学的知识，叫人知道空间的无穷之大"；"根据于生物的科学及人类学、人种学、社会学的知识，叫人知道生物及人类社会演进的历史和严谨的原因"；"根据于生物的及心理的科学，叫人知道一切心理的现象都是有因的"；等等。

有意思的是，"五四"之前胡适提出的"不朽"说，到此时亦可用具体科学来解释了。他的第十条人生观说："根据于生物学及社会学的知识，叫人知道个人——'小我'——是要死灭的，而人类——'大我'——是不死的、不朽的；叫人知道'为全种万世而生活'就是宗教，就是最高的宗教；而那些替个人谋死后的'天堂'、'净土'的宗教，乃是自私自利的宗

---

① 〔美〕周策纵：《五四运动史》，陈永明等译，第 469 页。
② 稚晖：《一个新信仰的宇宙观及人生观》，《太平洋》4 卷 5 号（1924 年 3 月 5 日），第 52 页。
③ 郭湛波：《近五十年中国思想史》，第 236～242 页。

教。"① 原来不需要另外以具体科学强调说明的人生观，也能表达出自己的意见；但经"科玄论战"以后，却要自觉地贴上"科学的人生观"的标签，很能说明时代的社会思潮中弥漫着如郭颖颐先生所称的"唯科学主义"（Scientism）气氛，或更准确地说，是沉浸于如罗志田先生从康有为、吴稚晖等观念中所捕捉到的欧战后中国思想界"物质之学"的复兴风气中。②

小结：留英学人的"国民责任"

以上各节所述，显示"五四"时期留英学人及其主编的杂志《太平洋》在新思潮、新文化运动上的表现是多姿多彩的，他们发出教育改革的倡议，参与白话文学运动，抨击孔学独尊的顽旧观念，提出从制度上确立人身自由的蓝图，评介社会主义思潮，倡议现代人生观的塑造，等等，其内容丰富，也正为五四新文化运动的内涵，做了一重要的说明。换句话说，在五四新文化运动时期，留英学人及其同仁刊物同样作为留学生知识分子的一股新思想力量，亦予以这场运动积极的推动和引导，所提供的新思想和新主张，与《新青年》及新文化人的提议并无二致。

"五四"提出的目标，如自由、民主、人道、科学，是当时以至后代孜孜以求的事业。③ 从本章各节的叙述中，及前面第二章的内容，可见留英学人对于这些目标的认同和追求，与新文化人的角色是不遑多让的。

"五四"思想大革命的结果，传统思想偶像不再具有威信，而西洋思潮却似潮涌般的输入，如何分辨偶像、迎拒新旧思潮，成为绝大问题。④ 留英学人提倡依据理智和事实的原则，反对学术思想上的复古主义、专制主义和教条主义，与《新青年》是同样的作风。

《新青年》这一派文化战士，在纷歧的社会思潮中，渐渐发展出井然的一套社会观、人生观、宇宙观以及方法论，如胡适的实验主义和陈独秀、李

---

① 胡适：《科学与人生观·序二》，《科学与人生观》，辽宁教育出版社，1998，第18～22页。
② 分别参见郭颖颐《中国现代思想中的唯科学主义》，雷颐译，江苏人民出版社，1998，第1页；罗志田《物质的兴起：20世纪中国文化的一个倾向》，收入罗志田《裂变中的传承——20世纪前期的中国文化与学术》，中华书局，2009，第330～343页。
③ 〔美〕周策纵：《五四运动史》，陈永明等译，第15页。
④ 吕芳上：《革命之再起——中国国民党改组前对新思潮的回应》，"中央研究院"近代史研究所，1989，第246页。

大钊的唯物史观。① 不可否认，这是留英学人所不能比肩的，但我们同样看到李剑农、杨端六等人给予胡适实验主义以阐扬和支持，及李凤亭、王星拱等人同样能够批判性地运用唯物史观分析和解释中国问题。此外，胡适那对青年影响极大的自然主义人生观，含有易卜生主义和科学主义两部分内容；但后者的内容，如文中所述，留英学人对之有所贡献。

今人多强调"五四"必须通过它的多重面相性和多重方向性来获得理解，当然有其看法②，这也提示给我们，那一代知识分子具有一种普遍的使命感：留心世变，参与国家民族社会的改造运动。③ 凡负此使命者，其对社会政治的改造主张，尽管纷歧不堪，却自然视为"五四"的一元；李剑农（署名沧海）曾用"国民责任"表达过这种使命感，他说："全世界上，只有青年子弟，受壮年父老的提倡引导，那有壮年父老反去受青年子弟的指导呢？我们对于学生的两大主张，既是彻头彻尾的赞成、同心同力的扶助，为甚么我们作壮年父老的，不先自直接行动，反要那些青年子弟来发起呢？所以我对于这回的运动，第一种感觉，就是我自己应该愧死，因为我自己已经是个壮年的国民；第二种感觉，就是我们这些壮年父老的国民，虽然有良心太没有责任心，中国的内政外交，所以弄到这般境况，都是我们大多数父老壮年的国民没有责任心之过。"④

这段话可以从下面两个方面来理解，一方面，文字中提到"壮年父老"没有尽到外交运动的责任，而由"青年子弟"发起了运动，这是实情；但又如周策纵指出的，成年知识分子肩负过领导和灌输"五四"新思潮的责任，也就是说，学生们之所以行动起来，是和他们所接受的新思想息息相关的。⑤ 很难说，如果没有《新青年》、《太平洋》等刊物所宣传的现代国家意识和现代思潮的激励和推动，学生爱国运动能否以这种形式爆发？由此，我们更容易理解，作为留英学人的同仁杂志《太平洋》，对于"五四"是有贡献的。

另一方面，由"国民的责任"的号召上，我们也看到了留英学人民族

① 曹聚仁：《文坛五十年》，第 111、116 页。
② 余英时：《文艺复兴乎？启蒙运动乎？——一个史学家对五四运动的反思》，收入余英时《现代危机与思想人物》，第 99 页。
③ 吕芳上：《革命之再起——中国国民党改组前对新思潮的回应》，第 238 页。
④ 沧海：《学生运动与国民责任》，《太平洋》1 卷 12 号（1919 年 7 月 15 日），第 1 页。
⑤ 〔美〕周策纵：《五四运动史》，陈永明等译，第 3～4 页。

主义的一面，按照他们自己的说法，就是中国的内政外交弄到这般境况，是他们没有国民的责任心之过。那么知耻而后勇，五四之后，他们也走向了行动主义，为了改造内政、实现国家的统一，联省自治的舆论自他们而起；同样，为了主权国家的目标，他们研究国际政治和外交，以国际主义为武器，寻求中国的自立之道。

第四章
留英学人的地方主义与联省自治

　　"五四"之后，20 世纪 20 年代初的中国社会政治思想正处于异常激烈的变异、动荡、融合和分化之中。马克思主义、自由主义、三民主义、国家主义等思潮逐渐分途而进，对中国问题分别提出不同的见解和解决办法，各自吸引部分青年学生或追随者，在思想界形成了互动、互竞乃至不乏合作的局面。比较民国初年思想界只想解决政制问题，和五四前期"藉思想文化以解决问题"，则后"五四"时代的思想界已远为复杂。但诸多思潮几无例外地指向政治，指向国家的根本问题，却也是事实。杨端六说："吾人准此新事实以推定民国历史之变化，不得不归功归罪于海外回国之留学生。彼等当初即思试用欧美政制于吾国，无如马蒙虎皮反类犬，演出癸丑以后屡次大失败之政治。既而有人欲脱离万恶之政治，从文学上鼓吹新中国之改造，其结果为五四运动，六三运动。既而见俄国之大政变，又思仿效列宁、杜洛兹基，以社会主义相号召。无如文学运动、社会主义运动皆非解决时局之良方，遂致逐渐而流于萎靡之状况，于是有志之士仍反而求之政治。观近来讨论时局者之增多，而且素不谈时事者亦多加入漩涡，可见吾国思想界最近之变迁矣。"①

　　国家分裂的局面，国不成为国这一根本问题，逐渐成为各派关注的焦点，他们各自提出自己的解决时局的办法。而留英学人所给出的方法，与"五四"以前的宪政主义主张是一致的，但不同的是他们对于中央制宪的失望，而转向省宪运动，并主张由各自治省的联合而实现国家的统一。质言之，联省自治是他们在"五四"后的政治主张。

---

　　① 杨端六：《时局问题之根本的讨论》，《太平洋》3 卷 8 号（1922 年 12 月）。

留英学人之所以有此构想，一方面是由于他们在中央政治不可为，而改革中央政治的愿望又遭到阻碍的情况下，转而想借省宪运动，对地方自治加以鼓吹，倡导划清中央和地方政治权限，好把他们的政治构想施展于地方政治，然后由各省为起步，来达成他们改革国家政治的目标。另一方面，则是他们作为学识卓越的一批留学精英，对于现代国家的概念已拥有比较成熟的认识，意欲模仿西方先进国家，移植其成熟的地方制度和联邦制度，实现他们的建国理想。本章环绕着《太平洋》杂志上对于地方主义和联邦制思想的阐述，进一步说明留英学人的政治思想的内容和特点。

第一节　从地方主义到联邦主义

联省自治的思想脉络，显然出于清末民初联邦论和地方主义的延续。因为清末新政以来，地方势力业已高涨，加上辛亥革命过程中各省独立的事实，政学两界颇有人主张效法欧美，把地方自治与民主共和结为一体，建立地方分权式的联邦制度。但自临时政府成立后，为求统一巩固的缘故，中央集权的思想渐渐把联邦思想压倒了。直到袁世凯大权独揽，并推行洪宪帝制后，各派人物均失去政治活动的空间，只得重新拿起联邦自治的旗帜宣布反袁。孙中山所领导的中华革命党的刊物《民国》杂志，进步党人的《中华》杂志，以及欧事研究会的《甲寅》杂志，不约而同地都在此一期间鼓吹着地方主义的联邦主义思想，"一时联邦论颇有'甚嚣尘上'之势"。[1] 在这场争论中，留英学人秉持一贯的立场，即"政论真值，存乎理不存乎例"[2]，从学理的层面对欧美地方主义和联邦制适用于中国的问题进行探讨。

一　章士钊的联邦论

章士钊对于中央集权与地方分权的看法，前后并不一致。在辛亥革命成功与南京临时政府时代，他因醉心于英国的内阁制，所以有偏于中央集权的倾向。他在评论留英学人罗鸿年寄来的《共和宪法意见书》时明确表示不

---

① 李剑农：《中国近百年政治史》，第 486 页，参见胡春惠《民初的地方主义与联省自治》，中国社会科学出版社，2001，第 99 页。

② 秋桐：《学理上之联邦论》，《甲寅》1 卷 5 号（1915 年 5 月 10 日）。

同意书中关于联邦制的这一条。他说："内阁制当然之结果，则为中央集权，而联邦国则中央之与各邦争权，势不能免。有争则相嫉，相嫉则中央欲合立法、行政两部为一手，以尽揽一切权，将不可能。不可能则分权之议以立。三权分立之原则，所以易适用于联邦国者，职是故也。以政例察之，似乎内阁制与联邦制不能相容。虽英儒戴雪鉴于美利坚中央权势之弱，主张两制合用，而赞同者绝少。记者之意固亦与戴氏同，然联邦国之行内阁制，大有困难处，则实事实之无可掩者。如吾已成为联邦国，如美利坚之无可变易，则吾唯有同时主张两制而已；苟吾于政体之选择尚游刃有余，而吾复决采内阁制矣，则以美利坚政治弊习为殷鉴，万不宜更鼓吹联邦制，此记者之所不敢苟同罗君者也。"①

正是激愤于袁氏专权，张东荪在《中华》杂志上发表《地方制度之终极观》一文，主张采取联邦自治的精神，而不取联邦的名义。丁世峄也发表《民国国是论》，指出中国的国基在于各省，犹美国的国基在于各州，主张在宪法上将中央与各省的权限划清。章士钊亦因张、丁两人之论，在《甲寅》杂志上先后作了《联邦论》、《学理上的联邦论》及其他与潘立山的辩论文字，从这些文字中，我们能够理解章士钊转变成一位联邦主义者。

章士钊在《联邦论》一文中主要是对张东荪、丁世峄的观点进行全面介绍并作简单的评析。他指出张东荪一文所谈的自治精神，实际上就是联邦精神，却害怕舆论的非难，有意掩饰联邦制的真实内涵，造成学理上的损害。② 同时，他指出丁世峄一文专论中国各省就是最重要的国情，因而国家应专设地方特别制度，这也是"意在联邦，而不标联邦字样"的做法。③ 总的来说，章士钊认为进步党的理论家在袁氏专权以后又放弃中央集权论而大力主张联邦论，多出于现实的考量，而非学理上的信仰。如果有学理上的信仰，进步党人就不会在民初极力反对国民党人提出的"自治论"和"地方长官民选"的主张，他讥讽进步党人说："在昨年为扰乱民国，在今年则恰应要需。在他人言之，为争权夺利之符号，在我言之，则彻上彻下之主张。然则昨年之反对民选论者，非反对民选论也，乃反对国民党也。"④

章士钊认为人们对联邦制存在过深之偏见，乃至"即休休有容之士，

① 秋桐：《内阁制与联邦制》，《章士钊全集》第 2 册，第 77 ~ 78 页。
② 秋桐：《联邦论》，《甲寅》1 卷 4 号（1914 年 11 月 10 日）。
③ 秋桐：《联邦论》，《甲寅》1 卷 4 号（1914 年 11 月 10 日）。
④ 秋桐：《联邦论》，《甲寅》1 卷 4 号（1914 年 11 月 10 日）。

亦目为异教邪说，拒之千里之外而不与通"，是因为学界未尽到职责，尚未有人从学理上深度阐明联邦制的真相，"故愚以为讨论联邦之程序，当从学理上入手，以破人奴主之念而启其疑，以本体真相，明白昭宣，使人异教邪说毒蛇猛兽之幻觉，排除净尽，然后按切时势之谈，乃可次第及之"。① 这是他写作《学理上的联邦论》一文的初衷。

在这篇长文中，章士钊主要说明三个观点：第一，组织联邦，邦不必先于国。章士钊以英国爱尔兰自治问题、中南美洲诸国采用联邦制为史例，说明从单一国家转变为联邦国家，并不一定要先有邦而后结约为国。第二，邦非国家，与地方团体相较，只有权力程度之差，而无根本原则之异。章士钊赞同德国学者耶律芮克的观点，认为国家的根本要素是萨威稜贴（最高主权），所以"邦非国，以无最高权"。② 但此文没有进一步谈到邦与地方团体的区别，造成潘力山的误会。章又在《答潘君力山》中加以说明："地方团体之分权，限于行政，邦之分权，则赅乎行政与立法。凡地方有独立议会，依据宪法，在一定范围之内，可以自由创设法律，自由施之政事，而不仰承中央政府与议会之意旨者，斯为邦，否则为普通地方团体"。第三，实行联邦，不必革命，所需者舆论之力而已。针对有人惧怕由单一国转变为联邦国，章士钊引蒲徕士、耶律芮克、柏哲士等学者说法，说明这种转变，"盖属于宪法变迁之事，而非国本破坏之为"。③ 他以英国为例，指出英国国内兴起联邦论，就与革命思潮风马牛不相及，而与"舆论力"有关。他说："麦克支李曰：'不列颠各岛之行联邦主义也，似仍属未来之事，何也？以舆论之未熟也。'是则联邦之成否，惟视舆论之熟否以为衡。舆论朝通，则联邦朝起，初无俟乎革命也。"④

章士钊再三强调联邦制是他的理想政制，"以所怀之理想，立为方案，就商国人"。⑤ 但在事实上是否可行，需要研究中国的国情，学界政界充分辩论以后才可推行，"但在理想上，联邦之论，必当听其独立发展，政府不加禁斥之词，社会不表闭拒之态，乃愚所绝对主张"。⑥ 遗憾的是，章士

---

① 秋桐：《联邦论——答潘君力山》，《甲寅》1 卷 7 号（1915 年 7 月 10 日）。
② 秋桐：《学理上之联邦论》，《甲寅》1 卷 5 号（1915 年 5 月 10 日）。
③ 秋桐：《学理上之联邦论》，《甲寅》1 卷 5 号（1915 年 5 月 10 日）。
④ 秋桐：《学理上之联邦论》，《甲寅》1 卷 5 号（1915 年 5 月 10 日）。
⑤ 秋桐：《联邦论——答潘君力山》，《甲寅》1 卷 7 号（1915 年 7 月 10 日）。
⑥ 秋桐：《学理上之联邦论》，《甲寅》1 卷 5 号（1915 年 5 月 10 日）。

钊没有兑现他的诺言，要从学理之外的角度再写一篇联邦制专论，说明中国采行联邦制的根据。但从章士钊与梁启超、储亚心等发生争论的几篇文章中，尚能概括出章士钊关于联邦制若干点的现实思考。以下再就此而论：

其一，联邦主义与国家主义的关系。梁启超是反对联邦制的，他认为民初在单一制下国家尚不能大治，若改为联邦制，国家亦不能善治，必非国家之福。章士钊反驳说，联邦制国家权限分明，国家主义是关于全民族的事务，属中央政府的权限，自有充分之途径，容其发展，比如德国国家主义之强大，并不妨碍它实行联邦制。他接着说："易词言之，推行联邦之制，国家主义始得孕育适当，则联邦政制，实乃发达国家主义最直最稳之途，采用他法，都为迷误，此之不可不细审也。西方学者知其然也，当十九世纪前半期，国家主义昌明之后，从而讲求方术，使其主义日即于真，遂乃发见唯一之境途，不外将国中所有情感厉害不同之点，一一令其得所。盖欲求发挥广大于外，必先融和无间于中，近数十年来，欧美两洲之新学说，悉视此矣。联邦政制者，乃其方术之最为深至者也。"①

其二，中国国情与联邦制。梁启超认为中国历史、地理，实不适合于联邦制。但章士钊相信，历史是时代精神之连续表征。历史是酝酿制度的胚胎，制度是蛾，历史是蛹，"其所胎之蛾，状果何似，则一以时代精神为归"。所以，在他看来，只要舆论对于联邦制有正确的认识，形成强大的舆论力量和时代精神，联邦制就可在中国生根。至于中国地理，章士钊认为根本不可能妨碍联邦制，因为中国疆域辽阔恰恰适宜于联邦制，美国就是个大国联邦，而"吾国地广于美，足资为联，更何待论"。②

其三，联邦制与民权之扩张。有人担心联邦制增强地方的权力，更易使各邦首长专权、暴戾，民权不张，地方政治更添纷扰，成尾大不掉，最后又酿成割据势力。联邦制无益于地方政治，根本原因是执政者刚愎自用，国人性好同恶异，"此种根性，受之于天，成乎自然，不为政制所迁，而政制实为所迁"。所以，以联邦制作为解决政治问题的方法，无异于与虎谋皮，"皮固不得，且有吞噬之忧"。③ 章士钊相信良好的联邦制，就是遏制暴政的

① 秋桐：《政治与社会》，《甲寅》1卷6号（1915年6月10日）。
② 秋桐：《政治与社会》，《甲寅》1卷6号（1915年6月10日）。
③ 储亚心：《致甲寅杂志记者函》，《甲寅》1卷7号（1915年7月10日）。

办法，"然则欲创为政制，使人廉耻是非之心，有所寄托，以与黩政乱纪者相抗，非谓根本之图得乎？联邦者特愚与少数同道之士，以为政制中之良者耳"。他同时相信依他的联邦方案实施，也绝不会出现人们所担心的"邦长擅权"的问题。[①]

前面已提及，章士钊的联邦制是一个理想的方案，是作为袁世凯专权独裁的对立面出现的，同时也是针对进步党人的理论偏颇而发的。但在这几轮的辩解中，章士钊表现出逻辑严密的法治主义色彩，实际上是无可奈何地回避了纷乱如麻的政治现实，是名副其实的学理上的联邦论。

二 李剑农的地方制度论

1916年袁世凯帝制覆灭，国会重开，各派的政治主张又得以提出，但却是互不调和，乃至严重对立。国民党人一如民初时期大都倾向于地方分权主义，对于宪法问题之意见，主张省长民选；而进步党人的政纲主张采取中央集权主义，省制不规定于宪法。国会中这两派的主张势同水火，彼此不让步。直到1917年年初，宪法会议在经过激烈的协商之后，始成立一个"十六条"的地方制度草案。

李剑农在《太平洋》杂志上发表《地方制之终极目的》一文，表示该草案并不令人满意，与他自己的地方制理想还有不小的距离。在这篇文章中，他揭示了以下两层政治观念：其一，英国议会政治的发达，其基础在于它优良的地方制度。他说："今世行责任内阁制者，除英伦与英属之坎澳殖民地外，如法兰西、如意大利、如日本，其结果多不若英之良，推其因由，无完美之政党，固为其一，然受影响于中央集权之主义者，实亦甚巨。此非一人一家之私见，凡熟察各邦之政情者，皆如是言之。德人格莱斯特，以改革普鲁士政制之故，特于英之议会发达史致其研考，所著关于英伦议会政治之书，不一而足，今犹见重于世。其所最注意者，即在于根本上之地方组织。尝谓大陆各邦模仿英之议会政府制者，成效多不如英，因其所模拟者仅为英制构成之上层，于英制所托之基础，未尝仿造之也。彼以为英制之所以良，悉根于其地方之组织。盖英之地方素具自治之精神，大陆则多守中央集权之主义也。"[②]

---

① 秋桐：《甲寅》1卷7号（1915年7月10日）。
② 剑农：《地方制之终极目的》，《太平洋》1卷2号（1917年4月1日）。

其二，中央集权主义与议会政治绝不相容。李剑农说："代议政治者，一切政务以舆论为左右者也。中央集权与议会政府相并行，则以选民之代表操统治之名，以专务等级官僚握统治之实。前者之权力来自下，皆不敢拂选民之意旨；后者之权力来自上，独立于舆论之外，而惟受上级法定权力之指挥。因是，两部权力恒生无穷之龃龉，驯至中央、地方，两俱无力。……盖地方舆论对于地方政治势力既甚微弱，则地方人民政治之兴趣益难振起，奉公乐政之心益形淡然。……一切下级僚吏、公务职员皆仰上级长官之鼻息，上级长官则仰中央行政各部之鼻息，中央行政各部则仰议员之鼻息；而议员选举之胜败，则以选民淡于政治兴趣之故，多为下级僚吏、公务职员所左右。地方长官因欲厚其援于中央议会，则以意旨行诸其属僚；属僚欲巩固增进其地位，则依长官之意旨以奔走左右之；议员欲植其选举势力于地方，则以官职分配之要求为赞助内阁之条件。故其结果，大小官职、上下议席，半属政治营业之交换报酬品，与舆论之真像相去甚远。……故凡行中央集权制为等级官僚之组织者，其政治多与舆论之真像疏远，难成良好之议会政治。"①

由于以上两层的认识，李剑农直言不讳，指出他理想的地方制方案倾向于英国的模式："今吾之中央组织既以议会政府为目标，非将地方与中央之领域划然为界，以地方政治置于中央政争范围以外，必无良好议会政治之可期。此仆对地方制终极之目的，深有取于英系之地方组织，而不取法、日、意之地方组织。质言之，即以分权自治为地方制终极之目的也。"②

而在半年后所作的《民国统一问题》（篇一）中，李剑农又比上述地方主义走得更远些。他提议解决地方制的问题，首先应该平等地看待联邦制，并从成功的联邦制国家中吸取解决地方问题的经验。他指出，国人在观念上畏惧联邦，以为由单一改成联邦制，是政治退化，或是国家分裂，但征之欧美国家的政治史，这些理由并不成立。他举例说，德国由单一分裂成邦联，再进为联邦，而"有今日之富强"；美国为联邦制国家，但"其权之集"远比他国为强；英帝国亦在保持统一的"巴力门主权"的前提下，已由"单一之大帝国"改组为由大不列颠和爱尔兰、加拿大、澳洲、南非洲等各殖

① 剑农：《地方制之终极目的》，《太平洋》1卷2号（1917年4月1日）。
② 剑农：《地方制之终极目的》，《太平洋》1卷2号（1917年4月1日）。

民地组成的"联邦"国家。这些事实表明，国家组织与政治进化或退化无直接关系，关键是政治的事实如何。①

至于中国国情，他比章士钊做了更深刻的分析，指出：自洪杨之役以来，实权已渐移于疆吏，中央对于地方的控制无日不在削弱之中。辛亥之后，各省纷纷宣告独立，犹如北美各州独立一般，虽有袁世凯的集权统治，但很快中国再次分裂，"吾之中央，则困守一斗大之北京政府，势力不能越雷池一步。各督军镇守使之效顺中央者，谓其效顺中央，毋宁谓其效顺自己；其以集权统一之名相呼号者，谓其求集权于中央，毋宁谓其求集权于所共戴之傀儡，再由此傀儡豆剖瓜分畀与于其同侪，以各称霸一方、永永据守"。所以，自事实上言之，今日中国的外交、制宪、税收、驻军、省联盟、武力统一等，无一不与17、18世纪时候的德意志邦联同，"无不涵濡于往昔德意志邦联状态之中"。②

通过以上分析，李剑农指出，中国处于"邦联"的事实要求政治家们必须用开放的心态，正视"联邦主义"的解决方法，而不是畏惧它或躲避它；换言之，中央集权主义已解决不了近代的地方制问题，而联邦主义或有助于解决问题，或至少，改变对于联邦的观念，会有助于地方制的解决，他说：国人觉悟之后，"不以联邦制为可畏怖之物，即地方制度问题之解决，减去一分障碍。盖若国人诚知联邦制并非绝对恶物，则使有一地方制，其分权之度，尚未入于联邦之范畴者，更不为恶物，更不足畏怖矣"。③ 可知李剑农的"篇一"的目的，在于破除国人恶诋联邦的观念，为地方制问题取得一个倾向于联邦主义的解决方案，"不畏联邦，其所得结果纵不为完满无缺之单一，或由可望其立于单一与联邦界域之中"。④

李剑农《民国统一问题》（篇一）发表时，南方的护法战争爆发，加以北洋政府中冯国璋、段祺瑞的暗斗，武力中心主义失却信仰，因之对于中央集权的可能性也渐渐怀疑。曾经在袁世凯政府中组织"第一流人才内阁"、并一向主张中央集权的熊希龄忽然通电主张采用联邦制，则是这种蜕变的信号。李剑农立即撰写《民国统一问题》（篇二），对熊希龄的转变表示惊喜，说自己的前一篇文章还在努力打破国人恐怖联邦的观念，"不意数旬以来，

---

① 剑农：《民国统一问题》（篇一），《太平洋》1卷8号（1917年11月15日）。
② 剑农：《民国统一问题》（篇一），《太平洋》1卷8号（1917年11月15日）。
③ 剑农：《民国统一问题》（篇一），《太平洋》1卷8号（1917年11月15日）。
④ 剑农：《民国统一问题》（篇二），《太平洋》1卷9号（1918年1月15日）。

联邦二字之声响，忽时触于吾人之耳鼓；其声响虽有正反二方，然已非若前此之绝对不相容矣。尤奇者，以老成持重，负一时重望如熊凤凰者，素不喜闻联邦之论，今亦不畏流俗之攻讦，毅然以联邦分权之主张，宣示于众；是真可谓朝朝鸣凤之声，足令望治者闻之而色喜也"。①

但李氏的"篇二"仍未讨论到联邦制的问题，他要挑战的仍是军阀、政客脑中武力统一和中央集权主义的顽固观念。他对熊希龄电文表示意外之后，又指出熊氏的联邦制主张并非出自政治信念，而是因为武力中心主义失了信仰的缘故，"若联邦之主张，乃因双方武力均衡，不能造成统一之故，苟有一方之武力，可以削平他方，统一全国，即可不为联邦分权之主张者。此根本观念上之大错误，国人中具有此错误之观念者，十九皆是，即今日混沌之政局，谓为此种错误之观念有以致之，亦无不可"。这种错误观念，在武夫那里，是妄图倚凭一己之武力，蕴蓄"战胜攻取，屈服群雄，统一全国"；在政客那里，亦"以为统一之维持，全恃有一种不可颠覆之武力，足以控制一切"。二者"相济相成"，"故彼等日夜所梦想者，无非在得一机会，破此平等均衡之局，以武力屈服群雄，统一全国。一言蔽之，不外蹈袭吾国英雄历史之循环圈而走耳"。则联邦主义在他们那里，却是由于中央武力统一的计划无法推行之后的一种权宜之计，而一旦情势逆转，似乎又可以诉诸武力统一的主张。②

因此，李剑农指出，实行联邦主义立国的前提是军民分治和军制改革，"军民分治，并世奉为立国之原则，而我乃曰不可能"。但他提醒说，民国成立以来，关于军民分治和军制根本改革，实际上尚无动作。其原因即在于上述武人、政客顽固的观念，"问题之中心，仍系于中央集权与军系武力政策之二端，非将此二端根本斩去，无论何种问题，皆不能解决"。但李氏提出的解决办法不免有些理想主义，即寄托于两个大彻大悟的"放弃"，他说："第一，即宜大彻大悟，放弃中央集权主义。制定一地方制度，将中央、地方所辖事项，截然划清，财源分配；使地方行政有确定之财源，其他非地方所辖之财源，概入于中央之国库；军政既为中央所辖，即军费支给，一概当由中央国库支出，不得各就地方截取。军费统于一，即为军权统于一之起点。故地方制度确定，中央、地方财政划分之日，即为军民分治可能之

---

① 剑农：《民国统一问题》（篇二），《太平洋》1 卷 9 号（1918 年 1 月 15 日）。
② 剑农：《民国统一问题》（篇二），《太平洋》1 卷 9 号（1918 年 1 月 15 日）。

起点。今人言必待军事问题解决后，始可言地方政权分配者，实为本末倒置也。第二，即宜大彻大悟，放弃倚仗一军系控制全国之主义。言裁减，则各系皆宜酌量裁减；言整理，则各系皆宜整理，将校之任免配置，宜不分派别，择优容纳；服装、训练、饷糈、编制，皆宜一律；军费支给，共仰于中央；则于无形之中，渐次由多元体而化为单元体，利害竞争之势始免，割据之形亦消。故军系打破之日，即为军民分治可能之日。"①

上述可见，李氏写于 1917～1918 年的《民国统一问题》（篇一、二），发挥出反中央集权主义和反武力统一主义的思想，力倡地方分权主义和联邦主义思想。

三　王世杰论中央与地方的关系

就学理上于地方制度问题作更为精深探讨的，当属仍在欧洲求学的王世杰所撰的《诂地方政府》一文，该文数万言，分三期在《太平洋》第一卷上连载。这篇文章在联省自治运动兴起以前，颇具有理论意义。王世杰说："吾国论政之士，似不免偏重中央政府之组织，关于地方制度之论著，乃如硕果晨星，不可多觏，间有一二，亦只略举大纲，不具全体。不佞于此，窃为歉然，取各国政治机关发达之陈史读之，每觉吾国倘无良美地方团体，决无良美之宪政可期。何则？地方团体者，国民政治兴味之诱导体也。国民政治能力之试验室也。此而不善，积极言之，不能助长中央政制之发育；消极言之，不能防止中央政府之暴乱。"②

与李剑农一样，王世杰亦强调民主政治的精神应深植基础于"最小之地方团体"。而且从政治学的角度，他进一步指出，19 世纪以来，人类物质与思想的进化，对于地方制度问题的影响亦甚大。由于科学发达、工艺日精，物质文明亦随之而发展，诸如地方路政问题、市政问题、公众卫生问题、贫民生计问题、义务教育问题之类，"均属百十年前，政治学者绝少讨论之物，其在今日，举凡研究地方政治问题者，乃不能不加意考求，俾现代政治组织，获与现代物质现象一一契合"。在思想学说方面，前有法国的孟德斯鸠、英国的边沁和穆勒、德国的格蓝斯理等学者，"均于欧美百十年来之地方改良，有莫大之缘"；而晚近数十年来，欧洲多数学者所倡导的国家

---

① 剑农：《民国统一问题》（篇二），《太平洋》1 卷 9 号（1918 年 1 月 15 日）。
② 雪艇：《诂地方政府》（一），《太平洋》1 卷 10 号（1918 年 7 月 15 日）。

社会主义（State Socialism）亦"渐与实际政治相衔接"，一方面，国家干涉的职能不能不有增强，又一方面，中央政府"复不能一手一足而理万机"。于是分权主义思想日形发育，英国姑无论，"即素倚集权政策为生命之法兰西、普鲁士、意大利、比利时诸国，亦不能不渐变其旧，而与分权主义相接近"。

王世杰指出，作为在欧美国家的留学生，理当承担义务，尽力介绍欧美国家的地方主义于国内，"又乌能不介绍其的改革之经验，设施之轨迹，以供自国学者之研究，自国政家之讨论耶？"所以，他的《诂地方政府》一文主要将英国、法国、美国和普鲁士四国的地方区域之分划、地方机关之性质、地方职权之范围、地方财政之规模、警政路政之统系、教育卫生之组织，以及其他地方问题，予以一一疏解，"并本浅陋所及，间于吾国未来之地方改良，设一理想之局，以与读者相质证"。①

王世杰所论"地方组织篇"最后部分转论中国的情况，最能说明他欲进于联邦制范畴的政治理想。他说："不佞对于将来吾国地方与中央之关系，约有三种理想，必须揭示读者之前：第一，中央与地方之政务，应各有一定之范围，中央政务由中央政府直接执行之，地方政务由地方机关直接执行之。盖以中央政府或其代表，执行地方政务时，姑无论庶政之繁，措施不易，即令凡百具举，彼地方人民既无增进行政经验之机关，势必事事仰望中央，以为兴革，揣其效果，最上亦不过养成一种强有力之官僚政治而已。第二，关于地方政务，一面既不可畀予中央以执行之权，一面复不可不畀予中央以若干分监督之权，盖集权政治之弊，不在中央政府之有监督权，而在中央政府之有执行权，不仅缘中央监督权之大，而恒在行使中央监督权之形式，举足助长中央行政机关之专擅耳。倘吾于行使此种监督权之机关与其方式斟酌尽善（其详当于中央节制篇论之），一面既可预防地方政府之废弛要政，一面复可遏止中央行政机关之蹂躏地方，一举两得，窃计当为医治吾国政象之良剂也。第三，中央政府对于省政府虽不可无几分监督之权，然省以下之地方团体，必以省为监督机关，中央政府不可拥有直接干涉之权，否则以千百下级机关，群隶于中央政府监督之下，纷繁万状，势必中央有监督之名，而不能举监督之实，弊窦之深，将有不胜枚举者也。"②

大概由于王世杰身处海外的缘故，因此他所表达的政治思想，就不如李

---

① 雪艇：《诂地方政府》（一），《太平洋》1 卷 10 号（1918 年 7 月 15 日）。
② 雪艇：《诂地方政府》（二），《太平洋》1 卷 11 号（1919 年 4 月 15 日）。

剑农那般忌讳时论的影响，相反，他直接承认他是具有联邦制的理想，他接着说："以上三点，为不佞平昔之理想，说者倘谓此种政制，类于联邦，吾固不能否认；倘谓此制非联邦，吾亦不能否认。"①

由以上留英学人几位代表性人物之理论阐述，可以看出共同之处：地方主义可以促进民主政治，而中央集权主义实阻碍民主的发展。这是留英学人倾向于地方自治，乃至于联省自治的观念基础。杜赞奇分析指出，中央集权的、武力的传统成功地使"联邦"一词处于不合法的地位，从而有效地削弱了联邦主义者的话语权。② 但我们看到留英学人共同努力使联邦主义话语取得对于中央集权主义话语的优势，并且正面回应了反对者关于地方自治与中国大一统背道而驰的批评。从这里，我们可看出地方主义与联省自治的关系，也可以看到留英学人从反中央集权的地方主义者，转化成民国九年以后的联省自治运动者的痕迹。

第二节　倡议联省自治

李剑农《民国统一问题》两篇发表之后，国内政局即转入南北和谈问题，联邦制问题的讨论并未就此展开，及至和会无结果，直皖战争爆发，南方军政府瓦解后，联治运动才积极进展。当时社会上最著名的报刊，如《时事新报》、《改造》、《太平洋》、《东方杂志》、《努力周报》、《新湖北》等，成为联治运动主张的思想、理论的桥头堡，它们或刊载专文，或增辟专刊，就学理上或实际环境上，来讨论联省自治之可行性与妥当性，使得联省自治问题成为1920年前后的一个壮阔的运动。③ 其中，《太平洋》尤其是倡导联省自治运动的急先锋，除了在学理上力倡联治运动外，在湖南省实际的省宪运动中，其社员也是热情的参与者和行动者。他们凭藉着自身的学理素养，为中国的联邦制问题提供思想上、理论上和事实上的论证。

一　何谓"联省自治"

1920年8月，章太炎首先提出了"联省自治"这个名词，并很快为言

---

① 雪艇：《话地方政府》（二），《太平洋》1卷11号（1919年4月15日）。
② 杜赞奇：《从民族国家拯救历史：民族主义话语与中国现代史研究》，社会科学文献出版社，2003，第176页。
③ 胡春惠：《民初的地方主义与联省自治》，第111页。

论界所接受。杜赞奇认为，从"联邦制"到"联省自治"名词的转变，使得联邦主义运动在20世纪20年代初得到了广泛的舆论响应和实际的政治支持。① 此说甚符合实际，但为避用"邦"及"分权"字样，而将本应是理直气壮的"联邦制"改称"联省自治"，则似乎潜伏着一个难题，亦即联邦主义者如何将"联省自治"与以前的联邦制叙述联系起来，从而使"联省自治"不仅是一个时局解决办法，而且还是永久的国家组织。

周鲠生有感于一般人对于"联省自治"并不得一个"明确之观念"，甚至"赞否双方有时皆入歧途"，所以写作《释联省自治》一文，对名词做了概念上的解析。他说："所谓联省自治，原来具有两层作用：就一个作用看来，联省自治是解决时局之一个方法。而就他一个作用言，联省自治又为建设民国政治之制度。最初倡联省自治之主义者，揆其意不过重在第一个作用。盖当南方护法政府解体之后，西南省分，鉴于一时护法之无望，转而为自治之主张。湖南首制省宪，闻风兴起者，有川、浙、粤各省，虽其制宪自治之业，不如湘省之积极进行，然表面上赞同依各省自治之基础，以谋民国之统一，则大抵一致。质言之，向之倡联省自治者，直将以为解决时局之一法耳。"② 这充分说明了"联省自治"最初只是作为解决时局的办法而提出的，由这层意义上看，"联省自治"与民初的"联邦制"确有不同之处。

但是周鲠生又指出，随着政局的变化，"国人之视线，渐由一时的时局解决之考虑，进而议及永久的国家根本组织。于是乎，言联省自治者，又偏注意于其第二个作用，质言之，即欲取联省自治之原则，以定民国国家组织是已"。这里，周鲠生所谓取联省自治原则以定民国国家组织的说法，与民初章士钊、张东荪等人所提倡的联邦制并无不同。周氏亦在文末强调说："然则联省自治之与联邦制，同为一事，明矣。……设使联省自治即联邦制之观念，而早能使一般人明白者，则斯项反对之论，在联省自治之第二个作用上，当不发生矣。"③

但在《太平洋》上亦有人不同意联省自治就是联邦制的观点。张效敏在《联邦制之研究》中，指出联省自治其实仅相当于西方政治学意义上的"邦联"（confederation），他说："'联省'是把各省联合起来；'自治'是

---

① 杜赞奇：《从民族国家拯救历史》，第178～179页。
② 松子：《释联省自治》，《太平洋》3卷7号（1922年9月）。
③ 松子：《释联省自治》，《太平洋》3卷7号（1922年9月）。

表示省的地位；联省自治，就是各省联合起来，实行自治。对内而言，即省各自治；对外而言，即自治各省互相提携，联合抵御外侮。原来倡联省自治者的意思，不外乎此。后来一般人竟以联省自治代联邦制，我以为实在错了！因为联省自治本不是政治学上的专名词，我们照上面所述原来提倡联省自治者的意思，在政治学里面去找，只有'邦联'和他相近。"①

因为，"邦联"在政治学上意义，就是各邦为对外防御侵略，对内保全和平起见，用契约相结合为一个"国家的联合体"。张氏指出，邦联不是国家，联省自治的联合体也不是国家，但倘若联省自治运动成功和统一完成，则联邦国家亦可告成。他说："若中国各省全体都加入了这种联省自治的联合体，或联省自治的局面成立后而统一问题因之正当解决，那就可以成立'中华联邦国'，联省自治就无形取消了；所以我认定联省自治是成立联邦国一种过渡的组织，我之赞成联省自治，就是这个理由。"

从表面上看，张效敏认为联省自治是中国走向联邦制的一种过渡组织的观点，与前周鲠生论联省自治的两层作用，似乎是相差不远。但实际上却大不一样，周鲠生惟恐别人以为联省自治是一种分裂割据的形式，不得不谨慎地说明联省自治是在一个主权国家前提下的自治实体；而张效敏则毫无避讳地指出，西南各省的联省自治是一个与北方政府完全对抗性质的政治联合体（邦联）。张氏对他的解释甚有信心，他说："有人以为西南各省实行联省自治之后，南北长此对峙，到底怎样的结局呢？不知西南各省真能成立联省自治的局面，他们的政治必定进步得很快；北方各省在那种无意识的北政府底下，久必生厌，必有羡慕西南联省自治的成绩，跑来加入的。如果北方有三、四省加入联合体的范围，那北政府当不攻自倒。在这个时候，联合体起而谋统一，建设中华联邦国，是极容易的事；所谓统一之机一至，不统一而自统一。"②

不过，《太平洋》上如张效敏那样主张极端政治分化主义的学人，毕竟只有少数。时主持上海《中华新报》的张季鸾（1886～1941）即应周鲠生之征文要求，就联省自治问题撰文一篇。此一后来《大公报》社论最著名的主笔，不惟此时已具备深刻的洞察力，对于将联省自治视为极端的政治分化主义的倾向，表示担忧。他在《关于联治问题之断片的感想》中批评说，

① 张效敏：《联邦制之研究》，《太平洋》4卷3号（1923年10月5日）。
② 张效敏：《联邦制之研究》，《太平洋》4卷3号（1923年10月5日）。

当前的舆论似乎认为，省自治是造邦，承认省有主权，而国政府的权限则缩至最小，只为代表国家对外之一种名义的机关，"简单言之，将使省与省之关系如邻国然，各省对国家之关系如各国之于国际联盟然"。① 如研究者以为，这或者是欧战后新成立之国际联盟给国人政治思想的影响而产生的一种联系。②

但张季鸾认为国人最不应具有此想法。他指出：各省分治是当然之事、必然之事，但国家统一和国民感情却尤为重要，"分化是世界一个趋势，统一亦为世界一个趋势。就分化言，则究极为个人自治；就统一言，则究极为世界大同。近年以来，冠有'国际'二字之会议，不知若干，国际立法早成为现代一重要事业。一方国家联合，一方阶级联合。世界人类之思想感情，实有逐渐接近之势。夫国家相互间且然，况在一国之内。且中国如此广土，如此众民，而同一文字，同一教化，同一血统，此为我国之强点，可对任何民族夸耀者。今后交通发达，教育大兴，更当发挥特色，见重世界，断不可以一时政象之刺激，而反自己斫丧之也。是以愚对于所谓江苏人之江苏、四川人之四川等名词，向来认为不祥。将来立法上若将省与省之间，订成邻国的关系，若事实上乙省人几乎不能在甲省做事，若彼此见面问贵省时成了等于问贵国之感情，则在中国真灭亡无日矣"。

在张季鸾看来，联省自治是必须谋求全国均衡、辅助式的发展，是应立国之需要的。某种程度上说，张的联治主义其实也就是国家主义的一种，他说："吾赞成联治主义之一个理由，毋宁在建设一真正有力之国政府，一面各省民治自己自由发展，一面划中央政府据宪法赋予之权限，经各省代表组织之参议院及人民代表之众议院，以有效执行国家之政令。……是以愚意主张联省主义者，不当号召如何缩小中央权限，反宜兼研如何使国家能超越各部分之利益感情，而能谋全体之幸福，为整个活动。"③ 在这个意义上，张季鸾支持和补充了周鲠生的观点，而对于张效敏的观点则持否定的态度。

就"联省自治"名词本身，亦有人反对。时北京大学教授朱希祖就是其中坚决反对使用"联省自治"的一位学人。他在《太平洋》上发表《联省自治商榷书》，指出既然要建设联邦制国家，就应该"正名定分"，直接

---

① 张季鸾：《关于联治问题之断片的感想》，《太平洋》3卷7号（1922年9月）。
② 胡春惠：《民初的地方主义与联省自治》，第125~126页。
③ 张季鸾：《关于联治问题之断片的感想》，《太平洋》3卷7号（1922年9月）。

称作"联邦自治"即可，使用"联省自治"，由于"省"在历史上是中央集权体制下的"符号"，与联邦体制风马牛不相及，则可能产生诸如政治不平等、名实不符等问题。他说："主张联省自治者，欲避却邦之一字，以免国人之误会，而不知中华民国之基础，全在五族共和。若云联省自治，则蒙古、西藏、青海及五特别区域，已屏除于省之外，而蒙、藏二族，全不在相联之列。"又说："再就省之历史而论，省之名词，盖起于专制时代中央官署之称，决不适于联邦性质之制度。地方称省起于元，……此制相沿至清，因而未改，……民国初元，百度草创，十之八九，皆仍清制，省之制度，与夫蒙藏院等制度，皆当据五族共和一律平等之义，精心改革，而今之时流，犹沾沾以联省相号召，以中央集权之标识，用为地方分权之符号，呼马为牛，而人仍认为马，此吾之所未解者又一也。"[①]

朱希祖还对全国的区域合并和地名改革问题提供自己的意见，如认为京兆可作为"各联邦公有之地，如美之华盛顿"，直隶、奉天的名词也不适于联邦之称，可改前者为北平，后者为辽东，新疆可析为二邦，等等。经此改革，全国可成立30个邦，则"联三十邦而为中华民国，各邦平等。蒙古、西藏，虽已独立自治，我既不以藩属相待，而升之为邦，与其他各邦，权利义务皆相平等，则彼亦必乐与我联，而共戴一国，举共和之实，副民主之名，如此，则政治或反可以收统一之效"。[②]

尽管上述四人对于联省自治的概念不尽相同，但他们之间仍有一种不言自明的共识，即各人关于未来中国的国家组织的理想，就是"中华联邦国"。

二　"联省自治在今日之中国为根本切要之图"

相对来说，1921年以后的政局似乎为联邦主义者推行联省自治运动提供了更有力的事实和思想的依据。这依据就是当时《申报》主笔杨荫杭所揭示的"五代式的民国"[③]，其重要的特征是中央政府失控和各省分立。周鲠生指出，"现今中国局面，类似唐代藩镇割据之故事，已成尾大不掉之势。在此种局面之下，欲以北京严格中央政府支配全国，其势必不可能。任

---

① 朱希祖：《联省自治商榷书》，《太平洋》3卷7号（1922年9月）。

② 朱希祖：《联省自治商榷书》，《太平洋》3卷7号（1922年9月）。

③ 参见罗志田《五代式的民国：一个忧国知识分子对北伐前数年政治格局的即时观察》，收入罗志田《乱世潜流：民族主义与民国政治》，上海古籍出版社，2001，第144页。

令何派何种人物来组织的政府，坐困北京一隅，皆不能有所为。官僚政府如是，名流政府如是，所谓好人政府亦如是，即甚至于军阀自己主持的武人政府亦何莫不如是"。① 李剑农亦乘时写作《民国统一问题》（篇三），再次强调了武力统一失败的事实。他描述说："不惟南北不能统一，并且南也不能统南，北也不能统北。北边换了两次总统，南边也换了两次军政府。南边第一次的军政府，名义上还辖着六省，第二次的非常总统，事实上竟只辖着两广，现在连他（引者按：指孙中山）直接所辖的广东，都不许他站脚了。北边两个总统（引者按：指徐世昌与黎元洪）四五年内所做的事，不外操纵拨弄，调兵遣将；借东风压西风，或是借西风压东风，临到末了，东南西北风，四面八方一齐起，连他自己都吹着跑了。现在吴佩孚的势力，算是可以宰制中原了。但是任凭吴佩孚的势力如何强大，总不过强大到袁世凯、段祺瑞那种地步；袁、段为北洋武力开创正统的老祖宗，末了都是归于分裂；吴佩孚纵然仍想张着北洋正统的旗帜，号召各督军，也不过是一个梦想。他若想用北洋武力统一中国，任他的武力如何强大，东北打不过山海关，南北打不过五岭，西边打不通三峡。所以他自己已明白，就只得拾着'恢复法统'四字，用平和的方法，假借舆论的势力来屈服西南各省。"②

李剑农依旧对于吴佩孚的"恢复法统"、和平统一的运动抱有极大的疑心，指出吴氏的举动，颇使得一般苟且偷安的国民，"仿佛都有一种喜出望外的样子"；但他宁愿采取更为积极的方法，"还是和民国六年的时候一样，以为要中华民国真正的统一，只有采用联邦制的一个办法"。③

唐德昌在《联省自治与现在之中国》一文中分析指出，当前政局虽已成僵持状态，但"试一窥其内幕，则危机四伏，随在皆能触发而不可收拾"，而"谋国者脱不于此时思一正本清源之计，为弥乱图治之方，徒狃于故常，仍用旧日陈腐之策略，枝枝节节，只顾目前，如此匪特不能解决现时纠纷之时局，即能勉强敷衍一时，然不旋踵而其潜伏之祸，又必爆发。以此而欲挽救祖国，所谓舍本逐末，抱薪救火，未有能济者也"。他亦果敢地说，他的根本救国之计，就是联省自治，"则联省自治在今日之中国为根本切要之图，固可知矣"。④

---

① 周鲠生：《时局之根本的解决》，《太平洋》4卷2号（1923年9月5日）。
② 剑农：《民国统一问题》（篇三），《太平洋》3卷7号（1922年9月）。
③ 剑农：《民国统一问题》（篇三），《太平洋》3卷7号（1922年9月）。
④ 唐德昌：《联省自治与现在之中国》，《太平洋》3卷7号（1922年9月）。

并准此事实以追溯源头，民国的国家组织之根本已误，此如王祉伟发表在《太平洋》上的唯一一篇文章《联省自治与中国政局》中所指出的，"国事俶扰，粤十年矣，牛鬼蛇神，瞬息万变，民亦劳止，百孔千疮，举西欧共和先进之良法美制，虎皮羊质，亦步亦趋，按其成绩，无不一等于零。推其致乱之因，虽非一端所致，而政体组织，根本错误，实为其主因"。而这根本错误就在于"秉政局者迷信中央集权，内重外轻之陈说，欲以北京一隅之地，发号施令，以支配全国之政治机能也"。实际上，中国幅员之广袤，种族之庞杂，宗教之差别，语言习俗之歧异，尤与北美合众国类似，甚而过犹不及，所以，只有改造政治组织为联邦制，"欲求久安长治之方，惟有仿北美合众国及欧洲瑞士之制，就各省各地方之风土人情，随民意之表示，因地制宜，组成自治政府，厘订省宪，以推行尽利。至于国际妇女国民之折冲，国防方面之筹划，各行省相互之关系，及关于全国制度之划一厘订，有非一省政府所能胜任者，则由中央总其成。图治之善，无逾此者"。①

以联省自治（联邦制）解决时局问题，遂成为《太平洋》同仁的共识，而诸人对于联省自治解决时局问题的效果亦抱以极大的信心。唐德昌承诺说，实施联省自治，即可解决如下四个方面的重要问题：第一，"为解决各省纠纷，促进统一之根本方法"；第二，可抑制北洋各系间扩张地盘的战争；第三，"若因其势而利导之，则统一南北，犹反手也"；第四，"欲废督裁兵以图永久之安全，均非联省自治不可"。② 李剑农亦指出，联省自治，"以制定联邦宪法为起点，以废去督军为止境"，更具体地说，时局解决的三个程序是："确定联邦制而后可望统一；统一而后可望裁兵；裁兵而后可望废督。"③ 此充分反映出李氏真诚地认为，以省宪可以制止兵祸的信念。

李剑农此文发表于 1922 年夏天，彼时其他国民团体的一般心理，趋向联治主义解决国内争端，已有一定气候了，如上海的"八团体联合会"、北京的《努力周报》等都公开发表主张联省自治的宣言。胡适等人还发表了对孙中山、吴佩孚两派的忠告，说："只有'省自治'可以作收回各省军权的代价；只有'省自治'可以执行'分权于民'和'发展县自治'的政策；只有'联邦式的统一'可以打破现在的割据局面；只有公开的各省代

---

① 祉伟：《联省自治与中国政局》，《太平洋》3 卷 7 号（1922 年 9 月）。

② 唐德昌：《联省自治与现在之中国》，《太平洋》3 卷 7 号（1922 年 9 月）。

③ 剑农：《民国统一问题》（篇三），《太平洋》3 卷 7 号（1922 年 9 月）。

表会议可以解决现今的时局；只有公开的会议可以代替那终久必失败的武力统一。"①

但相反的情况，则是接受了马克思主义唯物史观之后的陈独秀对于时局的分析。他认为主张联治主义的人"是未曾研究中国政治纠纷的根源在那里"，并断定中国政治纠纷的根源在于"封建式的大小军阀各霸一方，把持兵权财权政权，法律舆论都归无效，实业教育一概停顿"。胡适批评陈独秀所举的只是纠纷的现状，并不是纠纷的根源，"只是乱，并不是乱源"。但由于对因果联系的认识不同，陈独秀坚决反对联治的主张，说："不过联省自治其名，联督割据其实，不啻明目张胆提倡武人割据，替武人割据的现状加上一层宪法保障。武人割据是中国唯一的乱源。建设在武人割据的欲望上面之联省论，与其说是解决时局，不如说是增长乱源"。因此，他的政治主张是，"只有集中全国民主主义分子组织强大的政党，对内倾覆封建的军阀，建设民主政治的全国统一政府，对外反抗国际帝国主义，使中国成为真正的独立国家，这才是目前扶危定乱的唯一方法"。②

但话说回来，"因势利导"，实施联省自治③，最终能否如《太平洋》、《努力周报》诸同仁所承诺的，成为解决时局和实现国家统一的唯一有效方法，尚难定论。

三 "以省宪为政治信仰中心"

在湖南省宪运动中，张季鸾观察到，长沙居民为防止军队骚扰，往往在门上揭帖云：据省宪法若干条规定，军队不得驻入人民家。因此，他判断，"此足见湘人已渐以省宪为政治的信仰之中心"。④ 这正是联省自治的倡导者们所愿意见到的事实和效果。他们真诚地相信，联省自治的基础在于有了民治和法治的省自治，而不是如陈独秀所批评的，"建设在武人割据的欲望上面之联省论"。所以，胡适反击陈独秀说："增加地方的实权，使地方能充

---

① 李剑农：《中国近百年政治史》，第 520~521 页；胡适：《这一周·8 月 28 日至 9 月 3 日》，见欧阳哲生编《胡适文集》第 3 册，第 432 页。
② 胡适：《联省自治与军阀割据——答陈独秀》，陈独秀：《对于现在中国政治问题的我见》，均见欧阳哲生编《胡适文集》第 3 册，第 371~381 页。
③ 剑农：《民国统一问题》（篇三），《太平洋》3 卷 7 号（1922 年 9 月）。
④ 张季鸾：《关于联治问题之断片感想》，《太平洋》3 卷 7 号（1922 年 9 月）。

分发展他的潜势力，来和军阀作战，来推翻军阀。这是省自治的意义，这是联邦运动的作用。"①

周鲠生亦反驳说，实施联省自治，不必如反对者所最担心的，为军阀"假自治之名，行割据之实"，结果可能恰相反，由于各省实现了自治、民治和法治，终将制服军阀，"盖既云自治，当然意在民治。省宪一立，政治有一定之轨道可循。自非倒行逆施之人，当不敢坏法乱政，与本省全体人为敌。一省之内，至少表面上可以维持法治之形式，而渐以发扬民治之精神。即彼始之有意利用割据者，终亦将制于法权名号之下，不能不俯就法治范围。则联省自治之实行，不得谓与现今之督军盘踞，生同一之结果也"。②

周鲠生在另外一篇文章中指出，大规模的、笼统的、从上发动的、中央本位的解决计划，"已经是屡试而无结果，今后亦不见有成功之望"；今后只有适应既存的事势，采取比较易于实行的、局部的改造，以树立民治的基础。换言之，从省自治着手，造成统一国家的基础。他说："从积极的方面言之，欲巩固民国国基实行民治，自非地方已树立自治之基础，各省人民能自行整顿本省政事不可；以中国之大，决不是可依中央集权政策，以一中央政府支配全国政治而能善其事的。而从消极的方面言之，对于割据之武人，欲摧破其势力，惟有依省民自决主义，以民众之势力抵抗之，较为有效。全部统一之理想，一时殊不能实现，局部的解决，究竟尚易于实行。欲达后项之目的，莫如推广省自治运动。"③

杨端六补充说，推广省自治即可以促进人民参政之"智能"，因为只有在有限而又熟悉的地域内，人民才能直接地管理公共事务，而且省政小于国政，以一省的民意为基础，比较容易选出为本省谋福利的"英雄"。他说："联省自治之精神，在于省长民选，使中央政府无直接干涉地方行政之权。诚如是，则地方人民对于本地政治，必渐引起参加之趣味。若省长为中央所任命，则中央必渐将兵权财权收归掌握，而省民无直接干政之机会。……今苟不有豪杰者出，从而惩创之，则中国政局殆无改造之可言。然吾所希望于今日之豪杰，非拿破仑，乃华盛顿也。欲收拾今日之残局，非有识时务之英雄诚心拥护民意不可。省政小于国政，或不难发见为一省谋幸福之

---

① 胡适：《联省自治与军阀割据——答陈独秀》，见欧阳哲生编《胡适文集》第 3 册，第 371～381 页。
② 松子：《释联省自治》，《太平洋》3 卷 7 号（1922 年 9 月）。
③ 周鲠生：《时局之根本的解决》，《太平洋》4 卷 2 号（1923 年 9 月 5 日）。

英雄豪杰，尤望省民之负有责任者，同时起而助之，则一省既治，他省亦可相仿矣。"①

相对于其他方案要求"急速敷衍组成的政府"，省自治又是一项渐进的事业，但是由之推进组成的联省政府，国家统一的基础将更为稳固。周鲠生说："假定在国中先有几省（尤其是南方诸省）真能实行制宪自治主义，努力整顿本省政治，自成一个民治单位。而此等省分联结起来，造成一种防御同盟，抵抗军阀，且以处理切要的共同关系之事务。上项团结，虽不必即是一个联省政府之形式，却可希望构成民国统一建设之初基。国中有一个真实的坚固的自治省团结成立，可以坚国民对于省自治之信仰，而致自治运动渐扩张到全国各地。在此种热烈的地方民众运动之中，军阀之势亦将日蹙，武人割据之事实不难次第打破。依此程序进行下去，全国统一之业容或需待长久的时日方可成就，然究竟尚可望有成就之一日，以视笼统的高唱统一而无由实现者，不犹愈乎？且依此项渐进的手段，本于地方民众运动而造成之统一，较之依任其他何种方法急速敷衍组成的政府，基础已遥为稳固。盖前者有组织的国民的势力为根据，后者反之，犹是一时的形式的凑合也。"②

当时除军阀以"法统恢复"作为幌子之外，亦有真诚主张恢复"临时约法"以解决时局问题的民间人士，如陈慎候（承泽），在其所撰《法统问题的严正解释》一文中，即专从法治方面解释时局问题。他说："我们牺牲无数的生命财产所得的中华民国，到了如今，还只剩个法律——就是临时约法——我们纵不爱惜法律，我们要爱惜这几年来所出的代价。……我老实说一句话，我们法律的路，现在还未走穷。我们还要向这一条路走。"

对于这一派人的乐观想法，杨端六批评指出："临时约法"自身不易解决的弊病，与事实上的屡遭侵犯，在民意中已无神圣可言，不如从省宪法从头做起，逐步树立人民对于省宪法的信仰。他说："宪政先进国之法律，乃人民意志之结晶，故能维持不坠，今《临时约法》原非牺牲无数的生命财产所得，不过一时权宜之表示，由少数人士抄袭外国成文而来，故其被弃也如忽。《临时约法》之不适于今日国情，识者早已知之，即如以制宪权专予国会，至今酿成有头无尾半身不遂之《天坛宪法草案》。自元年以来，约法之自身及其所产子孙已屡受中国人之剪灭，而莫之或惜矣。

① 杨端六：《中国统一之过去现在及将来》，《太平洋》3卷7号（1922年9月）。
② 周鲠生：《时局之根本的解决》，《太平洋》4卷2号（1923年9月5日）。

今虽欲起死人而肉白骨，无论其事所难能，即能矣，亦未必有益于中国。大凡神圣不可侵犯之物，万不可使其有一次见毁之事；一次见毁，则无所谓神圣矣。……《临时约法》之神圣，不知被侵犯已若干次，欲其再显灵应以佑其国人，必不可得也。湖南省宪法今正在试验时期；幸而进行顺利，则湖南或因此自立，亦未可知。苟不幸遇有内乱或外侮，摧残而绝灭之，则后此再兴之机或几乎息矣。是故法统问题在今日已无可解释，即解释之，亦无益于事也。"①

以上可知，无论《太平洋》，或是《努力周报》，似乎对于当前条件下组织中央政府尚缺乏信心，遂强调从地方自治着手，造成国家基础。如学者评论说，这是不管大局先行从自我本乡本土开始"独善其身"的思想②，亦反映当时人的一种无奈。

第三节　关于国家统一方案的辩论

联省自治的最终目标是通过制定联省（邦）宪法，联合各自治省而建立统一的联邦制国家。前文已述的《太平洋》同仁中如周鲠生、杨端六等人虽然意识到联省自治是一项长期的渐进的事业，"惟吾人唱导一事，不必为目前急效起见，苟能唱之数十年而具见成效，则虽一时不效，犹将唱之"。③ 但当时的形势，并不容许他们在实际中只专注于省政，而对于普遍人心趋于统一的要求毫无计划，则正好给予反对派以割据地方的借口。换句话说，联省自治作为解决时局的唯一有效方法便不攻自破了。因此，李剑农亦提出，联邦制并不"须先有邦而后可联"，"只要事实上有一些邦的形式存在，便可以联邦分权的宪法联成之"。④《太平洋》上有李剑农、北大六教授两个相当引人注目的国家统一方案，社会舆论并围绕它们有过争论。

一　"联省会议"方案

李剑农的联邦制的程序，就是"由各省选出相当的代表，赶紧开联省会议，把联省宪法的大纲议定，交国会通过，换句话说，就是联省会议与国

---

① 杨端六：《时局问题之根本的讨论》，《太平洋》3 卷 8 号（1922 年 12 月）。
② 胡春惠：《民初的地方主义与联省自治》，第 127 页。
③ 杨端六：《中国统一之过去现在及将来》，《太平洋》3 卷 7 号（1922 年 9 月）。
④ 剑农：《民国统一问题》（篇三），《太平洋》3 卷 7 号（1922 年 9 月）。

会同时并进"。他对这个方案做了事实和法理两方面的解释。首先，从事实上看，旧国会自身的合法性尚有疑问。由于当时南北方各有一个国会，双方互不承认对方的合法性，而一般社会舆论也不认为两方议员有正式合法国会议员的资格，"然则国会自身的问题，恐还难于解决，又何能望他制定联邦宪法呢？"① 但李氏并不像其他人如章太炎那样，视国会为民国"三蠹"之一，简单化地将其抛弃了事。② 他希望以大局为重，可暂不计较旧国会的合法性问题，因为所谓法理不圆满，如美国的费府宪法会议和法国第三共和开始的宪法会议，"研究过两国宪法史的，都知道他们在纯粹的法理上，很难站住脚。但是这两个宪法会议所制定的宪法，公然行到如今"。所以，他说："我想对于旧国会的各种疑问，只要各方不闹私见，总可得到一个解决的方法。现在非常国会在广东既不能立脚了，更容易趋于融和。只要各国会议员，果然有觉悟，果能看透现时的情势，能够制定一种合宜的联邦宪法，我们对于他在纯粹法理上的位置，也不必吹毛求疵。"③

其实，尤令李剑农担心的是旧国会议员的制宪观念问题。他指出，现时北方议员只认定吴佩孚的强力，对于各方面的舆论势力，不大放在眼里，"倘若议员先生们，秉承吴佩孚的'北洋正统'思想去制宪，那就糟了。因为'北洋正统'思想，与联邦宪法上不能相容的"。另外，对于南方的议员，李氏也表示不能有十分的把握，因为他们"对于北派，存有历史上的恶感，现在不得已去南就北，难免不再兴风作浪。倘若北派议员专倚仗吴佩孚的强力作后盾，越发挑动他们的恶感，制宪的希望就越隔得远了。况且南派的议员中，也不少迷信集权统一思想的"。显然，一如在《民国统一问题》篇一、篇二中所表达的思想，李剑农断定，这两种观念仍是联邦主义的最大阻碍。所以，他要提出以"联省会议"制宪的方式代替国会议宪，他说："我的意思，我们不要专依赖旧国会。旧国会能够解决自身的问题，能够顺应现时的情势，固然是我们很愿意的。但这种联省宪法的草案，须先由联省会议议定，提交国会依合法的形式通过罢了。倘若旧国会仍旧捣乱，不把宪法通过，我们没有办法，只得把法统的 Fiction 揭穿，再依约法所许的旧国会选举法，选举国会，来制定我们所希望的联省宪法。"

---

① 剑农：《民国统一问题》（篇三），《太平洋》3 卷 7 号（1922 年 9 月）。
② 关于章太炎的联治思想，参见汪荣祖《章炳麟与中华民国》，收入《中华民国建国史讨论集》（2），中华民国建国史讨论集编辑委员会，1981，第 159 页。
③ 剑农：《民国统一问题》（篇三），《太平洋》3 卷 7 号（1922 年 9 月）。

而在法理上，李剑农以"立宪的祖国早有先例"来说明之。19 世纪末20 世纪初，大英帝国成功地解决了其殖民地如加拿大、澳大利亚的自治问题。正是有这样的外国"先例"，李剑农认为他的主张，即先开联省代表会议，拟定联省宪法草案，交国会通过，于法理上并无不合，"希望各省的国民，各省的当局，及北京政府的当局，赶快进行，不要再做别种无聊的远于情势的统一梦想了"。①

李氏的统一方案引起相当大的关注，尤其是他也曾将《民国统一问题》（篇三）在胡适主编的《努力周报》第十一、第十二期上转载。胡适在"这一周"时评中，对李剑农的主张进行评论，称李氏是"我们的朋友"，并表示赞成其前半的主张，即"欲废督必先裁兵，欲裁兵必先统一，欲统一必先确定联邦制"，但对于后半的主张即"由联省会议制定宪法"，则表示不能完全赞同。胡适反对的理由有二层：第一，法理上，联省会议远不如国会有正式制宪的权限，可以由联省会议解决几年来积累的事实问题，但不能由它完成制宪的事业。第二，事实上，这个联省会议至多只能得南方几省的赞同，而国会制宪却是没有一省敢明确反对的。他说："我们为什么要撤开这个很少反对的国会制宪，而另外去寻一个起草的联省会议呢？"而且，这种联省会议的代表难免又为各省武人操纵，"剑农怕国会议员'禀承北洋正统的思想去制宪'，难道他不怕联省会议的代表禀承'割据诸侯'的意旨去起草吗？"所以胡适主张仍由国会来完成制宪。他说："剑农所主张的联省制宪会议，在一年半年之内，恐怕不容易产生，所以我们主张直截了当的责成国会从速制定省自治的制度，划分中央与地方的权限，作为各省后来制定省宪的概括标准。如果国会放弃他的责任，不能于短时期内制定宪法，那时我们再采取别种革命的举动，也不为迟。"②

但令人惊讶的是，不到两个月，胡适又发表了《一个平庸的提议：解决目前时局的计划》一文，主张由北京政府召集一个各省联合会议，公开地讨论一切重要问题，解决一切纠纷。此会议由每省派四人，中央政府派三人，国会派三人组织之。其讨论事项为：裁兵与军队的安插；财政；国宪制定后统一事宜；省自治的进行计划；交通事业的发展计划。③

---

① 剑农：《民国统一问题》（篇三），《太平洋》3 卷 7 号（1922 年 9 月）。
② 胡适：《这一周·7 月 17 日至 23 日》，见欧阳哲生编《胡适文集》第 3 册，第 416 页。
③ 胡适：《一个平庸的提议：解决目前时局的计划》，见欧阳哲生编《胡适文集》第 3 册，第387 页。

但稍后杨端六对胡适的意见又进行评论，他认为胡适的方案其实"亦是无法"，其困难在于代表的资格问题："夫会议必用代表，尽人所知。会议之议决事项若欲其完全履行，必其代表确有代表之资格，详言之，即代表所代表之群众必尽忠于其代表所议决之事项，而后会议之议决事项方为有效。……今我国各省能否举出代表，殊属疑问，即令大多数省分形式上可以办到，而实际上究有全权资格与否，更不敢言矣。形式上有全权之代表会议，纵令能议决国是，其结果亦等于一纸空文。"如前节所示，杨氏强调的是省自治，而联省会议之成功，必须得到各省自治事业和民治事业均告完成之时，"必俟省之大多数有自治之基础，而后真正的全权代表可以选出，而后联省会议可以开幕，而后中国之统一乃有可言也。今日则非其时也"。①

二　围绕北大六教授"商榷书"的讨论

由于时局激变，愈来愈多平昔并不愿议论政治的学人投入了争辩和发表自己的政治主张。北大六教授，包括丁燮林、王世杰、李四光、李煜瀛、李麟玉、谭熙鸿诸先生，感于一般舆论所宣扬的政治主张与他们的理想"不甚一致"，并自信自身既与党派"不生关系"，"出而讨论时局，感情与成见，自信尚浅；其所表示，或亦足当国人之考虑"。他们共同草拟了《"分治与统一"商榷书》，由王世杰寄给《太平洋》杂志发表。《太平洋》对此书甚为重视，特为编辑手记曰："其所建议，本社同人，认为极有讨论之价值，已由本社代为刊印单行本，绍介于国人，今再转录于此，以供有心时局问题者之参考。"②

六教授的商榷书可分为两大段，第一段定统一的限度，第二段述统一的方法。关于统一的限度，他们首先认定，中国的现状颇类似于英国与爱尔兰的问题，即"严格的统一"极难实现，而"严格的分治"亦不可能，因此，他们提出所谓"分治的统一"，或干脆叫"邦联制"（Confederation），"概括言之，即于统一的形式之下而实行分治者也"；而时论所热烈鼓吹的"联邦制"、"联省自治"，在他们看来，是过于急进，"与其冒急进之险，固不如暂取普通联邦制而变通之，俾政局前途，尚有自由发展之余地"。③

---

① 杨端六：《时局问题之根本的讨论》，《太平洋》3 卷 8 号（1922 年 12 月）。
② 北大六教授：《"分治与统一"商榷书》，《太平洋》3 卷 7 号（1922 年 9 月）。
③ 北大六教授：《"分治与统一"商榷书》，《太平洋》3 卷 7 号（1922 年 9 月）。

王世杰在其《论联邦与邦联书》中补充说明了这一点。他指出，当前若悬以"严格的统一"的目标，来解决时局问题，反而是欲速则不达。他说："盖统一之程度愈高，民党分子对于中央之猜疑，亦必愈深；军阀分子对于中央之反抗，亦或愈烈。反抗烈，则统一殆绝对不能成立；猜疑深，则统一虽成，而旦夕仍有破裂之虞。窃以为联邦制虽可悬为吾人五年、十年后之理想，然在今日，即严格的联邦制，亦难望其实现；尚应暂取严格的联邦制，加以变通，俾怀挟地方主义及地盘主义者之猜疑反抗，可以减少，而全国统一之局，可以逐渐巩固。"①

六教授具体的主张是：（1）划全国为若干联治区域，根据自愿的原则，北方诸省可在北京联合组织一个中央机关，西南诸省亦联合在广州组织又一个中央机关，其余不愿隶属于北京或广州的省份，也可各得自成一联治区域；（2）组织极简单之"中央会议"机关，可由各联治区域派遣代表组成，仅为各区域的仲裁机关，而不必分设行政、立法、司法各项机关；（3）各联治区域不得缔结攻守同盟条约，不得脱离中央宣告独立；（4）中央职权应缩减至极小限度，而联治区域之职权应扩充至最大限度，主要是军政、外交、交通、财政方面的权限划分②。

王世杰解释说，这种政制的特点：一是，中央组织极为简单，实际上只设一个"中央会议"，职权缩至极小限度，其性质与组织，大致与旧德意志的邦联，或北美十三州独立后最初 11 年间（1777～1788）之 Congress 相似；二是，各联省或联治区域的权限则扩充至最大限度。他们希望借此政制，使地方主义、地盘主义、人民情感等，暂居于类似于北美邦联、英邦联形式的政制中，"各得自由发展，而无激剧冲突之可虞"，并"逐渐和缓融化"。王氏强调这种主张"固非标新立异，尤非反对联省自治，盖确睹时而收拾之大难，不忍遽投以不能容受之药剂而使分崩离析之祸，重复延长耳"。③

从整体上看，六教授对于时局问题的商榷书，是当时社会诸方案中最为系统和明确的一个，由此引起的舆论反响甚为强烈，《太平洋》对之评论尤为激烈。杨端六批评说，六教授的提案过信了中国政局之有秩序、有办法，"夫以各省内乱如此之极，欲其于一定内成立强有力之区域政府，似不可

---

① 王世杰：《论联邦与邦联书》，《太平洋》3 卷 7 号（1922 年 9 月）。
② 北大六教授：《"分治与统一"商榷书》，《太平洋》3 卷 7 号（1922 年 9 月）。
③ 王世杰：《论联邦与邦联书》，《太平洋》3 卷 7 号（1922 年 9 月）。

能"。他个人意见认为，今日中国之乱并非中央侵害地方的问题，而是历史上所谓的"王纲解纽"而造成的人心浮动和失轨。他说："孟子所谓'上无道揆，下无法守，朝不信道，工不信度，君子犯义，小人犯型'者是也。以如此人心反覆、法纪荡然之'区域'欲其联合以组织一中央机关，安可得耶？即令能组成一中央机关矣，而求其能执行'最小限度'之职权，亦必不可得。譬如军事问题，中央固不能提出何种'计划'，亦不能'责成'何区域执行。譬如外交问题，中央固不能'代表'，各区域亦必不能'同意'。统而言之，所谓'极小限度'之职权，'极大限度'之职权，自始至终，即不能划分，所谓'中央'与'区域'，自始至终，即不能成立。"① 可知杨端六的思想是一贯的，正如前面他批评胡适时所说的，当前应坚定地推动省自治，以省宪收拾人心，而不是在更大的区域范围内做无效率的政治运动。

向复庵的《读〈分治与统一商榷书〉》一文，是专门针对六教授的政治主张而进行的争论。他认为："商榷书"对于民国改造问题，确"有彻底的主张，此实近来政治上一极重要之建议，愚深信为有研究之价值"。但他对于事实的分析和论断却似是而非，这是缺点之一；第二个缺点是他"重事实而轻法理"，"愚意天下事名不正言不顺，吾国南北之争，虽不能谓非权利上之冲突，然当其决裂之时，名义上固可以法律相号召，争端始于法律者，终当以法律了解。惟不能丢开事实而专言法律。"②

"商榷书"关于"严格的统一"的分析，向氏颇不以为然。他认为，六教授所谓严格的统一必以武力征服而后能实现，"此在帝王时代，则如此，至民国肇造，此例已破"。如以袁世凯、段祺瑞、张作霖之实力，均谋武力统一南北，结果仍是失败，"故现世即有极大武力，亦决不能收严格统一的效力，此层殆为南北当局所共喻"，而当前南方的陈炯明、孙中山等，北方的吴佩孚、徐世昌等，或者主张"以和议解决统一问题"，或者"俱避以武力谋统一之名"，"是南北两方之心目中，固明明认定武力之外，尚有解决统一问题之道，虽其统一之目标，或在单一国家，或为联邦制度，不必尽同，然要之俱主严格的统一，则可知也。故谓今日必有最大之武力，然后可期严格的统一，此层与事实未尽合"。另一层面，军政、外交等权，当然属于中央政府，无可疑问；统一既不由武力达到，中央之拥有这等权力实更具

---

① 杨端六：《时局问题之根本的讨论》，《太平洋》3 卷 8 号（1922 年 12 月）。
② 向复庵：《读〈分治与统一商榷书〉》，《太平洋》3 卷 7 号（1922 年 9 月）。

正当性，"则此等职权之行使，乃由地方公同认定委托之于中央者，中央及地方之职权界限，国宪及省宪，自有明确之规定，更何有引启猜疑危害统一之虑？"① 因此，"商榷书"基于此前提而主张的"分治统一的邦联制"，就甚可质疑了。

又如，"商榷书"对于"统一方法"，认为兵权分配之不当、兵械供给之无制限和兵额之过巨，为危害统一之事实，只要先减去此危害，则统一自易。但向复庵认为这实是本末倒置的方法，这种方法恰恰"乃统一告成以后谋长治久安之方法，非目下谋统一的方法"。他说："夫统一未实现，各省拥兵自卫，殆为联邦制未成以前当然之事实。而欲望以直接要求四字达目的，此无异与狐谋皮也。"②

由上可见，向复庵对于六教授的"商榷书"基本不赞同。他自己也提出一个所谓的"法律与事实兼顾"的方案。他的方案分为两步骤：（1）统一促进方法。由黎元洪以总统及个人名义，公私双电各省，提请在上海召开联省代表会议，由各省代表共同商定统一问题、中央与各省权限问题，商议结果写入公约，由各省代表签名，并以此公约作为未来制定国宪的大纲；制宪权仍界于旧国会；最后国宪草案必须经各省政府批准后，由中央政府公布，定为国宪。向氏强调，"国宪公布之期，即全国统一之日"。③（2）统一善后方法，即废督、裁兵、大借外债。向氏的废督、裁兵的方法与李剑农的"确定联邦制而后可望统一，统一而后可望裁兵，裁兵而后可望废督"主张并无不同。至于"大借外债"，向氏认为这是不得已的"绝大的牺牲"，"以善后名义，大借外债不可。以其一部分为实行废督裁兵之用，以其余赶修国内铁道重要干线。被裁兵士之壮者，即可使作路工，俾不失业，兵裁而不致扰害地方，国内交通，亦可日臻发达。此等外债，即由外人监督用途，亦无不可。盖所谓绝大牺牲，即应有此条件也"。向氏强调，当下正是黎元洪所遇到的绝好机会，通过这两个步骤，南方无所藉口以护法，北方特别势力亦无以作乱，"倘能开诚心，布公道，选贤与能，行之以序，愚以为不过一年，统一之功可期也"。④

以上分述了李剑农、胡适、北大六教授及向复庵诸人的统一方案，事实

---

① 向复庵：《读〈分治与统一商榷书〉》，《太平洋》3 卷 7 号（1922 年 9 月）。
② 向复庵：《读〈分治与统一商榷书〉》，《太平洋》3 卷 7 号（1922 年 9 月）。
③ 向复庵：《读〈分治与统一商榷书〉》，《太平洋》3 卷 7 号（1922 年 9 月）。
④ 向复庵：《读〈分治与统一商榷书〉》，《太平洋》3 卷 7 号（1922 年 9 月）。

上很难从中判断哪一个方案最合实用，并有望获得成功，毕竟诸种方案均不获实践，徒成为一个个"空中楼阁"。但贯穿其中读书人的忧国之思，则不可抹杀。而从另一个角度看，如李剑农后来所言，"倘若全国朝野人士都抱着这（联治运动）两种意义进行，未尝不可成功。但是当时鼓吹联治和赞成联治的人虽多，真正认识此两种意义的人却不很多"。① 则理想与事实之间的差距于此可见了。

第四节　参与湖南省自治运动

《太平洋》留英同仁与湖南省自治运动的关系密切，从人员的参与上可以见出。在由 13 名委员组成的"湖南省宪起草委员会"中，《太平洋》同仁占去四名，包括李剑农、向绍轩（复庵）、皮宗石（皓白）和唐德昌。而杨端六、王祉伟两人均受到提名而未到任②，以旁观者的身份在《太平洋》上撰文参与了对湖南省宪运动的评论。另外，周鲠生则受湖南省政府的委托，亲自草拟了《湖南大学组织令草案及说明书》，准备组建湖南大学；而向复庵亦在《太平洋》上主张湘省改组银行以进行全省的金融调剂。③《太平洋》上还有不少作者，如沧海（李剑农在《太平洋》上并用的笔名）、向复庵、李敬思、萧征铭等，或自称是"湘人的一分子"，或以对湖南省宪感兴趣等缘由，参与了省宪的讨论。其中，萧氏与向氏二人直接就省宪的数个问题进行了针锋相对地辩论，公共舆论的气氛甚为活跃。④ 可见在联省自治高潮期间，《太平洋》同时也是由湖南籍人士组织的言论团体，意图在推动湖南省省宪运动的进行，且其人活动的领域不止于政治，还涉及了诸如教育、金融等领域。

一　对湖南自治运动的建议

赵恒惕代替谭延闿出任湘军总司令后，采取了较谭氏为果决的步骤，他

---

① 李剑农：《中国近百年政治史（1840～1926 年）》，第 488 页。
② 参见张朋园《湖南省宪之制定与运作》，收入《中华民国建国史讨论集》（2），（台北）中华民国建国史讨论集编辑委员会，1981，第 527～531 页。
③ 周鲠生：《湖南大学组织令草案及说明书》，《太平洋》3 卷 5 号（1922 年 4 月）；复庵：《对于湘省改组银行以调剂全省金融之意见》，《太平洋》3 卷 1 号（1921 年 6 月）。
④ 沧海：《对于湖南制定自治根本法的私议》，《太平洋》2 卷 10 号（1921 年 3 月 5 日）。李敬思：《与湖南省宪审查会论省长选举法及议员名额问题意见书》；萧征铭：《湖南省宪法草案之评议》；复庵：《答萧君文》，均见《湖南省宪法问题》，《太平洋》3 卷 2 号（1921年 9 月）。

先于 1920 年 12 月 11 日，宣告继续推行湘省自治，同日并由省署成立"湖南制定省自治根本法筹备处"，聘请 13 位有学识经验的人，组织起草委员会，并规定凡属湖南公民，都可以书面向起草委员会陈述意见。①

李剑农考虑到自己是制宪委员，便以笔名"沧海"，在《太平洋》杂志上发表对于省自治和省宪法的几点建议。他指出，当下这种事业就是湘人的"试验题目"，事实上能否成功，就要看湖南人的能力了。他希望这次知识精英制宪能够汲取民元《临时约法》的教训，所制的省宪法系基于事实的基础，而不拘泥于学理。他说："我希望各位先生应用学理的时候，不要把当前的各种事实忘却了。南京参议院所制定的临时约法，遗害民国已经九年了，至今还没有救济的希望；当时起草的各位先生，都是新从外国回来的学者；他们自然也有许多学理在脑子里；却是把学理应用错了，把当前的事实忘却了，所以就种下这九年以来的混乱。（九年以来的混乱，虽然不能全归罪于约法，但约法应该负一部分的责任。）现在湖南的省宪起草员，我希望他们不再蹈南京参议院的覆辙。"②

李剑农给省宪草委员会提出应十分注意的"事实"包括三项：第一，军队的处置问题。中国的军队就是一切法的障碍物，假使不得一个处置军队的正当方法，什么自治根本法都没有用。他说："我们现在要谈自治，要制定湖南自治根本法，首先要认定处置军队是个切要问题，却又不可为那些不切事实的废督裁兵论，与似是而非的军民分治论所诱惑。"他请宪草委员会注意，一般舆论所谓"废督裁兵论"和"军民分治论"，其实并不是切合实际的处置军队问题的办法。当前军队一口气裁撤不了，必须替军队在宪法上求得一个适当位置，即通过宪法规定来改革现有的军队编制法，比如采"征兵制"或瑞士的"民兵制"，"总是要以普遍、有职业为原则"。除军制改革以外，还应如美国阿海阿州（Ohio）1915 年宪法修正案那样，在州（省）宪中规定"军队须严格的位置在民事权的下面"，即将湖南军队的节制权位置在省长机关的下面，而"不要闹军民分治"。并鉴于军队问题的困难，他还建议宪法起草委员会必须请一、二位有军事学识的专家参与。③ 而实际上，后来湖南省宪起草委员会的确聘请了著名的军事学家蒋方震，并由

① 沧海：《对于湖南制定自治根本法的私议》，《太平洋》2 卷 10 号（1921 年 3 月 5 日）。另参见胡春惠《民初的地方主义与联省自治》，第 184~185 页。

② 沧海：《对于湖南制定自治根本法的私议》，《太平洋》2 卷 10 号（1921 年 3 月 5 日）。

③ 沧海：《对于湖南制定自治根本法的私议》，《太平洋》2 卷 10 号（1921 年 3 月 5 日）。

其负责在宪法中规定废督裁军的问题。①

第二，省以下的地方自治团体。在联省自治中，外国学者杜威等人的系列演讲，亦帮助中国人对于民初民主建设失败有了一点体悟，陈独秀因此号召国人应当拿英、美做榜样，"是要注意政治经济两方面，是应当在民治的坚实基础上做工夫，是应当由人民自己一小部分一小部分创造这基础，这基础是什么，就是人民直接的、实际的自治与联合"。② 而按李氏自己的说法："中华民国建设的失败，是因为当时的主持建设的人专注重在中央政府的组织，不曾注意于地方的组织，地方组织是国家的基础，基础不曾立好，中央政府无论如何是不巩固的。"可见二者的认识是一致的。但李剑农有进一步的推想，他主张民治的基础还应该推动到省以下的县、乡等基层单位："省的组织固然是国家组织的基础，省组织的本身上，要不要更有一种什么基础呢？省以下的县，县以下的市、镇、村，又是不是省的基础呢？省的组织不完备，中央政府就不能巩固，县与市、镇、村的组织不完备，省政府又能否巩固么？"所以，他提醒宪草委员会需要注意西方国家尤其是美国民主制度的一个基本原理："民治制度是从最小的团体发达起来的。"

对此，李剑农进一步解释说："因为民治制度，是多数人民的共同行动，多数人民的共同行动，是要先有共同的组织。共同的组织，非以最小的团体为基础，是万万不能成功的。我们中国的民治制度不能实现，就是没有组织。杜威答湖南报界的招待演说，就以人民无组织为湖南自治的难关。杜威博士的意思，就是说湖南除了几个政府官僚机关以外，全省下级人民的组织团体，一点基础也没有。假使我们制定省宪时，专注意省长如何发生，省参事会、省议会如何组织，权限如何分配，对于各县、各市、各镇区的团体组织，不能完密的规定，我敢说湖南的'省建设'事业，要和民国的建设事业一样的不成功。"③

而在后来湖南省自治运动发展过程中，也曾出现县、乡自治草案。例如，《太平洋》杂志在 3 卷 6 号转录的一批湖南省自治的宪法性文件，其中就包括《湖南县制草案》、《湖南县长选举细则草案》、《湖南市制草案》、《湖南市议会会议员选举细则草案》、《湖南乡自治草案》、《乡长及乡议会议

---

① 张朋园：《湖南省宪之制定与运作》，收入《中华民国建国史讨论集》(2)，第 531 页。

② 陈独秀：《实行民治主义之基础》，《新青年》7 卷 1 号（1920 年 12 月）；见《独秀文存》，第 254 页。

③ 沧海：《对于湖南制定自治根本法的私议》，《太平洋》2 卷 10 号（1921 年 3 月 5 日）。

员选举细则草案》等。① 无论是否吸纳了李剑农等学者的意见，都可见湖南省自治运动的深度和广度了。

第三，代表机关的责任。这也是基于对民国代议政治失败的事实考虑，李剑农提醒宪草委员会不要盲目乐观于议会政府制，一根筋"认议会为人民所选出的代表，足以保持人民的利益"。事实上，在中国这并不能完全做到。他更进而提出，最近时期西方本身对于代议制度的看法发生了变化，以及国人对于代议制度的信用经过民国初年的挫折，也已有怀疑的事实："以近时各国政潮的趋势而论，以中国的现状而论，对于议会制的信用，就不能不打一点折扣。英国的议会制算是发达最完美的；但自近年以来，英国人对于他们自己所崇拜的巴力门，也间有不满足的议论。我们中国的议会，更不消说了。原来议会制的必要条件，议会须确能代表多数人民的心理；行政部对于议会负责任，议会对于人民，必须也要有一种责任。英国的议会，算是对于人民比较有责任的，尚且不免訾议。我们中国的议会，天天自诩为人民的代表，但是他们对于人民何曾有一点责任心。一方面是因为议员的分子不良，一方面是由于人民无觉悟，没有向议员课责的能力。在最近的将来，人民的觉悟心，不能立时发达起来，无论用什么议会选举法，我敢说没有好议会出现。"②

但是，李剑农并不是要求根本废弃代议制，他仍主张省政制采用代议制，但"一方面对于议会不要过于信托，一方面须多与人民以接近政治的机会"。具体的改良办法，就是除了选举的投票以外，还须与以别种公决的投票权，譬如，遇有特别重要事情，议会与行政部争执不下的时候，就交由人民投票公决。他认为，"这种办法，一方面可以节制议会的胡闹，加重议会的责任心；一方面可以促进人民的政治觉悟心，增进人民的政治能力。初行的时候，自然不能圆满如意，但是行之得宜，对于人民的政治教育，一定有效的；并且除此以外，也很难找别的救济方法。所以我对于这一项，也要请起草的各位先生，特别注意一点"。③

应该说，上述李剑农的建议，体现的不仅是《太平洋》对于省自治的理想和关注点，更能反映他们对于民主、宪法和事实之间的关系的最新理解，这是值得注意的宪政思想的发展。

---

① 以上文件见《太平洋》3卷6号（1922年6月）。
② 沧海：《对于湖南制定自治根本法的私议》，《太平洋》2卷10号（1921年3月5日）。
③ 沧海：《对于湖南制定自治根本法的私议》，《太平洋》2卷10号（1921年3月5日）。

二 对湖南制宪经验的反思

至于湖南省宪草案最终是否体现了这些理想，则不由此理想的表达者而定，应是由李剑农领衔的 13 名专家委员们决定。从 1921 年 3 月 20 日起，这 13 名委员在岳麓书院静心思考，仔细研商，外界人士包括赵恒惕本人均不得步入会场，故而此次制宪几乎是在全无干扰的情况下，经一月而草就宪法草案六本。① 一位关心湖南省自治的《太平洋》读者称此为"破天荒之事业"，草案虽有若干疏漏之处，但其所规定之"省长民选、公民总投票表决、国民兵役、省议员无俸给、省议员撤回、普及教育、教育经费占预算案一定成分、教育基金、审计院事前监督、县长民选，皆为最新学理之规定，无可非难者"。② 而李剑农本人的评价，对于这份纯粹由他们知识精英拟定的作品，也颇为自满："起草委员会，所以要特聘的，原来恐怕民选的宪法会议机关，人数太多，分子太复杂，学识经验未必充足；纵然有一小部分人，学识经验也很充足，在那些复杂分子中间，不能伸张其正当的主张。特聘的起草委员，人数既少，人才比较整齐而不复杂；定出来的草案，比较有系统，比较完善。这就是特聘起草委员的理由。"③

不过，李剑农等人所拟的宪草仍只能是一个理想。原来湖南制宪的程序分为三步：专家制定草案只是第一步；第二步则是审查和修改草案，由各县民选的审查委员 155 人组织审查会担任；第三步是交全省公民总投票通过后，由临时省长公布。在这三步中，最关键的是第二步，因为这个民选的审查会对于草案有通过权与修改权，将最终决定省宪是怎样一种宪法条文。李剑农本不赞成在起草委员会和公民总投票两步程序之间，又加入这个审查会，"当时湖南政府，发布这种制宪章程，我就知道湖南的省宪，一定不会好的"。他觉得这属于程序重复，并且不合理的规定："既以这种理由采用特聘的起草委员会，将草定宪法的权给他们，又采用一种民选多数人的审查会，给他们以修改草案之权，仿佛特聘的起草委员，还是靠不住，还是民选的多数人智识要完备些。既承认民选的多数人智识极完备，何不就直切了当，组织一个民选的宪法会议，由他们自己推定起草员，又何必另设一种特

---

① 张朋园：《湖南省宪之制定与运作》，《中华民国建国史讨论集》（2），第 531～532 页。
② 萧征铭：《湖南省宪法草案之评议》，《太平洋》3 卷 2 号（1921 年 9 月）。
③ 剑农：《由湖南制宪所得的教训》，《太平洋》3 卷 6 号（1922 年 6 月）。

聘的起草委员会呢？这是理由上的矛盾。"①

《太平洋》第一卷上，周鲠生曾在评论爱尔兰宪法会议时认识到了这一点，他指出："会议之议事秘密"是制宪成功的要件，"宪法会议极重大而困难之事业也。局外人不谅当事者之苦衷，每易行其无责任之攻讦，当局者之行动乃常为外界牵制，不克发挥其交让之精神，而宪法制定成功之第一要件失。袁氏推倒以后，吾民国宪法开议，久无成效，外界干涉，迭演怪剧，使当时能适用秘密会议之原则，其结果当或不至此也。北美合众国宪法之成，成于秘密会议，今之爱兰国民会议，乃本此义。而议事秘密，无论何人，非经该会议议长命令，关于该会议事，不得记载发表，违者触刑章。如是，则予彼会议当事者以充分行动之自由与妥协之机会，而外间无由施其阴谋暗斗，以事妨害，此亦所以促该会议成功之一因素也。后之制宪者，可以为法"。②

这可以说明李剑农制宪时所遇到的困境。他对于第一步程序专家制宪的过程如上所述颇为自得，但第二步程序，所谓的民选审查会，却是一个由非常复杂的特殊势力和有自身利益的不同政客集团和派别组成的。从 5 月 1 日起，审查会开议宪法草案，预定 20 日即审定完毕，但因各方争议不决，一拖就是四个月有余，到 9 月 9 日才宣布审查完毕，他们"提出许多不合理的修正案来，把原草案零刀细割，弄得意见分歧，莫衷一是"。③宪法草案也由原起草人的 136 条，被修改为 141 条。而第二步程序既然完毕，第三步的全民投票可决就只成为一种形式了。赵恒惕于 1922 年 1 月 1 日在长沙正式公布施行湖南省宪法。④

张朋园先生认为，审查会对宪法草案经过四个月有余的讨论，所谓真理愈辨愈明，其所审定的修正案应当胜于原草案。⑤这从现代制宪的程序和民主的形式上说，理应如此，但当事人李剑农并不如此认为。李氏事后认为，正是因为宪法审查会中的形形色色不规则的"政争"，磨灭了宪草中的"一贯的精神"。⑥

这种政争反映在对宪法草案的修订，其中对于"省政府——行政部及

① 剑农：《由湖南制宪所得的教训》，《太平洋》3 卷 6 号（1922 年 6 月）。
② 松子：《爱兰国民会议之前途》，《太平洋》1 卷 8 号（1917 年 11 月 15 日）。
③ 李剑农：《中国近百年政治史》，第 490 页。
④ 胡春惠：《民初地方主义与联省自治》，第 191 页。
⑤ 张朋园：《湖南省宪之制定与运作》，收入《中华民国建国史讨论集》（2），第 534 页。
⑥ 剑农：《由湖南制宪所得的教训》，《太平洋》3 卷 6 号（1922 年 6 月）。

议会"的修改最多，可见政权的组织和权力的分配，是湖南省内政争的焦点。譬如，关于省议会的组织，草案是遵循了现代民治制度的普遍原则，将"人口比例主义"作为湖南省议会的基本选举办法，但考虑第一届议会因来不及将户口调查完毕，亦把地方代表主义作为暂行办法；在议员名额上，规定 30 万人口选出议员 1 名，依此比例，大概可选出议员 100 名。这符合李剑农所主张的一个"人少"的议会，他解释说："恐怕议员人数太多了，于议事上过于纷扰，陷于'筑室道谋三年不成'的状况。"但修正案既采取人口比例主义，又采取地方代表主义，甚至又采取金钱代表主义；在议员名额上，结果选出了 150 名议员。对此，李剑农认为：问题出在湖南内部毫无民意可言的"政争"上，即湖南省内部存在着一种极不规则、极不合理的"路界"势力；[①] 而议员名额增多，选举办法又自相矛盾，目的就是为了增加些议员"饭碗"，"在事实上，那些争饭碗的政客，无处不拿'三路利益平均'几个字，作活动的武器。实则他们所谓三路利益平均，并不是'三路人民的利益平均'，不过是'三路政客的饭碗平均'。三路人民的利益，无处不受他们争饭碗所种的祸害。这次湖南省宪审查会，就是中了这种'路界'的毒。"[②]

又如，关于省务院，省务院制度是草案关于行政部之组织的一个创造。鉴于一般舆论对于以往各省行政的独任制，如督抚、都督、督军以及省长，"疾恶自不待言"，草案乃采一种合议制，并略仿英、法之内阁制，即省长下设省务院，使对于议会负责任，一切大政方针，皆须经省务院议决方可施行。草案并认为此一真正体现内阁制精神的省务院，与省议会的权限之间，即在行政与立法二部之间，务求"两相抵衡之道也"，一方可为不信任之投票，一方可以解散，即可免蹈民元"临时约法"偏重之覆辙。[③] 但是，同样在审查会的政客们的争夺中，草案褪去了起草人所预期的理想状态。李剑农说："审查会的修正案中，最令人难解的，就是关于省务院组织的几条。"具体地，就是修正案虽已采定内阁制性质的省务院，却不能彻底地贯彻责任政府制的真精神，令李氏担心省务院成立之后，在实际运行时的不顺畅。[④]

---

① 自清末湖南省开办三路师范学校以后，就有了所谓湘中、湘西、湘南三路界线之分。

② 剑农：《由湖南制宪所得的教训》，《太平洋》3 卷 6 号（1922 年 6 月）。

③ 《湖南省宪法草案》，《太平洋》3 卷 1 号（1921 年 6 月）；亦参见胡春惠《民初地方主义与联省自治》，第 200～201 页。

④ 剑农：《由湖南制宪所得的教训》，《太平洋》3 卷 6 号（1922 年 6 月）。

果然，省宪通过以后，李剑农当选为教育司长并兼任省务院长，起初大家凭着一时的热情，似乎尚能同舟共济，虽不无困难，省务推展尚称顺利。但不久发生省宪战争，谭延闿派与赵恒惕派决裂，两派对抗的局面愈发使得省务之推展发生困难，尤其是在裁军问题上，李剑农领衔的省务院无辞以对省议会的一再质问。他本是一个有理想的政治家，知其理想不可实现，遂于1923年年初辞去省务院长。①

这里面的问题，军阀拥兵的事实是难辞其咎的，而与修正案呆板规定是否有关，虽尚不能直接断定，但修正案的最后内容仍然是审议会里的政客们争利争权的产物则无可讳言。李氏指出，修正案不惜违背责任内阁制的原理，制造诸多难解的问题，并不是理论的问题，而是当时审查会中的"特别情形"。所谓"特别情形"，就是审查会要将最高省行政权，平均分配于中、西、南三路的高等政客。他解释说："他们要呆板板的规定七司，就是要有这么多司长，才够他们心目中三路政客的分配；一时想不出七个司的名目来，就糊糊涂涂把交涉司也添在里面。原来主张采委员合议制的，并不是都真正见到瑞士政制的好处，实在大多是注目在省行政权的瓜分。有了七个司长的位置，给他们在省议会里，用选举方法来瓜分，他们的目的就达到了，就添上一些连带责任、不信任投票的种种条文，他们也心满意足了。那些主张责任内阁制的审查员，能够真正懂得责任内阁的精神和作用的。也只有少数的人，大多数的人，不过是自己预备作省议员；采用责任内阁制，省议员方可操纵政府。现在所采的责任内阁制，不惟阁员要对议员负责任，并且全由议员选举；议员可以推倒阁员，阁员不容易解散议会。所以主张责任内阁制的审查员，对于那种修改案，也心满意足了。"②

由上述可见，如何处理省议会的权限和"路界"的利益，是草案与修正案之间最根本的不同之处。李剑农和其他12名委员组成的宪法起草委员会对于现代世界民主政治新趋势有所省察，并且鉴于民初议会政治之实际教训，"觉得议会并不能得一些超人的全知全能之士来组织；不敢专信议会，是现代世界的普遍现象"。对于湖南省的"路界"利益和地域观念，他们也不予承认，因为"三路"的名词"不过是政客用来瓜分利益的武器，在历史上没有深远的根据，一般的人民也并没有这种心理"。但是，审查会的政

---

① 张朋园：《湖南省宪之制定与运作》，《中华民国建国史讨论集》（2），第549页。

② 剑农：《由湖南制宪所得的教训》，《太平洋》3卷6号（1922年6月）。

客们的制宪思想却是相反的，纵有小部分人有着"正当心理"，亦为这个"人多"的审查会所制约。

所以，李剑农指出，这次湖南制宪的最大教训是制宪方法上的，而不是宪法条文上的。他说："湖南宪法草案的原文，我们不能断定他是尽善尽美、无可訾议。但是他有种一贯的精神，没有什么自相抵触的地方，因为他们不曾受特殊势力的牵制。审查会因为受了不规则的特殊势力的牵制，才有那些精神不一贯的毛病。创造一种政制，务必要使他有一贯的根本精神，不相抵触，方能实行，若是那种制宪机关，受了不规则的特殊势力的牵制，便不能达到这个目的。……在我们中国，国民教育尚未普及，舆论势力很薄弱；我们要有个民选的议会，不过是要给人民一个参与政治的机会，引起他们的政治兴味；若希望那个民选机关，能真正代表民意，不为那些不规则的特殊势力所侵入，就是很难的事。所以把创制宪法的权，完全交与这种民选的机关，很难得圆满的结果。湖南这回制宪，方法上有一个大错误，就是不应该将自由修改草案的权，付与审查会。"①

在这次制宪经验中，李剑农确有相当强烈的精英主义倾向，他十分自信那份由他们 13 名学者组成的委员会所起草的宪法草案是最佳方案，而不愿相信经过审议会议员争辩和过滤之后的修正案。所以他才说："我希望以后各省，如有要创制宪法的，不要仿效湖南的办法。……我希望留心制宪问题的人，大家对于制宪的方法上研究研究。"②

三　对湖南自治运动的展望

无论理想与现实有多大的差距，湖南省宪法毕竟付诸实施了，而基于省宪法原则的省政府组织，业已次第成立，如杨端六所言，"已由创造而入于守成时代"。无论修正案有多少不规则或不一贯，"然恶法愈于无法，不完善之省宪愈于无省宪"，省自治暂得以依宪法而实施了。③ 杨端六发表《对于湖南省自治之希望》一文，一方面对于省宪的成立表示祝贺，另一方面对省自治的前途表示担忧。他指出，湖南省自治将面临各种考验和障碍，其中最重要一点，是"大多数有势力可以垄断本省政治之湖南人"的政治觉

---

① 剑农：《由湖南制宪所得的教训》，《太平洋》3 卷 6 号（1922 年 6 月）。
② 剑农：《由湖南制宪所得的教训》，《太平洋》3 卷 6 号（1922 年 6 月）。
③ 杨端六：《对于湖南省自治之希望》，《太平洋》3 卷 9 号（1923 年 3 月）。

悟问题。他说："所谓政治的自觉（Political Consciousness）非他，即实际参与政治之人，以政治为政治，而不以个人私利或非政治的目的为政治是也。今就湘省言之，湘人应设法以增进全湘之幸福，不应为个人私利以破坏全湘之幸福也。夫增进全体幸福最急速之手段，莫如政治，故能为政治增进一线之光明者，政治的自觉也；为政治图谋强固之组织者，政治的自觉也；为政治消弭祸乱之根源者，政治的自觉也；为政治至牺牲个人暂时之利益而获得远大之幸福者，尤为政治的自觉也。"

在杨看来，如果湖南省自治能得少数有力人士的拥护，此少数人并具欧美国家中坚人物之牺牲精神，出而为民请命，为民谋福利，则湖南省自治可望成功。"故今后之希望，在有最少数人出而奋斗，为民请命，以战胜此作奸犯科行同强盗之徒。此最少数人不可复如历史上之善人君子，仅能独善其身而已，必用积极非常之手段，一面与恶魔奋斗，一面提起大多数蠢如鹿豕之人，使之齐心合力，为实际上之建设。苟使如此牺牲之精神，不能发见于吾人群之中，则政治之前途殆暗无天日矣。"[1]

杨端六接着指出，譬如，省内军队缩减问题和使现役军官移交财政及行政权于省政府问题，为当前自治亟须解决的问题，"以上两种方法，在现役军官视之，自然不免为牺牲，然不能为此牺牲，则湖南自治之前途不敢言矣"。杨氏还重提了政治调和主义，希望现政府对于省内各党各派都有慎重的考虑："湖南党派甚多，不亚于广东，一派的得志，若悉屏他派于度外，将来难免不发生内斗，故为调和争论，不能不优容各派之意见。然在各派人物，亦不能不希望其自觉。盖今日之湖南，不可再有内斗，每斗一次，即全体人民幸福降下一次。失败者固无趣味，得胜者亦不能维持其后，广东此次之扰乱，实为我湖南人之殷鉴，我湘人其三思之。"[2]

晚清以来历次的变革都不能有所建树，甚至种下的恶果一次比一次严重，其原因恐怕仍在于"根不坚实"。此"根不坚实"，除了社会经济基础方面的问题，很大程度上则不能不归咎于政客、精英的"争利争权"，这亦是其自身尚不能具备良好的民主政治素质造成的，抑或因不具备上述杨端六所提出的"政治的自觉"和"牺牲精神"。[3]

---

① 杨端六：《对于湖南省自治之希望》，《太平洋》3卷9号（1923年3月）。
② 杨端六：《对于湖南省自治之希望》，《太平洋》3卷9号（1923年3月）。
③ 杨端六：《对于湖南省自治之希望》，《太平洋》3卷9号（1923年3月）。

小结：周鲠生的“事实问题”

"五代式的民国"的人们的时代要求，也与五代时相近：国家统一，成为社会各阶层与各政治流派都能认同的目标。[1] 从前文所述可知，包括《太平洋》留英同仁在内的联治主义者，无不希望通过所谓的解决时局的方法实现中国统一，而联省自治就是他们自信为时局解决的最有效，甚至是唯一的方法。但联省自治的实际效果又是如何呢？周鲠生在《太平洋》上先后发表的三篇文章，即《释联省自治》（1922年8月）、《时局之根本的解决》（1923年7月）和《时局问题与民众势力》（1925年3月），基本是对同一个主题的论述，也就是对所谓解决时局的方法不断反思的过程。通过考察这三篇文章，可以看到一个联治主义者自身对于联省自治运动从希望走向失败的思考。

在《释联省自治》一文中，周鲠生直接指出，解决时局的方法首先要面对一个事实的挑战，即"在今日之中国，以言解决时局，以言统一，首须对待一个大事实，此事实不能打破，则凡百政策主义，都托空言。此事维何？即国内有一部分之武人，挟其武力，割据自雄。而操持一拥空名无权力之所谓中央政府，以号令国民，简单言之，即武人之拥兵擅权是已。统一之阻力，民治之障碍，胥在于是。历年时局纷纠，不能解决，即由于无术以打破此项事实"。

他接着指出，所谓的废督裁兵、南北会议、法统统一、委员政府制或强有力中央政府，甚至武力统一等方法，都是"高谈主义，空言制度"的方法，均不足以解决时局。而唯有联省自治是"吾人认为可以想到之各种方法中，比较的可以实行而有效者也"。其理由前述已详，其中最重要一点，就是联省自治能够对付军阀割据的事实，亦即，"省宪一立，政治有一定之轨道可循。自非倒行逆施之人，当不敢坏法乱政，与本省全体人为敌"。[2]

而在《时局之根本的解决》一文中，周氏再次认定，必须将武人割据的事实打破，而后始有统一建设可言。他仍然优先强调省自治运动可以帮助打

---

[1]　罗志田：《地方意识与全国统一：南北新旧与北伐成功的再诠释》，见罗志田《乱世潜流：民族主义与民国政治》，第174页。

[2]　松子：《释联省自治》，《太平洋》3卷7号（1922年9月）。

破军阀势力："省自治主义与军阀之盘踞状态不两立，自治运动贯彻到底，必至于引起各省逐督军逐驻防军之运动。故省自治运动扩大之时，即为军阀地盘缩小之日。"① 但他此时亦可能观察到，南方的力量日益显示武力北伐的雄心，所以他补充说："吾人心目中所认为可以研究之武力统一，是在指国中反对北方军阀政府之分子，秉民治主义之目的，合力以推倒军阀势力，率性彻底的改造民国政治。此不仅言之痛快，并且持之有理。所以孙中山北伐之议，较能得国内一部分进步分子之同情。"② 在这一点上，周鲠生所谓的"事实问题"，似乎暗示了另外一种可能：即凡可以达到目的，武力统一亦可接受为一种解决时局的方法。不过，周氏接着强调说，目前这种武力统一的条件仍未成熟，"西南护法团结久已破产，南方拥有兵权好称民党或接近民党之武人亦复抱持割据精神，热中权势，很少能深明大义，抱定民治主义为国奋斗者。……又况武力造成之统一，本来代价已嫌过巨，而统一成功之后，民治亦复无所保障，则此项时局解决之方法，在原则上已将见弃于时贤乎？"③

但在 1925 年作的《时局问题与民众势力》一文中，周氏终将联省自治的方法，与其他的方法一道，予以反省。其中一段话，说出了他不得不放弃无条件的赞同联省自治政策的心理，他说："虽则吾向亦赞助此主张之一人，且今犹信为将来民国政治当循之途径，然而鉴于此数年之经验，对于现今西南军阀方面提倡的联治政策，殊不能为无条件的赞同。联省自治之要件，在各省先立自治之基础。湖南首行省宪，而自治徒托空言；衡诸制宪自治之初衷，可谓全然失败。失败的原因，一部分固由于四围外力之压迫；大部分则由于本省武人全无实行省宪之诚意，而徒假自治名义以维持地盘；而在他方面，人民亦无了解自治之识力及拥护省宪之决心。如此而言自治，亦是自欺欺人。省既不能自治，联省直为军阀之同盟，何利于时局之解决？吾以为今后非至各省有充分的人民的实力为省宪后盾以拥护民治，联治运动未可恃为解决时局之方法也。"④

这可总结成一句话，即联省自治作为时局解决的办法亦归于失败，其失败的关键，就在于同样是无力"铲除现存的特别势力，打破武人割据之事实"，而"自治"、"民治"、"法治"等徒为口号而已，而不是实际的力量。

---

① 周鲠生：《时局之根本的解决》，《太平洋》4 卷 2 号（1923 年 9 月 5 日）。
② 松子：《释联省自治》，《太平洋》3 卷 7 号（1922 年 9 月）。
③ 周鲠生：《时局之根本的解决》，《太平洋》4 卷 2 号（1923 年 9 月 5 日）。
④ 松子：《时局问题与民众势力》，《太平洋》4 卷 10 号（1925 年 6 月 5 日）。

但此时周氏已意识到"民众势力"才是时局解决的根本动力。他指出，经验证明，包括联省自治在内的各种方法，殊未易解决时局问题，则只有一种根本的方法：是为人民实行自动的、大规模的对抗军阀运动，"此项运动之成功需要多量的牺牲，并且恐仍须经过相当期间的扰乱，其代价颇大，非必不得已，当不出此"。虽然此时全国各大城市已相继爆发了不少的群众运动，但这又不是周鲠生所希望的，他希望的是有组织的民众势力，"今日国中能代表人民一部分势力者，有以地方利害关系相结合之城镇乡区，及以职业利益相结合之各种职业团体。（旧者如行会，新者如商会、工人会、银行公会、教育会、律师会、医生会之类。）此等地方单位及职业团体，实为民众势力之所寄托。欲组织民众势力，最好是于此等地方单位及职业团体之组织运动上做工夫。给此等地方单位及职业团体以政治的训练，使之有政治觉悟，而导之于国民运动，此即是民众势力组织的基础，此即是对抗军阀之有力的工具。"[1]

周氏所设想的民众势力，就是具有政治觉悟，并能够有组织地、积极地发起抵制军阀的运动的那一部分势力。只有这样的势力，才能够举行全国乡民抗租、市民罢市、工人罢工、学校罢课、一切交通机关停止活动、一切职业团体消极的拒绝供给技能与劳役，"若此全国总罢业的大运动有充分的组织与指导，而能持久，则一切活动停止，一切呼应不灵，军阀及倚军阀以为恶之机关，尚何所凭依而能不动摇其地位耶？"换言之，民众对于政治上的责任与利益的觉悟，以及有确实的组织的势力，才是时局根本改造的最根本的力量，"未有组织的民众势力之后盾，联治亦徒为军阀割据之新招牌，国民会议亦终为无权威无生力之群集而已"；同时，"从国家永久政治上着眼，致力于民众势力的组织，亦是根本要图。"[2] 可以说，周鲠生思想的这一转变，是从对苏俄组织制度上的观察得来的。[3]

另外，不容忽视的是，联治主义者人心转向南方，在于如论者指出的一个颇为重要的因素，即南、北领袖人物身上所体现出的"南北新旧之分"。[4]

---

[1] 松子：《时局问题与民众势力》，《太平洋》4卷10号（1925年6月5日）。

[2] 松子：《时局问题与民众势力》，《太平洋》4卷10号（1925年6月5日）。

[3] 周鲠生在写作本文不久之前，亦写作一篇对于苏俄政治组织表示同情的文章，参见松子《苏俄的政制组织》，《太平洋》4卷9号（1924年12月5日）。

[4] 关于"南北新旧之分"，罗志田教授分析至详，认为正是南方的"新"帮助国民党的北伐和国民革命取得全国的响应，成为南方最终胜利的一种"无形战力"。参见罗志田《地方意识与全国统一：南北新旧与北伐成功的再诠释》，收入罗志田《乱世潜流：民族主义与民国政治》，第185～225页。

阎一士说："吾人所深信无惑者，在大纲而不在细节。西南首义诸人，均知世界大势所趋，与欧美之何以强，我国应及时改造而追随之，朝气勃然，已露端倪。其海内外优秀份子，多赞助之，日加未已。至若北庭，徐张曹诸人，顽固文人，旧式武夫，足迹未越数省；知识更无所称，唯利是视而已；使秉国钧，只日益削弱，不至亡不止。国人然吾言乎？请即以西南政府为推倒北庭之大本营，时哉勿失，速速投效。"①

以我们今日的"后见之明"，可以说后来的历史事实验证了周鲠生、阎一士等人的想法。由于学生罢课、军阀混战等原因，北方军阀的力量日益衰微，其在各省的根基愈来愈脆弱，政权本身亦随之摇摇欲坠。而与此同时，在苏俄的影响下，国民党自身则在1924年年初完成改组任务，并向全国发布"中国国民党宣言"（《太平洋》杂志在4卷6号全文转载该宣言），宣明国民党人的主义和精神。在国、共合作的背景下，广州的国民革命运动则日渐勃兴，并在运动中获得了民众的支持②。正如胡适后来所说的："民十五六年之间，全国多数人心的倾向中国国民党，真是六七十年来所没有的新气象。"因此论者颇为形象地指出，国民党正是在这样一种"有道伐无道"的声势下，才能势如破竹，一举打垮实力更强的北洋军阀。③

---

① 一士：《论国民宜急选择政府》，《太平洋》3卷5号（1922年4月）。

② 关于国民党的改组造成"改造中国的起点"，参见吕芳上《革命之再起——中国国民党改组前对新思潮的回应》，第510~547页。

③ 罗志田：《地方意识与全国统一：南北新旧与北伐成功的再诠释》，收入罗志田《乱世潜流：民族主义与民国政治》，第215页。胡适的话亦转引自该文。

国　际　篇

第五章
留英学人与一战后期的世界政潮

　　第一次世界大战爆发于民国三年（1914 年），在欧陆称之为"大战争"（the Great War），中国知识界则泛称为"欧战"。国内的新闻媒体如报纸与杂志等对欧战保持着严密关注，对欧洲战事的发展进行连续而大量的报道，欧战的新闻似成了这个新共和国大众知识生活中的主要议题。[①] 作为身临其境的一群留英学人，一方面，他们必须努力克服欧战带来的生活上的困难（详见第三章），另一方面，他们怀着改革中国的愿望，紧密地注视着大战的进程，进一步探视了世界，深沉地考虑中国和世界的命运与前途，从各具体的大事件中，演绎出自己的国际政治观。

　　如第一章所述，在《甲寅》杂志上，杨端六、周鲠生、皮皓白等人的国际事务评论相当引人注目。《甲寅》杂志停刊后，在上海的《中华新报》上亦能见到杨端六、皮皓白等人的国际专栏，以评介欧西财经新潮为职志。而自有了他们自己的同仁杂志《太平洋》以后，他们办起了"海外大事评林"专栏。罗家伦曾由衷地赞美国际评论栏目是两份杂志的特色："甲寅中的评论之评论与太平洋中的海外大事评论是很难得的。"[②]

　　那么，如何理解罗家伦对于"海外大事评林"的厚爱呢？从资讯来源看，当时国内的报章杂志对于外国时事的报道多依赖外国通讯社的消息，以翻译供稿为主，并且限于事实材料和资讯方面的因素，国内尚无能力对于世界大事做出中肯的报道和评论，然欧战爆发以后，中国人对于外面形势的了

---

　　① 　丘为君：《战争与启蒙："欧战"对中国的启示》，（台）《国立政治大学历史学报》第 23 期（2005 年 5 月），第 95 页。

　　② 　罗家伦：《今日中国之杂志界》，《新潮》1 卷 4 号（1919 年 4 月），第 630 页。

解却又有十分迫切心情。正如《东方杂志》编辑坚瓠对增设"世界新潮"栏目时所做的说明："记得《密勒评论报》说，中国人求世界智识的欲望，已经不是直译西报的纪事文所能够满足了；非得中国人自己有系统的叙述不可。本志从去年十七卷起，添辟世界新潮一门，把世界新发生的大事，用最经济的方法，分条记述，就是这个意思。新近更特约了海外通信员多人，请他们把实地观察的所得，用通信体裁，报告给读者；更盼望海外爱读本志诸君，做我们的志愿通信员。"① 但《东方杂志》从 1920 年 1 月始有此栏目，并利用海外的留学人员作为通信员，在此之前，它所刊发的海外大事大多翻译自外稿。而《太平洋》杂志自 1917 年 3 月创刊以来便有"海外大事评林"，完全依靠自己的社员，如李剑农、周鲠生（松子）、杨端六、皮皓白、沧海等社员，撰写有关西方国家最近政治事件和政治思潮的评论。除李剑农外，作者大都居留在英伦，利用当地的有名报刊，如《泰晤士报》、《卫报》，以及美国的《纽约时报》等作为事实、背景乃至观点的来源，② 从各新闻中采掘事实、比论观点以及获取其他相关信息，按以自己中肯的评论，向国内的读者"系统的叙述"欧战时期发生的世界大事。这既是国内报纸无法企及的地方，自然是罗家伦所赞赏的。

"海外大事评林"的作者既多为英国留学生，自然对于英国政治问题的关注尤多，在 70 篇评论中，有关英国的评论占去了 32 篇；以下则是俄国革命和美国参战，这两个事件同样得到留英学人的重视，认为是最近世界最大之事，对未来世界局势变化有举足轻重之作用，"俄之革政、美之与战，非离立不相关之事实，且于此益显廿纪世界变化之大关键"；③ 再以下是关于德国、日本、法国等国的政治、军事、外交等问题的评论，以及潜艇战、平和运动等，可见"海外大事评林"所涉及的欧战时期世界政治事件极为广泛。

对具体内容进行分析，我们以为，留英学人主持下的《太平洋》杂志

---

① 坚瓠：《编辑室杂话》，《东方杂志》18 卷 2 号（1921 年 1 月 25 日）。

② 以周鲠生为例，他曾经对这三种报纸有过简短的说法：（1）"新闻纪事，故事夸张在所不免，然《太晤士报》为日本同盟国之新闻，而在国际政治上最有势力素以言论稳健、消息确实著者。"（见《日俄协约》，《太平洋》1 卷 2 号）（2）"Manchester Guardian，英国自由党新闻之最大者，于东亚问题极为注意，消息的确，持论亦称稳健。"（见《俄国革命与日俄新协约》，《太平洋》1 卷 6 号）（3）"《纽约时报》者，美国言论界之重镇，观测事实，素称周到者也。"（见《俄国革命与日俄新协约》，《太平洋》1 卷 6 号）

③ 沧海：《廿纪世界之大变化》，《太平洋》1 卷 3 号（1917 年 5 月 1 日）。

关于英国的政治改革、美国参战、俄国革命，以及日本宪政改革等几个大事件的评论颇具代表性；同时，从他们的观点来看，这些大事件所反映出来的世界主义趋势对于中国改革内政和改善国际地位关系极大。所以，本章即以"海外大事评林"为中心，分成三节就上述几项内容详为论述。另外，第四节超越"海外大事评林"，利用留英同仁更大范围的材料，如《太平洋》"论说"栏的文章以及他们发表在《东方杂志》上的文章，对欧战之后世界各国普遍的一个政治潮流——"代议制之改造"问题——的认识和评价，也作一叙述。所以从这个意义上看，本章的内容实是前面第二章的继续或补充，第二章侧重的是从西方理论指导下的民初政论，而本章侧重于留英学人对于西方国家现实的政治事件和政治改革问题的评论，并说明后者对他们的政治思想的影响。

第一节　战时大英帝国的政治改革

维多利亚时代的英国，是世界头等强国，其经济、政治和社会制度都有稳固的基础，并成为欧洲和海外新老国家的典范。[1] 但是 1914 年爆发的欧战，不仅极大地改变了英国的国际地位，而且在英国社会政治发展过程也是一个新的起点，"在英国历史上，很少有其它的年份能像这四年那样，对英国的社会政治产生如此深刻的影响"。[2] 从"海外大事评林"的相关评论来看，留英学人十分关注战时英国内政的变革问题。

一　政制之变迁

留英学人认为战时英国政治的变化有两点，即"战时小内阁"和"英帝国特别战时会议"的出现，"是诚饶有兴趣之问题"。[3] 以下分别叙述：

1. 战时小内阁

在英国宪政历史上，内阁即系政治中心点，故英国政府亦以内阁制政府

---

① 参见 F. H. 欣斯利编《新编剑桥世界近代史》，第 11 卷，中国社会科学院世界历史研究所组译，中国社会科学出版社，1987，第 531 页。

② C. Roberts, *A History of England 1688 to Present*, New York 1983, p. 953. 转引自高岱《英国政党政治的新起点：第一次世界大战与英国自由党的没落》，北京大学出版社，2005，第 1 页。

③ 剑农：《英国之旧内阁与新内阁》，《太平洋》1 卷 1 号（1917 年 3 月 1 日）。

（Cabinet Government）称之，但英国内阁的存在，"却不见诸于英国法律"，其原始来源最早可追溯至 13、14 世纪英国王的御前会议和枢密院（Privy Council），内阁最初仅属枢密院中之一支部。① 17 世纪中期查尔斯二世时代，原来的枢密院愈来愈陷入人员庞大的弊病，致使大政方针不能及时得到议决和通过，国王做出变通的办法，于枢密院内部设立小内阁，由人数极少的国王亲信组成，这样才提高了议事能力。但内阁又经近百年来的发展，也渐渐陷入了人员庞大之忧，李剑农指出，18 世纪时，内阁阁员仅 7、8 人，至 19 世纪前半期，渐增至 13、14 人，到 1915 年爱斯葵斯改组联立内阁时，竟达 22 人，"并世各国，实无有如此奇异庞大之内阁也。然自内阁员额增涨以来，要政取决，多所不便"。所以英国国内又有人提出内阁改革的主张，所谓"内部内阁"（Inner Circle）是也。其中倡导最有力者，当属李剑农佩服不已的《爱丁堡评论》杂志主编 Hanald Cox。他在 1915 年 10 月发表《内阁政府》一文，"痛论英内阁组织不适时宜，并陈改革之方"，其大旨是："一曰阁员额数过大，意见交换，大计取决，因之濡滞；二曰阁员所任部务繁重，取理指挥，日无暇刻，对于大政方针如何，无思考研求之余地。"为救济这两个弊端，Cox 提出非进行根本上改革不可，比如将阁员减少至五人，此举"于宪法上并无不合之虞"。②

更令李剑农感叹的是，Cox 的舆论一年之后即成为英国的现实政治了。1916 年年底欧战正酣中，同为自由党并被称为英国政界中"宠儿"的雷德佐治，起而代替爱斯葵斯，组织了新内阁，并一举改革内阁而奏功，成立仅五个阁员的"战时小内阁"。该内阁极具灵敏性和高效性，"故实际五阁员中，惟一人有部务，余四人则皆可专致其脑思于大计之运筹"。李氏评论说："雷氏内阁之组织如是，骤视之，一若雷氏之行动，依 Hanald Cox 揭于 Edinburgh Review 之论文以为命令者，实则 Cox 之言，非彼一人之私言，穷则必反，事实之酝酿，为运论所默认者久矣，吾于是而叹英之舆论其力，竟如是之伟大也。"

不宁惟是，李剑农希望国人明白英国宪政改革之所以屡屡奏效，其实是它的"柔性宪法"的效果，所以他希望国内的制宪者应充分重视宪法的

---

① 参见〔英〕S. 李德·布勒德《英国宪政史谭》，陈世第译，商务印书馆，1936；中国政法大学出版社，2003 年重刊本，第 66～70 页。

② 剑农：《英国之旧内阁与新内阁》，《太平洋》1 卷 1 号（1917 年 3 月 1 日）。

"柔性"特点。他说："于此尚有一事，为吾人所宜注意者，即柔性宪法之作用是也。由常任参政院而产枢密院，由枢密院而产内阁，由内阁而产小内阁，因时变化，圆转如意，非英之柔性宪法，安能如此。凡新进立宪之邦，自不能不有一固定之宪法，求其变化任意如英制，自非所宜。然当法律观念未发达时，法律运用动生窒碍，若其宪法规定过于细密，而又含强度之刚性，则反易兆破毁之忧。法兰西宪法之屡建屡毁者其半因在于是。今吾国之制宪者，则欲为一劳永逸之计，不知世无有一定不变之事实，与其过于细密，毋宁使之稍含弹性或不至兆破毁之祸也欤。"[①] 实际上，英国"战时小内阁"的组织，或只是暂时的性质，"战后是否即依此种组织，未可预测"，[②] 其作用仅在于使政制更适于战争的情势而已，对于战后的宪制不会产生实质性的影响。[③]

2. 英帝国特别战时会议

真正对于战后英国政制有长远影响的是 1917 年 3～5 月召开的"英帝国特别战时会议"。这次会议对于自 19 世纪后期以来，在英国政治家和学者中间不断争论的殖民地和母国之间的关系的问题，具有突破性的意义。所以李剑农指出，"盖英国政制，以殖民地与母国关系，日趋接近巩固，战后帝国全体组织，必有一番变化"。[④] 其他留英同仁也多有评论。

英国统治下的帝国包括非洲、美洲、亚洲和大洋洲的大片地区，这巨大帝国的政治组织，在李剑农看来，"并世无有伦匹，其最耐玩索者，尤莫如其本国与其殖民各地之关系"。他先介绍英帝国的政治组织：从法理上看，各殖民地政府受英国巴力门所宰制，绝不是与母国政府离立而无关系的。但从政治实际言，英国国王只是"临而不治"，由殖民地的总督对其负责，而殖民地的议会则是由总督以下的内阁负责。所以，在政治地位上，母国与殖民地是平等的各个政治团体，均由英王君临之。他说："各自治殖民地与母国之关系，苟非以共戴一君主为之联络，政治上几于完全脱离，而各自为一国家。盖殖民地不出议员于母国之巴力门，母国巴力门所立之法，除特种之有普通及于帝国质性者外，亦不能强施之于殖民地也。然各殖民地终不能有独立国家之资格者，一以海陆军事无完全自卫之能力；二以外交上无参与之

[①] 剑农：《英国之旧内阁与新内阁》，《太平洋》1 卷 1 号（1917 年 3 月 1 日）。

[②] 剑农：《英国之旧内阁与新内阁》，"附记"，《太平洋》1 卷 1 号（1917 年 3 月 1 日）。

[③] 参见〔英〕S. 李德·布勒德《英国宪政史谭》，第 66 页。

[④] 剑农：《英国之旧内阁与新内阁》，"附记"，《太平洋》1 卷 1 号（1917 年 3 月 1 日）。

权利。一切对外政策，悉听命于母国，母国政府独揽全帝国之外交权，而于军事上亦负全帝国特重之义务，此则其在政治上立于上层之地位也。"①

从 19 世纪后期开始，英国都是在"自由和自愿"的原则基础上，处理帝国内部关系的。殖民地可以自由地谋求自身的利益，既不向英国缴纳税款，也不对帝国中心尽任何其他义务，反而能够受到英帝国的军事保护和贸易方面的优惠条件，所以作为英帝国的成员国对各殖民地有好处。② 当然，20 世纪初英国殖民地与母国的关系日趋融洽，更是在英德争霸的背景下推动的。李剑农观察到："自德人野心暴露以来，英本国与各殖民地结成一体之精神，日益增进，分离独立之情感，日就消灭，大不如德人之所期。往岁英政府对德宣战时，虽由英本国政府决策，各殖民地政府皆立时宣告赞助，战争继续约及三年，各殖民地皆以财力、兵力，勇往奋助，无稍懈弛之意，则其今后必益趋于固结，自可想而知之。"③

始于 1887 年的"帝国会议"就是英国母国与殖民地尝试进一步结合、调和帝国政治经济关系的会议，至 1914 年凡七次会议，六次集于伦敦，一次集于加拿大的俄大瓦（今译渥太华）。按向复庵的看法，在 1914 年以前，英帝国会议关于政治经济的统一的主张，由于自由党的消极政策，以及各殖民地无意于政治统一，而一一搁浅，所取得成果，"惟帝国防御问题，经各属明认有公共负担之义务耳"。不过，各种主张的影响却像暗流一样潜伏下来了，到 1917 年时，雷德佐治召集"特别帝国战时会议"，"而英伦政府对于属地政策至是乃为之一变"。④

向复庵认为，这次战时会议虽同样不能解决前七次的会议中的重大问题，但是却标志了英伦和各殖民地之间在经济和政治利益的矛盾上相互调和的可能，他说："有可言者，帝国政治上之统一，各属地之所不欲闻也，英伦政府亦知其然，故置于不议之列；帝国经济上之统一，英伦政府向之所不与各属表同情者也，今则迫于事势，不独已处于默认之地位，且有采用帝国优待主义之议。"而英伦政府之所以采取新措施，"即为英伦政府欲于战期

---

① 沧海：《英帝国之特别战时会议与英帝国之前途》，《太平洋》1 卷 4 号（1917 年 6 月 15 日）。

② 参见 F. H. 欣斯利编《新编剑桥世界近代史》第 11 卷，中国社会科学出版社，1987，第 536、564 页。

③ 沧海：《英帝国之特别战时会议与英帝国之前途》，《太平洋》1 卷 4 号（1917 年 6 月 15 日）。

④ 复庵：《不列颠帝国战时会议之召集》，《太平洋》1 卷 5 号（1917 年 7 月 15 日）。

中提挈各属地如身使臂，以为战后巩固帝国基础地也"。①

李剑农则对会议结果的报告进行分析，指出该会议其实谓为"改组联邦之预备可也"，因为会议表示，对于帝国各部在宪制上的关系的修正问题，因过于重大且复杂，当此战争期间，不便讨论；而战争终了后，当立时开特别帝国会议讨论之。他说："此次战争，在德人之意，初不料英之殖民地，咸能如是踊跃，或且一战胜英，其殖民地必至瓦解。讵知其事乃大谬不然，非徒英帝国有愈趋于巩固之势，且将令德之殖民地，囊括而入英。今后之结果如何，虽未可预为断定，然无论胜负如何，此后英之各殖民地，必进而与母国为较巩固之联邦组织，则可断言也。"②

但是，周鲠生做出的是与李剑农完全相反的结论，他认为这次会议的最后决议其实是"否认联邦主义是也"。因为它虽宣称战后即开特别帝国会议研究宪法关系的改组问题，但同时也申明了"如有所改组，仍当完全保存一切固有自治之权，与内治之完全支配；完全承认各自治殖民地为帝国中之一独立国民"。松子就此指出，这些原则，实际上"皆与联邦主义不相容"。不仅如此，在英帝国实行联邦制，还有以下三种难处："一、英人不欲变更国家根本组织：英人思想，向有保守之特质，改革以渐，不欲骤易旧观。宪法之古，尤英人之所夸，宁任其自然进化，不愿其一旦改废。若为联邦组织，则英伦宪法根本摇动，不合乎多数英人之保守主义，有名之宪法学者戴雪，即持此论。反对改组联邦之一人，可以代表一般心理。二、事实上困难甚大。改组联邦，则必有一联邦政府，统治全局政务，而中心在英国本土，自不待言；然各部悬隔重洋，万里声息不灵，殊有隔膜之病，联邦政府未必能收指臂之效，则多此一改组，功用大属疑问。三、人种恶感尚深：所谓自治殖民地有五，曰墺斯大利亚，曰纽齐兰，曰坎拿大，曰南非洲，改组联邦，当然包含此五部。然坎拿大有法人种对英感情尚非十分融洽，南非洲有薄亚人（和兰人与土人混合种）犹怀独立念头，以现在对英本国地位实际等于独立，彼等犹不满足，若再进而改联邦，将更招其疑忌，竭力反对势所必然。"③

---

① 复庵：《不列颠帝国战时会议之召集》，《太平洋》1 卷 5 号（1917 年 7 月 15 日）。
② 沧海：《英帝国之特别战时会议与英帝国之前途》，《太平洋》1 卷 4 号（1917 年 6 月 15 日），第 7 页。
③ 松子：《英帝国会议之结果与联邦主义》，《太平洋》1 卷 6 号（1917 年 8 月 15 日），第 9 ~ 10 页。

周鲠生虽坚持认为这次的战时会议不是为联邦制前途计，但他承认英帝国的确苦于当下之情势，绝不能再任其自然发展下去，而应出以"权宜变通之办法"。他指出，英国总理大臣雷德佐治在议会上曾正式宣布，英国政府决定无论战时、平时，每年召集自治殖民地政府代表开"帝国内阁"会议。据此可知，英国政府的思路是希望以"政策统一"的方式维系帝国联结的事实，而不必紧急变更政制，这也符合英国人保守、渐进的性格。他说："盖帝国会议之召集自 19 世纪末叶以来，已成常见之事实，今不过频繁其次数，定为年会。且英伦所谓内阁并无定员，凡为枢密院员均得应召列席；各自治殖民地政府阁员均已于就任之时行枢密院员之宣誓，则彼等代表其政府参与英伦内阁会议，于法理上亦毫无窒碍也。英国宪法原为柔性，富于伸缩力，今后或竟以雷德佐治所谓'帝国内阁'之演进，不知不觉之中，帝国政治组织经过变迁，而间接发挥联邦之精神，达帝国统一之希望，亦未可逆料，此诚研究比较政治之士，所不可率然看过者也。"①

以"后见之明"，我们可以根据后来史事的发展，说明周鲠生的判断基本是正确的。自 19 世纪早期以来，少数英国政治家和学者就设想建立一个庞大的英帝国联邦的计划，但即使在通讯技术获得重大进步的一个世纪以后，把散布在世界各地的殖民地与英国联合成一个帝国，也是难以实现的任务。结果，经过 1926 年的帝国会议和 1931 年的威斯敏斯特法案等，英国只是形成了一个较为松散的，并较少强制性的"英联邦"。② 但不管怎样，英国的联邦主义思潮和运动确实留给了留英同仁以深刻的印象，成为他们在 20 世纪 20 年代推动中国的联省自治运动的重要思想资源和动因。

二 民主之进展

欧战时期，英国内政改革和政治民主化，延续了维多利亚时代后期的稳步前进的态势，而且由于大战的影响，"改革之声，起于全国，而以对外一致之故，党见化除"，各种政治难题的解决顿"呈锐进之观"，或者如周鲠生说的"以富于保守性之英人，而有此快刀截麻之改革，则战事之影响国

---

① 松子：《英帝国会议之结果与联邦主义》，《太平洋》1 卷 6 号（1917 年 8 月 15 日）。
② 邓正来等编译《布莱克维尔政治学百科全书》（修订本），"帝国联邦"条，第 371 页。另参见 C. L. 莫瓦特编《新编剑桥世界近代史》，第 12 卷，中国社会科学院世界历史研究所组译，中国社会科学出版社，1987，第 516~526 页。

民精神不小矣"。① 留英同仁评论了 1917～1918 年三件重大事件：新选举法案、上院改革和共和主义运动。

1. 妇女选举权

从 1832 年英国议会改革至欧战爆发，下院选举法又经二次修正：1867 年选举改革法，扩张选举权"于中下社会之手艺者"；1884 年选举改革法，普及选举权"于下层社会之工人"。此后又经 40 余年的时势变迁，到欧战爆发，1884 年的选举法亦有改革的必要，"徒以党争牵制，不获见诸实行"。但大战爆发后，英国政府果断组织一个选举改革委员会，以下院议长为会长，纠合议院各党议员"和衷讨论"，提出选举法改革的报告。1917 年 5 月 15 日，雷德佐治内阁采纳此报告，正式向下院提出"国民代表法案"。② 这就是周鲠生关注的《英国新选举法案》。

周鲠生提出应注意《法案》新出的三点，即选举资格之划一、比例代表制之采用，以及妇人参政权之赋与。第一项是为了解决繁琐的选举资格认定问题，而第二、第三项则"不独为英伦政界多年聚讼之宿题，且世界民宪政治之新趋向也"。可惜，第二项比例代表制，为下院多数所否决，其缘由是"各党之人，均多有对于此制之运用，及于本党党势消长，政力转移之影响，怀疑团也"。第三项妇人参政权之赋与，"则久经下院多数通过，而本月（引者注：1918 年 1 月）10 日又上院大经论战之结果，以 134 票对 71 票之大多数，原案通过。女子参政，煞费运动，积年凤望，而今获偿。在彼躬参运动之英伦女杰，固高唱凯歌，而于局外观政之吾人，亦颇生极饶趣味之感想焉"。③

实际上，英国妇女选举权获得的时间远迟于它的殖民地新西兰和澳大利亚，这两个地区的成年妇女在 1901 年就得到了选举权。而且英国这次改革限定 30 岁以上的妇女才有选举权，与成年男子 21 岁以上有选举权还有一定差距。但在周鲠生看来，这毕竟是英国妇女"参政权运动"历久激烈斗争的一个初步成果，其后的效果将会不断地扩大；同时，他还认为，这也是英国政府顺随"人心之趋向、时代之要求"的作用。他描述英国妇女运动的过程："以参政权运动者之妇人，有急进一派，渐愤于其运动之

---

① 松子：《英国新选举法案》，《太平洋》1 卷 7 号（1917 年 10 月 15 日）。
② 松子：《英国新选举法》，《太平洋》1 卷 7 号（1917 年 10 月 15 日）。
③ 松子：《英国上院与女子参政权》，《太平洋》1 卷 10 号（1918 年 7 月 15 日）。

不见赞助于政府。铤而走险，诉之暴动，大失世人同情，战前数月为彼等最暴动之时代，亦即参政运动最无信用时代。然欧战发生，参政运动一变而为爱国行为。彼等急进妇人，非惟即时戢其凶焰，且竭全力以助战事之进行，国民同情不期而集注。且以战时妇人在各方面之活动，其在社会地位骎骎乎有凌驾男子之势，战后社会经济各方面女子，将不失为重要因子，则彼等政治上之权利，乃大有重新商榷之必要。因而向之赞成妇人参政者，其为之要求，自更努力；即反对者，亦渐敛其锋，甚至弃其旧来态度，以顺应时代之潮流。"①

对此，周鲠生评论说，英国的政治社会素以保守主义著称，但在时代潮流的催化之下，却能够雷厉风行地进行民主化改革，对于整个世界来说，极具示范作用。他说："英伦政治社会，素以保守主义称，而英伦之上院，则保守主义社会中之保守主义者也。以如斯最重保守之立法院，而遽尔通过急进主义之女子选举权议案，其及于世界宪政上之影响，宁不大乎？女子参政，欧美虽久有实例，然大都限于小邦，以大国而规定女子选举权于法案者，今世列强之中，实以此次英国之选举法为确矣。宪政元祖之英伦，既开此创举，风声所树，文明之列强，不难步其后尘。华盛顿电所传，则美国联邦议会，正从事于讨论修正宪法，承认女子选举权；而总统威尔逊君之表同情，且躬自敦促委员会采决此修正案矣。俄国民主宪法成立，女子参政，当与男子视同平等，自不待言。法、意两国，民主思想，素来发达，女子参政运动，受英伦刺激，今后亦当猛力进行，可想而知。吾人且拭目俟之可也。"②

2. 共和主义运动

英国是君主立宪制国家，但在国家稳步地向民主化发展的情况下，君主存在的正当性问题一度引起人们的质疑。共和的主张在英国的来源，甚至可

① 松子：《英国新选举法》，《太平洋》1卷7号（1917年10月15日）。
② 松子：《英国上院与女子参政权》，《太平洋》1卷10号（1918年7月15日）。按现代辞典所举，松子所列出的国家的妇女选举权的获得时间，分别为：依据1919年的美国宪法第19修正案，美国妇女获得选举权；俄国妇女在1917年时已享有了选举权，她们最早是在临时政府时期获得选举权的，在布尔什维克政权统治后，妇女选举权仍保留下来。法国众议院在1919年通过了妇女选举权，但是，参议院否决了它，直到1945年戴高乐时期才解决问题；意大利妇女则是到1945年才获得选举权；英国在1928年再次改革，给予21岁以上的妇女与男子平等的权利。参见邓正来等编译《布莱克维尔政治学百科全书》（修订本），"妇女选举权"条，第862页。

以追溯到 17 世纪中叶，当时英国曾一度为共和政体；而自法国大革命以后，迄于维多利亚女王即位初年，共和主义"颇盛唱于国内"。不过，这次危机很快地匿迹于无形之间，"嗣以维多利亚之贤明，在位之久，引起国民爱戴皇室之感情，共和政体之主张渐就消灭。加以即位者爱德华七世，亦复能得民心。入二十世纪，而英国君主政体之基础，似益稳固"。①

但 1917 年 4 月 21 日《泰晤士报》刊载英国著名的小说家卫尔士的文章，又掀起了一场轩然大波。该文虽未明言取消君主政体，但申明共和主义如今时机已成熟，"主变共和，固已意在言外"。顿时英国国内各保守派报纸纷纷著论抨击卫尔士，一些著名的政治家也借宴会演说的机会，"大声疾呼拥护皇室"。所以，周鲠生推论说："可知卫尔士投书所说，颇有不可漠视之势力。共和主义在今日英国政界，又成大问题矣。"② 他认为英国政治社会之所以屡屡有所谓的共和主义潮流存在，其原因不外以下三端："（一）英国人民对于皇室情感虽不恶，然以教育普及，一般人民于政治上有自觉心，对于一切特权渐思问鼎之轻重。而皇位则特权中之特者，同是人也，何以独一家子孙世世坐享尊荣，以国民奉此世袭之一人，不诚糜费而无用乎？此种不平情感，在劳动社会尤甚，不可掩之事实也。（二）俄国革命，欧洲最专制之皇室不数日而推倒，君主在世界地位大为落。值俄国骤成共和，欣羡之情在其他君主国家人民中自不可免。特英国向重言论自由，可以公然发表主张耳。（三）英人以享得自由之多夸于世，开战以来，政府颇渐倾于专制政策，限制人民自由之处甚多。在政府固出于战时不得已之苦衷，而在一般人民则有'自由其亡'之危虑；劳动社会尤嫉视政府权力之增大，恶感之极，反动以生，共和主义为之促起。彼等固以为共和政体之下，即可完全享有自由也。"③

但同时，周鲠生又认为，英国社会的共和主义思潮，对于极具保守习性的英国国民全体，仍不会像其他国家一样发展成为废除君主的运动："然综英国全体国民观之，则以其性质之尚保守，其头脑之冷静，其行动之稳健，究竟能即为卫尔士一流极端论者之主张所动，而决然废君主以采共和与否，仍为疑问。特如彼投书者之主张，究代表时势趋向、思想潮流，于此后世界

① 松子：《英国之共和运动》，《太平洋》1 卷 5 号（1917 年 7 月 15 日）。
② 松子：《英国之共和运动》，《太平洋》1 卷 5 号（1917 年 7 月 15 日）。
③ 松子：《英国之共和运动》，《太平洋》1 卷 5 号（1917 年 7 月 15 日）。

各国内治上甚有关系，不可轻易看过耳。"① 换言之，民主共和潮流已是整个世界的时势和趋向了。

3. 上院改革

与虚惊一场的废君共和主义运动相比，英国议会上院（或称贵族院）的现状则有岌岌不可终日之势，既饱受批评，乃有实际的政治改造计划。1917 年 10 月 2 日，"贵族院改造委员会"召开了第一次会议，此举则被松子视作"战时英国最大建设事业之一，其结果于英伦将来之政治组织有莫大影响"。② 周鲠生认为，上院"不满人意，必须改造"的理由，一在于民主主义的潮流下，上院以世袭教俗贵族的组织原则，比较"半专制、假立宪"的德意志、日本等国还要狭隘，民主社会"势难容此异象"；二在于上院人员臃肿，作为立法院，"而员数如此众多，终不得为适当组织"；三在于其自身的权力，已不断受到有民意基础的下院的挑战和剥夺，甚至"势同伴食，长此徒拥虚名，俨成一院之制，何以保持政力之平衡"。所以，改造上院，也是为了增强其权力，"得一名实相副之上院，以为下院之辅佐抵衡者也"。③

周接着指出，英国在战事紧张时期进行内政改革，反而能够得到天时、人和的优势。他评论说："就该院现在基础，从事改造，久为当务之急。前之所以未见诸实行者，则以党派关系之冲突，彼此牵制，不能求得一致之点，以协力从事之故。欧战以后，英人习于举国一致之大义，党帜之色彩遂薄，不惟关于战事进行，朝野协力，即于政治上之大改革，亦复和衷相济。各党之士，开诚布公，交换意见，以调和交让之精神，解决重大之难题。……本此原则，集各党之士于一堂，披诚妥协，以求一圆满改造之方案，提出国会，求其采行，以建立完善之上院。主其会者，为英伦极有德望之政治家、世界第一流之政学者之蒲徕思卿，会员包含各党名士，自不待言。议事付诸秘密，以便自由讨论。其结果必大有可观，而见采于国会，似可预言。于此戎马倥偬之中，而从容为政治上建设之远图，利用举国一致精神正炽之机会，解决政界积年争持之难题。英国政治家眼光手腕，诚有令人不能不惊羡者也。"④

---

① 松子：《英国之共和运动》，《太平洋》1 卷 5 号（1917 年 7 月 15 日）。
② 松子：《英国上院之改造》，《太平洋》1 卷 9 号（1918 年 1 月 15 日）。
③ 松子：《英国上院之改造》，《太平洋》1 卷 9 号（1918 年 1 月 15 日）。
④ 松子：《英国上院之改造》，《太平洋》1 卷 9 号（1918 年 1 月 15 日）。

三　爱尔兰自治问题

爱尔兰自治问题，号称"数十年来英国内政第一难问题"。周鲠生叙述彼时爱尔兰问题的难处时说："爱兰之南部为罗马教徒，占爱兰大多数，运动自治；而东北部为新教地方（该部人民大都由英苏移殖者）反对之。彼等于爱兰虽系少数党，而为最繁富之区，人民气势甚锐，维持现状之志甚坚。自由党及工党对于爱兰南部自治运动表同情，故屡提自治之案，务期最后通过；保守党与自由党之一派帝国主义者，主张维持统一，自然赞助东北部之俄尔斯特反对爱兰自治。"① 可知，爱兰问题不仅是它自身的宗教、民族、土地等相互纠缠的难题，更是由于英国议会内部不同党派政争和矛盾纠结的结果。

自从 1886 年自由党领袖格兰斯顿（今译格莱斯顿）在内阁总理任内后期提出第一次爱尔兰自治案于议会，到 1914 年共三次提交议会，均为下院通过，但无一例外地为保守党（统一党）占多数的上院所否决。根据 1914 年新出台的《巴力门法》，凡议案之连续三次通过下院者，无论上院通过与否，均可送经国王批准，成为法律。所以，当爱兰自治案第三次遭到上院否决，却可得依新规定，越过上院，直接送呈国王批准，"而三十年来屡次见诸巴力门，论战不决之爱兰自治案，卒以正式成为法律"。②

爱尔兰自治案一波三折地由提案成为法律，欲其平和施行，困难之大，可以想见。周鲠生判断，自治案既不得保守党和爱兰北部人民认可，自由党亦不敢以强力助自治案施行，而自治案不能施行，"则非惟自由党三十年来传袭之政纲，爱斯葵斯政府数年来在巴力门之奋斗，终于失败，而爱兰国民党之主张，徒成画饼，爱兰南部失望，保无铤而走险，酿成内乱之虞"。所以，这又须要英伦政治家们苦心孤诣、审慎周全地想出一个两全其美的调和办法出来。③

不幸的是，英、爱各方连续三次在调和方案上举行会议讨论，但都不能达成一致意见，乃至矛盾日趋激化。在 1916 年 4、5 月间发生了以"复兴爱兰"为口号的都伯伦（今译都柏林）叛乱。次年 3 月 7 日又有爱尔兰国民

---

① 松子：《爱兰自治问题》，《太平洋》1 卷 6 号（1917 年 8 月 15 日）。

② 松子：《爱兰自治问题》，《太平洋》1 卷 6 号（1917 年 8 月 15 日）。

③ 松子：《爱兰自治问题》，《太平洋》1 卷 6 号（1917 年 8 月 15 日）。

党议员不满英国政府的要求，全体退席，表示抗议，"形势更增险恶"。新上任的雷德佐治首相面临着极大的困境，在内则有革命之虞，在外则有战争的压迫，及美国和英帝国各殖民地对于爱兰自治同情的舆论压力，所以他必须再提出一个不同于以往三次的调和方案，这就有了 1917 年 "国民会议" 的召开。周鲠生评论雷氏此举的方法时说：所谓国民会议，"即以爱兰人自身定爱兰之政治组织是也。此种办法在坎拿大、大墺斯大利亚、南非洲议宪法时均行之而成功，雷得佐治特移其原则，以解决今日困难之爱兰问题耳"。[1]

周鲠生对于 "国民会议" 的效力比较乐观，当会议正举行时，他就迫不及待地发回一篇评论，指出这个老大难问题之圆满解决 "全系于此矣"。他指出，这次宪法会议的议员代表的选举和议长的选任都是经过深思熟虑的，如选举出的议长普兰克特，"彼则久以尽力爱兰公共事业著名而超然于爱兰各派之上，于爱兰自治案问题紧急之时发表意见力主调和者也。此次为政府任命与会十五人之一，选为议长，舆论翕然，于以见爱兰国民会议之调和精神会议前途之成功因之更加容易也"。[2]

但是稍后的事实又证明雷德佐治的方案同样是无法平衡各方面的利益，终整个欧战之期，解决方案 "波澜曲折"，"而卒不睹解决之成功，今则英政府压制之力增，而爱尔兰人拼死抵抗之势亦愈烈"。因此，欧战结束一年左右，1919 年 12 月 22 日，雷德佐治不得不又提出 "爱兰新自治案"。周鲠生也以为此举或可再次成为 "爱兰问题平和解决之一缕曙光"，但他已逐渐认识到 "问题复杂，各方面均须令其满足。历次解决计划之无成，人固咎雷德佐治政府之无诚意，实则事势之非常困难，亦有为之大阻力者"。对于雷德佐治的手腕，他表示同情："今爱兰全土鼎沸，不可终日。外有世界之不平，内有舆论之攻击。雷德佐治，不能不急求一平和解决之法，以期满足各方面之意志。于是有爱兰分两部两议会之折衷办法。既与爱兰以自治之权，复令东北部人民无受压制于南部之恐。而为两地方共同利益计，别有联合参议院之设立。有此连锁，以便将来两议会合并，爱兰平和统一之实行。若是，则爱兰内部之冲突可以减除。对爱兰政府付以广大之自治权限，而英帝国政府，仍保留其一般利益上重要之大权，则亦不至有伤害领土统一之

---

[1] 松子：《爱兰自治问题》，《太平洋》1 卷 6 号（1917 年 8 月 15 日）。
[2] 松子：《爱兰国民会议之前途》，《太平洋》1 卷 8 号（1917 年 11 月 15 日）。

恐。此案盖雷德佐治政府近日苦心之作，而不失为可行之计划也。"①

以上所述，是留英同仁对欧战时期英国最重要的政治改革问题所作的评论。

第二节　俄国革命及其演变

留英同仁对于 1917 年俄国革命（"二月革命"）颇为关注，在革命爆发一个月后，社员即从英国发回了相关的事态报告和评论。在"海外大事评林"中，李剑农、皮皓白、赣父等人共撰写了 6 篇评论俄国革命的文章，另外有两篇关于革命后俄国外交问题的论说文，比较全面地介绍和评论了1917 年俄国"二月革命"及其对国际政治、外交的影响。

一　俄国革命的直接原因及其民主主义性质

皮皓白在《俄罗斯大革命及其影响》中举出俄国革命发生的几点直接原因，一是军事上的屡败。早在 1904～1905 年日俄战争时，官僚舞弊、军官腐败造成了俄国"丧师割地之耻"，"如是，民论沸腾，革命蜂起，帝室威严，扫地以尽，不得已因有立宪之诏，缓和人心。不谓丧乱甫平，淫威复显，议会迭遭蹂躏，志士受其屠戮，十数年间，黑暗滋甚，不平分子充溢国中"。而欧战爆发以后，格里西亚一战"俄军又以官僚阻扰，饷械不给，丧师百万，败走千里，于是爱国志士目击忧患之交集，心伤当局之无良"。二是民间食物匮乏，陷于饥荒，而官僚却将大宗农产倒卖国外，"于彼于此，操纵指挥，辄尔利市数倍"；"然而食物等等则反以愈形缺乏，出征兵士以及工场劳动者之妇女等，虽严霜大雪之日，亦须排列道左，鹄候多时，始克勉强各有所得，差足供一家一日之需，呜呼，是何景象，而谓俄人能久安之乎？"三是沙皇尼柯拉斯二世（今译尼古拉二世）政府的极端专制和腐败，俄议会（杜马）只是"一名存实不至之物"，到革命前夕，俄各党派，乃至从前的保守分子，"亦恻然大恸，知所有平和改革希望，都已全归泡影，而不知不觉间，党见因以消除，暗中为之携手矣"。

而革命导火线则是 1917 年 3 月 12 日，首都几十名妇女因购粮，"与著名凶悍之俄京警冲突，致遭践踏"，妇女得到了工人支持，而卫戍部队也随

---

① 松子：《爱兰新自治案》，《太平洋》2 卷 5 号（1920 年 6 月 5 日）。

后倒戈，"如是者，巷战三日，当此三日中，议会因得自行集会，决议请帝勉从民意，改造政府；帝怒，下诏解散之，并仓惶就归京之途，然行不多时，要求退位之耗至矣，时三月十五日也"。① 这其实是我们今日史书所称谓的"俄国二月革命"。

对于推倒帝制的基本政治力量以及革命后崛起的势力，李剑农论之甚详。他指出，革命前俄国政治势力可略分为三派：贵族官僚派、国民进步派（以新兴工商界人物为主）和社会工人派，而握有政治权力者当为前两派，所以政争亦发生在前两者之间。但贵族派忌讳国民进步派的势力扩张，联合沙皇以压制后者，并与德国密谋议和，"以谋特权阶级势力之巩固"；而国民进步派不甘屈服，遂与工人派联合起来抵抗特权阶级，在革命后工人派势力即由此增强。李剑农说："故此次之革命，谓纯以与德单独议和为之原因者，尚非得其真相。概括言之，以国民进步派抵抗贵族官僚与社会工人派推倒君主专制二者目的之相济而成耳。换言之，即以国民进步派据其在政治上已得之基础地位，假社会工人派，因时而得之群众武力相需而成耳。然二者之根本目的，除推翻贵族官僚外，则实不同。前者谋增涨实业界之势力，故战争得地，凡足以助富力之增进者，仍继续持之不变，后者以平和为幸福，凡与平和之目的相反对者，皆所不取革命之成功，既假彼辈多数之武力以成。其势遂不可遏，昔时为政治对抗势力中坚之国民进步派，至此乃不能不仰彼辈之鼻息，于是平和之运动不可制止矣。"②

俄帝被废后，议会中的各党领袖联合组织了俄国临时政府，并宣布大政方针。皮皓白在他的文章中赞扬新政府的施政纲领，认为其性质已摆脱了罗曼诺夫王室的"帝王神权说"，而倾向于"主权在民"的民主共和国，而且这种进步标志着俄国将告别专制野蛮、穷兵黩武的时代，走上和平、自由发展的道路，甚至可望与在西半球标榜所谓自由民主的美国比肩而立。他说："专制时代之俄罗斯，不恒以好勤远略、扰乱和平，为当世诟病矣乎？盖百年之间，除抵抗拿破仑及今兹战役外，凡三伐土耳其，一战日本，兵连祸结，国与民两备俱伤，黩武穷兵，近世国家中且推称第一。所以然者，岂有他哉。君主贵族醉梦于开疆拓地之虚荣，以人民为刍狗而已。（其余欧美各国，有代表民意之国会，为之监视，因亦少遭战祸。）故今番革命功成，民

① 皓白：《俄罗斯大革命及其影响》，《太平洋》1卷4号（1917年6月15日）。
② 沧海：《俄德社会党之平和运动与德政府之狡谋》，《太平洋》1卷4号（1917年6月15日）。

权确立，对外政策壹是以平和为本，领土获取之野心既正式抛弃，异族征服之妄念，尤根本打消；国际间，国无问大小种，不论东西一以和平进步为期，自由发展是务，伟哉！俄人可以一雪尼柯拉斯二世以魔王而谈人道于海牙平和会之耻，更进而与美总统威尔逊氏传福音于东西两半球间矣。"①

《太平洋》上一位以"赣父"作笔名的作者，同样表达了如此乐观的看法。他认为俄国二月革命实则打破了反平民政治的旧势力，为俄国融入以西欧为代表的世界现代文明潮流之中打下了基础，"自今次政变，而平民之治得所根据，希腊寺院于根本受一打击，而世界文明之融化，于此又得一长足之进步也"。又说："今次政变，是否新派势力，大告成功，而不遭一时之反动，尚难预决，然即使旧君复作，政柄必下移于多数之手，一也；俄皇神圣，遭此次之侮辱，必大损其成（尊）严，而于宗教上，小父之地位失其根据，二也；虽此度平民政治，实行或仅数月，而全国人民既尝一切平等自由之滋味，以后如反其道而为之，则国乱滋多，而政府无由自固。故今后俄罗斯若欲行战前俄罗斯之治，限制人民自由，至于此次政变前之限度，此必不可能之事。"②

李剑农和皮皓白均不约而同地将俄国革命与18世纪末的法国革命比较，因此，他们都将俄国革命看作是民主主义对抗君主专制主义的胜利。李氏说："法当大革命前，为欧洲专制首出之雄邦，侵略征伐，出师无宁岁。俄于革命前，亦为欧洲唯一专制之邦，侵略征伐之战，亦相继不绝。"③ 在他看来，俄国革命与法国革命爆发的原因并无大不同，所以革命后的俄国必取共和国体，"则其社会共和党之势力为不可侮，不难揣知，其国民会议之终采共和制也，亦属意中之事"。但是，他又提醒俄国革命必须吸取法国革命后期走向极端，而终归于反动的教训。他说："吾人有不能不为俄之共和党警告者，即法革命后，反动之前车，不可不鉴也。法当大革命时，国民倾心共和之狂热，达于极度，一切举动，往往有令反对党不能一息相容之势，而结果遂召极端之反动。今俄当敌师压境之秋，王党官僚，虽为一时情势所迫，屈伏于新政府之前，其衷心未能甘服，自可想知，使共和派之新得优势者，假新政府之权力，对于反对派过事压迫侵削，与人以不堪忍受，其终至

---

①　皓白：《俄罗斯大革命及其影响》，《太平洋》1卷4号（1917年6月15日）。

②　赣父：《俄罗斯政变感言》，《太平洋》1卷6号（1917年8月15日）。

③　沧海：《廿纪世界之大变化》，《太平洋》1卷3号（1917年5月1日）。

召极端之反动，亦未尝不为意中之事。盖数百年传来之特别势力，决不能一旦归于消灭，此诚共和派所不可不察知者也。"① 这与其说是沧海从法国历史中得出的教训，毋宁说是留英同仁对于政治社会平和转型所提出的"调和论"，与他们对于国内政治的主张并无二致。

但以上这些看法，比较李大钊稍后的认识，此时留英同仁多半受英美主流报刊及民主主义思潮的影响，并不曾产生"社会革命"的概念，而只是认识到它的民主主义革命的性质。

二 俄国革命的国际性影响

如上所述，李剑农和皮皓白都认为俄国革命的性质与法国革命是一致的，是为实现"民权自由与民族独立之两大主义"②，那么它的影响所及于国际社会也必在此两方面。令人不无惊讶的是，二氏都指出最受俄国革命影响的，当是发动大战的德国和奥匈帝国，"其直接受俄之影响影响者，尤当以德、奥为著"。③

皮皓白指出，俄帝被废的翌日，德国普鲁士首相在议会上即宣布改革政治，并赞成选举权扩张。而有"实业界舆论之指针、素以稳健自由主义鸣于时者也"的《伏兰克伏时报》就此发表社论，表示欢迎首相的宣言。可见："彼都民论之趋向，为新俄罗斯主义所移易者，宜有可以推知其一二也。果哉，维廉二世，复有半月以来，焕发大诏暗示普鲁士之三级制选法，当为废除，上院组织亦采用最新制度。是俾士麦、彪罗等数十年来苦心拥护之普鲁士式的政治，竟于醉心帝王神权之维廉时代，不先不后将随彼东邻革命影响以变化其气质也，明矣！"④

而在奥匈帝国，其国内民族复杂情形要比俄、德更严重，尤其是斯拉夫族、日耳曼及匈牙利族之间，"平时以利害感情之不同，即已不免有分崩离析之征兆"，全赖奥匈政府的"调剂得宜"才未分裂，但其东邻的俄国既爆发革命，犹如民权的曙光引导被压迫民族的解放事业。皮浩白说："今则不然，东方既曙，民权大张，读彼临时政府对内外之宣言，尤息息与威尔逊总统新美国主义相符合，则他日气求声应，彼匍伏于奥匈治下之斯拉夫民族谁

---

① 沧海：《廿纪世界之大变化》，《太平洋》1卷3号（1917年5月1日）。

② 皓白：《俄罗斯大革命及其影响》，《太平洋》1卷4号（1917年6月15日）。

③ 沧海：《廿纪世界之大变化》，《太平洋》1卷3号（1917年5月1日）。

④ 皓白：《俄罗斯大革命及其影响》，《太平洋》1卷4号（1917年6月15日）。

保其不因应时代潮流，进而各谋所以独立自由之道也哉。况波兰独立问题，已于威尔逊总统'无胜利之平和'演说中，一既论及；俄国新政府又再三言明，他如英、法、意诸联合国，尤已满意承认，则谓格里西亚之原属波兰旧域，及并入普鲁士内之波潜等处，大战之后，波兰将光复统一之于以建立一独立共和民国。因而增进新世界和平进步之福祉也，虽不中不远矣。"而德、奥之外的欧洲国家，也不能不受俄国革命的影响，"彼欧洲列国政府中，入月以来，有孜孜以扩张选举权宣告，急急以修改国会组织法为约者，意者其俄罗斯政潮之澜之反应也欤"。①

由上可见，俄国革命的影响不仅直接于德、奥的政治民主和民族独立，而且挟此法国革命以来的民主共和潮流，为整个世界带来了和平和进步，所以俄国革命的世界意义，用李剑农的话来概括："要之，今日俄人之革命，其影响于民主主义者必甚大，必足为廿纪世界之政史，增一色彩，必足以坚共和之信仰，而寒帝政之魂胆，此吾人之所可信者也。"② 皮皓白也强调世界范围的共和主义对于帝政胜利的意义，他指出，在 20 世纪开始，屈指大地，君主之国日益少，而民主之国日加多，"若葡萄牙、若我中国、若俄罗斯，十年之间，均次第将君临数百年威福自擅之王朝，摧陷廓清之。由是，而平民政治之曙光，自西、自东、自南、自北，得以后先辉映照耀人寰矣。"③

三　俄国革命的演变及与中国政争的比较

对于二月革命后到十月革命之间的俄国政治形势的变化，《太平洋》有一篇十分重要的评论文章，是李剑农的《革命后之俄罗斯政变》，大概写于 11 月 7 日列宁领导的彼得格勒武装起义以前。但这对于当时的中国人来说亦是十分难得的一篇即时报道俄国革命演变的文章；国内的报刊大约到 1918 年才有一些评论文章。④ 如前面所述，李剑农对于俄国二月革命的成果是十分赞赏的，也曾表示出对俄国未来民主政治发展的乐观展望，但他在此文中则根据事实的发展，以"调和论"来分析俄国的政治形势，对于即将

① 皓白：《俄罗斯大革命及其影响》，《太平洋》1 卷 4 号（1917 年 6 月 15 日）。
② 沧海：《廿纪世界之大变化》，《太平洋》1 卷 3 号（1917 年 5 月 1 日）。
③ 皓白：《俄罗斯大革命及其影响》，《太平洋》1 卷 4 号（1917 年 6 月 15 日）。
④ 杨奎松：《海市蜃楼与大漠绿洲：中国近代社会主义思潮研究》，上海人民出版社，1991，第 116 页。

爆发的极端的社会主义革命表示不满。这一点与一年后李大钊正面评价"十月革命"有相当大的差别。但如果我们把二者前后连续起来看待，不正可说明中国人对于俄国革命评价的思想变迁吗！

李剑农指出，二月革命以后数月，俄国的政治形势日趋险恶，主要原因在于极端社会主义者，"得寸思尺，得尺思丈，气焰愈张，几有不能抑制之概"。他分析，俄国推倒帝制的革命是由"立宪进步派"的政治势力和"社会工人派"的群众势力合力完成的，所以临时政府由各派政治领袖组成，而在政府之外还有"兵士工人代表会"（苏维埃），两者"相轧铄，几有不可驾驭之势"。7月下旬加里西亚战役的失败，加剧了俄国政治、军事上的变化，于是克林斯基（今译克伦斯基）取代里华夫出长临时政府。李剑农对于克林斯基的评价颇高，认为克氏是稳定俄国政局的关键人物，他说："克林斯基以勇于任事，临机敏捷，见誉于时者也，虽为社会工党之领袖，然亦颇能持大体，而不趋于极端。在兵士工人代表会，以为克氏固持社会平等主义者，必能与己辈同政策；在其他各党，以为克氏足以控制兵士工人委员会，而又不趋于极端，实为应时要求之人才，故自克氏继任临时政府首长后，万目集注于其一身，视为俄国之救主。"[①]

但是，如前所说，临时政府和彼得格勒的苏维埃从它们成立之日起，就互把对方视为实际上的敌对者。[②] 李剑农批评雷林（列宁）是极端主义者，肆意煽惑兵士工人代表会反对克林斯基政府，"既与临时政府抗衡于内，对于军事为二重之牵制，复于战场肆其鼓吹，使长官之命令不能行，则安往而不败"。俄国又在9月初的利牙战役中失败，丢失了这个重要的海上要塞，引起前敌总司令可尼诺夫的不满，"愤国事之不可为，因与克林斯基大起龃龉，遂至铤而走险，向克氏提出严重之要求，思以强力取得中央政权，实行的克推脱（Dictator）"。不过，可尼诺夫的叛乱很快地为克林斯基平定，克氏乘此时机"正式宣告共和，并谋政府之改组"。显然，李氏对于这个克林斯基政府是给予同情的，赞赏克氏在10月初组成的"联立内阁"颇为成功，有效抑制了社会工党企图独占内阁，以遂其"立时停战、土地均分、资本剥夺为唯一目的"。[③]

---

① 沧海：《革命后之俄罗斯政变》，《太平洋》1卷8号（1917年11月15日）。

② C. L. 莫瓦特编《新编剑桥世界近代史》，第12卷，第559页。

③ 沧海：《革命后之俄罗斯政变》，《太平洋》1卷8号（1917年11月15日）。

后来的历史如我们所知，11 月 7 日彼得格勒武装起义爆发，"十月革命"即所谓社会主义革命在俄国广阔的土地上展开了。[①] 但李剑农从报纸上得知十月事变的消息后，痛惜俄国革命也将走上法国革命的极端道路。他接着评论说："然旬月以来，所谓兵士工人代表会者，攻击克氏之声，又复有所闻。新政府中，又有挂冠而去者。据日昨报端之所传，则俄都之暴动复起，并闻克氏亦在被捕之宣告中矣。主动者，即为极端派首领之雷林。克林斯基果终不能镇服此辈欤？则法兰西大革命之覆辙，杀人流血之惨剧，恐终不获免，而俄事愈不可问矣。"[②]

还有一点颇值得我们注意，即李剑农将俄国二月革命之后的政治形势的演变，与中国辛亥革命以后的政治斗争试做了比较，或更确切地说，他是取《太平洋》对于中国内政的主张——"调和论"，来分析俄国形势。他认为，中、俄两国国内的急进派与缓进派势力的对抗形势正好相反，他说："夫俄国此次之革命，最初内幕中，原为缓进派之通力合作，其结果则缓进派之势力渐被逐出，即急进派中之较为温和者，亦有不能见容之势。吾国之革命，最初之主持者，原为急进派，倒袁之役，则以缓进派与急进派之通力合作成之，其结果则急进派之势力者，皆被逐出，即缓进派之较持进步主义者，亦有不能见容之势。癸丑之事，既如此矣，今日之事虽未即至若此，然恐终亦不能幸免于此。俄在今日为极端急进派势力发动最烈之时；吾国今日则为极端守旧派势力发动最盛之时。故曰与吾国政变之情状恰为正反对也。"[③]

之所以有此不同，在他看来，是因为中、俄两国的社会情势根本的不同。俄国人民处于极端贵族专制政体下，本已有深刻的"阶级嫉视之观念"，而随着近代工商业发展所造成的资本家与劳动社会的相互嫉视，并欧战以来经营军需品的资本家的特别利益与劳动兵士社会的疾苦成对立，均使"阶级观念又复增强一度"，"嫉忌之观念蕴蓄益深，其破裂之势必愈烈，不遇破裂则已，一遇破裂，其势遂不可收拾"。而下层阶级正是因战争而组织起来，所以俄国局势最终为"兵士工人代表会"的极端派所控制，虽强干精敏如克林斯基，亦不能控制政权。而在中国，所谓的阶级观念没有发展起来，而一般人民既无政治意识，就不能有助于新进派的事业，他说："吾邦

---

① 潘润涵、林承节：《世界近代史》，北京大学出版社，2000，第 773 页。
② 沧海：《革命后之俄罗斯政变》，《太平洋》1 卷 8 号（1917 年 11 月 15 日）。
③ 沧海：《革命后之俄罗斯政变》，《太平洋》1 卷 8 号（1917 年 11 月 15 日）。

昔日固为专制之政，然专制政府维持之基础，乃在放任以为治，无大地主、大资本家，故乏阶级嫉视之观念。革命之起，乃以迫于外力之侵逼，以种族情感为发动之机。满清政府倾覆后，社会一般之平民，遂以为无事矣，其所希望者仍为恢复放任以为治，各安生业之旧，政权操自何人，非一般愚民之所欲问。故以新进派与保守派战，新进派虽有改良社会之根本目的，在社会一般常民视之，仍无异隔壁王大娘之事，与己不相干，况新进派中又复不无争夺私利之嫌，故不能得普通人民之助力，而旧派则据其已得之武力以相临，此所以成今日武夫官僚专政之势也。"①

据此，李剑农给国内从事社会革命运动的激进分子提醒说："则速求与普通社会之常民生密切之关系，或尽力教育启迪之事业。（不限于当教员、办学校。）或尽力于工商之事业，于不知不觉中成为工商社会之领袖，此为异日政治活动之根本立足地也。"同时，他也提醒国内武人官僚说："吾国人民本乏阶级嫉视之观念，今日汝辈之行动若急欲造成阶级嫉视之观念者，曰吾某系，彼某系也，某省督军必属吾人，某部枢机必属吾人，互植爪牙，互竞权势，敛财如丘山，役众如犬马，搜括不足，出卖国权，膏脂既竭，流亡愈众。久而久之，阶级嫉视之观念渐深，社会所感之痛苦愈极，昔日之为种族革命者，其终将流为社会之革命。彼时人人皆挥红色旗，家家皆藏爆裂弹，汝辈虽手握军符，肘悬印绶，其如彼辈之不听命何？谓予不信，则请质诸俄国今日之蒲留西洛夫、可尼洛夫与克林斯基，必足以证予言之不诬也。"②

留英同仁对于俄国问题的后续评论时断时续。③ 与本节主题有关的是李剑农评论"俄德和约"（实际上是俄与德、奥、土、勃四国和约的简称）的文章，文中指出，俄国自克林斯基政府摧倒之后，政权全入于极端劳工派之手，由托鲁斯基（今译托洛兹基）主持外交。俄国一面与英法协约国开始和议，一面与德缔结休战条约，实行议和，折冲数月，始有1918年3月3日与德、奥、土、勃四国"协定平和条约十四条"。李剑农利用英国报纸揭

---

① 沧海：《革命后之俄罗斯政变》，《太平洋》1卷8号（1917年11月15日）。
② 沧海：《革命后之俄罗斯政变》，《太平洋》1卷8号（1917年11月15日）。
③ 由于《太平洋》从第二卷开始不设"海外大事评林"，对于世界大事的评论有所减少，且多以论说的方式对世界政治经济问题进行讨论，其中涉及1919年以后的苏俄问题则有如下三篇：高一涵《俄国新宪法的根本原理》（2卷1号）；松子《苏俄的政治组织》（4卷9号）；皮皓白《苏俄经济政策的演化》（4卷10号）。根据行文需要，这些内容将在第四节中论述。

载的条约内容，"移译其大旨"，向中国读者介绍这一新变化。[①] 这项条约在今日史书中的评价是"一个屈辱的惩罚性和约的范例，它的各项条款实在苛刻，它是俄国长时间来耗费了巨大代价，参加第一次世界大战所得的痛苦结局"。[②] 因此，面对如此的屈辱，任何当政者都难辞其咎，但李剑农认为，俄国的这种结果，实则由于革命前崇尚武力的专制主义沙皇政府造成的。他说："观右列之报告，可知俄国丧失之巨矣。呜呼！当 1914 年 7、8 月之交，俄人之所梦想者岂若此乎？彼时非以援助同民族之小邦相呼号乎？非以夺取君士坦丁求得海道出口于地中海为梦想乎？而今所得之结果乃若此！吾知彼崇拜武力专制，崇拜强权主义者，将曰：今日俄国所得之结果如此，是革命者之罪也；是极端劳工派之罪也。然吾欲问此极端劳工派之革命暴徒，谁实造成之乎？或谓此为大哲托尔斯泰之所造成，吾则曰托尔斯泰固有造成今日潮流之功，然造成托尔斯泰者，即汝武力专制强权主义之政府也。换言之，负造成极端劳工派之责者，即武力专制强权主义之政府也。然则俄国今日所得之结果，与其归罪于极端劳工派，毋宁仍归罪于崇尚武力专制强权主义之旧政府之为当乎？"[③]

以上留英同仁对于俄国革命的评论，肯定了"二月革命"的自由民主主义性质，而对继之发生的"十月革命"则持痛惜的态度，尚未形成后来的"社会革命"的概念。但"五四"后一部分中国知识分子，很快转变了观念，认为社会主义革命要比民主主义革命更"新"。这里的思想言说和观念的转换，构成了中国最终选择"走俄国人的路"的一部分。[④]

第三节　美国、日本的宪政问题

美国和日本的宪政比较是一个饶有趣味的问题。美国是一个日渐成熟的民主宪政国家，但由于三权分立所造成的行政效力低下，急需政治家予以改革，战时的威尔逊正是这样的政治家；而日本则是被称作"半专制、假立

①　沧海：《俄德和约》，《太平洋》1 卷 10 号（1918 年 7 月 15 日）。

②　C. L. 莫瓦特编《新编剑桥世界近代史》，第 12 卷，第 593 页。

③　沧海：《俄德和约》，《太平洋》1 卷 10 号（1918 年 7 月 15 日）。

④　关于中国人从以欧美为榜样到"走俄国人的路"的思想转换，参见罗志田《新的崇拜：西潮冲击下近代中国思想权势的转移》，收入罗志田《权势转移：近代中国的思想、社会与学术》，第 71～75 页。

宪"的官僚主义的国家，于战时强化了它的官僚主义和中央集权主义政治。以下分别述之。

一　美国总统威尔逊的连任及其宪政改革

1916 年年底美国总统伍德罗·威尔逊竞选连任成功，第二次入主白宫。因为此前曾一度传言威尔逊败于共和党候选人福斯（Hughes，今译休斯），"一时观战者，以为威尔逊君真失败矣，且以为其失败之原因，在于外交软弱，不满于多数国民之意，乃未几而来与前此相反之报告，则威尔逊君竟当选连任也"。李剑农在《美国新任旧总统》一文中，分析威尔逊取胜的原因，他认为威尔逊再次连任之道，完全是由于他在对外关系上的政策吸引了选民，而不是一般的看法：以为美国人趋于理想主义的心理，使他们选择了有"理想者"之称的威尔逊，而放弃更重实际的福斯。他说："此次选举决胜之具，对外问题为其最重要之一端，甚不可忽视者也。美人最爱正义人道，然亦最爱和平，苟有专恃强力以欺凌弱小、蔑视正义人道者，美人辄不直其所为，然在能保持自邦之威严与实际利益之范围内，则亦不愿轻自投入战争之涡中，干与他国之事。"①

欧战爆发以后，美国国内舆论尤其是东部沿海各州人士，颇有主张美国应当乘此时机放弃门罗主义，寻求积极干涉欧洲事务的途径，但威尔逊于1914 年 8 月 4 日发表声明，宣布美国"中立"和"热爱和平"，这意味着威尔逊在其总统第一任期内仍然奉行门罗不干涉主义。这一政策使美国避免过早地卷入欧战，重要的是迎合了美国人的心理，"竟然成为他取得胜利的一个原因"。② 李剑农引用蒲徕士分析美国人心理因素的一段话说："若其全体国民之意见，则以为于己国之权利不被侵害不生影响者，决不投入战争之涡中。盖徒因寄同情于正义，而为从井救人之计，世未尝有此国民也。且自华盛顿以来，对于旧世界一切国际阴谋，纵横捭阖之术，利（力）图避除，为美人对外政策相传之根本主义。苟起华盛顿于今日，或为世界之大利与己国将来之安固计，竟能不顾其根本主义。然以望之中西南各部多数之美人，欲其竟能放弃此种遗传，不可得也。"可知实际上大多数美国人趋于不干涉主义，而福斯等竞选者虽批评威尔逊对外政策是"怯懦的中立"，却于自己

① 剑农：《美国新任旧总统》，《太平洋》1 卷 1 号（1917 年 3 月 1 日）。
② C.L. 莫瓦特编《新编剑桥世界近代史》，第 12 卷，第 764 页。

的政策也不能有明确的主张，更不敢旗帜鲜明地提出冲破传统外交政策的主张，这导致了福斯等人不能在美国中西部地区赢得更多的选票。李剑农评论说："故自欧战发生以来，卢斯福所统率之进步派与旧共和派，皆诋威尔逊之中立政策为'怯懦的中立'（Timid Neutrality），终未敢自宣明其所应执之政策为何，或竟出而为武力之干涉。盖亦心知美人多数之心理，甚不顾投入战争之中也。威尔逊派对于敌党之防护，则亦曰：中立为美人不二之政策，当比利时被德人侵犯时，美政府取公式缄默态度，敌党领袖亦皆认其当然，且总统非一党一部分人之代表，而为国民总体之代表，国民总体之情感利害，甚为复杂，不得以一党一部分之意见蔑视之，换言之，即国民总体之意思，甚爱和平，不顾投入战争之涡中也。"[1]

李剑农还指出，其实威尔逊在外交方面的能力是有欠缺的，尤其在处理墨西哥事件中"未尝不有稍失机宜之处"，但威尔逊又是一个"理想高洁、学行优美之君子"，"其嫉恶权奸、扶植公道、不欺弱小之诚心，则为天下人所共睹"。所以他在处理墨西哥事件上的立场是"以保持正义人道、力求平和为主旨"，而不收墨西哥于囊中。威尔逊的诚信实际上也是与多数美国人的根本心理相默契，所以他处理墨西哥事件虽遭"失机"之讥，亦能得多数人的谅解，"终不足以妨其选举之胜利也"[2]。

另一方面，对于李剑农来说，威尔逊给他最深刻的印象，乃是威氏以政治学教授、普林斯顿大学校长的身份出任州长，进而总统，但同时对于政治学的贡献和美国宪政精神的转变，有着其他政治家无法比拟的成就。李剑农指出，早在 1885 年威尔逊比较英美国家的政制，撰著《康格雷政府》（*Congressional Government*，今译《国会政府》）一书，批评美国宪制抵衡原则的弊病；在欧战前几年，他在哥伦比亚大学以"美之宪政"作为讲题时，仍表示对于抵衡制的强烈不满，指出："政治作用以奈端（今译牛顿）动力学之理论驭之，不如以达尔文生物学之理论驭之。换言之，即机械之抵衡主义不如机体之灵活主义也。"又指出："美之宪法，亦无异于英之大宪章，可因时而易其精神，立法、行政，宜使融为一贯，总统之地位，当如英之内阁首长，负指导立法之任。"李剑农评论威尔逊的这些政治学见解时，禁不住流露出一股钦佩之情，认为威尔逊日后果然将他的学说应用了起来，并且

---

[1] 剑农：《美国新任旧总统》，《太平洋》1 卷 1 号（1917 年 3 月 1 日）。
[2] 剑农：《美国新任旧总统》，《太平洋》1 卷 1 号（1917 年 3 月 1 日）。

大大改变了美国的政习和宪政精神。李氏说："方彼（威尔逊）之为此言也，已若异日将身为总统，改良政习，预先造铸舆论，以为异日实行地者。果也，于1913年就任之始，康格雷开院，即破百余年来之先例，亲捧觉书入院宣读。（向例：美总统觉书，使人送院宣读，不自临院。）此后关于立法，虽以格于宪法条文，不能参与讨议，如英之阁长，然实际彼于立法上之暗中活跃，为前此各总统所罕及。盖自18纪下期以来，美虽久籍议长地位，造成所谓立法、行政半连环之小内阁，总统于立法上之活动，终有限度。威尔逊则以为总统之任务，非徒为行政之首长，且为立法之指导者，务使其趋近于英之内阁首长为当。故自就任以来，如关于关税、货币、银行及其他种种法案之修改制定，无不极其指导活跃之能，是成为美之宪政放一异彩者也。使非欧战发生，各种外交重大问题梗其活动之机，对于内政之革新，或将尤有可观者焉。"[1]

学者指出，在美国政治史上，威尔逊的确实现了当初的立言："他有什么样的才智和魄力，就做什么样的总统。"他大张旗鼓地进行行政和内政改革，使之在这方面取得了以前的总统很少有人能够比得上的成就。[2] 李剑农通过这个伟大成就，试图向中国读者传达一个经验，他说："吾于此而知宪政之运用，存乎宪法之良否者半，存乎运用宪法之人者亦半。美以抵衡主义之宪法，威尔逊临之，则抵衡者可化为融活；吾有内阁制精神之约法，为政者蔽于旧时政习，不知求以行政与议会相融贯之方，而纯倚不规则势力为之后盾，是岂尽约法不良之过乎？今之力求宪政，与有制宪之责者，其亦知所反矣。"[3] 他希望的是国内制宪者不要纯为三权分立所迷惑，因为美国的宪政也已经转向行政、立法相融贯的精神。

二　日本宪政之观察

从前面对英、美民主国家的政治问题的讨论，可以看出留英同仁对于列国政治的关注，很大程度上是集中于宪政运作和改革上，并努力为中国的宪政提供有益的经验。而日本在1916～1917年发生的政局变动，同样成为留英同仁以西方宪政标准加以评判的一个实例。

---

① 剑农：《美国新任旧总统》，《太平洋》1卷1号（1917年3月1日）。
② C. L. 莫瓦特编《新编剑桥世界近代史》，第12卷，第762～764页。
③ 剑农：《美国新任旧总统》，《太平洋》1卷1号（1917年3月1日）。

日本留学生元翼发给《太平洋》的文章《日本最近之政情》，叙述了1916 年 10 月寺内内阁取代大隈内阁的经过。大隈内阁实际上自 1914 年春成立之时，"以所行不逮平昔之所言，往往不满人望，日在动摇之中"，但同年爆发了欧战，日本国内上下不希望政局更迭，才使其命运得以延长，而次年又因中日"二十一条"交涉问题，再得以延长。直到 1916 年，大隈内阁终以对华政策招致国际国内舆论的谴责，而且更由于日本元老方面对于大隈政策的强烈不满，不得不接受倒台的事实。虽然大隈在提出辞呈的同时，推荐同党的加藤子爵继任，但是元老们已不再满足于政党政治，遂指定时任朝鲜总督的寺内正毅，"直入东京"，接受天皇下达组阁的命令。元翼评论说："亦足见日本政治之中心，仍在元老掌握中，与政党政治相离尚远也。"但同时他观察到寺内内阁虽以"超然内阁"自称，却遭到了几乎所有日本党派、一般团体群起反对，如同志会集会声称反对这个"违反宪政常道之内阁"，政友会亦通过决议称绝对反对"不以政党为基础之超然内阁"，此外如记者俱乐部、记者团等各团体，"莫不各张排阁之帜，声势汹汹，震撼全国"。而且，"东京市面证券价格为之暴落，大形恐慌之象。识者皆目寺内之拜大命，为将来政变频发之酵素"。①

寺内内阁成立以后，急欲取得众议院中的各个党派的支持，但实际上议院中支持新内阁的党派很少，甚至在新内阁成立的翌日，由同志、中正会和公友俱乐部联合而成的"宪政会"以反对派身份，"斥元老、排军阀，以不组织政党内阁为非立宪，着着准备，欲于议会开会时，与寺内决战"。其次，国民党党魁犬养毅面对寺内正毅的拉拢政策，"匪惟淡然置之，乃时加以冷嘲热讽，其不慊于寺内，亦略可见"。所以，在议院中，寺内每一举措，必遭各政党的攻击，根本无法得到各政党的好感，"于是寺内自寺内，政党自政党，愈离愈远"。到 1917 年 1 月 25 日众议院集会时，犬养毅代表国民党发表演说，正式向寺内内阁提出不信任案。而寺内亦登台答辩，声色俱厉地声称："内阁之进退，纯为大权发动，外间所不能容喙，如必欲不信任，则唯有以最后手段解决之。"于是，当天寺内即下令解散议会。元翼评论说："日本此次议会之解散，早在一般人意料之中，而其民党之气，未尝稍馁，竟与政府肉薄（搏）。此可见其民党之威严，又以见其内阁之专制

---

① 元翼：《日本最近之政情》，《太平洋》1 卷 1 号（1917 年 3 月 1 日）。

也。"他并认为，日本如此情状，其宪政前途，实不容乐观。①

日本上届（第 38 届）议会既遭寺内的解散，兹定于 1917 年 4 月 20 日重新选举新一届议会。寺内及其政府要人则开始操纵选举，首先召集警察会议、司法官会议及地方长官会议，并训示以政府方面关于选举进行方针、选举取缔方针等。元翼指出，寺内的意图十分明显，即动用政府权力操纵或直接干预选举，这也是日本历来选举的最大弊病，"日本维新以来，号称立宪者数十年，而民意往往屈于官意"。②

但元翼没有接着评论以下事态，以下是李剑农写了《日本之议会改选与地方长官》一文，继续评论日本宪政问题。他接着上面的问题指出，日本政府总是在议会选举前，开始频繁更动各地方长官，并召集地方长官会议反复宣示中央政府关于议会选举的各项方针，以保障政府派最终取胜。这种做法，在李看来是完全违背了议会政治的精神，他说："夫议会改选之真义为何？必曰：以议会中之政府党与反对党之所争持者，诉之于选民，以听选民之裁决而已。地方长官必无与于裁决曲直之事；中央政府除以改选之事，通告地方长官，令其执行选举外，必无须召地方长官于一室，三令五申，喋喋焉切言之曰：政府所持之理由如何如何，反对党如何如何之非理；尔辈务明政府之方针，对于选举须如何如何之注意，勿负政府之所期望。苟虑选民不明政府与反对党相持之真相，则起而巡回于国中，演说各处，以所持之政策，披肝沥胆，一一对国民宣布之。此近世文明政家所循之常轨也。"③

而且依君主立宪政治的惯例，内阁的任命在形式上通常是以君主任命议会中的多数党出任，但实际上，"日本为钦定宪法、天皇大权行使之邦，不容议会多数党之意思"。对于内阁的任命"形式上、实质上皆以元老干与（预）之"。同时为了使已受政党政治思想学说影响的国民体谅如此内阁，"全仗地方长官之力左右国民，勿使多数党得以政党政治之邪说流行其间，而后政府可获胜选"。李氏评论说："所谓庶政公诸舆论之意思，尚含有几许乎？其舆论之价值，尚有若干分乎？政府之所凭籍于舆论者，乃在赖有竭忠尽智之地方长官，为之左右之、养护之、指导之，而深畏多数党派之煽动之、搅乱之，则其舆论真正之势力，甚为薄弱可知，即所谓庶政公诸舆论之

---

① 元翼：《日本最近之政情》，《太平洋》1 卷 1 号（1917 年 3 月 1 日）。
② 元翼：《日本最近之政情》，《太平洋》1 卷 1 号（1917 年 3 月 1 日）。
③ 剑农：《日本之议会改选与地方长官》，《太平洋》1 卷 2 号（1917 年 4 月 1 日）。

意思，亦从可知矣。故予不敢谓日本之宪政为退步，然亦不敢谓其有若何之进步也。"①

李剑农接着指出，日本作为东方最早的立宪国家，宪政运行已数十载，议会召集也已38届，"进步之迟迟，犹尚如此"，原因何在？他认为，根本原因就是中央集权主义与议会政治不相容："仆以为凡行中央集权之邦，难望其成良好之议会政治，最大因由则以地方选民除数年一次之选举投票外，于国家政务常为不交涉，地方舆论对于地方政治势力甚为微弱。因是，地方人民政治之兴趣无从振起，奉公乐政之心亦甚淡然，选举之行皆为专务僚吏政客之势力所左右，必至议会意思远于舆论之真相，而中央各政派所恃以之选举制胜者，亦不在真正之舆论而在其夹袋中之地方长官势力，此必然之势也。……（日本）则以废藩之后，厉行中央集权主义，中央权力之强达于最高度，地方舆论之力及于地方政治者，则停于其最低度，诸事仰地方官僚之鼻息，地方官僚仰中央之鼻息，故屡逢议会之改选，政府党辄获胜利，其失败殆例外也。"②

最后，李剑农也要为中国宪政提出一些建议。他对民初有人宣传仿行日本的"废藩置县"，在中国也推行"废省置县"以实现中央集权的主张不以为然。因为他认为，日本各藩的势力只存于藩主，而"吾邦之省，则久脱封建诸侯之范围，隐然成为一有机体，其势力不存于一人而存于半醒半睡之地方团体"。此有机体已非中央势力所能压迫，相反，它的势力足以陷中央于无能的地位，"故欲废之，非惟不能，亦且有害，今日之所最宜注意者，惟在令此有机体构成各分子渐次达于完全觉醒之域，勿为一部苛性最强之分子，酝酿纷扰，阻碍其发达之机耳。苟妄以日本废藩置县、集权中央之思想行之，吾见其结果更万万不逮日本矣"。③ 这里表达的是李氏自己的分权主义的理念。

第四节　战后的"代议制之改造"思潮

第一次世界大战时期西方国家的社会政治的变化及留英同仁的精心评论既述之如上，下面再考察留英同仁对于欧战告终之后西方各主要国家及新立

①　剑农：《日本之议会改选与地方长官》，《太平洋》1卷2号（1917年4月1日）。

②　剑农：《日本之议会改选与地方长官》，《太平洋》1卷2号（1917年4月1日）。

③　剑农：《日本之议会改选与地方长官》，《太平洋》1卷2号（1917年4月1日）。

国家在政制和宪法发展上的一个新趋势（其实在欧战爆发之前已有微弱的风向），即"代议制之改造"思潮。

所谓"代议制之改造"思潮，如王世杰所总结的："欧战告终而后，许多新造的国家，如德、奥、俄、南斯拉夫、捷克斯洛伐克、波兰诸国，已经产生了许多新宪法，及关于宪法的新法律，许多旧的国家，如英、美、法诸国，亦有宪法修正案或关于宪法之新法律产生。这些新宪法、宪法修正案，以及关于宪法之新法律，因各国固有状况之不同，彼此自然有许多歧点。但综观全体，他们却有一个共同的趋向，这个共同趋向，便是代议制之改造。"① 那么，留英同仁对于来自欧美国家的政治新潮又做何回应呢？而这种回应必然影响到他们后来所推动的联省自治运动，故有必要再作讨论。

欧战之后，新立国家陆续通过新宪法，大致分为两个系统，即苏联之社会主义宪法与德国及其他中东欧诸国之民主主义宪法。② 《太平洋》第二、第三卷中对于这批新宪法多有评论，发表了高一涵的《俄国新宪法的根本原理》，沧海（李剑农）的《德意志新宪法评论》，松子（周鲠生）的《普鲁士之新宪法》、《捷克斯拉夫共和国宪法》、《新墺大利宪法》以及《南斯拉夫国宪法》，等等，这些评论所涵盖的国家广泛，是《太平洋》杂志同仁从各国制宪运动中汲取经验的一条重要途径。同时，从欧美国家的代议制改造的政潮中反思中国的议会政治问题，《太平洋》亦有专文介绍、评论和表达，发表了王世杰的《议院制与社会主义》、《中国议会政治之前途与贿赂风气》，武堉干的《联省自治与职业主义》，以及唐德昌的《代议制发达之小史及在中国应行改良之点》四篇文章，这些文章与同时期《东方杂志》对于欧美国家代议制改造动向的关注是一致的。③ 以下则依上述两个方面的

---

① 王世杰：《新近宪法的趋势——代议制之改造》，《东方杂志》19 卷 22 号（1922 年 11 月 25 日）。

② 邓丽兰：《域外观念与本土政制变迁——20 世纪二三十年代中国知识界的政制设计与参政》，中国人民大学出版社，2003，第 32 页。

③ 关于《东方杂志》在 20 世纪 20 年代早期对于代议制改造问题的评论，可以参见邓丽兰《域外观念与本土政制变迁——20 世纪二三十年代中国知识界的政制设计与参政》，中国人民大学出版社，2003，第 26～28 页。实际上，此时期《东方杂志》上对此问题关注的学人亦主要是章锡琛（昔尘）和王世杰，章在 1920 年即发表两篇相关论文，而王世杰在 1921～1922 亦连续发表三篇相关论文，其中只有《新近宪法的趋势——代议制》一文为《东方杂志》上首发，而上举《议院制与社会主义》一文，系 1921 年 1 月 25 日在北京大学讲演的稿子，但先在《太平洋》上发表，后在《东方杂志》上转发；《德谟克拉西与代议制》一文亦是《东方杂志》从《评论之评论》杂志上转载的。

部分材料，讨论留英学人主持的《太平洋》对于宪法和政制改造问题的若干新认识。

一　对于战后世界两大宪法系统的认识

在中东欧新立国家所通过的诸种宪法文本中，尤以德意志联邦宪法与德意志联邦之下的普鲁士省宪法最受《太平洋》杂志同仁关注。这两部宪法在欧战后诸多民主主义系统之宪法当中，最能体现西方政治新潮的影响。李剑农认为前者已经是一部"民治主义很进步的宪法"，"不惟比1871年的德国旧宪法大大进步，就把近欧美各国的民治宪法来比，他也应'首屈一指'。说到社会主义，他虽不曾把资本阶级推翻，但依着他进行，也不难达到社会革命的目的。假使俄国在克林斯基政府之下，制定一种新宪法，我敢说他的新宪法精神，也不过是如此。我们不能因为有俄国现时'苏域'（即苏维埃）政府的组织，横在前面，把德国新宪法的价值蔑视了"。[①]

后者又如周鲠生所评论说，普鲁士之新宪法精神，"倾向进步主义，革命后之普鲁士其将从此趋于自由主义民主政制乎？君政时代之普鲁士，以君主大权、官僚政制著名，守旧派帝政党仰为模范。今日之新宪法，举国民主权、责任内阁、人民直接参政之诸原则，概行承认而详明规定之。其适应进步思想，规定周到之处，亦足为后此制宪者之师资"。[②]

由于中国联邦主义思潮已然再度兴起，关于主权问题的讨论争论不休，所以李剑农尤其注意到德意志新宪法中关于联邦主义与主权关系的设计，以为中国联邦主义制宪者提供经验。他依据德宪法条文指出："观此就知道往日的德意志，是以各邦君主代表各邦为主权单位的联邦国；现在的德意志，是以德意志民族结合而成的共和国；以民族全体为主权的单位，不以各邦为主权的单位，并且新宪法上所用的'邦'字，都改变了。往日所称的邦，德文原为Stäaten，新宪法避而不用，改用Länder。因Stäaten这个字，习惯上都认为代表有主权的'国'；Stäaten不过代表国土一部分的意思。新宪法制定的人，恐怕各邦习于旧来'邦为国家'的观念，故连旧来的'邦'字都改用了。这就是主权的寄托上，不认联邦主义。"[③]

---

① 沧海：《德意志新宪法评论》，《太平洋》2卷7号（1920年11月5日）。
② 松子：《普鲁士之新宪法》，《太平洋》3卷1号（1921年6月）。
③ 沧海：《德意志新宪法评论》，《太平洋》2卷7号（1920年11月5日）。

更令李剑农感兴趣的，是德意志新宪法亦采用了责任内阁制，但它的责任政府又与英法的责任政府绝不相同。他说："英法的责任政府，立法、行政的责任，全寄于内阁与国会，政策由内阁决定，法案由内阁提出，由国会取决，所谓责任，就是内阁对国会负责任，内阁以上的总统或君主，政治上全无责任可说；选举国会的人民，除了选举以外，对于政治，也别无参与的机会。依德国新宪法，内阁对于国会，固然是要负责任，总统也不是全然成为傀儡、政治上全无责任的；国会虽然有庞大的立法权，对于内阁的课责权，人民直接参政的机会也是很多的。……从这些条文看来，总统在政治上，也是有责任的，国会通过的法律，他可以付诸公民票决，国会对于他的适任与否，也可以冒着自己解散的危险，付诸公民票决，国民除了选举以外，不惟有直接公决法案权，并且有自己直接提出法案权。这都是英法的国会政府所无的。"①

以上可见，德意志新宪法是鉴于代议制诸多弊害而做出了新的政制设计和改造方案，它甚至纳入了全体人民直接参政的精神，取瑞士的方法，即"公民票决"（Referendum）和"公民发案"（Illitiative）。② 所以，李剑农认为这是进步主义的宪法规定，值得中国去效法。他说："（德意志新宪法）适用的范围，虽然不如瑞士广泛，在欧美各邦中，总算是首屈一指了。他的实地运用，果否成功，虽然不敢预断，但据我个人的理想，若采用代议制中责任内阁制，又要免除一党专横之弊，除此别无良好的方法。现在行代议政府制的，大都主张国会内阁，崇拜国会万能主义的，以为国会是人民的代表，国会的行动是不可抵抗的；遇着一党派专横的国会，作出万恶的事来，还说是本于民意；中国的旧国会、新国会，不都是这样么？我希望大家对于德国新宪法这一点，注意研究研究。"③

与欧美主要资本主义国家的民主主义宪法相对立的世界第一部社会主义宪法——苏俄宪法于1918年问世，使中国知识精英意识到人类社会又增加了一种宪制类型。此即周鲠生指出的，"单就制度自身着眼，苏俄的政制组织，在政治学上供给了一种新的政治的模型"。亦即，苏俄式政府独立于英国式的议院政府制、美国式的总统制、瑞士式的委员政府制，以及日本式的

---

① 沧海：《德意志新宪法评论》，《太平洋》2卷7号（1920年11月5日）。
② 所谓"公民票决"是指凡有重要法案，通过于国会后，还须付全体选民投票取决；所谓"公民发案"是指公民自己集合许多人，也可提出法案来，交国会讨议。
③ 沧海：《德意志新宪法评论》，《太平洋》2卷7号（1920年11月5日）。

有限君主制之外，在政治学上提供了第五种制度——"苏维埃政府制"①。

高一涵首先撰《俄国新宪法的根本原理》一文，通过对宪法条文的分析，试图纠正一般人将俄国的"布尔札维主义"（社会主义）混同于"无治主义"或"过激主义"的偏见。他指出，俄国共和政府的根本原理就是国家社会主义，其基础是马克思主义，"俄国共和政府也拿国家的权力和政治的手段来达他们社会主义的目的，把组织政府的权力，都放在劳兵农三种有职业的人手里，废掉私有财产，设立国家银行，这是和马克思主义一样的地方"。又指出，俄国的共和不是全俄各阶级的共和，而单是劳兵农代表会议的共和，全俄劳兵农会议，就是俄国政治最高的机关。"然这是普通阶级，是有职业阶级，在国内占最大多数，联合这种多数人组织合议制的政府，彻头彻尾是一个共和政体，绝不是一个什么独裁政体。"另外，俄国设有国民经济部、国立银行、国民企业行政部，都是把社会事业放在国立机关手里掌管，可见"俄国现在是一个社会主义的国家，绝不是无治主义的国家"。但俄国新宪法的革命性之处，在它推翻了私有财产权，实行土地、产业国有制度，"各国宪法中的人民权利，没有不包括财产权在内的；俄国宪法把这种私有财产权根本推翻，现在世界宪法里面再也寻不出第二个的"②。高一涵此文仅从俄国新宪法条文分析入手，自然有一种同情之态度。

王世杰在《议院制与社会主义》一文中，分析欧洲诸国社会党对于议院制的态度与政策问题时，指出在各派社会党人的主张中，俄国共产党取最激进的态度，主张完全废除议院制，取而代之以苏维埃制（Sovietism）。他比较苏维埃制与议院制的特点说："就其组织观之，议院制为人民全体的代议机关，俄之苏维埃则仅由无产之劳农阶级所选代表组织之，有产阶级即所谓 Borgeoisie 者，在苏维埃共和之下，无选举权，斯之谓'贫民专制'。就其职务观之，议院制主张行政与立法分离，苏维埃制则主行政立法，当集中于一个机关。"但王氏亦很有预见性地指出："苏维埃制主张行政与立法集中一个机关，此种制度，如无其他方法限制此种机关之行动，事实上难免不酿成专制。"③

周鲠生则更进一步，在所撰《苏俄的政治组织》一文中，对于苏俄的

---

① 松子：《苏俄的政制组织》，《太平洋》4 卷 9 号（1924 年 12 月 5 日）。

② 高一涵：《俄国新宪法的根本原理》，《太平洋》2 卷 1 号（1919 年 11 月 5 日）。

③ 王世杰：《议院制与社会主义》，《太平洋》2 卷 10 号（1921 年 3 月 5 日）。

政治机关、选举制度等进行详尽研究，认为苏俄的政制特性其实违反了近代的民主主义精神。他说："近世民主主义以政权寄于全体国民为原则。而在苏维埃制之下，则在俄国国民中正是的绝对分为有参政权与无参政权之两阶级，始终是以一部分人统治全体，并且统治者之此部分实际亦不是属于国民多数的。说者谓苏维埃政制系实行最近流行的职业代表主义，然此说亦只部分的确。苏俄之承认经济的单位为选举基础，亦限于无产阶级的工人，而对于资产阶级的职业，则漠视之，而不认为能赋予参政之权利，他似只承认社会中生产者之元素，而不顾消费者之利益。此与现今职业代表主义的精神相去已远，自甚明白。要言之，苏俄的政制，根本的是无产阶级专政，其与近世民主主义之精神不相容，亦为不必讳之事实。"从以上引言亦可见，周鲠生并不承认苏维埃政制是对于欧美国家代议制改造的产物，毋宁说是一种"革命经验之结果"。①

《太平洋》同仁对于欧战后世界政治两大系统的分殊既认识如上，则可以明了他们对于宪法政制的改造思路。大体上说，他们希望借鉴英、美、法、德等民主国家代议制改造的渐进模式（德意志新宪法是这种改造思潮的最先进代表），而不取苏俄的革命激进主义手段来实现中国的民主政治。②李剑农在上文结尾处即表示了这种意愿，他说："这种宪法（德意志新宪法）好比一只渡船，他的作用就是想把现在的德意志漫漫［慢慢］地载到将来的德意志去。现在的德意志，含有几百年传来的封建遗物，宗教遗物，及十九世纪产生的官僚、军国、资本等种种残物，他们的根芽入地很深，一时很难斩除。将来的德意志，不惟政治上要人人平等，就是经济上、社会上、智识上都要得一个可能的人人平等地位。这种宪法，就是由现在达到将来的媒介品。他的形式上，处处离不了现在，他的精神上，处处注重将来。他与俄国'苏域'政府的组织不同之点，就是俄国用绝对革命的手段，德国取渐次进化的手段。只要掌舵的人，不把方针进路弄错误了，我相信这一只渡船，

① 松子：《苏俄的政制组织》，《太平洋》4 卷 9 号（1924 年 12 月 5 日）。
② 周鲠生虽认为苏俄政权与民主主义的精神相违背，但他亦认为当下苏俄从资本主义社会向社会主义社会的过渡阶段，无产阶级专政是必要的手段，而民主政治亦是苏俄政权的最终目的。他说："苏维埃根本的为战斗之组织，将以打破资产阶级之政治的经济的权力，而依阶级之打消，以树立真正的民主政治。然则今日苏俄政制组织之偏重无产阶级专政，不过过渡时代之一手段，最后的目的还是在实现民主政治。困难之点是，此过渡时期，究竟何时可告终，殊无定耳。"见松子《苏俄的政制组织》，《太平洋》4 卷 9 号（1924 年 12 月 5 日）。

可以达到目的。我希望吾国研究新潮流新组织的，不要偏重俄国的'苏域'政府组织，对于由军国主义变化出来的新德意志组织，也注意观察观察。"①

二　对于中国"代议制之改造"的意见

不可否认，中国知识精英对于代议制改造问题的思考，其直接的动因，是民初以来移植议会政治失败的刺激，"中国自有议会以迄今日，只见其弊，未见其利。近来议员日趋堕落，愈为人所痛恶"。② 在《太平洋》上，彭一湖首先指出，民主国的招牌已经挂了七八年，但民主的政府始终没有成立起来，真是"悬羊头卖狗肉"。他说："所谓民主政府不是别的，就是美国第十六代大总统林肯说的'为着人民，由人民自己组织人民的政府'（Government of the people, by the people, for the people）。"他强调说人民应是全体的人民，决不是一群有权有势的官僚军阀；政府必须由真正的人民代表组织才能说是民主的政府。可是组织民主政府必先有普通直接选举的议会，才有实行的可能。至于直接选举，最重要的理由是为防止间接选举的流弊："我们中华民国开国以来，行了两次选举，哪一次不是拿钱买，不是拿酒席骗？第一次一班人还没有做过选举卖买的经验，卖买的价钱还低，卖买的行为还秘密；第二次却吃甜了嘴，简直价钱也大涨，行为也变了公开的'鸣呼哀哉'。这些出钱买议员当的，是不是人民的代表？……然而这种腐败现象，虽说根本上由于国民性的下贱，事实上却是由间接选举来的，果然改作直接选举，决不会糟到这个样子。"彭氏甚至在不需要西方代议制改造方法的参照之下，提出了一个直选制的改良方法。他说："（我）才想出一个新鲜法子来，我这法子，在政治史上，恐怕没有前例，现在我就写出来和大家商量，现下的间接选举，是先由有选举权的选民，选出选举人（初选）再由这些选举人选举议员出来（复选）。我的办法不然，先由下级地方自治议员和县自治议员合拢起来，选举省会议员或国会议员的候选人名额，要超出法定议员数数倍（初选）再由这些初次当选人召集普通选举有权人（由自治所备相当酒食召集之），行竞争演说，由这些选举人听了他们的议论，斟酌他们的声望人格，拣他们满意的，再行投票决定（复选）至于各下级地方自治区域内，及

---

① 沧海：《德意志新宪法评论》，《太平洋》2 卷 7 号（1920 年 11 月 5 日）。

② 唐德昌：《代议制发达之小史及在中国应行改良之点》，《太平洋》4 卷 4 号（1923 年 12 月 5 日）。

县自治区域内，选举人所投的票，虽在一处一处登时发表，然最后的决定，要合各区域所得总票数计算，由得票多的当选，这是我的新方法的大概。"①

当然，《太平洋》上更多严谨的学人是从西方经验的研究和总结中，表达对中国宪法和政制改造问题的意见，如王世杰说："我们如想推测代议制未来的变化及其命运，应该对于所有新发生的改造方案，一一加以研究。"②王氏在《德谟克拉西与代议制》一文中，即对于上述彭一湖提出的代议制不能完全体现直接民主的问题，引西方经验加以回答，他说："然则使代议制与德谟克拉西的精神相接近，其道何由？关于此点，现时思潮不外三派，第一派主张以男女选权普及制改造男子选权普及制，第二派主张以职业代表制，改造以地域与人为标准的代议制。第三派主张以比例代表制，改造多数代表制。"③

又《中国议会政治之前途与贿赂风气》一文中，王氏分析了西方国家贿赂风气对于议会制度的损害及其防治的办法。他指出，"暴力与贿赂，同为政治之大敌，然贿赂之为恶，其程度且远过于暴力"。罗马共和国灭亡的一大原因是"贿赂风气之流传"；英格兰堪称议会制度之母国或模范国家，"然英格兰议会之历史，亦曾经过一个极黑暗之贿赂时期"；美国政治空气亦曾不洁，议员受贿之风气，"其影响之大，究以十九世纪后半期为最甚"。但尤为后二者庆幸的是，它们免蹈了古罗马灭亡之覆辙，王世杰总结其治理贿赂风气成功的经验说："大凡采民治形式之国家，如其一般人民之教育程度尚低，则凡遇特种原因，而致国中产生许多暴富分子时，自非国中少数智识较高与道德较为纯洁之阶级，竭全力与之反抗，则民治制度，鲜不为此暴富阶级所扰乱、危害，甚且完全为所毁灭。然此少数阶级，果能竭全力以与之抗，则政治上之污浊空气，亦未始不可如英国美国之得以逐渐澄清"。④

联系到中国的治理问题，王世杰认为应从治本、治标两种途径入手。所谓治本，就是通过教育普及和舆论的力量，对于一般社会输入一种新的道德观念，使大家普遍认识到政治贿赂行为是最大的罪恶，"盖行政治贿赂者，人格之卑污，心术之险诈，与其行为对于社会之损害，有时实远较普通窃盗

---

① 一湖：《防止中国社会破灭策》，《太平洋》2卷1号（1919年11月5日）。

② 王世杰：《新近宪法的趋势——代议制之改造》，《东方杂志》19卷22号（1922年11月25日）。

③ 王世杰：《德谟克拉西与代议制》，《东方杂志》18卷14号（1921年7月15日）。

④ 王世杰：《中国议会政治之前途与贿赂风气》，《太平洋》4卷2号（1923年9月5日）。

与普通受赃或欺诈取财者，为更深也"。则可使他们"良心上之自然反抗，与言论上之激剧攻击"。至于治标，其实是一个制度问题，即选权扩充或普及、公民直接参与立法或直接罢免、职业代表等代议制的改造问题。换言之，亦效法英美国家，"颁布关于贿赂行为的严密法律"，"晚近以来，民治国家对于选举与议会之贿赂舞弊等等行为，已有周密的法律，细为防范，颇值得国人精密之研究与参考"。①

王世杰在一篇发表在《东方杂志》上的文章中，指出欧美国家代议制改造的最重要方式之一，是以职业代表制代替以人口及地域为选举标准之旧式代议制。② 而在《太平洋》上，武堉干的文章《联省自治与职业主义》对此点倡导尤力。他指出，现代欧美政治学者对于代议制度的弊害的批评很多，而中国应用这个制度十年以来，所食恶果尤为不少，但如俄国那样根本推倒它，为时尚早，"只有应用职业主义的精神来纠正他一点"。他认为职业主义能补救代议制度的弊害有三项："第一，吾国选举买票之风，年来达于极点，金钱运动，视为故然，这不仅是政治上的问题，还影响及于国民道德之堕落，这就只有职业代表制，可以划际这种弊端。第二，代议制度选出来的代议士，常常代非所代，弄到结果，多以代议制个人的意思，强名之为所代表人民的意思，这实在大大失了代表制度的精神；反之若应用职业主义的代表制，则代表所能代表的，只是代表的'职能'，却不是现在代表的'万能'，那才算名实相符了。第三，现在代议制度所选出的代议士，选者与被选者之间，并无如何密切之关系——尤其是那种势劫利诱而取得的议员——结果便弄得仅以选举完毕，即为了事。有人说我们不过一国'选举票的奴隶'（Ballot Slaves），这语虽谑而虐，却是一种实在情形。若采用职业代表制，被选者，必系该职业团体的人，于该业的利害关系较为密切，则监督之事，自然也就容易了。"③

尤需补充一点的是，杨端六在《东方杂志》上发表了一项关于中西"社会组织"的比较研究。在该项研究中，他指明中国社会之组织与欧美根本不同，中国社会以家族为单位，欧美近世社会以职业团体为单位，两相比较，相差过甚。这就是中国近年政治运动失败的最大原因，"就是我们的社会没有

---

① 王世杰：《中国议会政治之前途与贿赂风气》，《太平洋》4卷2号（1923年9月5日）。
② 王世杰：《新近宪法的趋势——代议制之改造》，《东方杂志》19卷22号（1922年11月25日）。
③ 武堉干：《联省自治与职业主义》，《太平洋》3卷7号（1922年9月）。

职业团体的组织，所以选出来的议员都是一种无业游民"。所以欲使中国政治上轨道，"非仿照欧美，使有职业之人干与政治不可"。杨氏在研究中并提议改正选举法："所以我提议，把两院合并，用地方上的固有职业团体，如教育会、各学校、商会、工农机关做初选单位，指定有当选资格的若干人，而后付之普通选举。一面通知被指名的人，要他出来运动选举譬如到处演说，或是和人谈话，借此窥见选民的向背；一面把被指名的姓名在报上发表，促起选民的注意，并可以由新闻介绍被指名人的履历与一般公众。照此办法，可以把选举人和被选举人联络起来，不至于象从前漠不相关的一样。"① 据闻杨氏的这个提议，的确为湖南省制宪委员李剑农等所注意，杨氏自述："此项提议，吾友中亦有赞同者，湖南省宪草案，即将此义寓之。"②

唐德昌亦是《太平洋》上对于代议制问题很有研究的学人之一。所著《代议制发达之小史及在中国应行改良之点》首先阐述代议制发达的历史，针对国内有人将中国议会制度的失败归咎于"代议制为工商国之政制，不适于农业国家"的结论，指出西方代议制实际上产生于产业革命以前数百年的中世纪社会，"虽古时之议会，其组织与职权与现代各国之议会异，然亦不能谓非代议制也。且代议制自工商业发达后，其弊始著，而后为欧美各国人民所厌恶，别图改弦更张之法"。因此，代议制不适于农业国并无根据，相反，作为广土众民之国，又人民智识幼稚，尚不能将代议制完全废除，而应主张改良代议制，"凡可以防弊之法，悉采取而力行之，或可补救于万一，而期收效于将来"。唐氏还将所见识到的国内外改良代议制的方法，共计 11 种，一一予以介绍，并附以自己的意见。③

以上所述，明示《太平洋》杂志同仁对于宪法和民主政治理论持续探索和反省，对于 20 世纪 20 年代初重新兴起的制宪运动和联省自治运动具有理论上、经验上的指导意义。

小结：欧战与中国社会政治改革

史家皆谓第一次世界大战是对整个世界历史进程产生巨大影响的事件，

---

① 杨端六：《社会组织的研究》，《东方杂志》17 卷 23 号（1920 年 12 月 10 日）。
② 杨端六：《时局问题之根本的讨论》，《太平洋》3 卷 8 号（1922 年 12 月）。
③ 唐德昌：《代议制发达之小史及在中国应行改良之点》，《太平洋》4 卷 4 号（1923 年 12 月 5 日）。

这是个不易之论；但是反过来说，这种巨大的影响，恐怕必须落实到具体的国家上面，才更有说服力。如留英学人所观察到的，欧战期间主要西方国家纷纷于战争中，或是由它们的人民，或是由它们的政治领袖，或是由它们的政党，在千载一时的机会中把握国家的命运，对历史做出了各自的回答，即通过改革或革命的方式，在欧战中实现了自我更新，从而把握了战后国际舞台上的新地位。杨端六从实业发展的角度上说："再观世界各国，除最不开化者外，莫不为长足之进步。欧战四年，交战列强受兵燹之祸者，尚能发明许多新器械。其未参加实战之国，或严守中立之国，莫不乘机奋起，转弱为强，转贫为富。"[①] 给《太平洋》杂志投稿的虞裳也从欧战中经济发展和改革的角度指出："各国经此战争之试验，群知能力可增益、产业须独立，以沉毅勇鸷之白人，一经觉悟，并力以赴，后之刷新，何可轻量；即战时公私团体所汲汲筹备者，如产业、交通、金融、关税、工商业、教育以及经济政策所包之一切制度法令，就愚所知，已累累不胜枚举。"[②]

欧战研究专家阿瑟·马威克指出，战争的结果不仅仅是与极端悲惨、苦难以及人性堕落等灾难联系在一起，而且同时也表现为对一国社会和政治制度的至高挑战和检验。[③] 虽然战争本身并没有给中国造成直接的灾难，但中国的内政却在大战中混乱不堪。有鉴于此，《太平洋》杂志同仁也希望欧战成为国内社会政治问题走上解决道路的极好机会。周鲠生说："呜呼，他山之石，可以攻玉，今吾国方值对德宣战，国运消长所系之时，独不能取法先进国政治良习，秉举国一致之大义，发挥调和交让之精神，集各党名士于一堂，推诚商榷，以解决政治上、宪法上之重大难问题乎？胡为两走极端，操戈同室，徒望他国宪政，专美于世，而己身常生息于非立宪无政府之状态，而恬然不以为耻也。"[④] 杨端六对于中国不能把握欧战的机会也感到痛惜，他说："值此千载一时之欧战，各国均有向上改革之心，而我独顽软如故也，察内外之事情，觉我国民已失其自存之资格。"[⑤]

但毫无疑问，欧战中各国的改革经验已经给《太平洋》杂志同仁以深

---

① 端六：《实业前途之曙光》，《太平洋》1 卷 11 号（1919 年 4 月 15 日）。

② 虞裳：《战后之经济战与中国之危机》，《太平洋》1 卷 2 号（1917 年 4 月 1 日）。

③ 〔英〕阿瑟·马威克：《第一次世界大战对英国社会的影响》，张善鹏译，收入高岱《英国政党政治的新起点：第一次世界大战与英国自由党的没落》"附录"中，北京大学出版社，2005，第 164～168 页。

④ 松子：《英国上院之改造》，《太平洋》1 卷 9 号（1918 年 1 月 15 日）。

⑤ 端六：《中国人之人格何在》，《东方杂志》18 卷 9 号（1921 年 5 月 10 日）。

刻印象。申言之，英美的民主政治改革，俄国的民主主义革命（后演变为社会革命），德、日的政治问题，以及世界范围的代议制改造思潮，对于同仁的社会政治改革思路均有不同程度的影响。英国缓进主义的政治改革及其调和主义的政治智慧，如同其从 19 世纪以来的形象，在同仁的思想认识中仍保持着一种持续性的影响；日本的问题则可能更多的是提供自由民主的反面教训；而最为突出的认识，则是美国、俄国的兴起及它们在国际政治上的意义。李剑农说："吾邦为新造共和之一邦，民主自由主义，当视为吾人之生命，凡世界有新造之自由民主政府，吾人当极端表示欢迎。故于俄之新政府成立，吾当为之呼万岁以贺之；美为近世共和之首创者，今舍弃其狭隘之孟罗主义，而扩充其孟罗主义于世界，为世界民主自由扶植之一员，吾人尤当欢迎。故于美之参与战争舞台，吾亦为之呼万岁以贺之，俄之新政府万岁，世界之孟罗主义万岁，廿纪世界之民主自由万岁。"①

皮皓白尤为强调俄国大革命之精神对于中国人对内争取民权自由，对外争取民族独立的感召。他说："然兹番大革命之精神，所以影响世界思潮增进人类福利者，则极无涯量。盖自有此革命，民权自由与民族独立之两大主义，已如日月之经天。个人于国家中、一国在国际上权利义务，昭然若揭矣。"② 李大钊亦借《太平洋》大声呼唤说："Democracy 于今日之世界，正犹罗马教于中世之欧洲；今人对于 Democracy 之信仰，正犹中世欧人对于宗教之信仰。吾目所见者，皆 Democracy 战胜之旗；耳所闻者，皆 Democracy 凯旋之声；顺 Democracy 者昌，逆 Democracy 者亡，事迹昭然，在人耳目。"③ 李剑农则从中国人自身的角度说，中国传统"仁政"的政治思想，其实就是如胡适所比喻的，是一个"妈妈政策"，是应该放弃的，而今日世界的光明是 Democracy，这才是应该追求的。李氏说："我们中国的百姓，在这'仁政'思想里住了几千年，天天望政府作他们的'妈妈'，他们自己作安享平和的小孩子。……我们要想那世界的光明 Democracy 照耀我们中国，使大家愉快，非把这想象的'妈妈'从多数人的视神经里拔去，使他们大家知道自己是长成的人，不是靠妈妈吃饭的小孩子。……我们现在第一要紧的，就是不要把我们走路的方针弄错了。我们要向那世界明光向走去，

---

① 沧海：《廿纪世界之大变化》，《太平洋》1 卷 3 号（1917 年 5 月 1 日）。

② 皓白：《波斯之新局面》，《太平洋》1 卷 10 号（1918 年 7 月 15 日）。

③ 守常：《Pan……ism 之失败与 Democracy 之胜利》，《太平洋》1 卷 10 号（1918 年 7 月 15 日）。

不要再向那想象的'妈妈'走去。"①

　　从这些对于自由和 Democracy 的赞誉声和期待心情中，可看出欧战造成的强劲的民主主义潮流对于中国人的震撼性影响。本章第四节对于《太平洋》同仁的"代议制之改造"思想的讨论，大致说明了这股民主主义思潮对于欧战后留英学人的政治改革思路的新启示，质言之，是从制度上重新思考落实 Democracy 的问题。而欧战所揭示出的"民族独立"的意义，即上面皮皓白所说的"一国在国际上权利义务"意识，对于留英学人于战后世界格局中，寻求中国的国际地位，塑造民族国家的基础，有同样重要的影响。我们将在下一章讨论这一问题。

---

　　① 　剑农：《平和会议与国民》，《太平洋》1卷11号（1919年4月15日）。

第六章

东亚变局与留英学人的外交思想

第一次世界大战以后的东亚国际格局，是旧式帝国主义外交式微，美国威尔逊主义（Wilsonianism）、苏联列宁主义（Leninism），及中国民族主义代兴。其标志是 1919 年发生的三件大事：美国总统威尔逊倡议成立国际联盟，苏联亦领导成立共产国际，中国发生五四运动。[①] 以上三者，加上已渗透于中国政局内部的老牌英国帝国主义和日本军国主义[②]，这五者间的互动，实是整个东亚国际秩序重建过程的重要因素。

第一次世界大战后的中国外交，就是在此国际新格局形成和国内环境改变的双重背景之下展开的。以往学者对欧战后东亚（远东）国际体系重建过程的研究，主要关注的是"日英同盟"的终结、美日冲突及华盛顿会议等，似乎远东国际政治只是"大国政治"的翻版，而忽视了中国的因素及其主动外交的意识、政策、活动及所产生的影响。但近年来有学者逐渐将中国的因素考虑进去，从弱国加入列强主导的国际体系的视角，探讨在欧战后远东国际秩序的重建过程中，中国外交观念的变化、外交行动的主动性、外交目标的连贯性，及这些中国因素对于世界政治的影响等。[③] 对此时期的北洋外交已取得较为平允的认识。还有学者使用"国际史"（international history）的方法，以中国寻求民族国家认同、加入国际社会（国际化）的努

---

① 参见唐启华《五四运动与 1919 年中国外交之重估》，收入吕芳上、张哲郎编《五四运动八十周年学术研讨会论文集》，（台北）政治大学文学院，1999，第 64 页。

② 燕树棠说过："吾人须知吾国国际关系，以受伦敦与东京之影响为最大。"见燕树棠《临案通谍评论之评论》，《太平洋》4 卷 3 号（1923 年 10 月 5 日）。

③ Zhang Yongjin, *China in the International System*, 1918 – 20: *The Middle Kingdom at the Periphery*, pp. 1 – 4.

力为线索，探讨欧战在中国的历史，及中国的主动外交政策和行动对重建战后世界秩序的贡献，对"五四"前后中国的新外交也取得了积极的认识。[①]

这些新方法和新视角，可以启发我们探讨五四知识精英的外交思想，注意他们思想中主动寻求加入国际社会的一面，及与政府新外交政策相关联的一面。正如一位时居美国纽约州以色佳（Ithaca）的读者写信给《太平洋》杂志主编时指出：欧战后中国迫在眉睫的问题不再是宪法问题，而是战后存亡之问题，列强为了杜绝世界战争之再起，似已提出一揽子针对中国"远东"问题的解决方案，他质问说："贵杂志对于政治夙有研究，不知对此'远东'问题有解决之方否？愚意此问题之解决须凭实力，空言爱国不济事也。吾国人欲自己解决自身问题乎？抑坐听强邻解决之耶？如以为中国问题吾中国人当解决之，请速息争以具实力。"[②] 这可视作社会对有舆论力量的知识精英提出研究国际局势问题，并解决中国的自立之道。

本章仍以留英同仁主持下的《太平洋》杂志上的言论为中心，阐述他们面对"五四"前后东亚国际秩序的重建过程，对于国际政局的判断，并由此表达的对外态度和政治主张。下面第一节阐述杂志同仁的对德宣战论，并由此提出积极介入欧战，取得美国的信任，为中国在未来和会获得发言权和列强支持；同时寻觅提升中国国际地位的途径，在1918年年初就已经提出以撤废领事裁判权为中心的"修约"观。第二节论述同仁对日本军国主义侵略政策的高度警惕，主张坚决反对日本对华新政策，并开始寻觅获得英国帮助的途径。第三节分析由于美国卷入远东事务，积极构建"华盛顿体系"（Washington System）[③]，其在远东的影响力和势力逐渐增大，留英同仁遂明确提出"调和英美之国交"，期望两大强国联手抑制日本对中国的野心。第四节阐述苏俄革命外交在远东展开攻势，同仁主动提出要以"亲俄"为外交方针，以收回主权及对列强形成政治外交的压力。通过以上几节的讨论，对五四时代知识精英的对外思想，应该会有一些新的理解。

---

① Xu Guoqi, *China and the Great War：China's Pursuit of a New National Identity and Internationaliazaiton*, pp. 6–9.

② 有心人：《救亡之声》，《太平洋》1卷10号（1918年7月15日）。

③ 关于"华盛顿体系"论述最早、最精辟的研究，参见入江昭 Akira Iriye, *After Imperialism：the Search for a New Order in the Far East*, 1921–1931, Harvard University Press, 1965, pp. 1–22。

第一节　参战论和修约论

众所周知，欧战进展到 1917 年年初，由于德国宣布实施无限制潜艇战政策，激起美国加入协约国集团，正式对德宣战，致使整个大战的局势朝着有利于协约国方向发展。而关于欧战的这一转折对中国外交的影响，学者的研究成果指出，美国对德绝交和宣战，是引导中国开展对外政策的转折点，从以前的对欧战严守中立政策，并一直受困于日本之压迫中，中国政府采取了与美国同样的外交行动，勇敢地跨出了中国对外政策的第一步[①]。甚至可以认为，参加欧战，标志着中国外交政策从消极到积极的一个重大转变，北京政府后期的积极外交可说由此发端。[②]

在这场朝野争论参战与否的过程中，《太平洋》杂志同仁主张对德宣战，但他们独立于国内政争之外，不为内政问题所限制，故他们的参战构想主要从外交政策方针以及如何改变中国国际处境的层面上予以申论。尤值得注意的是，同仁对参战论的考量，并不止于实际利益的考虑，而是着眼于探索中国取得国际平等国家权利的途径，于是以撤废外国在华领事裁判权为中心的"修约"主张，也于此时提出。

一　对战争形势的观察

欧战期间，留英同仁虽大多居于作为德国敌对国的英国，但出于对欧战和世界形势发展的研究，他们对战时德国的军事、政治等问题也极为关注，如杨端六自叙他在上海《中华新报》上就已十分关注英德海军对抗的事实，并且预测说两方最后之胜负，系于海上，"德人不能战胜英海军，则战事之目的不可达"。[③] 这个论断的确符合后来事实的发展。而在《太平洋》上，其他同人对于 1917 年 2 月 1 日德国宣布"无限制潜艇之战策"以后所及于德国自身的影响更加关注，所讨论的问题涉及德国军事问题，如潜艇战略、国内政治均势骚动等问题。兹依据《太平洋》上的讨论，概述主要论题

---

① 参见张水木《德国无限制潜艇政策与中国参加欧战之经纬》，收入中华文化复兴运动推行委员会主编《中国近代现代史论集》第 23 编，民初外交（上），（台北）商务印书馆，1986，第 352 页。

② 王建朗：《北京政府参战问题再考察》，《近代史研究》2005 年第 4 期，第 1 页。

③ 端六：《德国战败之一面观》，《太平洋》2 卷 3 号（1920 年 1 月 5 日）。

如下：

1. 欧战中德国战略的成败

欧战的渊源不外"海上之王"（英国）与"陆上之王"（德国）的争霸而已①，然德国对于这场世界战争的爆发"无所逃其启衅肇祸之责矣"②。钱天任指出德国自统一以后，便有了所谓"近东之经营"的问题，其野心是创建一个"中欧帝国"，实现"大德意志主义"：西北起波罗的海、北海，东南迄君士但丁府，高屋建瓴；南控苏彝士河，制埃及之霸权，西据波斯海湾，侵印度之航路，倾覆不列颠帝国之基业。此野心不是朝夕之间的事，而是久经德国报纸鼓吹、议会讨论的问题，因此招惹英国的嫉视，"理有固然也"。除德、英两国对外政策相冲突以外，俄国的南进政策亦与之生出龃龉，遂形成三大政策冲突的焦点集于巴尔干半岛。虽群雄逐鹿，虎视眈眈，但也相互忌讳，无论谁都不敢先破此均势，直至德国"犯天下之大难，赌国运于一掷，首先宣战，肇启戎端"。钱天任谴责德国这种"大德意志主义"的侵略政策是"背民族之主义，伤自由之人道"，已使之遭受各列强国家的猜忌，并与全球多数国家为敌，有可能"众寡不敌"。③

但德国的战略和外交在欧战前两半里确实取得了成效。德国在欧洲大陆上对俄国及英法联军的军事连续取胜，使其打通了从柏林到君士但丁堡的通道，整个巴尔干半岛皆入威廉皇帝的掌握中，"从此挟战胜之威，籍经济之力，东望印度，西侵埃及，美籔波达之沃土，足资农业之经营，波斯海湾之要隘，可供海军之根据。天空海阔，任我纵横；拔赵帜，易汉帜，取不列颠帝国而代之，大德意志主义之实现，巴尔干霸权，乃其滥觞也。踌躇满志，不亦宜乎！"④ 然而，德国只是胜在欧洲大陆上，而其在海上的势力却受到英国海军的抑制，乃至其海外殖民地已经"丧失尽净"。换言之，德国如果没有摧毁英国海军的胜算，则其对外策略的成功仅此为止。所以，这反而逼使德、奥在 1916 年年底首先向协约国提出和议的要求，企图维持现状，并"以窥前途进行之机焉"。⑤ 但李剑农指出，在作战两方各据军事优势的状态

---

① 沧海：《俄德社会党之平和运动与德政府之狡谋》，《太平洋》1 卷 4 号（1917 年 6 月 15日）。

② 钱天任：《德意志东方问题》，《太平洋》1 卷 7 号（1917 年 10 月 15 日）。

③ 钱天任：《德意志东方问题》，《太平洋》1 卷 7 号（1917 年 10 月 15 日）。

④ 钱天任：《德意志东方问题》，《太平洋》1 卷 7 号（1917 年 10 月 15 日）；并见沧海《欧战和议之观察》，《太平洋》1 卷 1 号（1917 年 3 月 1 日）。

⑤ 沧海：《欧战和议之观察》，《太平洋》1 卷 1 号（1917 年 3 月 1 日）。

下举行所谓的和议，必由于所提条件不可调和而不可能成功，"则非俟交战国之一方绝对战胜，或双方两弊俱伤，无复继续战争之余力"，才有和议的可能。① 这也就是美国总统威尔逊在和议中所认识到的"不分胜负的和平"是没有的。② 和议既不成，德国对外政策又生变故，1917 年 2 月 1 日遂宣布无限制潜艇战，则成为了德国命运的转折点。

2. 德国"无限制潜艇之战策"对于战局的影响

德国宣告对包括各中立国在内的非同盟国家的潜艇战，是其于战争对峙中企图摆脱困境的一种策略，意图"困饿敌人（指英人），使之屈而求和"。比较两国形势，德国人自认为"德地甚广，食物素以自产为主，英则地小，而农业久已凋落，全仰海外之产物以维持之"。因此从表面上看，德国的潜艇策略未尝不是针对英国的"的中之较量"。③ 但李剑农指出，德国人没有料到的是，这时候的美国威尔逊总统对于潜艇战的态度一改从前的漠视态度，"岂期此次之威尔逊，乃大非昔日之威尔逊，于接到德之通牒后，竟无抗议之提出，而直以绝交答之，并于绝交后，通牒各中立国，劝其与美取一致之行动"。虽然除中国跟随美国宣布与德绝交以外，其他各中立国仅以各种形式发出抗议声，但"美、德之战争终无可避"，则德国遂多一劲敌也。④

在另一篇文章《潜艇战之真实效果》中，李剑农指出，德国潜艇战实际上没有达到预期的效果；尽管英国因此每月丧失三十余万吨船舶，造成了很大的食物运输困难，但它通过开垦荒地，扩张国内农业的方法，增加了食物生产之量。"然则谓英将因潜艇封锁，船舶减少之故，必受食物困难之影响而求和者，殆为梦想也。"而且由于美国正式加入协约国一侧对德作战，包括南美洲、东亚的各中立国也已相继加入，"是全世界之不与德为敌者，已无几矣。……自各中立国加入战争，在凡停留于其国之德、奥船舶无不悉被没收以供协约国之利用焉。然则德虽一面击沉敌人之船舶，令之减少，而敌人即以德人之船舶补充其一部。德人至今思之，能不悔其潜艇战策开罪于美国之为失算耶。"⑤ 可见李剑农对于德国的潜艇战的结果的评估颇为准确。

---

① 沧海：《欧战和议之观察》，《太平洋》1 卷 1 号（1917 年 3 月 1 日）。
② C. L. 莫瓦特编《新编剑桥世界近代史》，第 12 卷，第 268 页。
③ 沧海：《潜艇战争》，《太平洋》1 卷 2 号（1917 年 4 月 1 日）。
④ 沧海：《潜艇战争》，《太平洋》1 卷 2 号（1917 年 4 月 1 日）。
⑤ 沧海：《潜艇战之真实效果》，《太平洋》1 卷 8 号（1917 年 11 月 15 日）。

3. 欧战后期德国国内政治和军事骚动

直到欧战前夕，欧洲最富有生命力的国家乃是德意志帝国，其国家组织是由俾斯麦铁血政策下所奠定的"奇特的联邦格局"，在此格局下，各个地区政治经济发展很不平衡，帝国内部存在着尖锐的社会分歧和冲突，但尚能以霍亨索伦王朝的威廉二世皇帝作为帝国的"结晶之核"，德帝国就是"以德意志国民意思附丽于此核而成之"。① 而且在当时欧洲人眼里，20 世纪初的德意志可比较于 19 世纪初的法兰西，威廉二世亦可比于昔日的拿破仑。但李剑农指出，此说不甚准确，因为威廉二世作为德国民意的"结晶之核"，尚强于拿破仑作为"强力之缚成体"，所以德国若一败涂地，其皇帝的末路未必如拿破仑一世的下场。但与日本人迷信"万世一系之天皇"相比，德皇的威望又显得不如是，所以一旦德国战败，德皇威望必受损，能否再成为国民信仰中心，亦属疑问。他分析德皇在帝国里的地位时说："且德为无数王国，与大小公国，及诸自治市府所构成，普鲁士王去其帝冠，则与诸王公同伍，普奥、普法两战争以前，德意志统一之业，所以多方梗阻者，实在于诸侯之同伍不相屈，以霍布斯保历史久远之奥皇统，尚不足以缚成之。普奥战争后，仅屈北部诸侯之半数，南部入巴维利亚等，则尚不能屈之也。普法战后，始悉数屈于普王之下，故普王之独有德意志帝冠也，纯以铁血造成之。今试观德意志人民，其与外人言也，则声声曰'我德意志民族'、'我德意志皇帝'，其在国内也，则或曰'我普鲁士人'、'我普鲁士王'，或曰'我巴维利亚人'、'我巴维利亚王'；若行于日本之国中，则除闻'我日本帝国'、'我天皇陛下'之声外，别无有其他也。故德皇室之威望，与日本皇室之威望，实非可同日而语，一旦败创，其威望必损，威望既损，能否永久保守其帝冠，实未敢断。"②

由此，李剑农指出，随着欧战后期德国军事失利，其皇统问题将成为政治动荡的一个重要因素。而且当时德国南部，尤其是巴维利亚地区，正传闻一个消息："欲使德意志免于破毁，非废弃霍亨祚缕皇统不为功"，这犹如昔日盛传的所谓废黜拿破仑可使法兰西安宁的翻版。李氏认为此消息虽未可全信，但已可知德国人对于德皇帝信仰的一般心理，"必不若日人对于其天

---

① 参见 C. L. 莫瓦特编《新编剑桥世界近代史》，第 12 卷，第 642 页；沧海《德皇统与社会党》，《太平洋》1 卷 2 号（1917 年 4 月 1 日）。

② 沧海：《德皇统与社会党》，《太平洋》1 卷 2 号（1917 年 4 月 1 日）。

皇之有迷信"。①

而 1917 年 10 月发生的德海军士兵哗变事件，确实说明了李剑农的判断是准确的。他敏锐地抓住这个消息，接着评论说："德之海陆军士卒，在欧洲诸国中，固以最忠爱服从于其君主见称者也。德皇亦恒以此骄于世界，辙曰吾最忠爱之海陆军士，虽趋之赴汤蹈火，无不用命。故自欧战破裂以来，所向克捷，顾今日忽有一惊心动魄之新闻，传于世界，则所谓德海军谋变之事实是也。"他指出，德国海军士兵谋叛问题，实际上上缘于独立社会党人不满于政府在军队中继续宣扬所谓的"大德意志主义"，"一则此种主义为一政派之所持，不宜以一政派之势力煽诱军队；二则此种主义即德人所以获罪于世界"。他们遂于军舰中动员叛变，甚至趁机向士兵输入"俄国革命之理想"。因此，李剑农亦认为，这事件也受俄国革命的影响不小。从世界大势上看，德皇及其"大德意志主义"已成为全球五分之四国家和人民的公敌了。②

以上李剑农、杨端六、钱天任等留英同仁对于德国宣布无限制潜艇战政策后的世界形势的观察与研究，有助于他们对于世界大战形势的正确判断，从而提出合理的外交政策。

二　对德宣战论

1917 年 1 月 31 日，德国宣布恢复对协约国的无限制潜艇战，德美关系恶化。2 月 3 日，美国宣布对德绝交，并希望其他中立国采取共同行动。美国驻华公使芮恩施为此展开了积极的外交活动，力劝中国追随美国采取行动。美国的这一举动，引发了有关中立或加入战争的话题，为中国外交政策的改变提供了契机。③ 此期间，中国外交官、政治家、军事将领及社会各界都卷入了这场争论，虽然意见纷呈，莫衷一是，但赞成、反对参战者及主张中立者"都是在国家的利害上打算，并非牵于平时的党见"，直到国务总理段祺瑞因自己拍发日本的电文不获黎元洪总统的签印，而以辞职相要挟，从而引发了府院冲突，使外交问题变成内争问题。④ 在《对德外交平议》中，李剑农指出，无论各方所争是否合理，作为对外代表的北京政府必须了然于

①　沧海：《德皇统与社会党》，《太平洋》1 卷 2 号（1917 年 4 月 1 日）。
②　沧海：《德国海军之谋变》，《太平洋》1 卷 8 号（1917 年 11 月 15 日）。
③　王建朗：《北京政府参战问题再考察》，《近代史研究》2005 年第 4 期，第 14 页。
④　李剑农：《中国近百年政治史》，第 436～437 页。

外交形势，然后形成一定的外交方针，"盖所谓加入之利害，与不加入之利害，各就所见而异其形，政府苟有所见，即就其所见之形，以定其进行之方针，步伐不乱，必亦能得其相当之结果"。[①] 亦即主张政府应尽量排除内政的干扰，提出自主的外交主张。

但问题是北京政府的对德外交政策毫无章法，乃至根本上无方针可言。依据副总统冯国璋在南京所发表的政府外交公告，李剑农指出，北京对德外交的第一步是向德国提出抗议文，在外交手续方面无可非议，但在文后加入一段话："如德不撤销其政策，政府不得已与德国断绝现有之国际关系"，即以"绝交"相要挟，又在回复美国通牒的电文中声明"将与美国一致行动"；实际上，这后两个声明对于中国外交"将无异作茧自缚"。[②] 在考察了瑞典、挪威、巴西、阿根廷等国家对于美国通牒的反应之后，他说："观此十余国所取之态度，无一与美国一致者，或云保留其权利，或云损害须由德人负责，或云要求其尊重商业自由，或竟声明不与美为一致，并不对德提出抗议（如瑞典、挪威等）。一言以蔽之曰，各以利害地位之殊，而异其态度耳。（吾国所应取之正当之态度，惟以抗议为止，而抗议之文，不应付以绝交之语。故吾之第一步，实已错误。外交如弈棋，一步既误，其后必难望良好之结果。）"[③] 可见，李剑农对于北京政府那个模棱两可的声明颇为不满。

李剑农认为，外交方针以一致为原则，即"宜立足坚定，不为外力所摇"，强调北京政府既宣布与美国一致行动，则当视美国与德国关系的下一步发展而定，"美德果出于战也，吾然后继以断交而同时宣告战争，亦未尝不为一政策"。但问题仍是，北京政府在美国参战与否尚不可知的情况下，又自乱步伐。它的第二步行动竟然对既定的外交方针又置而不顾，乃宣告"一切行动，皆以协商方面为标准"，甚至有些急进分子叫嚣说："非速行宣战不可，吾不必以美之行动为标准，条件亦非吾所计及，吾但求增进国际之地位，以谋和议席上之利益而已。"[④] 李剑农提醒说，中国要想在战后取得国际地位并收回权益，可倚靠的国家恰恰不是协约国方面的英、法和俄国，而是"美人在国际上名誉律之势力"。所以，他认为北京政府外交第二步实际上又走错了，"实则始终无一定之把握，不外一东倒西倚之被动政策，吾

---

① 剑农：《对德外交平议》，《太平洋》1卷3号（1917年5月1日）。
② 剑农：《对德外交平议》，《太平洋》1卷3号（1917年5月1日）。
③ 沧海：《潜艇战争》，《太平洋》1卷2号（1917年4月1日）。
④ 剑农：《对德外交平议》，《太平洋》1卷3号（1917年5月1日）。

故曰，无方针之外交政策。"不宁惟是，在此决策关键时刻，政府决策迟疑不定，乃至发生府院之争，使外交问题演变为内政和争权问题，"乃至此复徇地方武人之迟疑，以为迟疑；前之不惜以去就相赌消泯议会之反对者，今乃复思以武人之意旨为从违，倚军事会议，定外交之大计，长武人骄横之气焰，遗宪政之恶例，故曰无方针之外交政策"。①

庆幸的是，威尔逊的参战案终获国会通过，进而要与协约国结为一体对德作战。所以，李剑农主张，北京政府第三步外交行动应该是毫无迟疑地加入协约国集团而对德宣战。他解释说，参战在当下是大势所逼，迫不得已之事，既不是虚张民主主义、正义人道的旗帜以对抗德国军国主义的这一类似"从井救人之愚计"，也不是以真正的实力参战，如梁启超雄心勃勃般地宣告以意大利的加富尔"参与克里米亚战争，取得国际地位者为师"。实际上，李氏所主张的参战论是一种务实的外交政策，并以纠正当局者无方针政策之误，改变中国"上不在天、下不在地之境遇"，向外人尤其是美国人表示中国人的"名誉律"。② 他在回答《太平洋》的一位读者对参战论的质疑时，更直接地指出美国对于战后中国外交的重要性，"仆所谓为大势所逼，不可不参战者，非将错就错，实欲就已铸成之大错，而使之变为较小之错耳。使吾邦自始即立定方针，以抗议为止境，则于德、于协约侧、于美，均无所粘滞。抗议之始，既以与美一致行动为言，又复与德绝交，美与协约侧，自不能不于吾之对德宣战，有所希望。吾苟仅以绝交为止境，则将来一切外交，随处皆与吾为难，其危害更不堪设想。吾人须知美人在国际上名誉律之势力，甚不可侮。吾国之食其赐者，前此已为不少。吾人对于此种势力终不能不有所倚仗。美既加入战争，则将来议和时，美人在议和席上之发言，自不能不有左右轻重之势。吾苟仍守孤立，不能于议和席上借助他人，其受害必更巨。故加入或尚足化大害为小害也。"简言之，李剑农提出参战论的重要理由是："参战是对北京政府无方针之外交政策的一种补救"，并通过与美国的一致行动，取得美国的同情，为战后议和席上取得有利的地位埋下伏笔。③

如所周知，围绕着参战问题，中国朝野出现了一场大争论，并且意见纷

---

① 剑农：《对德外交平议》，《太平洋》1 卷 3 号（1917 年 5 月 1 日）。

② 剑农：《对德外交平议》，《太平洋》1 卷 3 号（1917 年 5 月 1 日）。

③ 姜伯明：《通讯·外交》，"记者答复"，《太平洋》1 卷 4 号（1917 年 6 月 15 日）。

呈，莫衷一是。但后来显然是参战派取得上风，他们所列举的理由有从内政的角度，如救亡，有从外交利益上的考虑，如反对日本的侵略，而《太平洋》亦主参战论，但它的主要着眼点，是主张利用欧战的契机，中国（北京）政府必须在外交方针和策略上发生转变，抛弃以往的均势依赖思想，并形成自主的、一贯的外交方针。①

三　修约论

欧战之前，列强利用"条约体制"对中国采取联合控制，及欧战爆发，欧洲列强自相残杀，联合阵线产生裂缝，对华压力减轻；1917 年中国对德奥宣战，并宣布解除德奥在华的一切特权，实开废除不平等条约的先声。②而领事裁判权，是这个不平等条约体系的基础。③

早在 1918 年年初，《太平洋》就已经刊发了朱文黼的《中国预备收回领事裁判权之机会》一文，对撤废德奥在华领事裁判权的问题做了初步的阐述。朱氏意识到列强在华特权，尤以领事裁判权对中国主权的束缚最深，他说："国际法上之国家，则非更有完全之统治权不可。然则今日中国之地位果何如乎？曰中国之不能完全行使统治权，夫人而知之矣。其妨害统治权之完全行使者，厥类甚广，难以枚举。而最显著者，首推领事裁判权。是故中国不欲为国际法上之国家也，则亦已耳。如欲为之，则收回领事裁判权尚矣。"④

当然，我们强调朱文黼文章的重要意义，不是因为他认识到由于外国在华领事裁判权的存在使中国不能完全行使主权，从而不为"国际法上之国家"；也不是因为他责备政府在挽回领事裁判权方面的努力，比之日本、暹逻等国家，"着着落人后乘"。因为对于这两项的认识，晚清以来的留日法政学生已有论述，甚至在清末民初的舆论中已达成了一定共识。⑤ 但朱氏率

---

① 王建朗的研究表明，北京政府内部一部分官员其实也意识到参战可以改变晚清以来的中国外交格局，"参战标志着中国外交政策从消极回避到积极参与的一个重大转变，北京政府后期的积极外交可说由此而发端"。参见王建朗《北京政府参战问题再考察》，《近代史研究》2005 年第 4 期，第 31 页。这在某种意义上说，《太平洋》的参战论和外交主张，与北京政府的外交政策有共通之处，因而具有可行性。

② 参见王建朗《中国废除不平等条约的历史考察》，《历史研究》1997 年第 5 期，第 5～6 页。

③ Zhang Yongjin, China in the International System, 1918 – 20: the Middle Kingdom at the Periphery, p. 186.

④ 朱文黼：《中国预备收回领事裁判权之机会》，《太平洋》1 卷 9 号（1918 年 1 月 15 日）。

⑤ 关于晚清法政知识分子输入国际法与谴责不平等条约的研究，参见田涛《国际法输入与晚清中国》，第四、第五章，济南出版社，2001，第 158～182 页。

先提出了以对德绝交和宣战为契机，将收回德国领事裁判权作为试验，为后来完全撤废各国领事裁判权的预备，这种"修约外交"的意识需要注意。因为如学者指出的，直到1919年的巴黎和会上，中国代表团向和会提交了《中国希望条件说帖》，正式提出了中国希望废除外人在华特权；这次中国的提案，作为系统提出取消列强在华特权要求的发端，实意味着1919年年初北京政府的"修约外交"方针已然成型，并全面展开。①

朱文熊指出，1902年中英商约中已提出中国改良法律的要求，说明外人已有意中国"振作有为"以后，可以取回国际公法上的国家人格，而今日对德宣战正是促进这种转变的机会。他说："我国今所宜图者，一面速定法典，译作欧文，送交各国阅看，以免'无法'国之诮，一面乘机而动，遇有可为收回领事裁判权之机会者，即据理力争，纵不能即日完全取消，亦可立一基础，作为他日进行地步。由前之说，其权在我，由后之说，则权非我操，乃出于偶然，所谓机会是也。今者中德由绝交而至于宣战。愚谓此正千载一时预备收回领事裁判权之胜会也。"② 又说："我国之失败，正在于畏事；愚亦知欧战告终，今日收回领事裁判权，未必即为我有，然不可不乘此时机，作为收回之预备。倘于此暂时收回期间，能组织特别法庭，判断公允，以取信于外人，则他日于议和会中，即可提出讨论，纵未必达完全收回之目的，然要求使他国侨民亦受我今日所组织之特别法庭管辖，或尚非难事，由此作为基础，俟国力稍为充足，法律更加完备，然后再为完全之取消，则易如反掌耳。否则不有预备，何言进行。今日预备取消领事裁判权之基础不立，则他日完全取消之要求，即无以提出。日本于1898年之完全取回领事裁判权也，必由1886年与各国磋商之预备，暹逻于1909年取得审英侨之裁判权也，亦必由1907年审理侨暹亚人之预备。盖兹之所谓预备者，即试行之谓也。试行而有成效，乃足以见信于外人，非然者，日言法庭之如何改良，法典之如何完备，而无事实以证明之，亦徒托诸空言而已。"③

应该承认，这一建议颇具远见和胆识。朱氏不是《太平洋》的社员，但于此可见他与《太平洋》同仁的外交主旨是并行不悖的。他同样是提

① 唐启华：《1919年北京政府"修约外交"的形成与展开》，《兴大历史学报》（台湾）第8期（1998年6月），第168页。

② 朱文熊：《中国预备收回领事裁判权之机会》，《太平洋》1卷9号（1918年1月15日）。

③ 朱文熊：《中国预备收回领事裁判权之机会》，《太平洋》1卷9号（1918年1月15日）。

议主动、务实、渐进、合作的外交观，不惜打破一些常规，造成一定的事实，以观察其效果而定下一步的外交政策；同时加强内政改革，提高中国在国际社会的信誉度，以实现内政与外交的良性互动。王世杰说："我们的主张，固不必十分急进，但是我们的主张，却不可不十分慎重与十分坚决。"又说："实则这个问题，国人如善于运用，直接固大有造于中国之法治，间接亦或有造于中国之政治——日本领事裁判权收回问题，为明治初年法治速成与政治刷新之极大原动力，凡识明治维新史者，类能言之。"① 后来的事实是，北京政府于 1917 年 8 月参加协约国阵营，对德、奥宣战，一方面取得协约国允诺的条件，一方面也一举废除了德、奥在华的条约特权；并在战后得以战胜国身份，派代表参与巴黎和会，在全球新外交格局中争取到较平等的地位。② 这样的结果的确初步满足了主战派的预期。

而"五四"以后，《太平洋》对这个问题的讨论投入了更大的热情，通过平和的讨论，帮助国人了解领事裁判权的性质及其撤废的必要性，申诉了中国人民对内、对外要求司法独立的精神，并向国际社会发出中国应取得主权国家平等的国际地位的要求。例如，曹杰的《领事裁判权制度之滥觞及吾国撤销此制之方法》一文，提及中国司法制度改革作为撤销领事裁判权的前提之一，这与后来华会相关决议案的精神是一致的；③ 在 1924～1925 年学界热烈讨论领事裁判权问题的过程中，王世杰和燕树棠无疑是当时法学家中的翘楚，他们发表在《太平洋》上的《撤废领事裁判权的程序问题》和《中国领事裁判权问题之常识》两文，则将至为复杂的领事裁判权问题及其解决方法的讨论，更推进一步。④ 加上周鲠生发表在《东方杂志》、《社会科学季刊》上的研究论文⑤，我们说《太平洋》同仁是时人关于领事裁判权问题讨论中的一个舆论"重镇"，并不过分。以上说明了国人愈来愈对列

① 王世杰：《撤废领事裁判权的程序问题》，《太平洋》4 卷 6 号（1924 年 4 月 5 日）。
② 唐启华：《1919 年北京政府"修约外交"的形成与展开》，《兴大历史学报》（台湾）第 8 期（1998 年 6 月），第 168 页。
③ 曹杰：《领事裁判权制度之滥觞及吾国撤销此制之方法》，《太平洋》3 卷 3 号（1921 年 9 月）。
④ 王世杰：《撤废领事裁判权的程序问题》，《太平洋》4 卷 6 号（1924 年 4 月）；燕树棠：《中国领事裁判权问题之常识》，《太平洋》4 卷 10 号（1925 年 6 月）。
⑤ 参见周鲠生《领事裁判权问题》，《东方杂志》19 卷 8 号（1922 年 4 月 25 日）；周鲠生《领事裁判权撤废问题》，《社会科学季刊》3 卷 1 号（1924 年 11 月）。

强通过"条约体系"控制中国的政治经济的强烈不满,同时表达了欧战后中国民族主义意识日益高涨的一个方面①。

第二节　警惕日本的侵华政策

欧战期间,居于远东位置的中国之重大外患"全为中日交涉"。② 刘彦将这个时期七年时间(1914~1920)的中日交涉划分为两个阶段:"其前三年为日本朝鲜中国之时期,其后四年为日本印度中国之时期"。前者对华政策的特点是乘列强无暇东顾的时机,积极执行覆灭中国的强硬政策,如提出二十一条要求,如支持袁氏帝制运动,如日俄缔结秘密同盟,均是妄图变中国为朝鲜第二;后者是因美国参战、俄国革命等事件的踵起,远东局势又起大变化,日本在国际上日益陷于孤立无援的危机中,不得不改变对华政策,采取以西原借款为中心,妄图"扩大中国之内乱,助长主战派之实力,行

---

① 近十余年来,学界逐渐重视对北洋时期的"修约外交"的研究,较早的成果是两种通史性的专著(吴东之主编《中国外交史(中华民国时期)》、石源华著《中华民国外交史》),对于北京政府的修约运动有所论述和评价,以及习五一的论文《论废止不平等条约——兼评北洋政府修约外交》(《近代史研究》1986 年第 2 期)。稍后出现了不少的专题性通史、通论著作,包括吴孟雪著《美国在华领事裁判权百年史》(社会科学文献出版社,1992),王建郎著《中国废除不平等条约的历程》(江西人民出版社,2000),以及论文《中国废除不平等条约的历史考察》(《历史研究》1997 年第 5 期)、《北京政府修约运动简论——兼述顾维钧等新一代外交家的崛起》(收入金光耀主编《顾维钧与中国外交》,上海古籍出版社,2001)。对同样的主题进行深入、细致和个案式研究的,当属台湾学者唐启华先生,他近年发表的系列论文涉及"修约外交"的包括:《民国初年北京政府"修约外交"之萌芽》(《兴大文史学报》1998 年第 28 期)、《1919 年北京政府"修约外交"的形成与展开》(《兴大历史学报》1998 年第 8 期)、《1921 年中德协约与北京政府"修约外交"的发展》(《兴大历史学报》2000 年第 11 期)、《北京政府时期条约观念的演变与修约成果》,〔(台北)《近代中国》第 152 期,2002 年 12 月〕。另外,李恩涵著《北伐前后的"革命外交"(1925~1931)》〔(台北)中央研究院近代史研究所,1993〕,也是这一课题的权威专著。外国学者在这方面的学术性著作,有 Wesley R. Fishel, *The End of Extraterritoriality in China* (Berkeley: University of California Press, 1952),是一部 20 世纪 50 年代的著作,关注的是治外法权(领事裁判权)的撤废问题。曾在北洋政府、国民政府外交部担任要职,并亲自参与不平等条约废除经过的钱泰(阶平)先生,曾著《中国不平等条约之缘起及其废除之经过》〔(台北)国防研究院 1961 年版,2002 年天津重印本〕,记述不平等条约在中国之缘起,分析各约内容,及与各国个别或集体交涉、废除之经过。观以上的研究成果,主要是对历届政府及其外交人员的修约行动、策略及思想的论述和评价,较少涉及当时学界或知识分子对于修约外交的表达和诉求。

② 刘彦:《欧战期间中日交涉史》,"叙",沈云龙主编《近代中国史料丛刊》,三编第二十一辑,文海出版社,无出版年份,第 1 页。

其以印度人杀印度人之策也"①。随着欧战后期远东局势的变化，日本对华政策正经历着这种转换的时期。在《太平洋》同仁看来，日本虽然改变了对华政策和扩张方式，但侵略中国的野心和计划并不会改变。

一　所谓"中日亲善"

1916 年 10 月，日本寺内正毅组织新内阁，调整大隈内阁时期的对华政策，由外务大臣本野一郎提出《对华方针意见书》，宣称日本必须把"维护中国独立与领土完整作为帝国对华方针之基础"。② 在此不干涉主义的幌子下，日本采取了新的侵略手法，开始宣传"中日亲善"的舆论，并扶植中国国内不同政派的亲日分子，以遂其侵华的目的。《太平洋》同仁对于寺内新政策的侵略实质，有较清醒的认识，通过舆论揭露其阴谋，并予以坚决地抵制。

时在英国爱丁堡大学学习的之奇投寄的《我之中日亲善观》一文，对日本自辛亥以来的对华政策进行了回顾，并与欧美国家的对华政策进行比较，指出日本忌讳中国会实现"内政之改良，经济之发展"，所以其对华政策往往是直接侵略与阴谋破坏交相为用，其新闻舆论也往往助纣为虐，"日本新闻，造作蛮言流语，形同捉影捕风，以某公之颇负时望，则虚报其被暗杀，以期败我事而惑人心，以某君能宰制一部之军心，则谣传其谋复辟，以冀激政争而淆舆论"。而返观欧美国家，"一切反日人之所为，不独无酿乱之心，且常怀助善之意"，其所求者"惟商业上之利益，我国经济愈开发，则所得商业上之利益愈厚，故不独无政治上之野心，且常为我精神上之援助"。两者的用心可说是"昭然若黑白分异"。因此，他批评国内"多为忧伤愁苦之词"的言论家是"多昧于世界之大势与日本之实力，于本国可以惊天地、泣鬼神之潜势力，复茫然而不自觉"。实际上应起而号召国人"及时愤发，明耻自助"。何况，英美国家或亦出于自己在中国和远东的利益，"必不容日本之乱我华夏，乃必然之理，无容丝毫之疑义者"。③

---

① 刘彦：《欧战期间中日交涉史》，第 1 页。并请参见林明德《简论日本寺内内阁之对华政策》，收入中华文化复兴运动推行委员会主编《中国近代现代史论集》第 23 编，民初外交（上），第 522 页和第 546 页的注释。林先生引用日本学者的说法，称这两种政策分别为"加藤式式的白色帝国主义"和"黄色式的帝国主义"。

② 彭明、周天度主编《中华民国史》第 2 编，中华书局，1987，第 218 页。

③ 之奇：《我之中日亲善观》，《太平洋》1 卷 7 号（1917 年 10 月 15 日）。

之奇对日本赤裸裸的侵略政策严厉斥之，但他对于寺内原田内阁提出的
"中日亲善"政策的理解却有些暧昧。他说："今忽闻寺内君排众议，绌浮
言，一反其从前对我之策，而本野君于其国会之宣言，大近于识时之
杰。……亦足见寺内、本野诸君德望之攸归，与日本国民从善如流之美质，
使寺内诸君，果能以诚恳之意，为相亲之道，则我固可弃宿怨、推赤心以与
相接，而共奠东亚和平之基，不其休欤！"可见之奇未能认清寺内与其前任
大隈内阁同样的侵华本质。他接着指出，日本人若以诚相交，中国人对于这
种"中日亲善"尚可接受，"又只能与日人为荣誉、独立之亲交，凡一切有
害崇高、敦厚之感情之言动，决非我国民所能受；受之而终不忘者，此则日
本之国民政府所必知，亦我国民政府之所当自觉于中，而自策励者也。"①

《太平洋》上的其他作者对以上之奇的观点反响激烈。李剑农与之奇颇
有交往，对其为人有切实的了解，在编发这篇文章时，深恐此文为人误会，
遂弁数语，指出作者对于国家前途实负有重望，并以此励志励学，其文章的
主旨也是本着一种乐观精神以激励国人。李氏说："按此文作者，以年少敏
锐之姿，治学英伦，曾因学赀不济，历尽艰辛，终不少辍。其不甘妄自菲薄
之志气，甚为记者所敬慕。……孟子曰：人必自侮而后人侮之，家必自毁而
后人毁之，国必自伐而后人伐之。此即作者所持以自警自励，与此文所以警
励国人之旨也。吾国人诚不自悔、不自毁、不自伐乎，则外患不足忧矣。"②

在《太平洋》随后三期里，收到了三篇读者的通信，其中两封寄自日
本东京，一封寄自美国欧柏林，几乎是一致地反对"中日亲善"。慕靖批评
之奇对寺内"中日亲善说"的本质认识不清，他指出：中日两国"同文同
种"，本应相互提携，共同抵御白种人的势力，但实际上，"日人素养不纯，
人格极隘，只顾逞其野心，务为伸张国力，以扰东亚之和平，实不足以之奇
君之善意而期于日人也"。因为日本掌政者对于大陆政策和谋中国之心，
"未尝肯放松一步，即或手段之不同，要其实则一也"。他对国人对于"中
日亲善说"毫无觉悟的心理，感到十分痛心："今尚未闻国人有何等反对，
强暴之来，未有止日，言之痛心，而人心日坏，日以虚荣权势为事，道德灭
绝，伦常坠地。嗟夫！燕雀处堂，不知大厦之将倾。吾恐巢覆卵破之日，彼
辈终无觉悟之时也。今观寺内所为，何一足以表亲善之实者，盗入人室，夺

---

① 之奇：《我之中日亲善观》，《太平洋》1 卷 7 号（1917 年 10 月 15 日）。
② 之奇：《我之中日亲善观》，"记者附言"，《太平洋》1 卷 7 号（1917 年 10 月 15 日）。

其财物，杀其妻子，尚曰吾与汝善，吾与汝善，其谁欺耶。之奇君或久处英伦，东方事多隔膜，仆诚恐国人或有遽信日人亲善之言，以为两国从此可望和平，懈其对外之精神，故敢勉供刍荛，意欲补之奇君之不足云尔。"①

王诘直接指责日本的"中日亲善"不过是对朝鲜政策的故伎重演，而中国人却不幸受其迷惑而难以自拔。他说："比年以来，中日亲善之说，日接触于吾人之耳，乍闻其说，为之骇怪惊疑，莫得主旨，继乃司空见惯，安之若素，及今而复唤起吾人之感想有足多者。夫亲善二字，国人视觉新异，而日人则已惯用于韩国，视甚平常。日人包藏祸心，覆灭中国，已非一日。兹复施此术于中国，不啻视为韩国第二也。推想当日施此术于韩时，当不若今兹朝野上下竭力提倡，新闻杂志，大肆鼓吹之甚，如中日国民协会、东亚俱乐部、华瀛俱乐部等之设，何一非所以牢笼中土人士者。日人数十年抱定大陆政策，阳则中日亲善，东亚和平，阴则怀柔为术，实施兼并，贯彻大陆政策，积极进行，以求实现云耳。"②

在美国留学的陈宗岳认同王诘的说法，并引西人的说法："大隈政策，为击铁锤，声震四邻；寺内政策，如钻螺钉，毫无痕迹"，说明日本政府的侵华政策是一贯的。而最令他痛恨的是，国内有些政客竟然仍不知所悟地以"中日亲善说"作为对外政策，奔走于中日之间。他说："居今日而言'中日亲善'者，非愚则奴，当轴诸公，毫无世界眼光国家观念，其愚其奴，已属见惯。惟余间偶阅国内报章，触目惊心，当窃窃称为怪事，百思而不得其解者，则以救国自命之某某党人，近来对于日本之态度是也。据报章所传，自西南抗拒中央政府以来，伟人、名流、政客、武夫，奔走于东京者，络绎不绝，如此举动，是直默认日本为上国矣。苟吾国一切政治上之动静趋向，均须得日本之同意而后可，则党人之日日骂人卖国，直无意义。盖吾国政治首领，苟以日本之喜怒支配其活动，是隐然授国脉于日人之手。尚复何言？曩者党人事败，多托庇于外人势力之下者，余已久为隐忧；履霜坚冰至，何图事之果验也。余笃信国之兴亡，首在人心，天地间正气，绝于中国男子，则'中国不亡，是无天理'。吾为此惧，用不能已于言，倘得贵报引为同调，而大与我国民以警告，是则区区之愿也。"③

---

① 慕靖：《中日亲善之里面》，《太平洋》1卷9号（1918年1月15日）。

② 王诘：《中日亲善》，《太平洋》1卷8号（1917年11月15日）。

③ 陈宗岳：《中日亲善》，《太平洋》1卷10号（1918年7月15日）。事实上，该信寄自2月7日，《太平洋》因特别故障停刊了大半年，故而延期出版。

恃冰在《日本经济之研究》一文中，详细剖析了日本在欧战前后的经济膨胀的原因，指出其以对华贷款、投资来推动所谓的"中日亲善"政策，实际上却是一种经济侵略，"以借款问题交换利益，此诚寺内标榜中日亲善政策之奏功也"。又指出：无论近年来日本何届内阁，其谋我中国之心却是一贯的，"日本欲投资我国，乘机攫得利权之方策，已毕露无遗。现原敬继寺内正毅组织内阁，吾国人士主持论坛者，方祝日本对我政策之变迁，我国南北战乱，或从此永久消弭乎？噫！此非知日本实情者也。欲详言之，应研究日本之外交，姑不具论。兹专就日本正货通胀一方面言之，彼国朝野人士，孜孜欲向我国投资，以攫得特殊利益，因与彼中内阁更迭无关也"。[1] 足见《太平洋》同仁对于流行于中、日两国朝野上下的"中日亲善说"是持警惕和抵制的态度的。

二 "日俄新协约"的危险

1916 年 7 月 3 日，日、俄两国政府在 1907 年和 1910 年前两次"日俄协约"的基础上，第三次修订协约，此即所谓"日俄新协约"。周鲠生认为此约对于远东政局影响甚大，他说："调印后数日，约文公表，世论哗然，非惟吾国内伤时之士，深感忧危，即欧美论坛，亦示不安之色，盖深有感乎此协约之成立，关系于今后之远东政局者甚大也。"[2]

周鲠生从英国的《泰晤士报》所刊载的"日俄新协约"条文中，敏锐地感觉到此协约对于远东政局是一个隐患，他在 1917 年撰写了多达六篇有关日俄关系的论文，恐怕是当时国人中对于"日俄新协约"呼喊危机之少数人之一[3]。概括说来，周鲠生对于"日俄新协约"的态度，是随着俄国革命的发生，由悲观转化为乐观的，但最后他仍强调这种危机最终解决有赖于中国内政的改善，否则中国将又失去一次机会。周鲠生的评论有以下几点：

1. "日俄新协约"的性质

"日俄新协约"缔结于 1916 年 7 月 3 日，英国《泰晤士报》即认为日、

---

① 恃冰：《日本经济之研究》，《太平洋》1 卷 11 号（1919 年 4 月 15 日）。

② 鲠生：《日俄新协约》（篇上），《太平洋》1 卷 2 号（1917 年 4 月 1 日）。

③ 刘彦撰于 1921 年的《欧战期间中日交涉史》第四章《日俄同盟与中国之关系》，专门叙述"日俄同盟"问题的来龙去脉，其对该同盟条约对于中国的影响的认识，与周鲠生是一致的。参见刘彦《欧战期间中日交涉史》，第 83～94 页。

俄两国已具"同盟"的关系，但周鲠生认为：所谓国际同盟，"无不有一战事为主眼，无不规定有军事上援助之义务"，如1902年、1905年、1911年之三次英日同盟，1912年之德、奥、意三国同盟等；反之，"其他所谓协约、协商之类虽带有政治上重要性质，而不明载战时援助义务者，悉不谓为同盟"，如1900年之英德协商、1904年之英法协约、1907年之英俄协商等。而"日俄新协约"并没有一句道及战事，也未规定军事上援助之义务，故不具有"同盟"的性质。[①]

"日俄新协约"虽不能称为同盟协约，但其政治后果不可等闲视之。比较而言，第一、第二次"日俄协约"对于中国维持远东国际均势地位，还不能构成威胁，但1916年的"日俄新协约"的性质完全不同了。周鲠生指出，协约中规定两国决意合力保持远东和平，其意就是说，保持远东和平的责任由日、俄两国共同负责，即"远东者，日俄两国之远东；远东之事，日俄两国独处置之；远东之势力，日俄垄断之，第三国毋容喙也"。而且条文规定的地域也比以前更广泛，其范围不限于满洲，而泛指整个东亚，即"举中国全体以迄南洋诸地域悉括于此协定之中，日俄两国现在东亚所有诸领土，自不待言"。可见，其性质已不在维持现状，而是在打破远东之现状；不是消极地防护既得利益，而是积极地侵略和扩张领土和利权。[②] 日本方面对于此次协约的期望值甚高，因为日本国内对于所谓"日俄同盟"、"日俄接近"的呼声，自1905年日俄战后便已开始，而"欧战发生以后，此声益高，协约成立，日人欢呼，论功行赏，外交当局之升爵者数人，则日本之有大希望于此协约，可想而知"。[③]

2. 日、俄"提携并进"

在周鲠生看来，"日俄新协约"虽发生于欧战期间，但不是由于战事而发生，只能说是由于战事给予了机会，实际上其发生的由来当追溯日、俄两国的外交政策的发展。[④]

首先是日本的"大陆政策"。周鲠生指出，日本在"日俄战争"中获胜后，即以远东岛国一跃而跻身于世界列强之林，国民的自负心理增高，不满足于现状，加以人口膨胀，经济发达，"海外发展之声盛唱于岛国，朝野上

---

① 鲠生：《日俄新协约》（篇上），《太平洋》1卷2号（1917年4月1日）。
② 鲠生：《日俄新协约》（篇上），《太平洋》1卷2号（1917年4月1日）。
③ 鲠生：《日俄新协约》（篇上），《太平洋》1卷2号（1917年4月1日）。
④ 鲠生：《日俄新协约》（篇下），《太平洋》1卷3号（1917年5月1日）。

下，醉心帝国主义，美其名曰经济发展，其实含有政治侵略之野心，则司马昭之心路人共见"。在侵略目标问题上，日本政界和军界大致分为两派：其一着眼于南方，包括菲律宾及其他南洋群岛，即所谓的"南进主义"，由竹越与之郎和海军系的人物倡导；其二则着眼于北方，包括整个东亚大陆，此即所谓"大陆政策"，"在野则有一派所谓浪人政客，在朝则陆军系人物坚持之，而征之事实，则又彼国内多数舆论所赞同，屡次之政府似皆立为方针进行者也"。① 显然，日本"南进主义"政策极为冒险，势必与美国和英国的利益发生直接冲突，容易遭致美、英的干涉，日本政府亦深知此不可实行。周鲠生用蒲莱士的话指出，"势力向弱处进行，物理之通则"，所以软弱的东亚大陆成为日本政府集中全力争夺的目标，"盖知此老大帝国徒有防家贼之备、无国防之可言，而其他列强无一植有强大势力于此，可以独立阻抗日本之行动者，如此富庶之邦，正足供日人发展地也"。②

其次是俄国的远东政策。周鲠生指出，俄国对外政策有一始终不易的目标，即求得出海口，"（俄国）以广土众民之帝国，宁甘长闭塞于大陆者，如何而得一自由之出口，此实亘二百年来常站于俄政府脑中之大问题也"。由于俄国在北太平洋、君士但丁堡及波斯湾，均尝试争取过，但无一例外地遭到英国为首的欧洲列强的抵制和干涉，最后均以俄政府妥协退让了事。于是它改变外交政策，以东亚为目标，"而远东侵略政策，开新纪元于19世纪末叶"。③ 周氏指出俄国侵略远东的步骤是："俄政府之一意经略远东，着着进行，无复顾忌，乃为理势必然之事，无足怪异。旅顺、大连之良港得诸租界之名，满洲全部复行实际之占领，骎骎乎有进取朝鲜半岛，席卷东亚之势，俄国数百年来梦想之出口，不期而得诸太平洋上，彼斯拉夫政治家之得意，可以想见。"④

最后是"日俄提携"。日、俄两国对外政策都以经营远东为重点，发生利益冲突则不可避免，1904~1905年的日俄战争即是两国争霸的结果。但战争之后，两国便共同意识到了相互提携比相互敌对更为有利。周鲠生指出，在日本方面，"欲求彼大陆政策之安全，对俄国方面之关系不能不有所顾忌；盖俄国之现在地位虽不足阻日本在吾北部之进行，然彼根据北满、又

① 鲠生：《日俄新协约》（篇下），《太平洋》1卷3号（1917年5月1日）。
② 鲠生：《日俄新协约》（篇下），《太平洋》1卷3号（1917年5月1日）。
③ 鲠生：《俄国远东政策之过去未来》，《太平洋》1卷8号（1917年11月15日）。
④ 鲠生：《俄国远东政策之过去未来》，《太平洋》1卷8号（1917年11月15日）。

复操纵外蒙，与日本之大陆势力相冲突之点甚多"。① 同样，在俄国方面，"彼之远东侵略政策，虽因日俄一战而归画饼，在彼视之不过一时计划中挫，固未以为永久绝望也。观于彼在日俄战后未几，即从事改良西伯利亚铁路，锐意经营北满事业，同时而窥伺西藏、新疆，最后至有扶助外蒙自治之暴举，可见其志尚不小。不过斯时之进行不复能循日俄战前之径路，则日本之新起于东亚为一劲敌，不可不顾虑是也"。② 这种情况下，摆在两国面前的是两种同样的选择，一是两国妥协，提携并进，彼此协商势力范围，分割东亚大陆，从而理顺两国的利害冲突；二是两国整军经武，不惜再度干戈相见，期望最后由一国垄断东亚大陆的霸权。③

因此，从国家利益角度出发，并在两国均有意缓和的意识下，日、俄两国政府选择了"提携并进"的方针，故有 1907 年和 1910 年两次"日俄协约"的产生。而且，欧战爆发以后，俄国更不希望在远东地区与日本发生冲突，"则俄国制于德奥土之三敌，不惟在远东尚深幸日本之不乘虚直拊其背，且战时军需有待于日本之供给是也"，日俄实现提携的基础更为巩固了。所以，周鲠生指出，1916 年日、俄再签订第三次协约并不"出人意表"。④

3. "日俄新协约"的影响

周鲠生认为，有如下四点负面的影响，应引起国人注意：（1）该协约可使日、俄在远东避免冲突。日俄两国在东亚大陆之势力范围，自由协定，彼此承认，两不相侵，俾各得乘时取自由行动，以图发展，内部既无利害冲突发生之虞，而外界则以有第一条之规定，彼此相约不加入互相敌对之盟约，免为他人牵连启恤之患。（2）"日英同盟"因此失去存在之目的。"日英同盟"是为对付俄国而起，而随着日俄关系的改善，日本舆论久已将之视为"眼上之疗"，曾公然地发表废弃之论。此次通过的"日俄新协约"，自然消杀了"日英同盟"的效力。（3）远东均势之局全破。日、俄的接近和提携，既破坏了"日英同盟"，则意味着远东国际均势的局面不复存在。不论德国，还是英、美、法等国，均为欧战所累，对于远东问题已鞭长莫

---

① 鲠生：《日俄新协约》（篇下），《太平洋》1 卷 3 号（1917 年 5 月 1 日）。

② 鲠生：《俄国远东政策之过去未来》，《太平洋》1 卷 8 号（1917 年 11 月 15 日）。

③ 鲠生：《日俄新协约》（篇下），《太平洋》1 卷 3 号（1917 年 5 月 1 日）；另参见《俄国远东政策之过去未来》，《太平洋》1 卷 8 号（1917 年 11 月 15 日）。

④ 鲠生：《日俄新协约》（篇下），《太平洋》1 卷 3 号（1917 年 5 月 1 日）。

及，"两大陆军国如日、俄者提携于东亚大陆，一致进行，谁得而抗之"。（4）中国地位益增危险。远东国际均势既毁，日、俄可以毫无顾忌地自由行动，并可协调共同瓜分中国，而中国自身尚无国防可言，则俄国取北满、外蒙、伊犁、新疆，日本取南满、内蒙古及东北各省，作为各自的势力范围，实际上已是易如反掌，"吾国之以此协约，而益落为日人之俎上肉，则无容疑，国人今日犹复醉生梦死如故耶，则真亡无日矣"。①

可见周鲠生对于"日俄新协约"所造成对于中国局势的影响是持悲观态度的，他说自己在写《日俄新协约》时，"悲观之感，溢与词表，则深有慨乎此协约之主眼，实为日、俄两国垄断远东势力，其效用尤足以支配吾中国运命也"。不仅如此，俄国政府既有意与日本提携，同时对于协约国方面，就有"疏远"的迹象，甚至愿意与德国单独讲和，以致"日俄德三国同盟之声，流传于世"。美国《纽约时报》发文指出，如果"日俄德三国同盟"成立，有可能对美国起到威吓的效果，"使美国对于德国虽绝交而不敢宣战，则不能与英、法两国提携也"。所以，周鲠生强调说他的悲观论不是无来由的，实则由于"日俄新协约藏祸心之大"。②

4. 俄国革命与"日俄新协约"

欧战期间，国际形势变幻，殊难逆料。1917 年年初美国参战和俄国革命爆发，同时也造成了美、俄两国对外政策的转折，使得远东格局发生逆转。俄国革命爆发不久，周鲠生就预测说，俄国革命的影响不仅表现在其内政和国际潮流方面，而且俄国外交政策亦将因此而发生变化。他撰写《俄国革命与日俄新协约》一文，详尽地剖析了革命以后俄国对外政策的转换及对于远东局势的影响。他指出："（俄国）革命成功，而旧政府倒，民主自由精神之新政府代兴，影响所及，不惟俄国内治主义根本翻新，即对外政策亦将顿改面目，所有旧政府从来主持之外交方针及其与协商各国所结之条约协定，今皆在翻案之中，而日俄新协约之亦将大受影响，势所必然，有可断言者。"③

革命后旧俄国政府的远东政策和"日俄新协约"是否仍然有效，取决于新政府的政权性质和外交理念。周鲠生分析指出，革命后能够左右俄国大

---

① 鲠生：《日俄新协约》（篇下），《太平洋》1 卷 3 号（1917 年 5 月 1 日）。
② 鲠生：《俄国革命与日俄新协约》，《太平洋》1 卷 6 号（1917 年 8 月 15 日）。
③ 鲠生：《俄国革命与日俄新协约》，《太平洋》1 卷 6 号（1917 年 8 月 15 日）。

政方针者，可分为两派，一是由原来议会立宪党演变而来的民主共和之稳健派，一是极端革命社会党（苏维埃）。前者的政纲是自由帝国主义，对内持自由进步主义，对外则主张膨胀发展政策；后者则纯以世界主义、平和人道主义标榜于世，绝对反对侵略主义，对于旧政府官僚的秘密外交深恶痛恨，而且对前者那种帝国主义色彩的外交政策，亦极力反对。虽然由此可知两派的对外政策完全不同，但周氏仍然判断说无论哪一派执掌大权，或者两派联合执政，对于"日俄新协约"都是一个沉重打击。首先，若是激进派执掌俄国政府，其对外主义与"日俄新协约"的精神不相容，自不待辨，周氏说："彼辈急进党方以不事侵略标为政纲，号召天下反对一切帝国主义精神之外交，而'日俄新协约'则以支配远东为目的，蓄意积极的侵略东亚大陆，宰制中国，死命不惜，两相合力，以抵制第三者之自外干涉者也。此则帝国主义之最阴险恶辣者，而谓平和人道主义之俄国社会党政府能继承旧约以共同执行之乎？"[1]　其次，若是稳健派与激进派提携组织联立内阁（此时克林斯基政府就是这样的联立政府），周鲠生仍然乐观地认为"日俄新协约"同样将无望于世，他说："盖两派提携，以调和之精神，共襄国政，彼此所持之政策均不得不让步。社会党既须稍放弃其世界主义之理想，稳健派人士亦当变易其帝国主义之野心，则在欧洲之侵略政策，且当稍戢其锋，在远东之不敢再勤远略，自不待言，彼又何所利而履行日俄新协约之精神，以助成日本之大陆政策哉！"[2]

综上而言，周鲠生认定"日俄新协约"的前途，已因俄国革命而丧失前景，而且他根据英国的舆论认为，日本若不顾这个事实变化，肆意侵略中国，将来不免陷于孤立，"日本政府而犹欲利用'日俄新协约'之效力，与俄国提携并进，以支配远东而实行其大陆政策乎，吾知其为一场春梦"。[3]这是周氏从俄国革命对中国国际处境的影响中观察到的乐观之处。

5. 骇人听闻的"日俄密约"

"十月革命"以后，苏维埃掌握俄国政权，采取了新外交措施，将沙皇政府时期签订的所有秘密条约和文件一一揭破，并宣布不再履行这些条约义务。尽管周鲠生也承认这种外交举措违反了国际公法上的"条约继承之原

---

① 鲠生：《俄国革命与日俄新协约》，《太平洋》1卷6号（1917年8月15日）。
② 鲠生：《俄国革命与日俄新协约》，《太平洋》1卷6号（1917年8月15日）。
③ 鲠生：《俄国革命与日俄新协约》，《太平洋》1卷6号（1917年8月15日）。

则"，"诚有未当"，但他又说此举"对于今世无法无天之强权国家，鬼鬼祟祟之外交方术，以暴易暴，直截了当，究亦大快人心"。① 更重要的是，中国成了这项新外交行动的间接受益者。因为在俄国揭示的各项密约中，就包括了"日俄密约"。该约是 1916 年 7 月 3 日日俄两国订于圣彼得堡，与前述"日俄新协约"同时签订，周鲠生称此是"最骇人听闻者"。②

从《曼彻斯特甲丁》（今译《卫报》）所报告的共 5 条的密约条文上，周氏指出该密约与以前公开的"日俄新协约"条文相比，有三个问题值得注意：一是该密约表明实际上自 1916 年 7 月 3 日以后，"日俄同盟隐然成立可也"，其第 2 条明确规定了日俄两国之间的军事援助义务；二是"日俄新协约"泛指其关系地域为"远东"，而密约则"明明指定中国为其用武之地，而以排出第三国势力为目的"，换言之，它直接宰制的对象是中国；三是"日俄同盟对待之目标，英国也"，这项性质颇为要紧，因为"日英同盟"尚在有效期内，日本秘密与俄同盟，无疑是背叛了英国，私自毁弃了"日英同盟"。周鲠生评论说："惟吾人窃有不禁骇然者，则于同盟存在期中，同盟之一造，竟敢暗中别结同盟，以敌待现在同盟之他造。（不惟日英两国向属同盟，且于伦敦宣言有效期间，日英俄法意五国，组成一大同盟。）日、俄两帝国政府，真胆大妄为，无恶不作，不识国际道义为何物矣。一方之俄帝国政府，既以革命消灭；他方之日本帝国政府，固依然立于国际社会之中，失信背义之罪，随此密约而暴露于世。未审彼尚有何面目，高谈公理，夸称名誉，而共诋德政府之非行也？"③

刘彦发表在《太平洋》上的一篇文章同样指出，原来的"日俄新协约"的性质，尚不得谓为同盟条约，但是列宁政府所公布的"日俄密约"则说明了日俄两国已实际上形成了防御性的同盟关系，"盖明白宣布中国之天下为日俄两国独有之天下，其所有领土权与其政治上之优越权，惟日俄两国之垄断物，旁人不得下箸也。且密约中所谓第三国，当然包英国在内，则日本不仅不视英国为同盟之友，且视为同盟之敌，此日本破坏日英同盟之铁证，无可逃其迹者也"。④

以上通过周鲠生对"日俄新协约"和"日俄秘约"的评论，可以知道

---

① 鲠生：《新发见之日俄密约》，《太平洋》1 卷 10 号（1918 年 7 月 15 日）。
② 鲠生：《新发见之日俄密约》，《太平洋》1 卷 10 号（1918 年 7 月 15 日）。
③ 鲠生：《新发见之日俄密约》，《太平洋》1 卷 10 号（1918 年 7 月 15 日）。
④ 刘彦：《论第四届之日英同盟》，《太平洋》2 卷 9 号（1921 年 1 月 5 日）。

他对于日本联合俄国，排斥欧美列强势力，共同瓜分和吞并中国的政策表示强烈的不满，并予以揭露和严厉地批评。所幸俄国革命、美国参战以及德国战败等因素的发生，日本的侵华计划大受挫败。但周鲠生并不因此而表示绝对的乐观，他觉得中国的危险并不因日本大陆政策的受挫而消除，"内政不修，国防空虚，自立之道失，一危险去而他危险复来，终日仰首望天庇佑，危险之纷至沓来，将有应接不暇之势"。所以，他主张中国政府应抓住日、俄关系转换的这次机会，"举国一心，励精图治"地整顿内政；在对外政策上"总须积极的求自处之道，而立一有统系之对外政策，进而为自动的外交"。① 这里已可见留英学人呼吁中国抓住机会，发展"自动的外交"。

三　抵制"日英同盟"的续约

比较"日俄新协约"只受到少许中国人的关注，"日英同盟"的续约问题则牵动了国内很大一部分舆论。就《太平洋》而言，连续几期刊发了包括杨端六、刘彦和梁云池的若干文章，大体反映出中国伤时之士对于"日英同盟"作为日本侵华工具的痛恨心理。如梁云池说："在这个纷扰的世界，没有别的问题影响我们的将来和世界的幸福更大的了，可见世界上凡是以世界平和为怀的人，想起这个有凶恶的历史的同盟，都无不格外恐慌，对于他的继续问题，都无不格外系念。惟可怜中国日疲于内争，不管他人是不是要图害，横竖无心顾及，任他们处置罢了。"②

1. "日英同盟"的危害及其续约问题

"日英同盟"订于1902年，至1906年续约一次，1911年又续一次，而第三次约期定为十年，到1921年7月13日期满。对这个长达20年的列强同盟，刘彦指出："以日本对于中国之无限罪恶，皆假日英同盟之名义以行，痛切万分。"③ 而欧战发生以来，日本更借机占领山东，要求"二十一条"，并凭借原来四国银行团不能再行借款的机会，成为单独提供借款的国家，有意支持段祺瑞发动内战，意图使中国不能完成统一。他说："此次南北残酷之战争，与期间之延长，谁为为之？孰令致之？则日本为之，日本致之也！盖中国南北战争团体，皆无彼此征服之力量，亦无长久维持战局之力

---

① 鲠生：《东亚之新局面》，《太平洋》1卷7号（1917年10月15日）。
② 梁云池：《日英同盟继续问题》，《太平洋》2卷10号（1921年3月15日）。
③ 刘彦：《论第四届之日英同盟》，《太平洋》2卷9号（1921年1月5日）。

量，苟无外国政府援助款械，则势必及早和平，观于中华民国第一次革命战争，外交团议决对于南北军皆不借款，实为促成南北和局之最大原因，可以证明之也。此次中国内乱，起于欧战激烈之时，日本政府乘机于 1917、1918 两年，借予北方主战派段祺瑞内阁之款，共达五万万元之多，南北战争之残酷，与期间之延长，实原于此，迄今南北统一，虽尚未十分就绪，然以欧战结局，日本不能单独再行借款之故，双方不复有激烈之战争，可以预言，则中国内部之和平，不久可望实现。"①

"日英同盟"成了保护日本侵华政策的工具。在英国方面，固视条约为神圣，面对日本的侵华行为，不能干涉，甚至被侵及它在远东的利益时，亦三缄其口；而对于日本来说，遵守"日英同盟"反成为它采取进一步侵略行动的障碍，遂处处采表面遵守、暗里破坏的政策。欧战期间，日本即不惜屡屡破坏盟约，1915 年的"二十一条"、1916 年的"日俄新协约"和"日俄密约"，以及 1918 年的"日德密约"，在刘彦看来，"皆为日本于欧战期间实际破坏日英同盟且立敌对英国政策之铁证也"。② 但是欧战末期，俄国发生了革命，德国战败了，美国也成了日本的敌国，"日英同盟"若不能继续，日本即孤立无援，前途堪忧，故欧战一结束，日本外交家又不得不"千辛万苦，甘言诡计"，以运动英国续约。刘彦毫不客气地指出，"其不忠实，不信义，现在世界各国尚有出其右者哉！"③ 梁云池同样极有情绪地指责说："这样不忠不义，无廉无耻的和记，稍有血性的人，定要和他绝交，而绝对不肯再与他同事的了。"④

"日英同盟"续约问题在日本方面既无问题，关键是看英国的态度。但是，在第三届同盟告终前一年，即 1920 年 7 月 3 日，英、日两国政府共同通告国际联盟会，宣布将盟约期限展延一年，但宣言中也承认了 1911 年的同盟条约，不全与《国际联盟约章》的规定相吻合。对于英国政府此举，杨端六不久后就在《东方杂志》上做出三点推论：一是可见英国政府的态度是不愿续约，而又不愿即时废约，以开罪日本；二是英、日政府既将此次续约之事通告国际联盟会，可谓开国际交涉的先例，说明国际联盟约章有可能对日英同盟有限制作用；三是英国希望拖延到 1921 年 3 月美国总统选举

---

① 刘彦：《论第四届日英之同盟》，《太平洋》2 卷 9 号（1921 年 1 月 5 日）。
② 刘彦：《论第四届日英之同盟》，《太平洋》2 卷 9 号（1921 年 1 月 5 日）。
③ 刘彦：《论第四届日英之同盟》，《太平洋》2 卷 9 号（1921 年 1 月 5 日）。
④ 梁云池：《日英同盟继续问题》，《太平洋》2 卷 10 号（1921 年 3 月 15 日）。

后，视其意见如何而后定。同时，杨端六还提醒说，"日英同盟"虽然关系中国甚重，中国政府和民间团体也曾发出强烈抗议和废约要求，但"弱国无外交"，其抗议效果甚微，实际上还是视《国际联盟约章》的作用和美国新政府的意见而定。①

2. "深望明达之英国政府及国民有贤明之处置也"

1921 年新年伊始，刘彦就在《太平洋》上指出："此第四届同盟，究竟能实现与否，尚不可知，惟日本政府及国民，皆拼命运动第四届日英同盟实现，如果实现，则与我中华民国命运有痛切之关系，民国十年，我国最重要之外交事件，应以此事为第一，虽山东问题，能由国际联合会解决与否，尚不及此问题之重要。"② 据杨端六的提示，刘彦这篇《论第四届之日英同盟》的目的，重在唤醒英国当局及英国人士之注意，勿再迷失于日人之不忠不信，③ 即"深望明达之英国政府及其国民有贤明之处置"④。

在中国政府方面，对于"日英同盟"问题的态度是明确的，早在 1920 年春就已训令驻英公使向英国外交部照会："是类任何条约，明文中如将中国只看作为一土地的实体，则将不为中国公意所许，且将更被全国确认为一种不友谊的行动。"6 月中国外交部再发表声明，指出中国既为国际联盟会员国之一，"那么国联其他会员国，关于吾国事务，在未得允许前，不得成立任何契约，况盟约第十条，已足保证尊重其土地之完整矣"。外交部对于"日英同盟"的见解深得中国许多闻人，尤其在上海的各界人士的赞同。由上海团体代表、教育、银行、实业、学生及中国留学生诸界所签署的说贴，送达英国驻华公使，该贴称："日本曾利用英国忙于战时活动而违背该同盟条约的旨趣，向中国提出二十一条，中国外交是独立的，她的人民对于以半独立相待其国家的任何企图，将一致痛恨，并且中国既为国联一会员国，她自有向它提出山东问题之权，所以该同盟条约的任何重续，在中国人民都认作为不得中国同意而在法外解决其案件的另一企图。"⑤ 可见朝野上下抗议"日英同盟"的决心。

在《太平洋》上，梁云池也提出两个要求英国政府省思的"正义"的

---

① 端六：《英日同盟》，《东方杂志》17 卷 15 号（1920 年 8 月 10 日）。

② 刘彦：《论第四届之日英同盟》，《太平洋》2 卷 9 号（1921 年 1 月 5 日）。

③ 杨端六：《英日同盟与中国之将来》，《太平洋》3 卷 1 号（1921 年 6 月）。

④ 刘彦：《论第四届之日英同盟》，《太平洋》2 卷 9 号（1921 年 1 月 5 日）。

⑤ 参见〔美〕波赖（Pollard）《最近中国外交关系，1917~1931 年》，曹明道译，正中书局，1935，第 83~84 页。

理由，其中一个就是希望英国政府莫要在"日英同盟"上搬起石头砸自己的脚，他说："前二十年，日本之所以能够排斥俄德，危害中国，而英美之所以不能真实联合，都是这'英日同盟'的功绩，因为有了这个同盟，凡日本在中国和西比利亚一切暴乱的行为，英国就不敢过问，英国不过问，美国也就孤掌难鸣。俗语说：'畜老鼠，咬布袋。'到了近几年间，英国人在中国的利益也被侵夺起来了。这是英国人很痛心的事，确实可怜。但是可怜而不足惜的，惟中国无故被人害的，乃真痛心。英国虽未曾直接加害中国，然'我不杀伯仁，伯仁由我而死。'英国人清夜自思，也晓得自己是万不能辞其咎的。日本既然把英日同盟利用得很好，则现在远东方面能够阻碍日本的野心的，不过英美两国，日本正可再把英日同盟利用一番，再把他以前逐俄逐德的手段施演一番，快把美国赶出远东以外。……至美国赶出了，中国的大权到手了，那时候兵精粮足，就与英国一决雌雄，也不是一个很难的事，这叫做分而治之的法子（To divide and rule）。"①

刘彦亦问道：英国视条约为神圣，而日本视条约为敝履，英国还需与这样的对手续盟吗？他分析指出："日俄新协约"破坏"日英同盟"于先，但一向视条约为神圣的英国并不反对，可知英国竟陷于不得不承认"日英同盟"失效的困境，这可以说是英国的耻辱；如今情变势易，曾使同盟失效的日本，却又来动员英国为第四届"日英同盟"续约，英国政府与国民该作如何感想呢？再说，当初"日英同盟"的目的，是为了抵制俄国东侵及维持东亚均势，但"今俄国国势迁移，绝对无侵略之事，此目的已不存在，德国新败，断无扰乱东方之忧，法美酷爱平和，其东亚政策，殆与英国一致。"鉴于上述理由，刘彦指出，英国续盟的结果惟有供日本侵略政策间接、直接之利用而已，对英国自身则毫无利益可言，他真诚地说："我中华民国全体国民，深望英国政府与国民，为彻底之觉悟，使'日英同盟'，以本年告终，第四届'日英同盟'之名词，不产生于世界，则东亚全局和平之幸，亦英国在东亚特殊利益之幸，又中国保全与各国均等主义之幸也。"②

第三节　促成英美的合作

日本势力在中国和远东地区的扩张，除了遇到中国民族主义运动的激烈

---

① 梁云池：《日英同盟继续问题》，《太平洋》2卷10号（1921年3月15日）。
② 刘彦：《论第四届之日英同盟》，《太平洋》2卷9号（1921年1月5日）。

抵抗以外，更重要的是，日本的扩张也严重损害了英美列强在远东的利益，破坏了远东均势格局，引发了日本与英、美列强之间的冲突。战后美国随即修正了它对日的调和立场，并开始尝试各种积极的举措，在远东建立国际新体系，恢复国际秩序，以取代旧的帝国主义外交。当巴黎和会上美国防止日本在华势力扩张计划失败之际，美国又同时以新国际银行团、拆散英日同盟的计划出台，至 1922 年年初华盛顿会议以各种新条约形式结束会议，所谓的"华盛顿体系"才告完成。本节论述在"华盛顿体系"的形成过程中，《太平洋》杂志同仁对国际政局的判断，对战后美、英合作和竞争关系的认识，以及所提出的外交主张。

一　美国的国际地位

前面第一节，已陈述李剑农希望通过与美国采取一致行动，对德宣战，以获得加入国际社会的机会，并以此取得美国的信任，倚仗"美人在国际上名誉律之势力"，为将来议和席上增加砝码。这里继续探讨李剑农和他的朋友们对美国在巴黎和会上的威信的认识，及他们对国内一般舆论中所鼓吹的"中美同盟"问题的批评。

1. 美国在巴黎和会上的威信

巴黎和会召开于 1919 年 1 月 18 日，是欧战结束后国际性之善后会议，中国以参战抗德之资格应邀参加，并在会中郑重提出废除对中国的不平等条约及收回原有德国在山东被日本强占之权利。而且这次中国外交也获得了前所未有的舆论支持，无论在国内还是在国外，均有很多团体和个人来支持或监督驻巴黎的中国代表团，文章、小册子和关于和会的消息都广泛的传布，这些舆论都实在地反映了中国人民要求从殖民主义的奴役中解放出来的强烈诉求。①《太平洋》留英同仁亦是当时留英、留法学界的重要代表，他们中的王世杰、杨端六、周鲠生、陈源等人均在巴黎参加了中国留学生和旅法中国工人和会运动的领导和宣传工作。② 而在文章评论方面，《太平洋》也有四篇论文讨论和评价巴黎和会和山东问题，可以了解他们对于这次国际会议的基本诉求。

---

① 参见〔美〕周策纵《五四运动史》，陈永明等译，第 129～132 页；另外关于中国的公众舆论与巴黎和会的关系的相关论述，可以参见应俊豪《公众舆论与北洋外交——以巴黎和会山东问题为中心的研究》，（台北）国立政治大学历史系，2001。

② 参见杨静远《我的父亲杨端六》，《万象》2004 年第 7 期，第 125～126 页。

周鲠生在1919年3月底寄出的稿子《巴黎议和大会》，对于和会的组织、议事方法，以及和会的目的，均有所议论。他首先指出，和会在组织方式上所规定的"各国列会代表人数"和"议事秘密原则"两项，因为仍然按照旧外交的方式进行，"于此失人心不小矣"、"其不脱秘密外交之旧习，固无可讳"。① 他预测这次和会仍将是列强左右一切，而对于弱国，则无多少发言权，"实则当初人数分配，多少悬殊，已示轩轾。而出席发言之人占多，拥护本国之权利，自然较为周到。则今日弱国在和会居于不利地位，列强左右一切，自代表人数分配之一点观之，已可窥其一斑矣"。而在会议的形式设置上，和会采取的是"十人会"、"委员会"和"总会"三种形式，所有会议的议题和大政方针的决定，均在前两者中讨论和决定，至于"总会"，虽为各国代表全体出席，"自表面观之，觉最重要，实则不过履行一种形式上手续，问题均先经干部会议决，于此大会征求全体之画诺而已。故委员会干部会继续开会，而总会则极稀"。这样看来，"诸弱国之代表，在和会发言机会，亦至有限矣"。②

但周鲠生感到乐观的是美国所代表的正义、人道主义的新外交观，无论其精神，或是势力，似乎均已在和会上获得了证明。他分析到，日本、意大利在精神、物质方面的势力均不足以左右世界政局，而真正主导和会方针的，应是英、法、美三国；而从英、法、美三国代表团成员的分析来看，法国代表的外交手腕最强，英、美代表的外交经验均不如法国代表；但从世界声望和国际思想的影响力来看，美国总统威尔逊则可能主宰和会的整体，并将其新外交思想贯彻于这次国际会议中，从而开创一个新的国际社会。他说："故自外交手腕一面观之，则法国代表人物，较英美两国为强，诚有如英国报纸所详论者。然今日和会之业，在造成新世界，则与其要求专门之材能，毋宁重在人之声望思想。此则美总统威尔逊所特具，雷得佐治、巴尔福已望尘莫及，克芮曼索辟勋之流，更不足论。故今日和会之动力为威总统，克芮曼索虽被选为议长，此不过循国际先例，举会议所在国都之首相或外交总长为议长而已。……实则和会之大方针，可谓全出于威总统之脑中，使其他列强政家之守旧头脑，帝国主义，不为之阻力，世界主义、人道主义之理想，不难凭籍威总统以实现。和会开会以后，决定之大问题，如召集俄国各

① 松子：《巴黎议和会议》，《太平洋》1卷12号（1919年7月15日），第25页。
② 松子：《巴黎议和会议》，《太平洋》1卷12号（1919年7月15日），第27页。

派政府派代表会议于玛尔拉海之王子岛，以解决俄国问题，置德属殖民地与土耳其领土于国际同盟管理之下，及定万国同盟之组织为和约之一要部之类，咸代表威总统之思想，为世界永久平和之要图。此诸大问题之成效，虽尚未可即睹，然亦足以见威总统之在和会势力，与和会进行之趋势矣。"①

这个对威尔逊及其理想主义外交思想寄予厚望的乐观主义，与当时所有渴望和平、正义的国人的态度是一样的。但周鲠生不曾预料到，正是意、日这两个他不甚看重的国家，在和会上先后向威尔逊的新外交发起严重的挑战，尤其是日本在山东问题上的强硬态度，最终迫使威尔逊向现实政治妥协了。

在中国问题上，威尔逊面临着日本的挑战。趁着意大利退出和会的时机，日本更强硬地要求得到德国在山东的权利，并威胁如果它在山东问题上不能达到目的，就拒绝签字。这又给威尔逊以极大的压力，因为他认为，日本也退出和会，有可能危及他一直为之呼吁的国际联盟的形成。② 而国际联盟，如他所宣传的，是取得世界和平、秩序和进步的唯一希望，在这个新的国际组织中，中国的利益和美国在东亚的权益都可以得到更有效的保护，所以，他要在较小的问题上做出让步以免日本退出巴黎和会。③

由于威尔逊的对日妥协，中国在巴黎和会上的外交归于失败，中国代表团退出和会，并拒绝在和约上签字，同时国内爆发了游行示威，"山东问题失败的消息传来，由北京学生界倡首，举行示威运动，全国一致，誓死力争"。④ 中国人用民族主义回应了巴黎的强权政治外交和日本的侵略主义。李剑农写的《山东问题》一文，表示对于北京政府的亲日外交政策的强烈不满，他说："我们的政府和国民，只争签字不签字，全不向那签字以前，乘机提出修正案或附加条件上去想。国民反对签字，自然是正当的表示；政府平素'作茧自缚'，临危了，不知依赖国民的援助去补救，还专讨日本人的好，责备国民不谅政府的苦衷。呸！国民纵不气死，也要被外国人羞！"⑤

本来对和会及威尔逊满怀希望的中国人，却不得不接受失败的打击，沮

---

① 松子：《巴黎议和会议》，《太平洋》1 卷 12 号（1919 年 7 月 15 日）。

② 〔美〕罗依·沃森·柯里：《伍德罗·威尔逊与远东政策（1913~1921）》，张玮瑛、曾学白译，社会科学文献出版社，1994，第 262 页。

③ 〔美〕孔华润：《美国对中国的反应》，张静尔等译，复旦大学出版社，1989，第 85~86 页。

④ 沧海：《山东问题》，《太平洋》1 卷 12 号（1919 年 7 月 15 日）。

⑤ 沧海：《山东问题》，《太平洋》1 卷 12 号（1919 年 7 月 15 日）。

丧和愤慨之余，他们对威尔逊及其标榜的理想主义国际政治观嗤之以鼻，"什么公理，什么永久和平，什么威尔逊总统十四点宣言，都成了一文不值的空话"。①但仍留在巴黎的周鲠生却用冷静客观的态度，写下《巴黎和约与美总统十四条》一文，认为应将巴黎和会的结果与威尔逊的"十四点"理想区分开来。他说："今之和约，果如世人希望，实现十四条之精神否耶？果合乎举世所要求之公平和局之理想否耶？则不幸而不容吾人不作一负答，今不惟德人对于和约愤其过苛，即协商国中进步思想之士，亦无不咎其有伤公平之旨，违背十四条之原则。"②周氏仍然希望为和会结果寻觅到补救的办法，而不是只表达失望之情。

周鲠生分析指出，"十四点"提出以后，无论德国，还是协商国都同意按此原则停止交战，"则巴黎和议，其当根据此十四条原则以解决，信誓旦旦，天下所共见者也"。但不幸的是，经过六个多月的谈判，所成立的"巴黎和约"，其性质与"十四点"有霄壤之别，"综而言之，威尔逊十四条之精神，在结一公平宽大之和局，两方面不相伤害，保留一将来平等协进之地步。而今之和约，则纯然片面的报复侵夺主义。……此则世人对于和约之吃惊，对于威尔逊十四条宣言之失望，为将来平和之基础危也"。因此，这只能说明威尔逊主义暂时受挫于帝国主义和军国主义，因为其所提倡的正义公平等理念，实已代表着不可阻遏的时代进步思潮。周氏指出："十四条原则，美总统所宣言；今之和约条件，亦美总统所与议以立者也。威尔逊非好为反覆欺诈之人，其致如此结果，盖面前有莫大障碍，阻其主义之实现者。此障碍维何？即协商侧保守政府之帝国主义是。此次之和约，吾人谓为威尔逊主义之中挫，帝国主义之制胜可也。虽然，吾人即将一切绝望乎？帝国主义，将永久制胜，威尔逊主义徒托空言乎？曰，否。帝国主义，不过一时因战后人情反动而制胜。威尔逊提倡之正义平和，世界共济主义，则代表时代进步思潮，滔滔不可遏抑，战胜保守帝国主义之日，当不远也。"③

而且，威尔逊主义的一个核心理念——万国（国际）联盟，已经在巴黎和会上树立，"究算是威尔逊主张成功之一点"。对此，周鲠生颇为乐观，他相信国际联盟能够成为世界和平的保障，"如今世拥护万国同盟之舆论，

---

① 转见杨玉圣《中国人的美国观——一个历史的考察》，复旦大学出版社，1996，第77页。
② 松子：《巴黎和约与美总统十四条》，《太平洋》2卷1号（1919年11月15日）。
③ 松子：《巴黎和约与美总统十四条》，《太平洋》2卷1号（1919年11月15日）。

而非全然出于作伪，吾人当可希望该同盟必有纠正此次和约之过恶，为世界真树永久平和之基也。"① 可见此时周氏与当时大多数国人一样，"方以为见屈于凡尔赛者，必将见伸于日内瓦"。②

2. "中美联盟"的争议

巴黎和会上威尔逊主义虽然受挫，遭到大多数人的讥讽，但美国在国际上的名誉和势力，依然是对苦苦寻求摆脱日本控制的中国人的一个希望。加之欧战后日、美在华矛盾和斗争的日益加深，也使中国一般舆论重新对美国产生希望，有人就提出"中美联盟"来抵制日本的侵略，更有些激进者主张中国联合美国不惜与日本一战，驱逐日本势力出中国。《太平洋》杂志收到留日学生黄耀武投寄的《中美同盟与世界和平》和《日美战争与中国前途》二文，就是这种激烈言论的代表。但杨端六在编发第一篇文章时就写了一则附言，表明完全不同意黄氏的观点，他说："这篇文章，与本社同人的意见本不相合，本社同人本想不发表，但现在抱持此种意见的，一定不止黄君一个人；这篇文章，一定足以代表许多人的意见。这许多人为什么抱持这种意见？这是巴黎和会与那不完全的国际联盟促成的。一般对于国际联盟抱绝大希望的人，读了这篇文章，或者也可加一番反省。"③

先看黄耀武所表达的观点：第一，军国主义和专制主义过于发达是欧战的原因，也是世界和平的阻碍；而巴黎和会和国际联盟已成为"第二之维也纳会议"和"第二之神圣同盟"，"公理不特不能伸张，而强权又形横行；和平主义、民主主义不特不被采用，而军国主义、专制主义更形发达"，因此，当下世界重大问题（如山东问题）得不到公平解决，而反播下了第二次世界战争的种子于远东和太平洋上。第二，所谓实现世界和平，仅可依赖于世界上酷爱和平的大民族之间的互相联合，换言之，世界上酷爱和平的大民族，"即中、美两国，亟宜从速同盟，从事于世界和平之实现"。而中美同盟的目的在于设法打破日本军国主义和专制主义，"欲芟除此世界和平阻碍，以实现世界和平，则再有第二次之世界战争，亦不妨也"。第三，中美两国在国体、国民性格以及地理上均有相近之处。④ 第四，日美冲突导致日美战争不可避免，若中国能乘此千载一时的机会，与美国缔结攻守同盟，一

---

① 松子：《巴黎和约与美总统十四条》，《太平洋》2卷1号（1919年11月15日）。
② 罗罗：《国际联盟与华盛顿会议》，《东方杂志》18卷17号（1921年9月10日）。
③ 黄耀武：《中美同盟与世界和平》，"编者附言"，《太平洋》2卷7号（1920年11月5日）。
④ 黄耀武：《中美同盟与世界和平》，《太平洋》2卷7号（1920年11月5日）。

致行动，则战争之结果，日本必陷于失败，中美必获胜利，而中国亦必从此"日就文明富强之域"。①

美国共和党领袖哈定（今译哈代）出任总统以后，一反威尔逊时期对日和平联络的态度，对日本采取颇为激烈排斥的手段，"加州问题"发生以后，"日美战争之声浪，亦已日高一日；且日美两国朝野上下，准备战争久矣"。② 杨端六也承认日美战争可能成为现实，则"吾国朝野上下应取何种态度，实为今日不可忽视之一重大问题"。但前已言，杨氏不同意黄耀武的态度，认为所谓"先发制人，联美抗日"，不是应否采取的问题，而是可否采纳的问题。他接着指出，黄耀武的办法在理论上或有可讨论的价值，但在事实上却是"判若天渊"的，因为中国完全不具备与美国联盟的资格，"今无论美国如何爱我，如何护我，而以我国现时之情形论之，不能不使美国长叹一声，悄然打消联中政策之动机，凡人必有可以为友之处而后人与之友；我国国势，无可与美友者在"。他引出美国人 Close 先生为一份评论杂志所写的社论，说明美国人已警告中国人若采取"一极勇猛之手段"，"公然加入美国之侧"，则必因日美战争而遭"极悲惨之境遇"。杨端六据此指出："作者之意无非欲警告中国人，使知中国欲免除祸患，不可倚赖他人，必自己努力而后可，然吾人读其议论，不禁不寒而栗。黄耀武君所谓'进可以攻，退可以守'，在美国一面或可以自豪，而在我国则 Close 君所谓'极悲惨之境遇'，可以不籍龟蓍而预知者也。抑黄君以为美日战争必不可免，而未虑及'英日同盟'之效力如何；若如前所述，美日战争必变为英日对美之战争，则中国之地位将必更增其困窘；故中美同盟无论美国不能应许；即应许矣，而前途之危险又岂可言哉？"③

实际上，杨端六自己对于日美冲突的态度，是考虑中国的实力实在不堪与日本一战，故宁主张先"严守中立"，然后采取的外交方针，就是下文要提到的"调和英美之国交"，以英美合作来先解除威胁性极大的"日英同盟"，以保存中国。他说："美日开战，无论谁胜谁负，战争期间内中国必遭极悲惨之境遇。'英日同盟'为促发美日战争之具。故吾人今日所期望者为此同盟之解除。同盟解除之前，英美应互相谅解，捐其猜忌。同盟解除之

① 黄耀武：《日美战争与中国前途》，《太平洋》3 卷 1 号（1921 年 6 月）。
② 黄耀武：《日美战争与中国前途》，《太平洋》3 卷 1 号（1921 年 6 月）。
③ 杨端六：《英日同盟与中国之将来》，《太平洋》3 卷 1 号（1921 年 6 月）。

结果，可以使日本敛戢其野心，保全其人民之生命，可以使中国徐图内部之改革，渐次自立于国际政局之中。如其不然，中国应全国一致守严正中立之态度，不能，则诉诸世界，再不能，则惟有背城一战而已。"[①]

可见，在这个问题上，《太平洋》同仁虽然主张亲美外交，以威尔逊主义为攻守武器，但对于中国自身的实力亦有清醒的认识，不至不自量力，为抵抗日本侵略，而主张与美国缔结所谓攻守同盟，结果可能如他们所预测的，反陷于"极悲惨的境遇"。他们所要主张的是英美合作主义，才是远东和平的保证。

二　"调和英美之国交"

早在欧洲留学时期，杨端六就已表达了中国外交官应该将"调和英美之国交"作为中国的外交方针。他在《国际政局之重要发展》上说："今后之世界，英美民族之世界也。最近之将来，吾觉此种断案不离乎真。此两大民族如果和好，确有支配世界之能力，否则两虎相斗，必有一伤，吾人不希望彼等为虎，然希望彼等勿斗。英日同盟为我国自由发展一大障碍，凡在东亚之人，除少数日本人外。无不痛心疾首，思有以废止之。然其关键则为英美之交好。两年前，吾在欧洲，即以此语王正廷专使与施肇基公使，嘱其注意调和英美之国交。夫以我国地位之卑下，欲实行此政策，殊为妄想，然无论事之能行与否。我辈不可不存有此念，以为我外交大方针。今幸此期望渐有可达之一日，快何如之！"[②]

而欧战后美国采取积极措施，如组织新国际银行团，组织国际联盟，催促英国停废"日英同盟"，召集包括邀请中国参加的华盛顿会议等，构成了战后的所谓"华盛顿体系"在远东地区的安排，以消弭列强间的竞争，建立集体安全机制。这些措施的实施过程，就是上文杨端六所说的"此期望渐有可达之一日"的到来了。换言之，从国际政局的变化中，留英同仁观察到了战后英、美合作的趋势。下面先以国际新银行团为例，说明他们对英美合作机会的观察。

1. "英美携手以抗日本，似为大势之所趋也"

美国自 1918 年 6 月提出新国际对华借款团组织计划，原是应英、法要

---

① 杨端六：《英日同盟与中国之将来》，《太平洋》3 卷 1 号（1921 年 6 月）。

② 端六：《国际政局之重要发展》，《东方杂志》18 卷 13 号（1921 年 7 月 10 日）。

求均衡各国对华投资、阻遏日本势力过分扩张而来。① 日本乘欧战的时机，英、法、德、俄均无力东顾，将旧银行团变成自己一国的借款团，通过借款给段祺瑞政府，大肆夺取中国之利权，"固为我国人之所痛心，抑亦美英法诸国所甚不愿意者也"。② 对于欧战期间日本对华大借款的活动，杨端六忧心万分，他写《今日岂借款之时乎》一文，提醒说随着欧战进入尾声，未来银价极有可能下跌，而政府此时却高息向日本借款，"正如俗语所云吃桐油，吾恐不久必呕生漆"；又说："此间《泰晤士报》对于中国之事，素持轻侮的态度，而于此次借款则亦曰：以今日汇兑率之高，而中国乃借外债，诚为遗憾，呜呼！当局者浊，旁观者清，际此亘古未有之战争，各国方思自拔于险，我国则惟恐有缚不紧，又投入其深巨测之泥淖中，度量之相越，亦何至于斯耶！"因此，他提议国民必须起来监督政府的贷款行为，"国家而稍有自觉心，决不任一二人之专擅"，否则将来财政将完全受制于日人，而自己的子孙也必生活于穷困之中。③ 可见杨端六反对已为日本独占的旧银行团。

但是《太平洋》上也有学人对于欧战后由美国提议的新银行团组织，另有一番评价。刘彦说新银行团"其命意所在，欲使中国不为日本一国所独吞，而恢复均势之局面者也"，而从利害关系上看，列强恢复在中国的均势及合作状态要比竞争状态对中国更为有利，"权衡轻重，害点不如利点之大。即如不能自由选择，借之害虽不能逃，然与其由当局滥借滥用，则反不如不能自由借款，一可以使国家少借外债，二可以保留无限之国权也"。④

杨端六的态度更值得注意，他对于新银行团作用的态度，完全不同于前述对旧团的态度，他认为新银行团以后的贷款政策可能会对中国经济的恢复有所帮助，特别是在工商业生产和进出口贸易方面。他说："吾人论战后经济，而及于我国之现情，不宜忘却新银行团之事。新银行团以贷款而发生者也，现因政局未定，不着手于贷款，然将来总有实行其政策之一日。苟实行其政策，则外债日日流入，我国入口货必然骤增。通常有入口必有出口，不

---

① 王纲领：《新国际银行团与第二次善后大借款交涉始末》，收入中华文化复兴运动推行委员会主编《中国近代现代史论集》第 23 编，民初外交（下），（台北）商务印书馆，1986，第 864 页。

② 刘彦：《论新银行团与中国之利害》，《太平洋》2 卷 4 号（1920 年 3 月 5 日）。

③ 杨端六：《今日岂借款之时乎》，《太平洋》1 卷 8 号（1917 年 11 月 15 日）。

④ 刘彦：《论新银行团与中国之利害》，《太平洋》2 卷 4 号（1920 年 3 月 5 日）。

然，无以为偿也；然因外债流入而增加入口，则不必有相当之出口增加，亦得保其国际借贷之平衡。然则今后之海外贸易，无论如何，必将随新银行团政策之实行而大促入口之超过，无可疑也。但此等入口超过，无碍乎国民生计，以其供给我国以制造器具与交通机关，事成之后，将再见出口之旺盛也。关于此点，吾人不必悲观，有志青年当磨砺以须，准备与欧美各国争世界商业之雄耳。"[①]

杨端六又在《东方杂志》社论中指出，新银行团对于中国的意义，不仅仅是经济上的问题，而且对政治问题也有意义；其贷款利息虽高于自由竞争式的贷款百分之一二点，但"吾人苟以此百分之一二之息金，换得一统一强固之政府，其所得多矣"，重要的是看新银行团对于中国政治改造的作用如何，"限制我国政治之魄力不大，则其成立亦将等于无意味；如限制之魄力太大，则我又不忍言其结果矣"[②]。由上述可见，国际新银行团的政策颇得留英同仁的认同。

另一方面，从某种意义上说，新国际银行团的组织也是基于欧战期间协约国合作精神的一种延伸。[③] 这正是留英同仁所最愿意看到的英美合作的机会。梁龙已观察到："新银行团者，为巩固及扩张各国之经济与政治势力于中国，以期最后为一网打尽之支配，乃改旧日之列国猜忌政策、均势政策、自由阴谋竞争政策，而为互相协助、互相调和、互相尊敬之政策，以免中国之'渔人得利'或'以夷攘夷'或'远交近攻'也。"[④] 而国际新银行团对于英国重新选择在华合作伙伴，具有关键作用。梁龙分析英国在华的形势时指出："大战之后，各国在世界上之地位顿变，因之而在中国之局势亦迁移。……惟英人战后虽非数年不能复其旧日之盛，然其传统的'乘国际纷争收渔人之利'的政策，为英人所以造出一大帝国之祖传衣钵。虽此次所得之领土在中部西部亚细亚，及非洲等处须有多大之人材及资本以经营之。虽此次欧洲为英人所造成之小国须以实力援助之，以防德人之东渐及德俄之连络。然若谓英人对于图谋中国之野心有所放弃或缓和，则大谬也。然则此后各国在吾国之竞争者必为美、日、英三国。美、日二国必为拮抗之敌手。

---

① 端六：《欧战后之经济界》，《太平洋》2 卷 10 号（1921 年 3 月 5 日）。
② 端六：《新银行团》，《东方杂志》17 卷 15 号（1920 年 8 月 10 日）。
③ 王纲领：《新国际银行团与第二次善后大借款交涉始末》，收入中华文化复兴运动推行委员会主编《中国近代现代史论集》第 23 编，民初外交（下），第 878 页。
④ 梁龙：《新银行团与中国》，《太平洋》2 卷 6 号（1920 年 8 月 5 日）。

英人则将举一足而为轻重，而以法、意为卫星。今美人已一跃而为世界最强之国，而其资本之集积，制造品之聚积，将需全世界为其尾闾，其必不舍弃一世界最大之尾闾者可无疑矣。日人在大战及俄乱所获之远东优越地位，乃千载一时之事业，其必不愿一旦舍弃也，亦明矣。虽然，此种地位一日存在，即当有发展而至于全吞中国之一日。一旦中国全吞，即当有中国闭门之一日。即当有日本实行大亚细亚主义而摈除西人且危及英美属土之一日。若然，则英美携手以抗日本，似为大势之所趋也。"①

以上梁龙对英国在远东的利益关系和政策的分析，还是比较客观周到的，但由于远东形势的发展尚不明朗，他对于英美联合抵制日本的前景，也不能做出肯定的判断。而随着"日英同盟"的问题成为美国召集华盛顿会议所要考虑的一个重要因素时，同仁才对战后国际政局的特点及英美合作的趋势，做出明确的判断。

2. "欲藉美国之助取消英日同盟也"

前面第二节论"日英同盟"时，已提到《太平洋》希望英国方面不要再与日本续签条约，但实际上，英国并不希望直接中止与日本的关系，而是想以续约问题作为与美国竞争的一个砝码。这层关系也渐渐为《太平洋》同人所观察到。

杨端六在《东方杂志》上发表的《国际政局之重要发展》一文中，指出目前国际政局有两个重大特点：一是英美海军之争霸；二是世界舞台已由欧洲移往远东与太平洋；而正是这两个特点将决定欧战以后世界和平的前途，以及中国自由发展的命运。② 就前者来说，杨端六指出：无论欧战前，还是欧战后，海军争霸是决定世界格局的关键力量，"默察世界大势，陆军之强弱与世界政局无甚大之关系，盖无论军队若干，苟无船舶运送，则其活动之范围终属有限。观拿破仑埃及之役，即可知其致败原因之所在。德法陆军之竞争，原不足为英国之虑，其素以必须加入战争者，以德国海军咄咄逼人故也。且以近世之训练与工厂之发达，陆军之编成最多只须六阅月，而海军一舰动辄需数年之久始能告竣，且驾驶机关人员亦非数月间所能养成，故欧战之前，陆军额不过二十余万人，美之陆军额不过十余万人，不数年间，前者增为五百万，后者增为四百万，即实际从战者亦有二三百万。由此观

---

① 梁龙：《新银行团与中国》，《太平洋》2 卷 6 号（1920 年 8 月 5 日）。
② 端六：《国际政局之重要发展》，《东方杂志》18 卷 13 号（1921 年 7 月 10 日）。

之，陆军之限制，固亦可为会议之一题，然必非紧要之题可知。至于海军，则将成为世界将来最大之关键，吾于此点，已不惮屡次申言之矣。战前海军力之比较，原为英、德、美、法、日、意、奥、俄之次序，今德、奥、俄之海军歼矣，法、意困于战后财政之整理，又为陆军费用所苦，不能致力于海军之建造，所余者惟英、美、日三国耳。今日海军之竞争不外此三国，即限制军备之重要亦不外此三国也。"①

因此，战后英、美、日进行庞大的海军建设计划，使得世界局势仍然是动荡不安，并加深了人们的不安全感。②《时事新报》刊登署名"云程"的《英日续盟》一文，指出英国无论如何必须保持其第一海军国之地位，而又不容有第二海军国与之并立。苟有一国扩张海军至第二海军国之地位，即为英国之敌人，战前德国、战后美国皆是也。所以，英国目睹战后美国海军日益强盛，"不得不更联一海军强国以为万一之备，于是英日续盟之局定矣"。显然，他深信由于英、美海军争霸，极有可能迫使英国续签"英日同盟"，则世界和平徒存理想，而中国将来的地位也更加困难了。这篇文章，杨端六在《太平洋》上全文转录之后，并指出该文着眼于英美海军争霸，"可谓洞察今日之国际政局"。③

但杨端六并不认为英、美海军争霸真如欧战前的英、德那样不可调和。他认为，首先一个因素，英国和美国同为世界最自由民主的国家，且两国民间感情向称和睦，"故谓英美未来之有战事，殆为世人所不信。……苟美国能缩减其海军力，英国则保持其现有海军之位置，英美两国之关系必十分融洽无疑"。其次，英国下属的各殖民地国家，如坎拿大、纽西仑、澳大利亚，与美国的关系也是英日续盟必须考虑的一个重要因素，"此三国者一面惧日本之侵逼，一面恐失美国之同情"。再次，国际联盟也可起到调节英、美关系的作用。④

应该说，杨端六的判断是准确的。在 1921 年年初，英、美两国政府交换了各自的立场：美国赞成召开裁军会议，英国则同意修订"英日同盟"条约。7 月中旬，美国政府正式向英国、日本、法国和意大利四国政府发出

①　杨端六：《太平洋会议问题》，《太平洋》3 卷 2 号（1921 年 9 月）。
②　C. L. 莫瓦特编《新编剑桥世界近代史》，第 12 卷，第 482 页。
③　杨端六：《英日同盟与中国之将来》，《太平洋》3 卷 1 号（1921 年 6 月）。文中转载了云程的全文。
④　杨端六：《英日同盟与中国之将来》，《太平洋》3 卷 1 号（1921 年 6 月）。

邀请，参加在华盛顿举行的限制军备会议。后来，为了把太平洋和远东问题包括在内，美国又邀请了中国、比利时、荷兰和葡萄牙四个国家参加会议。① 从这里，中国人真正看到了"日英同盟"将由英、美协调解决的可能。杨端六评论说，实际上这也表现了英国政府在外交问题上的审慎态度："欲籍美国之助取消英日同盟也"，"然无论其动机若何，吾人确认英美之亲睦足维持最近将来世界之和平"。②

这样，《太平洋》一再呼吁的英美联合以抵制日本的主张，已在逐步实现中了。而1921年年底"华盛顿会议"的召开及其结果，应该说基本实现了同仁原来的期望。这次会议，在军备问题上，决定了英、美、日三国海军吨位五、五、三的比例，在中国问题上"国际共管"的局面代替了一国独占的局面，在国际事务上"日英同盟"的局面转变为英美合作的局面。③

但周鲠生对中国外交团的表现并不满意，认为中国政府本应在华会上取得更大的外交成果，一举解决以往的悬案如山东问题、二十一条问题及列强对中国的一切不平等关系问题，可惜由于被动的外交方针，这些均未获得解决的机会，"综是以观，我国在华盛顿会议所得之结果，不能达得赴会议所抱之目的，已为不可否认之事实。列强共奏凯歌，而我则无功而返，是不能不归于我国外交之失败也"。他认为中国外交团在华盛顿会议上的努力仍如巴黎和会上的遭遇，"睹此次我国在华盛顿会议外交之失败，令人回想往日巴黎和约我外交失败情形，其失策之处，如出一辙，一误再误，当局者不能辞其责矣"。④

周氏的反省和批评，说明了中国亲美人士的迷梦又一次破灭和惊醒。而"临城劫车案"的发生及各方的反应，更能说明20世纪20年代中国社会对于"华盛顿体系"的态度更趋复杂。

三 "临城劫车案"与中外关系的调整

1923年5月6日，津浦铁路北上列车在山东临城附近遭遇匪徒拦劫，匪徒抢掠乘客财物，并掳走中外乘客近200名，作为向北京政府谈判的人质。由于事件涉及在华外国侨民的生命安全，而引起颇为复杂的外交

---

① 参见 C. L. 莫瓦特编《新编剑桥世界近代史》，第12卷，第482～483页。
② 杨端六：《太平洋会议问题》，《太平洋》3卷2号（1921年9月）。
③ 陶菊隐：《北洋军阀统治时期史话》，第70页。
④ 鲠生：《华盛顿会议结果》，《太平洋》3卷5号（1922年4月），第7页。

交涉问题，外人对之甚为重视，称之为义和团运动后中国最严重的涉外事件。①

"临城劫车案"发生的翌日（5月7日），驻京各国公使团首次联合向北京政府严重抗议；9日，公使团又提出声明（时人称之"临案通牒"），限北京政府于三日之内全数救出被掳外侨，并要求"赔偿损失、保障将来及惩办负责人员"。公使团的强硬态度使北京政府惊惶失措，如刚从英国留学归来的西滢（陈源）所戏谑的："总统、总理一道一道的命令发下来，督军、省长一个一个电报打出去，总长、参事昼夜的舟车奔走，国会议员也居然有五分钟的时间，忘记了个人的利益，提出质问书来。真个是闹得天翻地覆，不亦乐乎！"中外视听忽集于中国山东之一隅，"报纸上长篇累牍的记载，把这件事的始末经过，被绑者的生活情形，描写得淋漓尽致，丝毫不漏"。在《太平洋》上，西滢借题发挥，翻译法国作家亚伯（About）的一篇小说《土匪大王》，连载三期，并在译文前附有"小引"一篇，对北京政府在临案中的丑态着实地嘲笑一番。他说："实在外国人的造福我国人民，真是德泽深远。无论什么事，只要一与外国人发生了关系，便会有动作，便会有改良的希望——至少表面上改一个样子——若是与外国人没有关系，那么凭你怎样的痛苦颠连，水深火热，一百年也没有人来理会你。"② 北洋政府和地方官吏处理涉外事件的种种媚外态度，而对于老百姓的生命财产安全的悍然不顾，几乎是每一位自由派知识分子所痛下抨击的。

但临案其实暴露了北洋政府的腐败无能，在外人看来，中国政府不能保障外国侨民的安全，是因为内政极度腐败，所以他们提议组成一个联合政府来执行中国行政权。③ 留英学人皮皓白（署名石公）指出：外人的这种判断不是毫无根据，平心而论，横行国内的所谓将军、巡阅使、督军、总司令、省长等各拥兵自重、争权夺利、相互讨伐，榨取百姓膏血，"而所得结果，

---

① 关于"临城劫车案"，已有学者对事件的全过程做过详尽的探讨，也有更进一步的研究集中在列强对于此事件的态度及其对华政策方面，以及北京政府和地方军阀对于此事件的交涉等问题，但当时自由主义知识分子和学者亦曾积极参与该事件的讨论并分析对策，对此学界缺乏讨论。参见张知寒、王学典《临城劫车案述论》，《齐鲁学刊》1983年第5期；吴惠芳：《"社会盗匪活动"的再商榷——以临城劫车案为中心之探讨》，《近代史研究》1994年第4期；汪朝光：《临城劫车案及其外交交涉》，《南京大学学报》2005年第1期；筱林、韦一：《"临城劫车案"性质略见》，王庭芝、王恒君：《"建国自治军"及"临城劫车案"的文化透视》，均见《枣庄师专学报》1997年第2期。

② 西滢：《土匪大王·小引》，《太平洋》4卷2号（1923年9月5日）。

③ 费正清主编《剑桥中华民国史》（下），上海人民出版社，1992，第120页。

乃并其境内之土匪，不独不能扑灭，竟至任其滋蔓；任其猖狂，危及本国人之不已，浸假而危及外侨；打劫乡村之不已，竟至劫及火车。一旦酿成交涉大事，函电交驰，不曰无论如何，仅先设法救出外人，即曰宁肯多出赎金，总以释放外侨为要件，而同时遭难较多被害尤酷之我国人士，则自始至终，竟置之不闻不问之列。号称'政府'方面之所以应付临城事件者如此如此。是其蠹国殃民之罪，已上通于天矣！"外人据此放言中国人无解决本国问题的能力，也是有事实根据所在。所以，石公认为，中国今日之根本问题，不在于外交，而在于内政问题，但中国人往往能举国一致地对外行动，却对已是乌烟瘴气的内政问题漠不关心，难怪外人痛骂中国人麻木不仁，并大力主张外力干涉。[1]

上海的《字林西报》是"英报中之最具保守色彩者"，它也大力主张外力干涉中国政治。该报5月11日的社论指出，临案是中国破坏条约、漠视责任的结果，而列强负有放任之过，"列强以华会之蜜饯的精神待中国，中国军阀遂觉可以恣所欲为，不怕惩罚，今须将此等思想打出军阀之头脑，……对于此次劫案负责之人，必须予以惩创，使全国中与彼同阶级者及下级者皆惕然知惧，而改变其行为。……总之，今日坚持由曹锟负责赔偿，乃可行之事，且大足以使其同僚诸伟人停止私争，一致改良中国政治。中国政治而能改良，始为临城大惨剧之真赔偿也。"16日的社论再指出，就惩罚办法而言，如赔款，就应落实到具体人员上，否则又将变成由北京政府对外借债偿还，而中国官僚将依然不受感动、不知悔悟。所以，欲振动官僚心坎，使其觉得恐怖而不敢不再尽职之唯一有效方法，"厥为打击吾人所见最伟之数人，此辈实为临城劫车案与其他无数无名案之真犯。吾人其拘拿曹锟上将及其他二三负责之领袖，迫彼等从自己荷包中付给赔款，然后免其官职，永不许再入政界，于彼等未付款之前，必须囚之于外国狱中，否则华人诡计多端或将由苦力冒名受罪而真犯则鸿飞冥冥，逃往他处也"。甚至不惜出一队外兵迅速行事，前往逮捕并囚禁他们，"不可只有虚声恫吓而不实行"。[2]

以《字林西报》为代表，由外力介入的方法处置最高军阀当权者以及由外人直接干预中国内政的提议，在《太平洋》主编杨端六看来，可以接

---

① 石公：《时事杂感》，《太平洋》4卷1号（1923年8月5日）。

② 转见杨端六：《对于临城事件之感想》，《太平洋》3卷10号（1923年6月）。

受作为"吾试验室之一资料也"。他认为，由列强出面惩罚那些平时最跋扈的军阀官吏，并不失中国人的面子，"故诚能如《字林西报》所主张，以一队外兵收押最跋扈最无用之武人，直如搏一病鸡耳。吾国民对于此种举动，毋宁馨香祷祝以求之，无所谓失其'面子'也"。①

而当时不少中国报纸的舆论，包括北京《京报》、上海《时报》、上海《新闻报》、上海《商报》等大报，竟一致认为列强此举实际上是帮助中国人民惩处祸国殃民的官吏军阀，甚为快意恩仇。这可见出一般社会舆论对于北洋政府的极度痛恨与无奈。实际上，杨端六接受这种提议，只是作为临时的办法，主要是借助外力惩治作乱的军阀，为国民组织新政府扫除一些障碍。他又说："以中国人口如此之大，土地如此之广，无论外人不敢轻于统治，即统治矣，亦非仍籍中国人自己之力不可。"② 前面提到的皮皓白也认为：外人的同情和援助只可解一时的危急，而民族自治和国家改善才是最根本之道，"一国之于国际关系，亦犹个人之于社会，今使个人本无可以独立资生之具，而又不求所以自立之道，受制于强邻，劫盟于城下，国中忧时之彦，怵于祸至之无日，呼号奔走，诉之正义，间亦足以唤起友邦同情之舆论，因而直接间接得蒙种种之援助，去岁我国华盛顿会议之结果，即其一例也。然一国之存亡，要视其民族有无自治能力以为之断。彼外来声援，直不过影响一时一事，顺而应之，固于樽俎折冲之间，多所裨益；若竟倚之以为致治之道，而不克力自振拔，未有不沦胥以亡者也。"③

可知《太平洋》同仁在国力衰颓、内乱不堪的背景下，对于列强的干预是怀着相当复杂和矛盾的心情的，同时对自己的民族和国家最终能否通过自治和振作走出失败的谷底，又充满了焦虑和期待之情。

如果说以上杨端六、皮皓白等留英学人认可外人干涉下有助于解决中国内政问题的评论稍偏于情感方面的意见，那么以下燕树棠对各国公使团的"临案通牒"的评论则完全是一种法律和国际政治的理性分析。面对中外舆论界"外力干涉论"的情形，燕树棠批评说："中国报章此种得意开心的论调，极足表示中国一般人心理上的弱象：怯懦、退缩、无能、幼稚，种种状态。国内各种问题乃吾一般人之问题，一般人有解决之之权利义务，军阀系

---

① 杨端六：《对于临城事件之感想》，《太平洋》3 卷 10 号（1923 年 6 月）。
② 杨端六：《对于临城事件之感想》，《太平洋》3 卷 10 号（1923 年 6 月）。
③ 石公：《时事杂感》，《太平洋》4 卷 1 号（1923 年 8 月 5 日）。

吾一般人中之一部分。彼等扰乱社会，侵害一般人之安宁，吾一般人不能扫除此等害群分子，是一般人对于自己之义务有所未尽，吾人方惭愧之不惶，何暇因外人之力，除自己之暴，而反自鸣得意与开心耶？"① 他通过研究"国际法关于保护外侨的权利与义务"问题，继而又将社会上的评论一一加以分析，以纠正其中的偏颇认识。

留美同仁燕树棠早先在《太平洋》上作过一篇《国内土匪问题与国际法》，是对 1922 年 11 月河南土匪绑架外国传教士事件所做的法律分析。他指出：现在世界文明各国对于国境内之居民，无论本国人或外国人，宪法上俱有保护其生命财产自由之义务，承认此项个人之权利为文明人所应享有权利不可少之最低限度。如果一国的政治不良、组织腐败，不能追随世界文明各国所共认的标准，虽其本国人民认为满意或被迫而忍受，则他国保护己国人民权利之标准决不因此而减低。他说："国际法学家谓国家最终之使命及国际组织之目的在保证国家与个人之安全并增进群与人之利益者，亦以此也。若一国不能保护国境以内之个人，是其国家本身之资格发生缺欠，外国于相当范围内从而干涉之，正所以补其缺欠，与国家之目的并无不合，与国际之组织亦不相背。责任国惟有努力改善，以求恢复其国家完全之资格，以期达到国家根本之目的而已，国家与人民之虚荣心无补于实际也。"就此，燕树棠提醒中国人应在爱国情感与国际法之间做一个平衡，他说："保护外侨之国际习惯与规则，虽不能脱国家势力之影响，然吾人亦不可以爱国之热心，而忽略国际制度之真理也。"②

在《临案通牒评论之评论》中，燕氏继续从国际法角度分析指出，从牒文全体观察，其性质"实国际习惯上所谓'干涉'之通知书也"。依据国际法，凡一国对于他国之内政与外交，不经其同意而为命令式的干预，即谓之"干涉"。而从严格法律意义上说，关于临城事件，外人仅能要求中方赔偿及剿办肇事的土匪，不能要求惩办官吏，更不能要求洋员管理铁路及监视军队剿匪；至于救济方法，只限于赔偿及剿办肇事之匪徒；而惩罚官吏、管理军警等要求，则属于政治性质的干涉。但此次牒文确实比以往的外交文字，"命令、威吓之口气，至为明显"，暗示着如果中国政府再不能保护外人，则外国政府即将自由行动，"此即言将有大规模之干涉也"。此外，燕

---

① 燕树棠：《临案通牒评论之评论》，《太平洋》4 卷 3 号（1923 年 10 月 5 日）。

② 燕树棠：《国内土匪问题与国际法》，《太平洋》3 卷 10 号（1923 年 6 月）。

树棠又指出，牒文表面上的理由在保护外人之权利及维持中国人之安宁，实则是列强别有"里因"："即扩张商业及保全外人之尊严是也。"近年以来列强所谓共管中国的论调，"其用意并不在拿去中国政府而管理之，而实在维持商场之秩序，发展己国之商业"；而且列强察觉中国人畏惧外国人之心理逐渐减少，力谋恢复与挽救外国人尊严之道，"所以'连打带骂'的临案通牒自然发现"。① 正因为各列强对中国有此共同利害关系，所以受害国虽仅六国，通牒却是由十六国外交团全体签名。

燕树棠虽断定公使团的通牒属于政治干涉性质，但他以为其实现必尚有问题，"列强对中国有利害相同之点，故能合意提出通牒，然列强彼此之间有利害相冲突之点，亦可以使之相离。列强在中国彼此冲突之原因不一，而原因之原因则为商业上之竞争"。列强在中国既各有利益所在，必然相互牵制，则合作困难即由此而生，因此说临案通牒的进行"亦不能如强国人所想的那样顺利。"②

"临城劫车案"是华盛顿会议之后发生在中国的第一次公然抗拒外人的事件，预示着中国国内社会政治思潮正发生着难以捉摸的变化，这次事件对列强的既定对华政策造成了一定的影响。他们提出强硬的"临案通牒"，在一定程度上反映了五四运动以后持续高涨的中国民族主义情绪，已经威胁到了列强在华政治经济利益，以及在心理上对于中国人的排外运动的恐惧，他们只得希望通过进一步的政治制裁来维护自己的尊严。上文以《太平洋》同仁的评论，梳理了自由派知识分子面对列强处理临案事件的强硬态度的时候，表现出来的心态和提出的应对态度：第一，对于军阀控制下的北京政府日趋腐败无能，留英同仁抱以极大的愤慨心情，表示亟须改造北京政府的愿望。第二，由列强来惩罚军阀当局并提供政治改革的助力，亦可以为他们所接受。第三，他们提议从国际政治和国际法的层面和平解决临城事件，并指出利用诸列强在华政治经济利益上的矛盾，对中国外交有利。第四，他们强调现代国家的能力体现在保证人民（包括外侨）的权利和生命财产安全，而只有具备这样的国家能力，中国才能以现代文明国家的资格参与国际社会，来争取列强的承认和适用国际社会一般规则。

---

① 燕树棠：《临案通牒评论之评论》，《太平洋》4 卷 3 号（1923 年 10 月 5 日）。
② 燕树棠：《临案通牒评论之评论》，《太平洋》4 卷 3 号（1923 年 10 月 5 日）。

总之，在对外政策上，留英、留美学人并不以列强对北洋政府的制裁为然，甚至他们希望通过外力的干涉达到他们改造腐败政府的愿望，这是对国内腐朽政治的激愤情感。同时他们主张尽量在国际法的层面上解决中外冲突，并利用列强之间的矛盾，使中国处于相对有利的外交地位，在法理上逐步实现中国的民族主义目标。这些主张无疑体现了中国自由主义知识分子在情感与理性之间的张力。

但 20 世纪 20 年代中国激进民族主义者已经开始对华会后列强政策做出激烈批评，尤其是激进民族主义者，已激烈地指出中国苦难的根源，在于外来势力特别是国际帝国主义的压迫。他们视国际帝国主义为压迫中国的仇敌，并拒绝接受华会确立的列强间处理中国问题的政策和原则，甚而提出对不平等条约必须采取"革命性的"手段，进行"根本的解决"。[1] 比较而言，《太平洋》杂志同仁的态度要温和许多，他们对于现代国家建设的途径，是希望利用自己从欧美国家学到的国际法和国际政治的理论知识，为中国政府实现国家能力和制定对外政策提供智识上的支持。不过，如后来的历史事实所显示的，在国际关系上，越来越多的激进民族主义者放弃了寻求美国支持的希望，而转向了莫斯科。[2] 质言之，《太平洋》同仁的主张不久以后即遭遇了那些开始借鉴列宁理论和苏俄革命模式的激进民族主义者的强有力的挑战。但奇怪的是，面对苏俄的外交攻势，《太平洋》同仁的外交思想中也有一定程度的"亲俄"倾向。

第四节　"亲俄"的外交主张

在欧美列强通过"华盛顿体系"重建战后远东国际秩序的过程中，原来也属于帝国主义阵营的俄国，虽因十月革命已被排除在这个体系以外，但新生的苏维埃政权开始尝试新的外交策略，即所谓的"革命外交"，以争取包括中国在内的周边国家的支持。论者指出，对中国而言，苏俄的出现及其革命外交策略，不仅意味着帝国主义列强间的分裂，而且标志着帝国主义完全控制东亚（远东）国际秩序的终结，并对西方列强的"条约体系"形成

---

[1] 王立新：《华盛顿体系与中国国民革命：二十年代中美关系新探》，《历史研究》2001 年第 2 期，第 62 页。

[2] 〔美〕孔华润：《美国对中国的反应》，张静尔等译，第 94 页。

了有力挑战，从而使中苏关系构成战后国际秩序重建的一个独立因素。[①] 前面一节，我们讨论了《太平洋》同仁面对"华盛顿体系"形成的过程中所提出的外交主张，以及从这个体系中积极地寻求中国的位置，本节则讨论他们面对苏俄的崛起及其革命外交战略的展开而提出的对苏外交主张。

十月革命后的苏俄主动接近北京政府，并呼吁恢复外交关系，在 1919 年和 1920 年两次发布《加拉罕宣言》，宣布终止对庚子赔款的权利，并准备放弃旧沙俄在中国的一切其他权益。对于"五四"前后正准备从列强手里收回利权而运动的中国人来说，这项宣言激起相当大的反响。陶菊隐说："苏联的伟大国际主义精神和它的和平外交方针，博得了中国人民的热烈欢呼，大家从具体事例中清楚地认识到谁是中国的朋友，谁是中国的敌人。"[②] 1923 年 9 月，加拉罕发表苏联政府第三次对华宣言，并与北京政府外交部代表王正廷、顾维钧等人进行谈判，终于次年 5 月 31 日，两国签订《中俄解决悬案大纲协定》，完成了以下列三条准则为基础的恢复中苏外交关系的协议：（一）废除不平等条约；（二）中国对外蒙古的宗主权；（三）中苏共管中东铁路。[③] 陶菊隐指出："这个条约是中国与外国所定的第一个真正符合平等精神的条约，是中国外交史上的一个创举。中国人民都因这一条约的成立而感到无比的兴奋。"[④] 1920 年代初期中俄交涉的历史背景和基本史实，既述之如上，以下可以讨论《太平洋》（以留美学人燕树堂为中心）对于中俄交涉的态度和主张。

燕树棠的《中俄交涉问题》是《中俄解决悬案大纲协定》签订前一个月在北京大学所做的讲演。[⑤] 尽管对于这份平等条约的签订，如前所述，深受中国人民的欢迎，但北京政府在其中的作用却是消极被动的，如由于日、美两国反对中苏谈判，北京政府曾于 1924 年 3 月宣布取消已经取得一致的中苏协定，后改由外交部办理，才完成了签约，[⑥] 可以说该条约的成功很大

---

① See Zhang Yongjin, *China in the International System*, 1918 – 20: *The Middle Kingdom at the Periphery*, p. 148.

② 陶菊隐：《北洋军阀统治时期史话》第七册，生活·读书·新知三联书店，1959，第 25 页。

③ 〔美〕费正清主编《剑桥中华民国史》，章建刚等译，上海人民出版社，1992，第 76 ~ 77 页。

④ 陶菊隐：《北洋军阀统治时期史话》，第七册，第 26 页。

⑤ 该演讲稿发表于《太平洋》4 卷 7 号（1924 年 6 月 5 日出版），标题下记"十三年四月在北京大学讲演，赵冠青笔记"。因为《中俄悬案大纲》签订于 5 月 31 日，所以，我以为燕树棠在讲稿中提到的自己读了《中俄协定大纲》，可能是 2、3 月间中苏两国提出的协定草案。

⑥ 陶菊隐：《北洋军阀统治时期史话》第七册，第 26 页。

程度上应归功于"四周之形势"。如《申报》上的评论,"始以英之承认苏俄,继以苏俄与各国之谈判,今又以日俄谈判进行之亟,其外又因国人之督促"。① 因此,燕树棠讲演开头即批评北京政府在对俄交涉过程中的举措是"丧失国际信用"、"办理失当","向来我国外交,都是依赖性的外交,并没有什么方针。这次中俄交涉,我国政府办理极糟,没有相当的对付,实在是因为没有一定的外交方针"。而他以下演讲的目的就是确定中国对俄"应采之外交方针"。②

燕树棠首先指出,俄国自彼得皇帝以来,就在开辟西伯利亚,南侵土耳其,其目的在于取得终年不冻的海港,所以它的远东政策就是侵略满洲及朝鲜,包括帮助蒙古独立。但"十月革命"以后,俄国却有一种新外交政策,即一方面不遗余力地结交近东和远东国家的政策,一方面在列强国家共产主义者、工人党中间宣传和推行她的共产主义的世界革命策略,燕树棠指出:"俄罗斯帝国时代的外交政策,在'侵略'近东和远东以与列强'竞争',现在苏联政府的外交政策,却在'结交'近东和远东以与列强'抗争'。俄国1917年革命以后,不见容于列强,他于是结交土耳其、阿富汗诸小弱国,以抵抗英法,维持芬兰及其他波罗的诸小国独立,以为自己的声援,又结交波斯,以抵抗英国。同时宣传其激烈的社会主义、共产主义,于欧美各国。俄国这种外交政策,就引起列强极大的恐惧与极端的反对。五大强国曾对俄一致行动,行使经济封锁与武力干涉之政策。俄国因此受很大的苦痛,列强亦因此蒙很大的损失。列强知非得计,至1921年遂抛弃其经济封锁及武力干涉之政策。于是俄国对西欧亦渐知缓其宣传政策。然俄国的组织与主义,根本上与列强相反,水火不容,外交上自然不能融洽。故俄国进行他的结交近东和远东政策,以抵抗列强,仍是不遗余力。"③

应当指出,苏俄的新外交政策的确取得了相当大的成功。戴修骏在《太平洋》上发表他翻译的法国共和急进党领袖 E. Herriot 所著《新俄国》一书中的《俄国在亚洲之行动》这一节,其中指出苏俄的对外政策取"严格实际主义","牺牲特权或土地,以结真实友谊",在亚洲成效至巨,"墨斯科遂成为亚洲被压制人民之中心地"。成就此种外交计划,不仅是苏俄外

---

① 《申报》,1924 年 6 月 1 日,转见薛瑞汉《从〈中俄解决悬案大纲〉的签订看苏俄早期对华政策》,《历史教学》2003 年第 2 期,第 45 页。

② 燕树棠:《中俄交涉问题》,《太平洋》4 卷 7 号(1924 年 6 月 5 日)。

③ 燕树棠:《中俄交涉问题》,《太平洋》4 卷 7 号(1924 年 6 月 5 日)。

交家的"莫大荣誉"，而且是它的政治家的胆识和魄力，"俄人之运用国际主义及国家主义，其胆力其敏捷实为过人；其重行俄帝旧策，迎合新原理变通行之，其坚决亦无复加，兹可见苏俄实富有政治家矣"。①

但苏俄行新政策并不见得就是改换了其传统的侵略主义或帝国主义的性质，实则如燕树棠指出的，苏俄是以共产主义世界革命和国际主义等新原理，"重行俄帝旧策"，现行和平妥协政策只是国力衰落使然。他说："俄国在会议上、宣言上，常常说'苏维埃政府永远为被压国的良友'，这一句话，实在是俄国公开的外交政策的符号。但是我们也不能呆板的看这一句话。俄国对于被压国家之'良'不'良'的程度，以他自己的国力之强弱，及他与列强冲突之多寡为高低。若俄国的国势一天弱似一天，或与列强的冲突一天多一天，其'良'的程度必高。若俄国的国势一天强大一天，或其与列强日见融洽，其'良'的程度必低。这也是国际间自然的常态。总而言之，苏俄的外交，都以'结交'近东、远东为主旨。"②

从另一方面言，英、法、美、日、意五列强对俄的态度，是坚决地反对并拒绝承认苏俄。燕树棠指出其中最大的两个原因，一是因为俄国的共产主义与列强的资本主义极不相容，二是因为苏维埃政府宣布一律取消帝俄时代积欠的列强外债。但是，列强这种反俄阵线却因为英国的首先改变态度而被冲破，到1924年2月英国工党领袖麦克唐纳组阁时，即无条件地承认了苏俄。燕树棠评论说："这种举动，一方面可以取得经济上的利益，一方面因首先承认，更可以博得苏俄的欢心。英国外交，老奸巨猾，向占人先；起初最反对俄国的是英国，现在很能得俄国的欢心的，也是英国。"而对俄国没有多少债权的意大利亦随英国之后承认苏俄，余下反对俄国最坚决的国家，仅剩债权最多的美、日、法三国了。

因为看到了苏俄现在由于革命和内战的影响而国力衰落，而且又处于西方列强的经济封锁之中，所以燕树棠指出，这时期正是中国改变以往依赖性的外交政策，并确定当下外交方针的最好机会。他分析道：甲午以后，中国始因俄国曾干预日本占领辽东半岛，以及借款给中国，而产生"亲俄"态度，"但是中国与俄国越亲近，俄国的要求越无餍足，……也渐渐看出亲俄

---

① E. Herriot 著，戴修骏译：《俄国在亚洲之行动》，《太平洋》4卷4号（1923年12月5日）。

② 燕树棠：《中俄交涉问题》，《太平洋》4卷7号（1924年6月5日）。

非常危险"。庚子以后，美国适时宣布门罗开放主义，"中国就又觉着美国可亲"，认为美国是最好的良友，愿意受其直接或间接的支配，但自巴黎和会以后，"美国渐渐露出真象"，它所谓的门户开放主义，不过是谋在远东经济的发展，并不是"武士道的大抱不平"，所以"中国反把美国当做最大恩人，想着借重美国，抵制日本，更属误错"。

依以上的分析，中国要想摆脱以往依赖性外交，并实现外交独立，应该联合前景广大并且同样需要中国援助的苏俄，即采取"亲俄"外交。燕树棠说："现在中国应计算本国的利益，无论哪个列强，都不能认为良友。因为国与国互为良友，在现在文明程度之下，是国际上不可能的事情。然而我国在国际上也不可没有援助，我们要想得到援助，必须要请地位较弱并且求援于中国的国家援助。如请一个与我势力相等的国家援助，则彼我两方面地位，还可以平等。如我们请一个求援于我的国家援助，我就可以为主人翁了。这是自然的状况，自然的结果。我们看现在的列强是没有求援于我们的。据我个人见解看起来，列强只可虚与委蛇，不可结交，一与结交，就发生引狼入室的大危险。将来前程远大的就是俄国。"①

这里可见燕氏对独立、平等外交的诉求，实际上已与庚子以前的中国政府所依赖俄国或其他某一列强的外交不同。更重要的是，他认为，联合近邻的俄国，互相援助，可以更有效地抵抗列强的侵略，借以图存，"现在我国若不近随列强之后，一同反对俄国，列强不过对我有一种外交上的恶感，我国并因此而丧失具体的利益。我国若结交苏俄，马上还可以得到种种利益，这是显然的。且结交俄国，也是近东、远东的弱国必要的手段，因为列强如不变更商业帝国主义政策，其反对俄国之心亦必无已时。我国在不能振拔期间以内，是不能脱离列强侵略的。我国与俄国既有此相同的危险，即有互助的必要。中国现在结交苏俄，去抵抗列强，实在是一个远大政策。如贪图目前之方便，取媚于列强，实在是一种自杀的政策。所以我主张中国若想着与列强为有利的周旋，必须采取联俄的外交政策"。②

并且，燕树堂估计，有人害怕结交俄国会有被"赤化"的危险，但他认为中国经济落后，工商业不发达，根本不可能发生社会主义的问题，所以也不必担心受到苏俄"主义"的感染。燕氏说："就土地上说，列强方面，

① 燕树棠：《中俄交涉问题》，《太平洋》4 卷 7 号（1924 年 6 月 5 日）。
② 燕树棠：《中俄交涉问题》，《太平洋》4 卷 7 号（1924 年 6 月 5 日）。

大地主和大资本家很多，当然不能行俄国的主义；我国则大地主无多，大致经济上还是平等，没有共产的潜因，就没有共产的危险。就商业实业上看，我国商业又和列强不同，列强商业大资本家很多，我国商业尚属幼稚，并无大资本家，所以也无畏惧苏俄主义之必要。我国竟不加审察，昏昏迷迷的追随列强，反对俄国，不仅没有意识，实在于我没有好处。我看中国如结交俄国，一定可以博得俄人的好感，并且可以借以抵制列强的贪心。"①

从以上留美同仁燕树棠对于中俄关系的主张中，一方面，我们可以看到他的"亲俄"外交实是延续了《太平洋》留英同仁初期提出的外交思路，即从欧战后国际政治变幻和中国自身利益上重新考虑中国的外交方针和立场，打破以往中国依赖性的外交传统，积极寻求独立、平等、务实且灵活变通的外交政策，从而提升中国的国际地位，掌握自己的命运。

另一方面，燕树棠等人主张利用"亲俄"的外交政策（但明显不包括学习苏俄的意识形态）来抵抗西方列强的不平等条约体系，以收回中国利权，其政策主张大抵介于保守的北京政府与激进的广东政府之间。但不难发现，他们急切地从美、英、日列强以外寻找另一个可靠同盟的心理，对于"亲俄"的危险性和代价有些低估了。正如远东国际关系史专家马士等人指出的："苏俄的对华政策虽然推广到包括利用中国作为世界革命的一个基地在内，却在其他方面同帝俄的政策相似，而且尽管时过境迁，尽管沙皇政权已成过去，获得友谊的代价并未减低。"② 而且晚近学者利用解密档案研究20世纪20年代中苏关系，已揭示在20世纪20年代中国人的观念中，认为威尔逊出卖中国利益，而苏俄则给予中国以平等外交的待遇，这些说法其实都是"神话"；实际上后者的革命外交具有很大的欺骗性，在中苏间的许多问题诸如外蒙古、中东铁路、庚子赔款、治外法权等上面，苏俄的对华政策与革命前沙俄的帝国主义政策并无多大区别。③ 以加拉罕为例，他在北京任何的公众场合上，不遗余力地宣传苏俄对中国民族主义要求的同情及其毫无野心的革命外交政策，并不断地以苏俄的慷慨与列强的贪婪作对比，激发中国听众反对不平等条约体系；但是在与中国官员的秘密外交谈判中，他又成为一个难缠的、苛刻的谈判能手，不停地要求恢复俄国在华利益，并表示俄

---

① 燕树棠：《中俄交涉问题》，《太平洋》4卷7号（1924年6月5日）。

② 〔美〕马士、宓亨利：《远东国际关系史》，上海书店出版社，1998，第650～651页。

③ Bruce A. Elleman, *Diplomacy and deception: the secret history of Sino-Soviet diplomatic relations*, 1917～1927, New York: M. E. Sharpe, 1997, p. 19, p. 231.

国不愿意在中国的地位落后于其他列强。①

虽然前述燕树棠和陶菊隐等人以及同时代的许多知识分子，未能如后来的研究者那样了解到苏俄革命外交的策略性，但不可否认的是，苏俄所宣扬的另外一种国际主义，并依此而建立的国际秩序体系，对当时中国人的确具有很大的吸引力。更重要的是，无论中国官员，还是如燕树棠那样的知识分子、学者等，都在尝试着利用中苏友好关系的幻想，对西方列强和日本施加外交压力。②

小结：寻求国际中的中国

近年来学界在"北洋外交史"的研究成果，均充分肯定 1917 年北京政府参加欧战具有外交史上的里程碑的意义。唐启华认为，这是中国进入世界舞台、参与国际事务的重要踏板，为中国争取到出席巴黎和会、加入国际联盟的机会；也是中国近代以来第一次以战胜国之姿，参与国际秩序的重建，提出全面修改条约的要求；并因山东问题拒签凡尔赛条约，展现外交自主性；及通过签约中奥条约而进入国际联盟，并成为这个国际组织的非常任成员，这些都是中国外交史上的第一次。③ 张勇进指出，虽然战后历次国际会议上列强拒绝了中国完全主权的要求，但中国坚决争取国际平等地位的主动外交，及对世界政治的积极参与，如参加欧战、参与巴黎和会、成为国际联盟的创始会员国等，迫使列强默许中国作为国际社会的一员；从历史的实际上，而非法理上说，1918～1920 年中国真正被西方所接纳，成为列强所主导的国际体系的成员。④ 在 20 世纪 30 年代初就对北洋外交有"了解之同情"的波赖先生也说："在欧洲大战以前，中国是被普遍看作为欧洲向外政治角逐的尾闾，她曾含怒承受着，——虽至不能承受，也只得承受着——种

① Leong Sow-Theng, *Sino-Soviet diplomatic relations*, 1917 – 1926, Honolulu, Hawaii: University Press of Hawaii, 1976, p. 239.

② 关于中国官员在这方面的努力，参见 Bruce A. Elleman, *Diplomacy and deception*: *the secret history of Sino-Soviet diplomatic relations*, 1917 – 1927, p. 1.

③ 唐启华：《欧战后德国对中国战事赔偿问题之初步研究》，收入《"二十世纪的中国与世界"论文选集》（下），（台北）"中研院"近代史研究所，2001，第 519～520 页；并参见唐启华《五四运动与 1919 年中国外交之重估》，收入吕芳上、张哲郎编《五四运动八十周年学术研讨会论文集》，（台北）政治大学文学院，1996，第 88 页。

④ Zhang Yongjin, *China in the International System*, 1918 – 20: *the Middle Kingdom at the Periphery*, pp. 4 – 5.

种污辱的束缚。现在，她却要求主权国家所应具有的各种权利了，并且在过去十年间，列强也渐承认其这种要求为正当了。"①

这一历史过程已经印证了《太平洋》同仁的外交主张的合理性和可行性，其所主张的外交政策之演变，系属适应国际环境尤其是远东局势的变化而提出的。1917 年年初欧洲战场发生新的变化，德国败势已显，《太平洋》同仁主张追随美国参战，冀望获得协约国的认同，并在美国的帮助下，获得战后议和席上的发言权。同时，《太平洋》同仁也已经初步形成了"修约"外交的观念，主张利用对德宣战的机会，尝试收回德国的领事裁判权，改良司法和内政，作为未来完全收回各国特权的预备，以提升中国的国际地位。在战后重建远东国际关系的过程中，《太平洋》同仁吸取中国巴黎外交失败的教训，认识到仅靠美国一国的力量不足以抵抗日本，遂明确提出"调和英美之国交"，即联合英美制日的外交方针。同时他们强调走国际主义外交路线，主张以国际社会所共同遵守的国际规则，及国家平等和相互尊重的基础上，寻求与列强的合作和收回主权国家所应具有的各种权利。虽然有"临城劫车案"后对于中国外交姿态的激烈辩论，但《太平洋》同仁基本认同在"华盛顿体系"的框架下，以所谓"文明标准"来反思自身的国际资格，呼唤内政改革。如燕树棠说："若一国不能保护国境以内之个人，是其国家本身之资格发生缺欠，外国于相当范围内从而干涉之，正所以补其缺欠，与国家的目的并无不合，与国际之组织亦不相背，责任国惟有努力改善，以求恢复其国家完全之资格，以期达到国家根本之目的而已，国家与人民之虚荣心无补于实际也。"②

而苏俄的兴起及其革命外交策略向远东的发展，意味着中苏关系在战后列强重建国际秩序的过程中构成独立的一面。③ 在这种形势下，《太平洋》同仁提出"亲俄"的外交政策，具有务实的一面。他们主张利用俄国的虚弱及其同样需要中国支持的这些条件，主动出击，结交俄国，用外交手段收回帝俄时代在华的利益和特权，同时对其他"条约体系"的列强造成压力，"可以借以抵制列强的贪心"。而且他们的主张是具有长远目光的，燕树堂

① 〔美〕波赖（Robert Pollard）：《最近中国外交关系》，曹明道译，正中书局，1935，第 313 页。

② 燕树堂：《国内土匪问题与国际法》，《太平洋》3 卷 10 号（1923 年 6 月）。

③ Zhang Yongjin, *China in the International System*, 1918－20: *the Middle Kingdom at the Periphery*, p. 148.

说："凡解决重大问题，必须放大眼光，从远处大处研究，这是人人所共知的道理，解决国家的国际问题，决非'小滑头'式的外交，可以达到圆满结果的。"[1]

以上所述，显示《太平洋》同仁主张战后中国应主动外交，不畏事，多尝试，努力收回国权，并维护主权不受侵犯；同时积极于战后国际社会中寻求一个正当的国际地位，然后才能发扬国际主义精神，在主权平等和相互尊重的基础上，与其他国家进行合作。前者充分表现出了《太平洋》同仁对国际社会的民族主义的政治诉求。但是，由于中国自身内政紊乱，经济破败，内忧外患，相迫相煎，使得这个理想并不容易实现，所以在他们看来，"能否励精图强，以巩其自立之基？"[2] 成为寻求中国国际地位问题的前提条件。

---

① 燕树棠：《中俄交涉问题》，《太平洋》4 卷 7 号（1924 年 6 月），第 8、20 页。
② 剑农：《对德外交平议》，《太平洋》1 卷 3 号（1917 年 5 月 1 日）。

第七章
留英学人与国际主义
——以对国际联盟的认识为中心

以国际联盟的成立为标志，战后国际主义作为一股重要的政治势力开始兴起。周鲠生说："欧战以后，世界政治说是进于国际主义的时代。……有人说：'民族主义是世界平和的仇敌'，又有人说：'国际主义是一种空想'。但是据我看来，民族主义和国际主义都是重要的政治因素，是一种活的势力，这是无论崇信他们或反对他们的人都不能否认的；我以为凡留心现代政治的人都有研究他们的必要。"①

对国际主义（internationalism）的定义，留英学人接受的是英国权威国际法学家俄滨罕（Oppenheim，今译奥本海，1858～1919）的学说。周鲠生引介说："国际法家俄滨罕说：国际主义是世人之一种确念，信文明人类虽因民族各具不同的因素彼此分立，但全世界人类实构成一社会；信一切国家民族的共同利害关系很为密切，所以世界上就应该有国际组织以管理共同的事件，使世界企于永久平和。"② 对于这种由英、美学说发展而来的国际主义，及其对中国的影响，学界并未对此有深入的研究③，而更多关注苏俄的

---

① 周鲠生：《民族主义与国际主义》，《太平洋》4 卷 8 号（1924 年 9 月 5 日）。
② 周鲠生：《民族主义与国际主义》，《太平洋》4 卷 8 号（1924 年 9 月 5 日）。
③ 张玉法先生在一篇论文中，曾对国际主义做了简明的定义，说："凡泯除国家界限或两国以上为共同理想或利益而合作的各种理论和行为都是国际主义。"但他于文中所论的主要是"大同主义"、"社会主义"、"共产主义"，及国民党的"民族国际"，而以国际联盟为核心的英美国际主义则存而不论。参见张玉法《帝国主义、民族主义与国际主义在近代中国历史上的角色（1900～1949）》，收入刘青峰编《民族主义与中国现代化》，香港中文大学出版社，1994，第 116～121 页。唐启华先生专书《北京政府与国际联盟（1919～1928）》似乎接受了张玉法的定义，于"结论"一章，论述了"北洋外交"中国际主义与民族主义相辅相成的关系。

共产国际与中国的关系①，和近代中国知识分子的世界主义（同样可译成 internationalism，但胡适将之译成 cosmopolitanism）思想的问题②。

1920 年正式成立的国际联盟，正是英美派国际主义的化身。③ 中国是国际联盟创始会员国之一，自 1919 年巴黎和会期间协约国讨论创立国联时就积极参与，对国联盟约提出不少意见，并在 1920 年国联第一届大会中，被选入行政院任非常任委员，足见中国在国联草创时期，与国联关系之密切。论者指出，1919～1922 年为中国争取国际地位的一个小高潮，当时全球大环境对华有利，加以中国代表表现杰出，不论是巴黎和会、华盛顿会议，还是国联各会议，中国都得到一定的尊重。④

中国与国际联盟的关系这个问题，已有若干著作论之颇详。一是唐启华的《北京政府与国际联盟，1919～1928》，以"北洋外交"的国际层面为中心，考察北京政府于欧战后参与全球新外交格局，对国际联盟的参与状况，并剖析中国在国联的努力与表现，及所遭遇到的问题与困难；主要关注的是，北京政府及其外交代表顾维钧等人对国联的交涉关系，但第二章第一节"国人对国联的看法"也扼要叙述了民间学者或团体，如梁启超及其研究系、国际联盟同志会、国民外交后援会等，对于国联的看法。⑤ 二是张力的《国际合作在中国——国际联盟角色的考察，1919～1946》，侧重于考察国联存在期间和中国的多方面的合作关系，其第一章第一节"国联成立与国际合作概念的形成"讨论了国联成立前后中国知识界接受国际合作主义概

---

① 李玉贞：《孙中山与共产国际》，（台北）"中研院"近代史研究所，1996。

② 相关研究包括：吴剑杰：《从大亚洲主义走向世界大同主义——略论孙中山的国际主义思想》，《近代史研究》1997 年第 3 期；罗志田：《再造文明之梦：胡适传》，"四：关怀：民族主义与世界主义"，四川人民出版社，1995，第 112～147 页；罗志田：《近代中国民族主义的特殊表现形式：以胡适的世界主义与反传统思想为个案》，收入罗志田：《乱世潜流：民族主义与民国政治》，上海古籍出版社，2001，第 18～51 页；张灏：《重访五四：论五四思想的两歧性》，其中第四节即论"民族主义与世界主义"，收入《张灏自选集》，上海教育出版社，2002，第 273～277 页；桑兵：《世界主义与民族主义——孙中山对新文化派的回应》，《近代史研究》2003 年第 2 期；Xu Guoqi, *China and the Great War*: *China's pursuit of a new national identity and internationalization*, Chapter 2, Cambridge University Press, 2005, pp. 49－64。但需要注意的是，徐国琦先生在书中把"世界主义"和"国际主义"都译作"internationalism"。

③ 周鲠生：《万国联盟之三大意义》，《太平洋》2 卷 1 号（1919 年 11 月 5 日）。

④ 唐启华：《北京政府与国际联盟，1919～1928》，（台北）东大图书公司，1998，第 11、355 页。

⑤ 唐启华：《北京政府与国际联盟，1919～1928》，第 9、53～69 页。

念的问题。① 三是郑大华、王敏二人合撰的论文《欧战后中国知识界对建立国际联盟的思考——以〈太平洋〉杂志为中心的考察》,以《太平洋》杂志上的数篇重要评论为中心,发掘中国知识分子对为何成立国联、怎样建设国联以及国联的作用等问题的思考,而在这种思考的背后,是中国知识分子的民族主义的政治诉求。②

《太平洋》上的留英同仁同样表示出对国际主义的热情,及对中国作为民族国家参与国际联盟的问题的关注。他们组织了一个"万国联盟专号",加上其他相关文章,多达30余篇,是当时国内学界对国联问题探讨最广泛的社群。本章探讨《太平洋》同仁在巴黎和会前后对国际联盟在思想层面的认识问题,及其围绕着国联问题而表达的国际主义思想。这也可以说是继续第六章的议题,即检讨留英学人对外主张中的国际主义思想。下面第一节叙述留英同仁在第一次世界大战后期从对各国和平运动的观察中,目睹威尔逊主义的兴起。第二节叙述留英同仁的国际主义思想的其他来源,包括和平主义、国际主义理论、国际制度的思想发展及当时国际主义者的影响。第三节叙述留英同仁从国际理想主义的层面上所理解的国际联盟。第四节叙述现实的国际联盟与留英同仁的理想之间的差距。最后总结《太平洋》国际主义思想对于他们政治主张的影响。

第一节　威尔逊主义的兴起

第一次世界大战从1914年8月开始到1916年冬天,已进行了两年有余,德奥同盟国集团与英法协约国集团分别在欧洲陆地和海上占有优势,"及战事相持不下,杀伤过众,惨酷无伦,而人民衣食之艰、战费负担之重,更非初意所及料,欧洲人心乃有大为悔悟而渐趋于平正者"。③ 于是各种和平方案与议和运动呼之欲出。

李剑农首先发表的《欧战和议之观察》一文,对由德、奥一方率先试探和议的动机及此后和平的机会,做了简要的分析。他指出,同盟、协约两

---

① 张力:《国际合作在中国——国际联盟角色的考察,1919～1946》,(台北)"中研院"近代史研究所专刊(83),1999,第9、12～19页。

② 郑大华、王敏:《欧战后中国知识界对建立国际联盟的思考——以〈太平洋〉杂志为中心的考察》,《安徽大学学报》(哲学社会科学版)2012年第1期。

③ 叶景莘编著《欧战之目的及和局之基础》,国际研究社刊行,1919,第4页。

集团和议所必须面对的重大问题包括：君士坦丁堡和达达尼尔海峡问题、波兰问题、巴尔干问题、阿尔萨斯及洛林问题、比利时及德国殖民地问题，但1916 年年底，德、奥方仅仅空泛地提出"保障国家之名誉及发展之自由"，而不提及保障条件，所以英法协约国并不承认此种议和。但实际上，交战双方并非没有求和的意思，只不过关于上述问题的和议条件，不能达到双方同意的基础。①

德国提出和议后不到一周，美国总统威尔逊即向交战双方发出和平调停的建议，要求交战国公布各自的战争目标，"质诸世界之公论"，然后共同确立和谈的基础。对此，李剑农认为威尔逊无愧为当代世界唯一一位能够对世界格局运筹帷幄的领袖人物。他又读威尔逊1917 年 1 月 22 日的"没有胜利的和平"演讲词，对威氏所宣示的新外交的目标充满希望。他举出这次演说中的最重要观点说："如欲世界和平得永久之保障，美国不宜置身局外，然欲美国加入为世界和平之保障者，必此所保障之和平合乎美人重正义、人道之本旨。"但他同时又担心威尔逊的理想在战争双方没有分出胜负的条件下并不容易实施。② 而此文刚写完，李剑农即得知美国因德国发动潜艇战而宣布与德国断交，所以他在文末附言说："自此欧洲政局上、世界国际政局上，又别开一生面。"③ 说明他相信威尔逊主义即有大展雄图的机会。

1917 年 4 月，美国对德宣战后，威尔逊的主张显然比宣战以前具有了更大的意义。4 月下旬，英、法即先后派遣特别使团前往华盛顿与美国讨论战时的政治、军事与财政的合作问题。④ 英国代表团团长阿瑟·贝尔福还向美国披露了协约国之间的秘密条约，但是美国方面没有同他讨论这些秘密条约，威尔逊的亲密助手豪斯甚至表示：美国虽然参战了，但同时将保持完全自由，不参与那些卑下、自私的想法，而是愿意从世界的角度关注广泛的事情。⑤ 质言之，美国不愿意参加所谓的《伦敦不单独讲和宣言》，也不希望以协约国的联盟者的面目出现在欧洲舞台上。这使李剑农、周鲠生等人看到了美国的参战目的与英、法等国有实质性的不同。

《伦敦不单独讲和宣言》由英国发起，目的是协调协约国的利害关系，

---

① 沧海：《欧战和议之观察》，《太平洋》1 卷 1 号（1917 年 3 月 1 日）。
② 沧海：《欧战和议之观察》，《太平洋》1 卷 1 号（1917 年 3 月 1 日）。
③ 沧海：《欧战和议之观察·附言》，《太平洋》1 卷 1 号（1917 年 3 月 1 日）。
④ 松子：《英法两国渡美之使节》，《太平洋》1 卷 5 号（1917 年 7 月 15 日）。
⑤ 韩莉：《新外交·旧世界——伍德罗·威尔逊与国际联盟》，同心出版社，2002，第 113 页。

明确共同的作战目的，保持对德、奥军事行动的一致性，预防协约国联军中途解体。开始的立约当事国仅为英、法、俄三国，一年以后日、意加入，这协约五强宣布共同遵守两项原则："其一讲和必共同行之，其次则讲和之际其条件须共同协定而后提出。"这只是公开的宣言，此外或许还有秘密的协定，作为他们未来的胜利品。从各国政治家的演说词及外交公文中，周鲠生即推断说伦敦结盟各国之间必另有秘密协定或条约存在，而这些秘约更能表明协约国战争的真正目的。他说："可以推知协商侧诸国之间，于伦敦盟约之外，早已另有秘密之具体的协定。各国希望之条件，要皆先已议妥，于和议程度有共同之标准，其中利害冲突虽不能无交让妥协之余地，然俾皆得大致如愿以偿，则为不移之政策，然则谓伦敦盟约久已体用具备，惟待战事最后之胜利、和议机会之来，以收美果可也。"[1]

英法派遣的访美使团的目的，是与美国政府磋商建造运输船只、输送军事物资和食物等关系战局的重大问题，[2] 除此之外，另有一重大使命，就是说服美国政府加入上述的《伦敦不单独讲和宣言》。因为美国如加入这项盟约，无疑可以表明协约国的战争目的和要求是正义的、合理的；但在美国方面看来，伦敦宣言及其秘密协定与美国的参战目的本不相容，美国实在不应该加入此宣言。周氏对此评论说："然自美国方面观之，则美政府之对德宣战，促成于德国潜艇政策之破坏公法，违反人道，蔑视威尔逊之抗议，其根本目的，在打破此德意志之野蛮军国主义，为世界争自由耳，如是则一切节外生枝之扩张领土，瓜分人国，乘火打劫之事，皆非所愿。而与协商侧正式同盟，取一致之步调，则此类事乃不能免，美国无异正式承认而共同执行之矣。此岂与美国当初宣战之目的相容耶。试问协商侧之瓜分土耳其领土，占夺德领殖民地，与夫巴黎经济同盟决议，垄断商业之政策，与打破德意志军国主义，拥护公法，保障自由，有何密切之关系，而必令美国赞助，以底于成也？"[3]

英、法此行固没能如愿以偿，因为美国未加入伦敦宣言，仍可保持独立行动之自由。但实际上，美国既对德宣战，就必然要与协约国"戮力同心以当战事"，直至德国败北为止，始能实现它的参战目的；而且美国已经有

---

①　鲠生：《伦敦不单独讲和宣言论》，《太平洋》1 卷 6 号（1917 年 8 月 15 日）。

②　松子：《英法两国渡美之使节》，《太平洋》1 卷 5 号（1917 年 7 月 15 日）。

③　松子：《美国与"伦敦不单独讲和宣言"》，《太平洋》1 卷 6 号（1917 年 8 月 15 日）。

实际的援助协约国的措施，"今置财政援助，海军合同，与夫陆军之大规模组织，商船之增造不论，即近日之派前国务卿鲁特赴俄联络，对俄国临时政府回答之战事目的、和议原则，皆所以示外交上之共同活动，助协商侧前途事业之成功者也"，所以说协约国也不能对美国的决定表示失望。①

俄国革命以后，政府更迭，而逐渐掌握政权的工人社会党人宣布抛弃帝俄时代的战争目的，而宁取"非兼并、无赔偿"原则作为各国媾和的基础，"实期于交战国双方全体之社会党，共以平和之目的，谋欧战之终止也"。②周鲠生说，俄国这个宣言同样向世界宣示了一种"世界主义之理想"和"永久平和之梦"。③

俄国的新外交主张首先与它在帝俄时代所签署的《伦敦不单独讲和宣言》发生冲突。它所宣示的"非兼并、无赔偿"原则，及表示愿意与德奥单独媾和，与前述伦敦宣言及其密约所规定的割地、赔款等侵略主义政策"全体龃龉"。周鲠生认为，从国际法意义上说，俄国的行动如同发动战争的德国一样，是背信弃义的，是视国际规则如同废纸的做法。他说："夫革命之后，政体变更，国家之国际人格仍如故，继承旧来国际义务，遵行旧政府所有一切条约，定为国际法之原则。革命政变之事史不绝书，然新政府之敢公然背此原则者，绝罕闻见俄国社会党之行为不能不谓为无理取闹，专制官僚之德国宰相，视国际条约为'一纸空文'，举世非之。今极端文明自由主义之俄国革命社会党，将亦步其后尘，不重信义耶，天下事真无独必有偶矣！"④ 所以，俄国的宣言首先冲击了协约国的外交政策。譬如，英国下议院议员 Phillip 和 Snowden 在巴力门会议上共同指出英政府答覆美总统关于战争之目的，"实有帝国侵略主义之嫌"，而惟有取俄政府同一宣言，才合乎正义的要求。⑤ 又如英国《国民》杂志，亦非难本国政府外交的帝国主义政策，而对俄国社会党的主张表示同情，它希望政府改正外交方针，"以消弭俄国社会党之反感，保持协商侧联盟各国之一致"。⑥

然而，如周鲠生指出的，理想自理想，政策自政策，那些执掌国家政

① 松子：《美国与"伦敦不单独讲和宣言"》，《太平洋》1 卷 6 号（1917 年 8 月 15 日）。
② 沧海：《俄德社会党之平和运动与德政府之狡谋》，《太平洋》1 卷 4 号（1917 年 6 月 15 日）。
③ 松子：《伦敦不单独讲和宣言论》，《太平洋》1 卷 6 号（1917 年 8 月 15 日）。
④ 松子：《伦敦不单独讲和宣言论》，《太平洋》1 卷 6 号（1917 年 8 月 15 日）。
⑤ 沧海：《欧战之目的》，《太平洋》1 卷 4 号（1917 年 6 月 15 日）。
⑥ 松子：《伦敦不单独讲和宣言论》，《太平洋》1 卷 6 号（1917 年 8 月 15 日）。

务、承担政府责任的政治家，并不为俄国新主张所感动。协约国的政治家们在回应俄国和平宣言的演说中，仍然表示执行旧政策，对民众宣称战争的目的仍在于"兼并、赔偿"。周鲠生说：由此，"灼知彼等怀抱之目的，与俄国工人兵士委员会宣言之主义全然冲突。彼等于演词中，辩其并不冲突，此不过外交上饰词，敷衍门面耳；彼等全不肯徇俄国社会党之要求，放弃其已定政策，亦无意于更改协定条件，如周报《国民》所示主张。演词所示，已意在言外"。① 李剑农用《孟子》"春秋无义战，彼善于此则有之矣"这句话，指出英、法政府冠冕堂皇的宣言背后，实际上与德国的侵略主义本质无多大区别，"予尝谓德人如虎狼，英人如狐狸；德以暴力劫人，使人畏怖，英以媚术蛊人，吸人精髓，而人死于不自觉"。②

在德国方面，俄国的和平宣言同样不能使其放弃侵略的野心，只有国内少数社会党人要求其政府即时发表战争之目的的宣言，但德政府根本不为所动，李剑农说："盖其谋兼并之野心，无论如何不肯放弃。"③ 在《俄德社会党之平和运动与德政府之狡谋》一文中，李剑农对俄、德单独媾和运动表示担忧，认为俄国平和运动虽以结束全体战争为其目的，但德、奥却一定不会放弃他们的侵略目的，"若单独与德奥议和，则德奥益得逞其全力以逼英法，而英法又不肯轻屈于德，则战争之局益长。若此，则与俄社会党之目的相反"。而要真正实现俄国平和运动的目的，只有先打败德国军国主义的力量，"惟有奋力偕其联合之英法各邦，与德奥决战之一途。德奥之武力一日不破毁，则平和一日无可望，若贸然与德奥议和，则适中德奥之奸计而已矣"。另外，李剑农提醒说，德国的社会党也不可靠，除极少数人是真正的和平主义者外，其大多数社会党人受德国政府的伪国家主义的迷惑，为政府奔走效命，"毋宁谓其驱于德意志之伪爱国主义，谋减轻外敌，为政府效奔走致使命而已"，所以，俄国人不应轻信德国社会党和德国政府。④ 在《国际社会党之媾和运动》一文中，李剑农直接建议俄国人在与德国社会党人会晤时，只要提出"推倒德政府，建设新共和"这个条件，如果德国社会党人表示不能接受，"则一切所谓平和大纲之提示，皆请其收拾归去，勿徒

① 松子：《伦敦不单独讲和宣言论》，《太平洋》1 卷 6 号（1917 年 8 月 15 日）。
② 沧海：《欧战之目的》，《太平洋》1 卷 4 号（1917 年 6 月 15 日）。
③ 沧海：《欧战之目的》，《太平洋》1 卷 4 号（1917 年 6 月 15 日）。
④ 沧海：《俄德社会党之平和运动与德政府之狡谋》，《太平洋》1 卷 4 号（1917 年 6 月 15 日）。

贻人以话柄也"。① 足见《太平洋》同仁对于真正和平的要求，是以彻底打败德国，并监督其建设起新共和政府为前提条件的。

然而德国政府的单独与俄媾和的阴谋不能得逞，就又运动罗马教皇本尼迪克特十五世于 1917 年 8 月 1 日向交战国双方发表和平通牒。李剑农评说："罗马教皇实为今日德意志政府认为平和之神，最足以达其求和之目的者，而罗马教皇之自身亦实欲尽其敬天爱民之职，并籍是以恢复其教宗之势力，使世界对此共戴之教父益深其敬仰之心，不知其徒为德意志皇帝所玩弄也。"② 罗马教皇所示的和平根本条件，是要求各国缩减军备、设国际裁判以处理国际争端、互相抛弃损害赔偿问题，以及在正义和民族愿望的基础上妥善解决领土问题等。李剑农则将之与前述威尔逊的和平宣言进行比较，指出二者在和平精神上的根本差异之处："骤观之，似亦甚为持平，与今春美总统威尔逊君所演说之平和主义，似无大差。然二者词意之间，所以表显和平之精神者，实有一根本不同之点，即威尔逊君之主旨，在打破战争以前之状态，而另造一永久平和之基础，以大小各民族皆得自由发表为根本之条件。而罗马教皇之主旨，则不外恢复战争以前之均势状态，为一时弥缝敷衍之计，其平和之基础仍立于双方均势妥协之上，直无异为德人谋一时之息肩，阴图修养，以待他日之再举而已。"③

其实协约各国已识破此点，如法、意、俄均无意答复教皇的呼吁，惟有威尔逊总统在听从豪斯的劝说之后，决定将和谈的机会掌握在美国手上，于 8 月 23 日发表答复声明，再次阐述美国对媾和的意见。④ 李剑农概括威尔逊的观点说："曰平和必以各方国民团体之意思为基础，德之现政府，对于人民无责任，德之人民皆为其现政府之强权所宰制，即不足以为平和之基础，于此创为和局，决不能维持永久。盖德政府之言，对于世界久失其信用，任何条约，不足以羁束之。苟欲得永久之平和，非将现时德政府摧毁，再以德人民之意思改造之不为功。"⑤

可见前述李剑农关于和平根本条件的理解，与这里威尔逊的观点是一致

---

① 沧海：《国际社会党之媾和运动》，《太平洋》1 卷 7 号（1917 年 10 月 15 日）。
② 沧海：《罗马教皇之讲和运动》，《太平洋》1 卷 8 号（1917 年 11 月 15 日）。
③ 沧海：《罗马教皇之讲和运动》，《太平洋》1 卷 8 号（1917 年 11 月 15 日）。
④ 王晓德：《梦想与现实：威尔逊"理想主义"外交研究》，中国社会科学出版社，1995，第 213 页。
⑤ 沧海：《罗马教皇之讲和运动》，《太平洋》1 卷 8 号（1917 年 11 月 15 日）。

的，即彻底击垮德国的军国主义，建设民主政府。但是随着战争岁月的迁延，人们不堪其苦，让这次战争成为最后一次战争的"朦胧的希望"，愈来愈强烈了；由美国等协约国政府重复说明只有击败德国才能建立持久和平的条件，显然已经不够，还必须把具体的奋斗目标清楚地告诉作战中的人们。① 1918 年 1 月 5 日，英国首相雷德佐治（今译劳合·乔治）在威斯明斯特宫发表演说，表示战争的具体目的；继之，威尔逊于同月 8 日发表著名的"十四点"演说。周鲠生说"十四点"真正体现了美国的"助战之目的、讲和之理想"，是将美国的"公理"和"人道"主义推向全世界，"风声所树，大义炳然，无论敌邦与国，莫敢不表赞同，……世界望治之士，亦咸望于十四条之实行，立一永久平和之基础"。②

"十四点"原则的最后一点（为了特别强调而列在最后）提出："必须根据旨在保证不论大小国家的政治独立和领土完整的特殊盟约，组织一个普遍的国家联合体。"这是明确地向世界宣布战后将建立国际联盟的计划，而且所有交战国对这一点都没有表示反对，说明人们的那个"朦胧的希望"已经落实到实际政治的范围了。自此以后，这些原则就具体体现为"国际联盟"这几个字，并且环绕着伍德罗·威尔逊，把他当作国联的首倡者。③

1919 年 1 月 18 日，巴黎和会开幕。在威尔逊的坚持之下，创立国际联盟成为和会首要目标之一。25 日，设立一"国际联盟委员会"负责起草国联盟约，从 2 月 3 日起，委员会在英美草案的基础上进行讨论，至 13 日止，起草委员会即完成盟约草案；14 日，威尔逊在和会大会中宣读，宣布说"一个活生生的东西诞生了"，所指的就是这个原稿。④ 李剑农在一篇文章的开头写道："近年来国际上有一个名词，由威尔逊总统宣扬以后，他就'不胫而走'，传遍全世界。现在不惟全世界知道这个名词，并且全世界中几个著名的人物，聚会在巴黎，对于这个名词，作出一篇大文章来了。这个名词是什么呢？原文是'the League of Nations'，中国译作'国际联合'，他们作

① 参见〔英〕华尔脱斯《国际联盟史》（上卷），汉敖、宁京译，商务印书馆，1964，第 25 ~ 26 页。

② 松子：《巴黎和约与美总统十四条》，《太平洋》2 卷 1 号（1919 年 11 月 5 日）。

③ 〔英〕华尔脱斯：《国际联盟史》（上卷），汉敖、宁京译，第 26 ~ 27 页。

④ 〔英〕华尔脱斯：《国际联盟史》（上卷），汉敖、宁京译，第 41 页；唐启华：《北京政府与国际联盟（1919 ~ 1928）》，第 14 页。

出那篇大文章的题目，原文是'The Covenant League of Nations'，中国译作'国际联合约章'，或译作'国际联盟宪法'。"①

周鲠生在《和局告成与万国联盟》一文中，则详尽叙述了国际联盟及其行政部成立的经过，对美国最终未能参加国际联盟表示遗憾，但同时他对威尔逊的这份遗产，即国联的未来，表示了希望。他说："万国联盟本因威尔逊总统竭力主张而成，美国为将来联盟活动之主脑，乃第一次执行部开会，就独缺美国代表，未免令热心万国联盟组织之人士，大失所望。但这个举世渴望的万国联盟，卒见成立，总算是平和主义的成功。美国迟早终是可望加入，和约条文改正一线之生机在这里，世界永久平和保障之一缕曙光，亦在这里。所以我们于失望之中，仍对前途抱有满腔的希望。"②

第二节　其他国际主义思想资源的译介

以上所述，显示留英学人对于威尔逊的国际主义及国联思想的认识过程；但事实上，他们的国际主义及国联思想还有其他资源。威尔逊以前时代的国际和平主义理论和国际联盟思想，他们对之亦有所讨论。

王世杰在《国际和平主义的理论及其运动》一文中，讨论了近代史上世界国际和平派主张和平的理由，及其组织和平的方法。他将国际和平派分成：伦理派，代表人物如康德、托尔斯泰等；经济派，代表人物如边沁等；生物学派，如克鲁泡特金、安东尼等；并指出："国际和平主义，绝对不是一种单纯的感情主张，他在伦理、经济、生物学上，都有确切的根据。"又说："为想了解和平主义的价值，应该从以上诸派的学说，求得和平主义的科学根据。"③ 通过对于国际和平主义理论的考察，王世杰对多数人所迷信的通过宗教运动或社会主义运动寻求和平的方法表示怀疑。他说："宗教运动，就他的根本理论看去，本应可以胜惨去杀，促进人类的和平；但是翻阅人类历史，宗教流血，不独充满野蛮民族的历史，就是景教世界、耶教世界也是如此。如果我们靠着宗教运动，靠着人类崇奉宗教的热度，去贯达和平主义的理想，恐不免终于失望。"又说："社会主义派别很多，本

---

① 沧海：《国际联合约章》，《太平洋》1卷11号（1919年4月15日）。
② 鲠生：《和局告成与万国联盟》，《太平洋》2卷5号（1920年6月5日）。
③ 王世杰：《国际和平主义的理论及其运动》，《太平洋》3卷4号（1922年2月）。

不能概括的加以批评；但普通所称说的社会主义，都含着几分阶级战争；阶级战争虽与现时国际战争不同，仍是一种人类内部的战争，与和平主义的理论，仍然相反。况且阶级战争就令成功，企图战争原因，如种族冲突之类，亦未见可以消灭。这就是我们不敢倚靠社会主义运动贯达和平主义的原因。"①

而他本人对于和平运动的方法，是确信只有将国与国间相互关系纳于法律领域中，即从国际公法方面，才能解决和平问题。其所谓法律的方法包括三种：一是国际裁兵运动，二是国际仲裁运动，三是国际联治运动。他说："以上三项运动，都是假藉法律的能力，去贯达和平主义；论他所需的能力，应比宗教运动少；论他所得的结果，应比社会主义运动较为可靠，这是我们不用深疑的。"②

周鲠生对国际联盟思想史的了解颇深。在《万国联盟问题之历史的观察》一文中，他首先指出，国际联盟思想，并不是欧战以来和平运动的特有现象，它实际上可远溯于 14 世纪之初，"最先为联盟之主张者，为法兰西法律家狄色（Dubois），狄氏于 1305 年主张组织基督教国大联盟，保持平和，设一常任仲裁裁判院，以判理盟员间之争议。其后 1461 年，有玛利里（Marini）之计划，意在组织一联邦，包含现存一切基督教国家，而立一常设公会于瑞士，以为联邦之最高机关"。自此以后历世思想家以消弭战争维持正义为目的，草成国际的政治组织计划的，尤不可数计，举其荦荦大者，如 1603 年粟里（Sully）、1623 年克溜息（Crucee）、1713 年法国圣辟耶主教（St. Pièrre）等；而 18 世纪的大哲学家如卢梭、边沁、康德等人亦草国际组织之计划；"19 世纪中叶以还，欧洲国际政治，日益复杂，武器发达，战祸更惨，永久平和，国际联邦之计划，继续讨论于学者之间，举其最重要者，则有罗利麦 Lorimer 之前后两案，有巴溜 Parieu 之案，有伯伦知理 Bluntschli 之案"。周氏将这各时代的联盟思想与欧战以来的联盟运动做了比较，指出其共同点："即两者皆为维持平和起见，皆谋创设一法定的国际组织，以别乎现存实施上之国际社会，皆注重置一常设国际机关，以处理相互间之争议问题，具体的组织方案，虽有差别，而着眼点则同也。"③

---

① 王世杰：《国际和平主义的理论及其运动》，《太平洋》3 卷 4 号（1922 年 2 月）。
② 王世杰：《国际和平主义的理论及其运动》，《太平洋》3 卷 4 号（1922 年 2 月）。
③ 鲠生：《万国联盟问题之历史的观察》，《太平洋》2 卷 2 号（1919 年 12 月 5 日）。

同样，在过去几个世纪中，对国际社会组织形式的探索，也取得了许多经验。周鲠生在《万国同盟之三大意义》一文中说："欧洲自入近世纪以来，国际社会，与日演进。自范围言，则扩张渐大；自内容言，则关系益深。法治维系之主义，与共同利害之观念，日益固植其基。十七、十八世纪之中，已渐睹国际公会之机关，为一般政治问题之解决"，譬如，1648 年之维斯特发利亚会议、1713 年之乌托列希特大会；到 19 世纪，此类公会的召集，其职务不限于解决政治问题，且更进一步，而着手国际立法事业，譬如，1815 年之维也纳会议、1856 年之巴黎会议，这些会议的组织，说明人们已承认"最高国际机关"的存在；19 世纪中叶以后，又出现了国际联合行政之组织，即将国际共同事务，置于常设机关处理，譬如，1875 年之万国电政同盟、1878 年之万国邮政同盟；到 1899 年和 1907 年先后两次召集海牙平和会议，"则是世界上已有一定期集会之共同机关，国际社会之法定的组织，可谓粗具雏形。更进一步，则规定强制仲裁原则，树一执行的权力，赋以有效的制裁，则国际社会具有法定的组织，而万国同盟之形式成矣。然则今之所谓万国同盟，其殆国际社会演进之程序，迟早必达之段级钦，欧洲战事特有以促进之耳。吾所谓历史之进化者此也"。[①]

在法律方面，两个有利于国际联盟组织发展的观念在 19 世纪中得以发展着，那就是国际仲裁的观念和主权的观念。以仲裁方法处分国际争议，其思想早见于欧洲古代，但直到 18 世纪末才见实际的尝试。[②] 在 1815 ~ 1900 年，国与国的争端和纷歧提交仲裁的达二百次左右。在这种经验摸索过程中，提倡和平的人士逐渐取得一些共识：首先确立一个原则，即各国应该接受条约的约束，把国际争端提交仲裁；其次设立一个常设国际法院来裁判一切案件；最后发展国际法并编纂国际法法典，以便使法院的审议可以具有广泛的法律基础。[③] 但是 19 世纪的这种仲裁观念强调的只是自愿原则，而非义务性的，即尚不承认强制仲裁。到 1899 年第一次海牙会议，才有强制仲裁的提案；1907 年第二次海牙会议，再次强调国际争端应该施行强制仲裁的原则。上面两次会议虽未于法律上确定强制仲裁制度，但对于后来规定于《国际联盟约法》中强制仲裁原则，无疑是起到了前路先锋作用的。周鲠生

---

① 鲠生：《万国同盟之三大意义》，《太平洋》2 卷 1 号（1919 年 11 月 5 日），第 2 ~ 3 页。

② 鲠生：《万国联盟与强制仲裁》，《太平洋》2 卷 2 号（1919 年 12 月 5 日），第 1 页。

③ 〔英〕华尔脱斯：《国际联盟史》（上卷），汉敖、宁京译，第 13 ~ 14 页。

说："所谓一般普及的强制仲裁，在万国联盟约法成立以前，不成国际关系通则。……则国际争议，大抵委诸当事者自由处理，惟力是视；国际社会，乃成无政府状态。补救此弊，原为万国联盟组织之动机，则强制仲裁之为今日联盟约法精髓，良非偶然，而为世界永久和平计，亦良可以大书特书者也。……则今后国际社会，有一般普及的仲裁之义务，而复备有一定之制裁力，使强制仲裁之规定不至徒托空言，则实海牙会议之望尘莫及，而国际组织之大进步，可以令人满足者也。"①

关于主权学说所造成的问题，王世杰曾经指出："实际上国际主义之强敌，即为主权说，以主权说否认国家以外更有较高之权力，可以存在故也。异日万国联盟之能否进化，全视主权说之能否完全打破。"② 而在西方政治哲学领域，一元说主权论和多元说主权论争论已久，欧洲自布丹以来的一元说主权论，遭致了法国狄格（Duguit，今译狄骥）和英国拉斯基（Laski）所主张的多元说主权论的猛烈攻击③。以此为依据，高一涵在《万国联盟与主权》一文中，指出使国际联盟能够为现实世界的人们更好地接受，首先要改造学理上主权的观念。在他看来，人们关于国家主权性质的解释，是假定的，也是人造的，是适应当时需要和对付当时环境的产物，而不能就此认为是天经地义的；而且主权的性质，只是到 16 世纪布丹（Jean Bodin）学说流行以后，主权才被看作最高的、绝对的权力，但是，"现在我们既承认非组织万国联盟，有许多事一定办不到，那么，我们就应该再进一步，抛弃主权为国家特性的成见，创造万国联盟的主权"。他主张："我们既然看见旧主权的观念不适于万国联盟的环境，就应该改造旧说把那一派的'最高'、'绝对'、'不可分'、'无所不包'的话一律丢掉，好让拉斯克、狄格等的主权论流行，又何必要替布丹、柏哲士等的主权论开'追悼会'呢？"④

以上可见，1919 年巴黎和会所创设的国际联盟，其思想已经历若干世纪的发展，"不隶任何一国，不属任何一宗教，亦不仅为任何一党之私，而自始创以来，积累代之研究，具无形之潜力，盖已为人类公有之一种理想

---

① 鲲生：《万国联盟与强制仲裁》，《太平洋》2 卷 2 号（1919 年 12 月 5 日），第 4~5 页。
② 雪艇：《万国联盟约法评注》，《太平洋》2 卷 2 号（1919 年 12 月 5 日），第 3 页。
③ 参见胡适《五十年来之世界哲学》，欧阳哲生编《胡适文集》第 3 册，第 305~307 页。实际上该篇论文中关于政治哲学部分的叙述，是由张慰慈完成的，
④ 高一涵：《国际联盟与主权》，《太平洋》2 卷 2 号（1919 年 12 月 5 日），第 1~5 页。

矣"。① 也正如华尔脱斯所言，国联所依据的道德、政治和法律原则都是一些先进人物在一百多年的时期中宣布过的，它的组织形式也是为了适应国际交往的需要、从民主国家通常的组织发展而来的②。这些亦是《太平洋》同仁所深刻了解的。

而当时的思想家或学者中，英国的罗素 （Bertrand Russell）、狄肯生 （G. Lewes Dickinson）、奥本海 （Oppenheim） 等均为《太平洋》同仁所熟悉③，他们关于国际问题和国际法的研究成果或演说，亦可视作为留英学人国际和平主义的思想资源。罗素早在 1900 年 "英布战争" 期间，便转变为一位彻底的和平主义者，他 "整个心灵都充满着对人道的挚爱和对暴力的憎恶"。欧战爆发后，他即联合一些和平主义人士积极进行反战活动，并在英国各工业中心城市进行巡回演说，宣讲战争对人类文明的破坏性。④ 尤须指出的是，罗素在 1920～1921 年受邀来到中国进行考察和演讲，他所宣讲的关于世界问题和中国问题的思想认识，深得中国知识分子的欢迎。⑤ 譬如，罗素从中国回国的当年即发表《工业文明的前途》一书，对于现代世界的乱源、社会组织的缺点及东亚问题，做了详细的阐述，深得留英同仁的推崇。刘光一承认用罗素的方法观察世界问题要比马克思主义高明，他说："据他（罗素）观察的结果，现在社会里有两种能左右一切的势力：一为工业主义 （industrialism），一为民族主义 （nationalism）。工业主义又有两种：一为资本主义，一为社会主义。民族主义亦有两种：一为帝国主义，一为民族自主主义 （self-determination）。现在社会的不宁，就起于这四种势力的冲突。在这冲突之中，社会主义和民族自主主义相联结，资本主义和帝国主义相联结。罗氏这几句话，很能提纲挈领，把目前社会的大问题，十分透彻地说了出来。罗氏并举民族主义和工业主义为支配现在社会的两大势力，比较

---

① 夏渠：《国际联盟》（万有文库），商务印书馆，1929，第 11 页。

② 〔英〕华尔脱斯：《国际联盟史》（上卷），汉敖、宁京译，第 5 页。

③ 留英学人与此二位英国学者均有问学或交往的经历，如《太平洋》主编之一杨端六与罗素的关系的研究（参见陈友良《杨端六与罗素——从罗素长沙讲学说起》，《史学月刊》2007 年第 5 期）。《太平洋》同仁刘光一曾在伦敦 Essex Hall 听过罗素的系列演讲，参见刘光一《罗素的新著·工业文明的前途》，《太平洋》4 卷 8 号（1924 年 9 月 5 日）。而关于狄肯生，《太平洋》同仁留英期间同样有过交往，如梁龙自称狄氏是他的朋友，见梁龙：《新银行团与中国》，《太平洋》2 卷 6 号（1920 年 8 月 5 日）。

④ 参见冯崇义《罗素与中国——西方思想在中国的一次经历》，生活·读书·新知三联书店，1994，第 12～14 页。

⑤ 参见陈友良《杨端六与罗素——从罗素长沙讲学说起》，《史学月刊》2007 年第 5 期。

马克斯的极端经济史观，高明了许多。"①

英国历史学家狄肯生教授于欧战后不久就写了《国际战争的原因》一本小册子，从各个方面讨论战争的性质、国际战争的原因和战祸救济的方法。周鲠生曾以书评的形式介绍狄氏的主要观点，并且服膺他对于战争问题的分析和结论。周氏说："从全体上说来，狄氏这项研究，不但是对于国际政治研究为一个有价值的贡献，并且他的结论，很有实用的价值，正是今日国际主义者平和运动家所极要留意的。狄氏立说，脱离了哲理的论断，而应用着科学的考究，这是和德意志流行的战争哲学精神根本不同的处所。"②

而当时政治人物当中，属于真正国际主义者、和平主义者，除了威尔逊以外，英国的师玛兹（今译史末资）将军威望也甚高。师氏著有《国际联盟：一个切实的建议》，"用了堪与密尔顿和伯克媲美的语言，写出了高尚的理想，锐利的政治远见"，③后来这个方案成为巴黎和会上讨论的基本的国联草案，周鲠生详细介绍过师氏的方案，并说他是"以盟主气概，筹世界善后建设处分"，"和会通过之万国联盟约法，大体本于师玛兹案，其痕迹历历可寻"。④法国的白齐窪（Bourgeois，今又译布尔日瓦）也是一位勇于为新国际精神而斗争的政治家，"其为素唱世界平和、万国同盟之急进政治家"。⑤周鲠生指出："这八国代表之中，诚不缺能干的外交家，但是世界上为第一流政治家，向来从事平和运动，主张万国联盟最力者，其中就只有法国代表白齐窪一人。白齐窪为法国政界元老，属于急进派，素持国际主义，主唱平和运动。两次海牙保和会议，他均代表法国列议，其功不小。欧战期中，万国联盟议起，白齐窪在法国主唱甚力。法国之万国联盟会，他为会长。和会讨论万国联盟组织，他又代表法国，任委员之一。今在联盟的执行部，为法国代表，被举为执行部议长，可以说得适人适所。但可惜各国代表中，这样人就只一个。他究竟有好大的能力，能够在执行部中主持公道，支配众论，以贡献于世界平和，却又是一个疑问。"⑥足见这二位国际主义政治家，是威尔逊之外，又得留英同仁的真心期待。

---

① 刘光一：《罗素的新著·工业文明的前途》，《太平洋》4卷8号（1924年9月5日）。
② 松子：《国际战争的原因》，《太平洋》4卷4号（1923年12月5日）。
③ 〔英〕华尔脱斯：《国际联盟史》（上卷），汉敔、宁宗译，第33页。
④ 鲠生：《万国联盟问题之历史的观察》，《太平洋》2卷2号（1919年12月5日）。
⑤ 松子：《万国联盟约法草案》，《太平洋》1卷12号（1919年7月15日）。
⑥ 鲠生：《和局告成与万国联盟》，《太平洋》2卷5号（1920年6月5日），第25页。

第三节 对国际联盟的期许

上两节所述，显示留英学人对于国联的倡议并非是情绪式的，而是出于理性的认知，换言之，他们对战争、和平及国际主义的理论认识，达到了一定程度。依凭以上思想资源，留英学人对国际联盟的期许，可以从他们所叙述的两个思想观念的变化来理解。

第一，从"均势主义"到"联治主义"。欧战前国际政治，重心系于欧洲。因为美洲信守传习的门罗主义，不干预外事，此外其他各州的国家，文化物力又不及欧洲，所以战前所谓一般国际政局，都是从欧洲国际关系演变而成的；欧洲国际关系一有变动，影响及于世界四隅。[①] 从1870年普法战争到1914年欧洲大战争期间，欧洲各列强纵横捭阖，在世界范围内抢夺殖民地、划分势力范围，虽不间断地爆发局部的战事，却也能维持全体平和，"得庆小康者四十余年"。[②] 这是因为"列强合纵连横，做成了势力均衡之局，最初有二国联盟和二国协约，后来有三国联盟和三国协约"。[③] 也就是说，各国所赖以防止战争的工具不外乎同盟及均势。所谓"均势"，狄肯生说，各国维持军备，美其名曰自卫，但实际上各国均疑心他国抱有侵略野心，由是演成所谓"势力均衡"之理论，"依此理论，以为追求相反目的之各国，若果势均力敌，则将不致诉诸战争，而愿采用和平方法以解决其争端。此种均衡，有'复杂'者，即谓若干势力互相牵掣；亦有'简单'者，则仅有两个势力互相牵掣。大战以前之若干年，其情形系属于后者"。[④]

陶孟和（履恭）用政治经济学的理论解释国际政治上的均势主义。他指出，欧洲自拿破仑战争以后，民族国家渐次发达，伴随着经济发达的野心，极大地需要世界的殖民地、势力范围以及市场和各种原料品；而在当时国际环境下，所有这些的维持或争夺，均需武力作为后盾。陶氏说："列强

---

① 鲠生：《战前战后的国际政治》，《太平洋》2卷5号（1920年6月5日），第2页。
② 鲠生：《万国联盟之三大意义》，《太平洋》2卷1号（1919年11月5日），第3页。
③ 陶履恭：《万国联盟及其当存在之理由》，《太平洋》2卷2号（1919年12月5日），第3页。
④ 狄肯生（G. L. Dickinson）：《欧战前十年间国际真相之分析》，杨懿熙译，商务印书馆，1925，第2页。

用什么方法保持已获得经济上的势力，更用什么方法，占取未获得之势力呢？只有一种，就是武力。所以现在势力均衡之局，就表面上看起来，是一种政治上的竞争，用联合的军备，互相抵抗，把欧洲的国家，分为二组，一为联盟组，一为协约组。许多小国，附属于两组之内。但是就内容观察起来，列强竞争之重要原因，仍然是经济发展。联盟协约的关系，并不是因政治上军备上的关系，却实在重在经济上的关系。"①

但以武力为后盾的均势局面，最不可耐久。陶氏又指出，经济发展不平衡必然造成原来政治均势的变动，"人类的事情，原来是时时有变迁。今日是均势的状态，过了几年，因为内政的扰乱，军备的简缩，工业的停滞，财政的困难，就容易把均势的局面改变"。② 可见均势是随时可被打破的。

均势主义虽然维持了战前四十余年的总体和平，但大战的祸根也同样伏于此均势之中，周鲠生指出："以谋均势之故，两方竞相扩张军备，军备愈张，杀气愈炽，一朝爆发，不可收拾，此古人所谓迟发祸大者也。半世纪来维持一贯之均势主义，至 1914 年 8 月，而宣告破产。"③ 正是这场欧洲大战，使人们知道以军备为基础的均势主义不足以保持和平，而反潜伏下战祸的种子，于是有见识的政治家所主张的国际政治革新的思想才为世人所注意。前述威尔逊主义就是此间改造国际政治最有力的思想学说之一。威氏在1916～1917 年系列演说中，提议交战国的议和条件应该保证战后世界更公平、更安稳，而不应是又为造成一种新均势的保证，"不当有均势，而须有共势；不可有组织的对敌，而当有组织的公和（an organized common place）"。④ 现代学者指出，威尔逊的"集体安全"（collective security）理念，是希望将美国的理念应用于国际关系上，建立一种以"集体安全"为特征的新国际体系，替代旧世界的以同盟、均势为特征的国际政治体系。⑤显然，周鲠生是赞同威尔逊用这种理念来改造国际政治："威尔逊之言，可谓道破均势之危险，暗示大同组织之必要；不惟全体和平计，为战败国、弱

---

① 陶履恭：《万国联盟及其当存在之理由》，《太平洋》2 卷 2 号（1919 年 12 月 5 日）。

② 陶履恭：《万国联盟及其当存在之理由》，《太平洋》2 卷 2 号（1919 年 12 月 5 日）。

③ 鲠生：《万国联盟之三大意义》，《太平洋》2 卷 1 号（1919 年 11 月 5 日）。

④ 威尔逊的观点见周鲠生译文《万国联盟之三大意义》，《太平洋》2 卷 1 号（1919 年 11 月 5 日）。

⑤ Lloyd E. Ambrosius, *Wilsonian Statecraft: Theory and Practice of Liberal Internationalism during World War I*, Wilmington, Scholarly Resources Inc., 1991, p. 67, p. 76.

国安全计，即为战胜国之自身利益计，舍是亦无他道。"① 换句话说，如果战后成立的国际联盟没有"共势"或"有组织的公和"这些理念的支撑，于和平仍是无济于事的。周氏指出："常有人说 1914 年若有个万国联盟在，这战事可以免的。我以为向来如果有一个真有效的万国联盟，欧洲断不会演成战前那样的国际情势，国际情势一经弄到那么田地，恐怕虽有万国联盟，也无能为力。两方面天天摩拳擦掌，要拼个你死我活，谁能为他们调解？即令万国联盟起来干涉，最后亦不过是合力以伐无道；但是如有一个自恃可以独当全世界，你又何法使他不启衅端？想到这里，我们对于现有的万国联盟的前途，很要注意周到。"②

至于国际联盟的组织方法，高一涵引用威尔逊的话说："万国联盟不是别的东西，不过把美国的联邦制度推行到世界上去罢了。"③ 李剑农说国际联盟盟约草案既拟设代表会议、执行会议及秘书处三个机关，犹如一国之立法部、行政部和司法部，俨然成为一个世界大联邦国，"若把一国的机关比起来，'代表会议'就是立法部，'执行会议'就是内阁，与'秘书处'合起来，就是行政部，还有一个司法机关，本约章上虽然没有规定他如何组织，但是依约章第十四条，将来可由'执行会议'立案，组织一个国际永久法庭。倘若这约章实行，将来全世界就可以变成一个大联邦国"。④ 周鲠生亦指出：为避免均势主义产生战祸的危险，应用"联治主义"的方法改造国际社会，"国际关系之复杂，争端之起于各国，即在转瞬之间，昨日同盟之友邦，明日或即化为竞争之大敌，亦属意中事。欲免于此种危险，有根本的改建国际社会，放弃对敌方针，实行联治主义之必要。于此种情势之下，除少数头脑太旧之政家，尚守传习的均势主义，执迷不悟者以外，凡静察时局，希望平和之士，未有不归依万国联盟计者，吾所谓政局之要求者此也"。⑤

从上可知，联治主义是一种和平主义，其解决国际争议的原则，就是以民主主义、法治主义代替以前的强权主义、军国主义，具体的手段就是将一切国际争端在可能爆发战争以前提交国际仲裁，并且此项仲裁应为强制性

---

① 鲠生：《万国联盟之三大意义》，《太平洋》2 卷 1 号（1919 年 11 月 5 日）。
② 鲠生：《战前战后的国际政治》，《太平洋》2 卷 5 号（1920 年 6 月 5 日）。
③ 高一涵：《万国联盟与主权》，《太平洋》2 卷 2 号（1919 年 12 月 5 日）。
④ 沧海：《国际联合约章》，《太平洋》1 卷 11 号（1919 年 4 月 15 日）。
⑤ 鲠生：《万国联盟之三大意义》，《太平洋》2 卷 1 号（1919 年 11 月 5 日）。

的，周鲠生说："破坏平和之事势，虽有种种之不同，而其始大抵出以国际争议之形式，设法以纳国际争议于轨道，斯为息争保和之要件。则强制仲裁，当然为万国联盟之根本原则"。[1]

第二，从"盲目民族主义"到"世界共济主义"。上面所论，专就政治的方面，探讨《太平洋》对于国际政局之趋势的判断；但还需要从经济社会的方面观察它对于新趋势的认识。世界经济社会的国际化是19世纪巨大的物质进步的自然结果。人口的惊人增长，轮船、铁路和电报的革命性影响，对外贸易和国内财富的巨大增长，使国与国之间和政府与政府之间的接触范围扩大了许多倍。[2] 这个事实使《太平洋》同人意识到国际化时代的到来。陶孟和说：要了解国际联盟的性质，首先必须具有一种心理，即要想全世界、全人类，不要只想一个国家或人类的一部分，"我们现在详细考察时势的变迁和周围的情形，总觉得已经出了闭关自守的时代，入了国际大通的时代。我们的思想，也就不得不出了我们乡村、州县、国家的小范围，进到国际的大社会了"。[3]

在《经济上之万国联盟观》一文中，皮皓白叙述了人类经济发达的过程，指出就其自然过程而言，社会分工和自由交换的原理，是促进经济发展的根本，但由于人为的因素，如地方主义、国家主义、军国主义等，阻碍了这种自然发展，"大而言之，既阻碍自然的经济进化，小而言之，又束缚一国人民的自由发展，惹起邻邦及全世界的疑心，实际上无论对外对内，是没有好处的，是并不能求得安全的，甚至反要造出战祸来的"。战前人们也明白这些政策是违背经济自然发展的原理，而不设法破除，其原因就在于国际间彼此猜忌，互不信任；但经过这次大战的教训后，"人人都明白了这封建时代的旧式思想，总是不成功的，所以美国威尔逊总统一提倡万国联盟主义，大家就赞成"。而组织国际联盟的目的，就是要打破种种国际隔阂，创造世界共同市场，及促进国际合作。皮氏说："万国联盟会主张各国均承认不用武力，主张国际间的关系要光明正大，主张确定国际法的解释以为各国政府遵行的法规。凡此种种，都是为谋增进国际的联络，与国际的和平安宁起见。其宪章第二十三条第五项，又声明为联盟国的商务起见，务须保持交

---

[1] 鲠生：《万国联盟与强制仲裁》，《太平洋》2卷2号（1919年12月5日）。
[2] 参见〔英〕华尔脱斯《国际联盟史》（上卷），汉敖、宁京译，第11页。
[3] 陶履恭：《万国联盟及其当存在之理由》，《太平洋》2卷2号（1919年12月5日）。

通的自由，以及公平的待遇。这等主义，倘能一一实行，国际间的猜疑心自然要减少。猜疑心既减少，所有从前一切根据军国主义的经济政策，不独是无益，并且有害，就是以国家主义为单位的经济政策，亦全然不适用了。这样看来，国与国的经济关系，将来由各自独立的及彼此猜忌的政策，可渐次发达到世界共同的，与万国互助的政策，最后并可合全世界为一经济的活动场，以尽量发挥分功的能事。"①

以上所言经济社会的国际化的事实，反映在社会政治思潮上，就是个人自由、竞争主义的思想逐渐让位给群体互助、共济主义的思想。周鲠生在《万国联盟之三大意义》一文中总结道："十九世纪中叶，为个性独立自由竞争主义之全盛时代，影响所及，政治经济社会之组织受其支配，其特征历历可寻。后半期以还，反动大起，群性共济之思想，渐次弥漫欧洲。充此思想，则人群生活连带相依，有互助（Coopration）而无竞争（Struggle）；认强弱共济之义，而不认优胜劣败为科条；不服自然淘汰之法则，而使各个体咸有生存之机会。此其说并非徒然出于宗教的、慈善的动机，而实信为群治之真理，人道之原则也。若斯思想，实行之方面，发起内而定一国社会之组织，则为共同主义（Collective）；发于外而为国际关系原则，则为国际主义（Internationalism）。万国同盟，即国际主义之化身也。"②

国际联盟既为国际主义之化身，就是要化解国际间冲突，调和各国家间的利益，使世界形成一个有组织的团体。陶履恭说："国际间之冲突，不因诸类似之点而减少，反常因之而增多。所以今日国际最困难，——也是最根本——之问题，即在调和各国家之利益，轨范各国家之野心，综合各民族之精神，使悉有利于公共的善。换言之，即不承认世界上有'完全独立'，独自发展，而侵害他国的国家。世界上所有的民族，要成一种有组织的团体。维持这个国际组织的，就是万国联盟。"③

但依据狄肯生的研究观点，近代民族主义起于一种所谓的"群感"（community-sense），即人类是社会的动物，对于自己所属的群体，天生具有一种袒护的感情，而近代的国际战争的根本原因与这种天生的"群感"有绝对的关系。周鲠生指出，人们的这种"群感"很容易演化成"盲目的民

---

① 皓白：《经济上之万国联盟观》，《太平洋》2 卷 2 号（1919 年 12 月 5 日）。
② 鲠生：《万国同盟之三大意义》，《太平洋》2 卷 1 号（1919 年 11 月 5 日）。
③ 陶履恭：《万国联盟及其当存在之理由》，《太平洋》2 卷 2 号（1919 年 12 月 5 日）。

族主义"，而与国际主义发生大冲突，他说："狄氏考究战争的原因，以所谓'群感'为出发点，可说是找着了根源。'群感'被着了爱国主义之形式，而最后演成一种盲目的民族主义之信仰。近世民族主义自有他的合理的基础不可否认，然而民族主义恶化的结果，成了一种狭隘的国民的迷信，我们把他叫做盲目的民族主义。这个盲目的民族主义实是充分的发挥原始的幼稚的'群感'，而可说是在一般战争的原因中构成一个要素。"① 在《战前战后的国际政治》一文中，周鲠生即批评这种"盲目的民族主义"心理的主要表现形式说："国际政局坏到那样情势，以至酿成1914年的世界战争，事变经过，叙来曲折甚多，但是根本原因你可归到一个'盲目的民族主义'。大家只有民族争存之心，不明人类共存之义；万事以个族为本位，不从使世界全体着想；只知顾本族的生存幸福，不晓得人类有共同利害关系；对于异族只知存猜妒疑忌仇恨报复之念头，不晓得求个和衷共济之道；甚至要谋本族发展，就牺牲异族，侵害他人利益，亦视为当然之事。"②

显然这些表现形式是有悖于经济社会国际化的事实，是阻碍国际和平的主要因素，但相反，世界主义可以成为民族主义的缓和剂，周氏说："'盲目的民族主义'印在国民脑里，总是与正义人道不相容，总是国际战争的祸胎。今后真要长维持世界平和，这种民族心理不可不根本改变。我们要把世界看作一家，要以人类为单位；我们是人类一分子，要谋人类全体利益，爱本族同时要爱人类全体；我们尽可爱我们的国，但不必即要仇视他人的国，牺牲他人的国；我们的幸福，不必求之于争夺，要求之于通力合作。"③

令周氏不无乐观的是，有了大战争的教训以及世界和平主义人士的鼓吹开导，现在各国国民的心理渐渐朝着世界主义的方向转变，"渐渐晓得他们那'盲目的民族主义'是不成功的，要代以世界共济主义；晓得仇视争夺，不是好事，还是要通力合作，才可以长治久安"。而战后成立的国际联盟，又可为实现这种"世界共济主义"提供制度上的保证，"若是没有万国联盟这个组织，大同共济之精神，亦无由发挥实现"。④

以上《太平洋》同仁对于国际联盟的两点重要认识，可以说把握了国际联盟的根本精神和总概念，这种精神和概念最终体现在《国际联盟盟约》

---

①　松子：《国际战争的原因》，《太平洋》4卷4号（1923年12月5日）。
②　鲠生：《战前战后的国际政局》，《太平洋》2卷5号（1920年6月5日）。
③　鲠生：《战前战后的国际政局》，《太平洋》2卷5号（1920年6月5日）。
④　鲠生：《战前战后的国际政局》，《太平洋》2卷5号（1920年6月5日）。

中开头的两句话："保障国际平和与安全"和"增进国际互助"。[①] 因此，单从国联成立的事实及盟约所确立的重要国际主义原则方面来说，同仁们的国际理想主义得到了满足。

第四节 从理想回归现实

巴黎和会前及和会之初，即 1918 年年底到 1919 年 2 月中旬，是中国朝野对和会及国联期望最高的阶段。[②] 一方面，如前所论，国人对拟议中的国际联盟抱有相当的憧憬，常以中国传统的"平天下"、"世界大同"理想，或如上节所述，以"大联邦国"、"世界联治主义"理想，期许公理战胜强权后，以人道正义维护世界和平的国联。另一方面，就实际层面而言，国人期许国联能够公平处理山东问题、二十一条问题及修改不平等条约问题。汪精卫信心十足地宣布，中国外交问题可恃国际联盟的公理战胜强权，"故公理之必伸，强权之必黜，大势沛然莫能御之者，苟其御之，适见其败辱而已。万国联盟之主张，既以公理为准则，其效力之与日俱进，无可疑者"。[③]

及至美国未加入国联，中国失去有力之奥援，山东问题以失败告终，国人对国联的态度遂发生大转变，认识到国联仍是由强权把持，不过是维持战胜国利益的机构，因此原先的理想和期许，尽告破灭。罗家伦说："回忆一年前，第一届议会尚未开会，吾人对此未生儿，具有无穷之希望，方以为见屈于凡尔赛者，必将见伸于日内瓦。庸讵知此初生之国际联盟，乃为一畸形儿，不特吾人所热望之山东问题，无从提出，且联盟本身，亦几无活动之实力。曾几何时，吾人对于曩昔脍炙人口之国际联盟，竟全失其信仰之心。"[④]

从理想回归到现实，这种落差，国人多从解决自身问题的角度进行评判，有失公允，而《太平洋》上的舆论更多地体现了从国际政治的角度分析和评判国联的实际角色，并能提出一些建设性的意见。周鲠生在批评国联盟约时，曾说明他对国联问题的立论角度，即"对于万国联盟约法，本可从两方面立论。其一，则标一理想天地，以讨论联盟组织；其次，则就现实世界，以观察约法。由第一论点，则今之所谓万国联盟，直当根本摧毁；盖

---

① 雪艇：《万国联盟约法评注》，《太平洋》2 卷 2 号（1919 年 12 月 5 日）。
② 唐启华：《北京政府与国际联盟（1919～1928）》，第 118 页。
③ 汪精卫：《中国对于万国联盟之希望》，《太平洋》2 卷 2 号（1919 年 12 月 5 日）。
④ 罗罗：《国际联盟与华盛顿会议》，《东方杂志》18 卷 17 号（1921 年 9 月 10 日）。

据约法所定，既远乎世界大联邦组织之计划，又大反乎民主主义之精神。如斯约法，当委之故纸堆中，直欲实现吾人理想中之国际组织，非重新立案不可。虽然实际政治问题，要不能现实世界外求解决之方。以现在之国际政局，各国民心理，尚不许吾人得实现理想之组织。则吾人不得不让一步，而采第二论点，以观察联盟约法，于现实世界可以实行之范围内，为最小限度之要求。而对于现在约法不满足之处，加以修正，乃为今日最急要之问题。此等修正，务限于在联盟生存运用上，为绝对不可缺之条件，而期其于今世国家，不难实行"。[①]

陶履恭对国际政治的理解也很客观，他提醒说，人们谈论国联成立的理由时，"果然反复剖析，虽常人也易领略"，但一旦讨论到了实行办法，则事关各国具体的利益或权利，却有莫大的困难，"加以吾人今日常存政治之旧观念，不肯轻易将强权、利权之思想抛去，故更觉无论具有何种高尚之理想，具体办法，终不易措手"。[②] 可见他也同意在理想与事实之间寻求一个平衡点。下面试述《太平洋》上留英同仁对国际联盟的实际观察。

前节所示，留英学人的国际主义理想之一，是实现世界"大联邦国"，但在1919年2月14日国联盟约草案，及4月28日盟约修正案先后公布之后，原来模糊而无定型的热望已经变成了一个明确而实际的文件，并可供世人批评的对象，[③] 所谓"大联邦国"也成了人们重点非议之处。沧海首先指出："我知道这联合约章，虽然可为世界和平发一线曙光，但是他的背后还有一个暗影，这暗影是什么？就是 Great Power 两个字，这两个字在国际上的根蒂太深了。"因为国际政治上仍然笼罩在这"强权"阴影之下，所以世界仍不太平，国联的民主主义仍然是无法实现的梦想，沧海说："我的意思，是要大家努力把这 Great Power 两个字根本打破，使这联合团体将来也有应用 Democracy 主义的时候，世界上就可以永久和平了。"[④]

周鲠生则对国际联盟所谓三权分立的机关进行检讨，指出它与联邦主义还有不小的差距："骤视之，似觉万国联盟，采有近世国家三权分立之组织，代议会为立法机关，执行部为行政机关，而国际裁判院为司法机关，实则此为大误解。代议会与执行部，既无近世议员政治国立法部、行政部之牵

---

① 鲠生：《对于万国联盟约法修正意见》，《太平洋》2卷5号（1920年6月5日）。
② 陶履恭：《万国联盟及其当存在之理由》，《太平洋》2卷2号（1919年12月5日）。
③ 〔英〕华尔脱斯：《国际联盟史》（上），第77页。
④ 沧海：《国际联合约章》，《太平洋》1卷11号（1919年4月15日）。

制关系，而两者权限不清，行动常涉及同一之事项，则更不易辨此为立法而他为行政；……至若国际裁判院，则虽其目的全在国际司法，然而其权限地位，去近世国家之所谓司法权，亦已远矣。反之，彼秘书厅者，虽名义上不过一事务机关，隶于执行部下，而秘书长之活动范围广大，实际操持联盟行政权柄，则又不可轻易看过之事。是知万国联盟之组织，有其特点在，研究联盟者，不可滥用比类法，而以之与近世国家组织同视也。"①

此外，周鲠生指出，这于巴黎和会上成立的国际联盟，其政治性质实际上大大强于它的法律性质，已然削弱了和平主义者所期望的将法治主义和正义公理引入国际社会的理想。他说："依巴黎和约而立之万国联盟，其性质主为政治的，法律的性质，于联盟尚为次一层的。……易言之，即司法的裁决之机关少，而政治的解决之适用多。然政治解决之方，多着想于情势，而至于漠视权利问题，有时即或一时解决纷争，而结果不免牺牲正义，永久留一争乱之祸根，是亦不免减杀联盟保持平和之效用。盖政治性质之问题，诚以政治的解决手段为适宜而有效，然苟强有力之国家，恃其政治上之地位，利于政治解决，以至于并法律性质之争议，亦不认为适于仲裁，而强以归诸执行部审理，则他方之争议当事国家，势难贯彻法律上之主张，得一合乎正义之解决结果。"②

世界大同、共济主义和合作主义，如上节所述，本是由世界经济社会国际化进程中进一步加深的观念，故人们对于国际联盟在这方面的作用，实抱有重大希望，以为它能够采取积极的设施，谋各国共同的利益，掖进国际互助的精神。但实际上，这个理想同样因为现实政治和人为因素的干涉，而遗憾不少。周鲠生指出，国联大权集于协商国，对德、奥等国压制太过分，"大权集于执行部之一身，而执行部支配于英法美意日之五强，是似仍为现在协商之延长，而令其他各国有长受压制之恐，不合乎世界大同主义之原则"。③而且，对于新生社会主义国家的俄国，国际联盟更是从政治、经济到意识形态，拒之于门外，对社会主义颇为倾心的彭一湖就说："原来这一次在巴黎开和平会议的各国政府，都是代表资本阶级的。代表资本阶级的政府，那有不反对社会主义的呢？所以国际联盟的反社会主义，是当然不足怪

---

① 鲠生：《万国联盟之组织及职务》，《太平洋》3卷4号（1922年2月）。
② 鲠生：《万国联盟之组织及职务》，《太平洋》3卷4号（1922年2月）。
③ 松子：《万国联盟约法草案》，《太平洋》1卷12号（1919年7月15日）。

的事。但有一点，我们应该注意。国际联盟，俄国的列宁政府，是不能加入的，因为他若加入国际联盟，就要加入劳动联盟，加入劳动联盟，就要破坏他的主义。再有一句话，要请读者注意。我说国际联盟是反社会主义的，系指今日的国际联盟而言，若是各国都变了俄国，那时候组织一个国际联盟，不用说，一定于社会主义的理想的完成，有多大的贡献。惜乎刻下只有一个俄国，竟产出一个反社会主义的国际联盟来了。"① 可见国联对德、俄等大国家的排斥，与原来的精神是不符的。

国际联盟既有上述诸种不足之处，一般人容易产生误会，"把一个平和主义的国际团结看做专制主义的列强同盟"，② 但《太平洋》对国联的未来仍抱以极大的希望，李剑农引威尔逊的"新生儿"比喻来说明他对国联未来的向往，"但是他很有长起来的希望，威尔逊总统说，他是一个有生命的物件，现在才生出来。我们看着他就要穿起衣服来的，现在纵然有些不满足的地方，将来穿些衣服上去，时而又换些新衣服给他穿，就可以使大家满足了"。③ 周鲠生说由于那些现实因素，国联在国际政治上的作用，大为压缩，此不容讳言，但联盟仍具有无限前途，他说："然而联盟全部活动机能，固未因之破坏。以彼法定职权之广大，其支配国际政治之势力，正犹未可限量。约法虽不全然否认战争，然至少可减少战争之机会；国际共同利益，虽尚罕有具体的组织实现，然联盟之活动，至少可以助长国际互助之精神。此吾人承认联盟组织有缺憾，对于联盟职务不满足之余，同时仍不能不承认联盟之国际的重大作用，而对于其前途，抱无限之祝望也。"④

国联作为处理国际关系的一种制度或方法，需要一个适应的过程。在这个过程中，国联自身需要改革，同时人们的观念也需要改变。周鲠生从国外研究国联问题的同仁那里得到这个提示："如欲这个方法或制度成为国际关系上使用的唯一的方法，则第一须所有的国家都约定使用之；第二是各国的舆论应当对于此方法生一种信仰而使其诚实遵守；第三是这方法自身，换句话说，即联盟规约及依据此规约而立之程序和组织应当改良。"周鲠生承认

① 一湖：《国际联盟与社会主义》，《太平洋》2 卷 2 号（1919 年 12 月 5 日）。
② 松：《内外书籍绍介批评：The League of Nations Today by Roth Williams》，《太平洋》4 卷 2 号（1923 年 9 月 5 日）。
③ 沧海：《国际联合约章》，《太平洋》1 卷 11 号（1919 年 4 月 15 日）。
④ 鲠生：《万国联盟之组织及职务》，《太平洋》3 卷 4 号（1922 年 2 月）。

说，这三种方法，正是国际联盟前途发展的三个要件。[①]

同样，从狄肯生的建议中，周鲠生也主张用教育的手段，输入国际主义的精神于群众的脑里，才能抵制帝国主义的荼毒人心。周鲠生说："所以要除掉国际战争的祸源，非根本的从人心上施教育不可；这是我们和狄氏有同感的。现今世界的急务是在变改国民心理，造出一种国际精神，如欧洲平和主义者之所谓 international mind 者，文明世界的国民如果终不能以国际的眼光来看待国际事情，那末，虽有国际组织如万国联盟，国际法院之存在，也不见得能够减除战事，维持平和。"简言之，国际主义者应当和帝国主义者在人心上竞争。[②]

由上可见，《太平洋》同仁对于国联的认识比较深刻，对其现在和未来都抱以同情的态度；在一般人对国联期许低落，转而漠不关心时，他们仍肯定国联的长远意义，并支持国联的改革运动。1923 年 9 月国联第四次大会，执行部的非常任国改选的结果，中国落选，一时盛传中国应该退出联盟的说法。周鲠生撰写《中国可以退出万国联盟吗?》一文，冷静地分析国际国内的事态，指出中国在国联前三次大会中连续当选非常任的执行部部员，得派代表和列强并列于这个最重要的联盟机关，"不能不说是中国的国际地位增进之征象，就这一层看来，可见得万国联盟这个新国际组织也尚有容公道活动之余地"。而中国在第四次大会上落选，则应该反躬自问自身的国内社会政治问题，以及是否尽到了国际义务等问题。他说："年来国事愈趋愈下，近年这十个月中间怪相百出，临城事件既经完全丧失国家对内对外的信望，最近北京政变更加闹得无法无天，如此的局面，尚复成何国家？外国眼见中国这种情形，难道还看得起中国吗？中国已经损害了自己的国际地位，又何怪联盟大会之不再选举中国为执行部部员？一国加入万国联盟的执行部，一方面固是取得一种特权，同时也就是负有一种国际责任。联盟执行部，具有处理一般国际事务之职权；若是一国自己的内部既然是糟糕，他又何配加入执行部，共担那样重大的国际责任？我们以为这次中国在日内瓦联盟大会落选，正可以给我国民一个大教训，使我们知道国内政治紊乱，立时可以影响到中国的国际地位。今后中国是否能增进他的国际地位，再入联盟执行部，

---

① 松：《内外书籍绍介批评：*The League of Nations Today* by Roth Williams》，《太平洋》4 卷 2 号（1923 年 9 月 5 日）。

② 松子：《国际战争的原因》，《太平洋》4 卷 4 号（1923 年 12 月 5 日）。

这不是联盟大会选举公平不公平之问题，而是要看我国民争气不争气。"所以，他建议中国不可以因这次变故而轻言退出联盟，在国际关系上自陷于孤立，"我们希望国民审清事实，不要为那些政府代表所误，我国民要争国际地位，还是要先从改造国内政治入手"。①

小结：国际主义与中国的"民族国家"建构

《太平洋》上的留英学人对国际主义的讨论，比当时国内一般讨论世界主义的青年，概念上要清晰得多。如学者指出的，后者既接受罗素、托尔斯泰等大哲学家世界主义学说，也接受克鲁泡特金的无政府主义、马克思的社会主义，及俄国的无政府主义的影响，加之五四时期胡适、陈独秀、梁启超、戴季陶等不同文化政治派别也宣传世界主义，令新青年对此"世界潮流"趋之若鹜，但在观念形态上却是庞杂斑斓。② 比较而言，留英学人所主张的国际主义，要比"五四"一般社会所鼓吹的世界主义的范围要缩小许多，其命意所在，是将国际主义视为一股国际政治的新兴势力。进一步地说，留英学人所主张的国际主义，主要不在于对中国文化问题的回答，而在于它对中国建设民族国家提供了新的思想资源。

由第一、第二节所论，则知留英学人目睹威尔逊的和平理想主义的兴起，确信其对欧战以后处理世界事务极具政治影响力；而且，据他们所理解的，此国际主义、和平主义精神，及国际组织之理想，亦经数百年来有心人之倡导，在组织制度上、人员实力上已然壮大成熟，可于战后不期而立于世间。由第二节所论，则知留英学人所期许的国际社会和国际联盟，是一个依据和平主义、民主主义、法治主义及合作主义原则而组织的"国际家庭"，可为世界和平和每一个成员国自由发展，提供根本保障。复次，如第四节所言，留英学人意识到客观现实对于理想主义的人为阻碍因素，同样主张通过主观的努力，如改革国际法、推行国际主义教育等，以进一步改良国际政治；对于国联的成员国包括中国自身的要求，就是内政修明和承担国际义务。

---

① 松子：《中国可以退出万国联盟吗?》，《太平洋》4 卷 4 号（1923 年 12 月 5 日）。
② 参见桑兵《世界主义与民族主义——孙中山对新文化派的回应》，《近代史研究》2003 年第 2 期，第 81~93 页。

综上四节所言，而知留英学人对欧战后的新兴政治力量——国际主义思潮关注甚深，由此可断言，国际主义已成为他们的政治构想的一个重要因素。但五四运动以后，中国民族主义情绪昂扬，并从第六章所述，可知同仁在对外主张争取国权和国际平等地位，表达的也是一种民族主义的政治诉求。因此，如何处理国际主义与民族主义的关系，成为他们的政治论述中无法回避的问题。下面按照时间顺序，例举三位《太平洋》杂志社员的言论，可以看出留英学人对于这个问题亦有基本的解决。

首先国际联盟的成立，就已经给理解民族主义增添了新含义，李剑农说："所谓 League of Nations 者，是各民族团体的联盟，是有政治组织的各国民团体的联盟，并不是什么专制政府、军阀政府所冒充的国的联盟。……因为我们中国的人民，虽然成了一个'民族'，号称是有政治组织的'国民'，并且还挂了一块'中华民国'的招牌。但是那些有兵在手里的人，和那些夺得政府地位的人，心目中并没有国民团体，并没有个'具体的国'，专想把他们自己去冒充；这些可怜的国民，也任他们去冒充，对于自己的政治组织，毫无一点觉悟心。假若我们以这样的国民团体为单位，加入世界的国民联合团体内，实际上于我们自己有什么好处呢？"① 这里所指，是国际主义的前提并不是取消民族主义，而是要求民族主义本身必须是现代国家。

但中国的处境是军阀政治，并不能说是已经成立了现代国家，也是在此意义上，杨端六呼吁解散国内军阀武装，组织民主国家，他说："吾人对于世界平和之前途与中国自由发展之命运，实抱有无穷之希望。……今日最重要之任务，即在解除我国自己之军备，须知我国之前途，首在自成一国，以并立于国际会议之堂上，《国际联盟约章》谓会员国家须为'有组织之民族'。吾人若不先解吾军备，不足以表示吾民族确具有组织之能力。"②

以上"首在自成一国，以并立于国际会议之堂上"的观点，说明留英学人没有将国际主义理解成民族主义的反面，而是相反，认为国际主义对于中国的民族主义有促进作用。但李剑农、杨端六都未明确说明"民族国家"对于国际主义的意义，而1924年周鲠生在《民族主义与国际主义》的演讲中，则指明现代民族主义是不能打破的，相反，首先必须建立"民族国家"，才能使国际社会避免纷扰和实现和平。他说："满足民族思想是减少

---

① 沧海：《国际联合约章》，《太平洋》1 卷 11 号（1919 年 4 月 15 日）。
② 端六：《国际政局之重要发展》，《东方杂志》18 卷 13 号（1921 年 7 月 10 日）。

国际冲突的一个条件，……此民族国家方面发生出来的利益，于世界国家组织上也是很好的。因为民族国家是自然的结合，不是勉强的凑合。世界上有了种种不同的社会的组织模型，于文化上也是有种种的贡献的。而且在民族国家，其自然的感情较甚于他种国家，遵从法律较更愿易〔容易〕，法治易于发达。还有一层，在民族国家，因为同族感情，人民合作精神较之非民族国家也是特别发达的。因之真正的自治容易施行。"①

周进一步说，"民族国家"是国际社会的基础："国际组织是要建设于民族国家上的。因为要国际社会能确定国境，要国家带有永久性，都要有自然的，可了解的原则，不能靠着征服之偶然的事实。而民族国家是比较能保证这个永久性的。国际主义依维民族主义，乃是自然之事。"②

由上可见，留英学人相信国际主义作为新成长起来的世界政治潮流，并不妨碍中国的民族主义和"民族国家"建设，毋宁说两者是相辅相成的。但问题是，中国如何建设"民族国家"，在目前情况下，也就是"用什么方法去打倒军阀，统一各省，实行民治"。这就又回到杨端六提出的"首在自成一国"的问题上了。然则"五四"前后留英学人提出建设"民族国家"的思想动因，与欧战后国际主义的勃兴是有关的。在这个意义上看，如果说19世纪末严复《天演论》的问世，给国人带来的是"民族竞争"的思想，即"只是那'优胜劣败'的公式在国际政治上的意义"③，那么1919年国际联盟的成立，则让国人深刻体会到"国际主义"在国际政治和国内政治上的意义了。

---

①　周鲠生：《民族主义与国际主义》，《太平洋》4 卷 8 号（1924 年 9 月 5 日）。
②　周鲠生：《民族主义与国际主义》，《太平洋》4 卷 8 号（1924 年 9 月 5 日）。
③　关于这个问题的详细论述，参见罗志田《再造文明之梦：胡适传》，第 117 页。

结　　语

　　在马克思所描绘的从民族历史向世界历史的转换过程中，自由报刊对于落后民族的现代国家规划具有重要性。1853 年，马克思在《不列颠在印度统治的未来结果》中说："第一次被引进亚洲社会并且主要由印度人和欧洲人的共同子孙所领导的自由报刊，是改建这个社会的一个新的和强有力的因素。"[①] 显然马克思所谓的"自由报刊"是指资产阶级文化影响下的，以建构民主与科学为核心内容的"世界的文学"为动力的精神生产。尽管马克思的关于印度自由报刊的作用的论点在半殖民地中国需要大打折扣，但是马克思论述资产阶级领导下的自由报刊对于未来国家秩序理性建构的价值却是值得重视的。本书对接受西方资产阶级教育的留学精英及他们发表在自己筹建的自由主义刊物上的观点的全面考察，就是试图检验他们规划现代国家的理性主张的提出过程及实施过程中碰到的困境。

　　受到马克思世界理论影响的伍启元在《中国新文化运动概观》中这样描述近代中国所处的时代特点："近世科学的发达和资本主义的进展把整个地球打成一片；无论愿意与否，现在中国已是世界的一部，已不能再享受闭关自守的桃花源生活了。世界已是整个的世界，中国社会一切的转移，也只是受世界巨潮底动向所激荡"。[②] 辛亥、五四期间，急遽变动的国内、国际政治社会背景，及国内外新、旧思潮相激相荡，更加剧了中国知识分子这种紧迫的历史意识。他们的思想世界里面呈现出矛盾歧出的现象，是不可避免的。现在且就本书所考察的留英学人的思想特点及矛盾冲突之处，简略概括的总结和解释如次：

---

① 《马克思恩格斯文集》第 2 卷，人民出版社，2009，第 686 页。
② 伍启元：《中国新文化运动概观》，现代书局，1934，第 2 页。

一　政治途径与文化途径

政治途径解决中国问题，本是甲午战败以后，知识分子一直倡导和进行的革命运动。直到民初共和政治失败，袁世凯帝制运动兴起以后，知识分子对于原来所热衷的政治运动的方式才有所反思。欧事研究会和《甲寅杂志》成立的初衷就是集合那些既受到袁世凯打击，又不愿认同于中华革命党的革命策略的知识精英，一方面从学理上否定和抵御袁世凯的专制政治，另一方面通过报刊言论供给国民以政治常识，促进社会觉醒与民众的政治参与能力。这个宗旨获得当时知识精英的热情支持，并且很快成为他们寻求社会认同的一个综合思想平台。除了众所周知的五四新思潮外，还有文化保守主义、留英学人的政论救国思想等，都可以在这个综合的思想平台上找到滥觞。因此可以说，欧事研究会和《甲寅杂志》上形成的各种知识群体，直接推动了从辛亥革命到五四新文化运动的转换。

《太平洋》和《新青年》都是从《甲寅》杂志分化出来的，二者既有区别又有联系。换句话说，无论主张继续政治途径解决问题，还是主张文化途径，同属于辛亥五四一代新知识分子阵营，但他们对时代的刺激和危机的感受不同，遂在思想和行动的反应上发生了分化。聚拢在《太平洋》上的留英学人来说，承续了《甲寅》的政论思想和政治主张，与之亦有一脉相承的条理；而《新青年》则走上了所谓"借思想、文化以解决问题"的思路，亦即发动以变革文化本身为目标的新文化运动。从辛亥到五四的思想分歧于此可见一斑。

"甲寅派"对于政治问题的论述，实代表了自清季以来留学生知识分子所接受的英美宪政主义的影响，达到了相当成熟的阶段。他们面对民国以后的政治社会危机，而精心构建起来的英美"宪法之治"的论述，取代了传统士大夫面对文化、政治和社会大规模革新的要求时回向"三代之治"的论述。[①] 这是近代以来西潮冲击所带来的"思想资源"与"概念工具"转变的必然结果，[②] 是马克思主义思潮在中国兴起前夕知识分子努力建构新意

---

① 关于传统士大夫在面对社会政治改革问题时回向"三代之治"的论述，参见余英时《朱熹的历史世界：宋代士大夫政治文化的研究》，第三章，三联书店，2004，第184～198页。

② 关于"思想资源"与"概念工具"在近代知识分子思想论述中的转变，参见王汎森《"思想资源"与"概念工具"——戊戌前后的几种日本因素》，收入王汎森《中国近代思想与学术的系谱》，河北教育出版社，2001，第149～164页。

识形态和新制度信仰，以应对意义和价值体系全面危机的一种尝试。

留英学人通过《太平洋》杂志对五四新文化运动的参与，固然是由于时代思潮的巨大牵引力及自身因应社会变局，而在一定程度上变更其议题，但其对社会文化的革新思想和主张，并未完全脱离原来的政治思想脉络，及从政治上根本解决的思路。杨端六说："当欧战将终以后，吾国人怵闻俄德奥匈之社会革命，遂如鹦鹉学语，倡言社会主义、国际主义、共产主义，实则不自知其尚未成一国家，焉有所谓国家主义，尚未发生资本阶级，焉有所谓资本主义。费去两三年之笔墨，讨论一空无所有之问题，致将目下切要之国家组织问题置之度外，殊可惜也。"① 这里杨氏指出的当下最切要的问题，依然是国家组织问题，与《甲寅》时期章士钊的政论思想并无大不同。就留英学人而言，它对于政治运动的关注和讨论，在"五四"之前与之后，在政治解决中国问题的立场上是一以贯之的。

"五四"以后，《新青年》虽然一度相信文化途径解决中国问题，但终于转变为走向政治解决之路，此不仅包括激进派如陈独秀，而且素以温和主张的胡适亦复如是。② 这说明在新文化人那里，政治途径与文化途径并不是不可调和的。以往对辛亥、五四期间社会政治思想的研究，过分注重"辛亥"政治思潮向"五四"文化思潮转换方面，对政治思想中的延续性较少注意。实际上，如本书第一章、第二章所示，对这种延续性的观察，可以帮助我们更深刻地理解民初知识分子关于文化运动与政治运动的关系的认识。

二 民主宪政与国家统一

民初留英学人的政治思想有其自身的逻辑发展和脉络可寻，但这种思想的发展本身，也呈现出了矛盾之处，说明外部现实对于它的思想影响也很大。

先是《太平洋》延续《甲寅》的政治主题，主张以英美宪政主义改造中国的中央政权，又以英国的地方主义改造中国的地方制度。但随着国会解散，南北分裂，地方意识迸发，所谓联省自治的主张引起广泛共鸣。但

---

① 杨端六：《时局问题之根本的讨论》，《太平洋》3 卷 8 号（1922 年 12 月）。

② 关于胡适、周作人关于文化运动与政治运动的关系的认知，近有学者认为，胡适等也曾认为新文化运动从文化运动走向政治运动是合乎逻辑的自然发展，而且实际上一度同意对中国问题的"政治解决"比他提倡的"文化解决"更切合实际。参见罗志田《乱世潜流：民族主义与民国政治》，上海古籍出版社，2001，第 109 页。

《太平洋》的联省自治论，犹可见其政治思想的延续性，如从地方主义到联邦主义，又如它即时吸收了欧洲代议制改造思潮和新宪法原理。总之，它对民主宪政的追求是不变的。但问题是，如第四章所述，当民主宪政、联省自治都不能成为实际的力量，被证明不能解决中国的国家统一问题的时候，包括留英学人在内的民主派该如何选择他们的道路？是放弃他们的民主宪政理论？抑或另觅途径并全力支持之？

对于武力统一，留英学人担心武力造成的统一，社会代价甚高，而且统一以后，民治的承诺并无切实的保障，所以他们对于无论哪一方武力统一中国的计划，都不愿意支持。更何况，在1925年以前尚没有一支势力，使人们相信有能力统一中国。但是苏俄政治模式的兴起，中国人对于"俄国精神"产生了"新的崇拜"，从中发现了可供选择的解决政治问题的方案。①周鲠生在1924年写的《苏俄的政治组织》一文，即表示出客观的研究兴趣，他说："新俄罗斯的生活之最有兴味的一面，固然是经济的组织，但其政治的组织究亦大有研究的价值。现今苏俄的政治组织，自有他的特殊的背景；他的政治原则与他的经济思想是密切相连的，然而单就制度自身着眼，苏俄的政治组织，在政治学上提供了一种新的政治模型。"虽然文末，周氏亦对这种反资产阶级民主主义精神的无产阶级专政，表示担忧，但他仍然相信苏联最终是建设成一个社会主义国家，而它的"最后目的还是在实现民主政治"，当前则属于过渡时期的制度。②

另一自由主义者胡适的看法可供参照。1926年游历俄国之后，胡适在《欧游道中寄书》明确地表示英国模式最不足学，因为"英国一切敷衍，苟且过日子，从没有一件先见的计划；名为evolutionary，实则得过且过，直到雨临头时方才做补漏的工夫"。相反，他从俄国模式中寻到了"新的兴奋"，他看到了俄国的"有理想与理想主义的政治家"，意志专笃，"他们在此做一个空前的伟大政治新试验；他们有理想，有计划，有绝对的信心"。③由此可见，胡适对于苏俄组织怀有强烈的同情。

而从《国家存在问题》一文的倾向来看，湖南人张效敏是《太平洋》上唯一赞同无政府主义的作者，但他认为现在世界的现实还不足以让中国取

---

① 关于"五四"后中国人的学习榜样由英美而转向苏俄的心态，参见罗志田《权势转移：近代中国的思想、社会与学术》，湖北人民出版社，1999，第63～81页。

② 松子：《苏俄的政治组织》，《太平洋》4卷9号（1924年12月5日）。

③ 胡适：《欧游道中寄书》，参见欧阳哲生编《胡适文集》第4册，第41～50页。

消国家，相反还应该学习苏俄的榜样，来改造中国，抵抗外国的压迫。他说："所以现在治标的办法，要学俄国一样，改造国家；一面还是要大声疾呼，鼓动'全人类幸福主义'、'全人类平等主义'，促起全世界的人觉悟起来，打破国界种界，和种种阶级思想。如果全世界的人都觉悟了，那国家也就可以倒了。"① 这说明从自由主义者，到倾向无政府主义者，苏俄的榜样作用不可谓不大，其中起关键的因素，也许就是它能够解决中国的时局问题和再造国家。

苏俄的模式颇得国人的人心，而依照苏俄模式改组的中国国民党则成了这个榜样的实际承载者，尤其是1924年中国国民党完成改组后，已得到更多的南北知识分子的支持。比如陈独秀，原来反对北伐的他，转而支持北伐军说："与民众合作的军事势力，即不幸也形成军事独裁的局面，他们的军事独裁比北洋军阀的军事独裁总要开明一些。"即一个由武力统一的中国至少可以结束战乱的局面，可为一个"民主的中国"打下基础。②

上面从统一中国的急迫现实和苏俄的影响两方面，说明留英学人的民主宪政理想在20世纪20年代中期所遭遇到的困境，也很能说明那个时候自由派知识分子的忧虑和动机。此外，以往研究侧重考察革命者和左翼知识分子所接受的苏俄影响，而对于自由派知识分子眼中的真正苏俄形象，尚欠研究，这里却可以提供一个例子。

三 民族主义与国际主义

由本书第七章的研究，可看出民族主义与国际主义，在民初留英学人的政治思想中，二者是相辅相成的。巴斯蒂对清末法国留学生的研究结果也表明了这一点。她说："在后一批中国留法学生中传播和形成的世界观，表现为无国界人类大同的经验与列强竞争的精神的并存。……世界主义思想为朝着国际主义知觉发展做好了准备，而国际主义则与民族主义一样，也是中国近代世界观的重要组成部分。"③ 但不能忽略的是，留英学人的国际主义思想存在着现实和理想之间冲突的一面。

---

① 张效敏：《国家存在问题》，《太平洋》4卷4号（1923年12月5日）。
② 这里关于陈独秀对于北伐态度转变的问题，参见罗志田《乱世潜流：民族主义与民国政治》，第177页。
③ 巴斯蒂：《出国留学与中国近代世界观的形成——略探清末中国留法学生》，收入李喜所主编《留学生与中外文化》，南开大学出版社，2005，第534～535页。

欧战结束时，国人对威尔逊总统倡议的国际主义理想相当憧憬，在1919 年巴黎和会期间，对国联期许很高。但在山东问题失败后，国人感到被列强出卖，五四运动期间，高喊"外抗强权"的民族主义大兴。但其后北京政府仍然执行的是国际主义的外交方式，参加国际联盟和华盛顿会议，同时运用国际法，要求各国尊重中国主权，逐步修改不平等条约，发展出所谓的"修约外交"，收回部分国权。①

对这种情形下的国际主义与民族主义的冲突和调和，留英学人已有一定的认识。首先，它对于威尔逊等人所倡导的国际主义理想，在国际政治现实中的即时效力，表示一定的保留态度。杨端六说："我终以为欧战了结之后非世界真正和平之始机。民治主义、人道主义、平等自由主义、世界大同主义，……方在悬崖绝壁之上，野心家日日持巨斧以伐其根。此种现象究竟一时的反动，抑世界大破裂之先兆，我不敢知；我所知者，危机所系，千钧一发，正今日之谓也。"② 其次，《太平洋》上也有人认为，国际主义的外交方式，或可以作为攻守的工具，但从根本上说，外交应以国家利益为准绳。留美学人燕树棠说："国与国之间，表面上虽宣传大同主义、人道主义，及种种公平正义之说，实则仍完全以利己主义为标准，并没有利他主义。因为国际间才进到口头上敷衍的地步，还未进到真正利他的地步。所以人类在个人方面，虽进步到利他主义，抛弃绝对的利己主义，而国与国之间实未进到这个程度。我们这样从极大处看来，我中国之外交方针，不应当谈到，亦谈不到，什么国际主义，什么人道主义，什么国际运动，等等好听的名词，必须先要以我们国家的利益，作为惟一的标准。这一点我们谈国际问题的人首先要知道的，要承认的。"③ 所以，无论在国际政治，或是在中国内部，国际主义的理想均遭遇现实的阻击，都不是容易遽然实现的。对这一点的观察，《太平洋》同仁还是比较客观的。

但同一时期的另一部分知识分子，对于国际主义与民族主义的冲突，理解却不同。换句话说，如果西方对中国以合作方式诉求的民族主义，处理不好，或是总以口惠而实不至的敷衍，则容易产生两个后果。第一个后果如论者指出的，中国极端民族主义大行其道，即形成一种把中国的一切问题，归

---

① 唐启华：《北京政府与国际联盟（1919 - 1928）》，第 357 页。
② 杨端六：《英日同盟与中国之将来》，《太平洋》3 卷 1 号（1921 年 6 月）。
③ 燕树棠：《中俄交涉问题》，《太平洋》4 卷 7 号（1924 年 6 月 5 日）。

诸帝国主义侵略压迫的倾向，从而导致了许多人忽略中国自身社会改造的需要。① 比较而言，留英学人对于帝国主义的态度是温和的，李剑农在若干年后写作的《最近三十年中国政治史》，对中国政治斗争的现象所作的解释，虽然首先指出"最近三十年中国内部的政争，无一不与东西列强的压迫有密切的关系，这是很显明的"，但他还提醒说："我们不能专归罪于帝国主义者的强顽，还是我们国民的自身上，含有不易拔除的弱点；换句话说，就是三十年来的政治斗争，还含有别种意义，须待解释。"② 在这一点上，留英学人似乎与舒衡哲指出的"五四"知识精英们的"启蒙"意识是一致的，即自由知识分子"不同于纯粹的爱国革命家，他们拒绝把中国的落后——即自己造成的愚昧——归咎于外来侵略"。③

第二个后果是倒向苏联的共产国际。"五四"前后，几乎与威尔逊同时，俄国革命领袖列宁，结合唯物史观和殖民主义理论，从不同的角度抨击帝国主义外交，并在其国际秩序的新构想中，提出亚洲作为世界范围反帝国主义不可分割的一部分。苏俄的国际构想很快就赢得中国革命者的同情和支持。④ 广州政府就是在争取西方列强支持失败后，逐渐靠向共产国际，攻击国际联盟为西方帝国主义压迫弱国的组织，而以民族主义与另一种国际主义结合，高唱废除不平等条约，发展出较激进的"革命外交"。⑤ 但留英学人对共产国际另有一番评价，周鲠生曾指出，共产国际与国际主义一样，是反对帝国主义和民族主义潮流的，但共产国际的活动方式，"就是联络世界工人，对于资本阶级以国际的行动为共同斗争，这种结合以阶级为本位，不以国家或民族为本位，它的思想乃是一种超国家的思想"。周氏评价认为，共产国际的理想也是一种国际主义，但更是一种高远理想，尤其是它的超越民族国家的观念，却于历史事实不合。他说："共产主义运动本身确是国际的性质，如其精神真能贯彻到底，多少可以超过国际的限度，养成国际合作的习惯，减少民族主义的流弊，是不可否认。但是共产主义打破国界的观念，

---

① 罗志田：《救国抑救民？"二十一条"时期的反日运动与辛亥五四期间的社会思潮》，收入罗志田《乱世潜流：民族主义与民国政治》，第 96 页。

② 李剑农：《最近三十年中国政治史》，太平洋书店，1930，第 636 页。

③ 〔美〕微拉·施瓦支：《中国的启蒙运动——知识分子与五四遗产》，李国英等译，山西人民出版社，1989，第 2 页。

④ Akira Iriye, *After Imperialism: the Search for a New Order in the Far East*, New York: Atheneum, 1969, p. 11.

⑤ 唐启华：《北京政府与国际联盟（1919–1928）》，第 357 页。

却是一种理想，与历史事实不合。政治现象，有许多复杂因素，不是全然可依着经济关系来解释的。共产党如模式民族情感之因素，欲依无产阶级之共通利益以打破国界，那是一种理想，无当于事实。因为民族的自觉已经深入了人的心理，就是无产阶级也未能独脱却这种人类的本能。"[1]

上面可见留英学人既可以是民族主义者，具有强烈的民族情操和主权、国权意识，又可以是国际主义者，关心国际事务和国际合作，寻觅中国在国际社会中的地位。所以在他们看来，民族主义和国际主义的目标是可以兼容的。

四　内政改革与国际格局

上面三点所述，在讨论民初留英学人的思想世界的内部发展及与外部世界的矛盾冲突的地方，但所有这些相互矛盾相互冲突的思想运动，可视作向着一个崇高目标的运动，这个目标就是为现代中国寻求"立国之道"。

甲午战败以后，中国士人普遍产生如今日学者所强调的"危机"意识。张灏认为这是对 19 世纪末出现的秩序危机所作的回应，所谓秩序危机，"不仅仅意味着作为西方扩张结果的社会政治秩序的崩溃，而且是传统意义世界的瓦解，它已达到了中国基本的东方符号系统受到怀疑和挑战的程度。"[2] 而徐国琦认为中国士人面临着对 1895 年以前的中国的认同危机，即"对甲午战败之后的反思结果，他们开始严厉地抨击传统文化、历史、语言，乃至整个中国文明；而传统的对外之道和世界观，也倍受苛责"。[3] 因此，处于危机意识中的中国人，如何思想、行动及构筑新的秩序和新的世界观，值得进一步考察。

辛亥革命颠覆了帝制，创建了中华民国，"名义上，完成了从大一统的帝国向民族国家的过渡；中国不再只是一个自我的世界，而是世界的一部分和世界政治的一个单元"。[4] 但实际的民族国家的建设并不成功，十年后瞿秋白仍说："政治上，虽经过了十年前的一次革命，成立了一个括弧内的'民国'"，[5] 即军阀政治其实，而共和政治其名。周鲠生亦说："中国的辛

---

① 周鲠生：《民族主义与国际主义》，《太平洋》4 卷 8 号（1924 年 9 月 5 日）。
② 张灏：《危机中的中国知识分子：寻求秩序与意义》，新星出版社，2006，第 213 页。
③ Xu Guoqi, *China and the Great War*, pp. 8 – 9.
④ Zhang Yongjin, *China in the Interantional System*, 1918 – 20, pp. 33 – 34.
⑤ 瞿秋白：《饿乡纪程》，岳麓书社，2000，第 20 页。

亥革命，只算做到民族主义的第一步，尚有民治和统一的事没有做到。中国的民族问题并没有完全解决。"① 而在这个过程中，如我们前面所看到的，对于政治秩序危机的因应，因此有了"甲寅派的政论文"对于"宪法之治"的精心建构，希望将民国建设成如英美国家坚如磐石般的稳固统治。同时，对于认同危机和意识危机的因应，中国新知识分子对于自己的传统和历史发起猛烈的抨击，尤其是后来的新文化运动，"面向未来，因而敢于否定过去"，但正因为他们的基本目标是力图重建"民族或国家的整体目标与价值体系"，以"指向一个风格不同的未来"，他们的反传统恰是对于民族主义的关怀。② 这些因应可以说是中国知识精英对于一个新的民族国家的想象和灵感，或用安德森的话来说，正觉悟到一种符合历史方向的"想象的政治共同体"。③

所谓的"想象的政治共同体"，如费约翰所概括的，"现代中国民族主义产生后所带来的觉醒，不仅指向民族，也指向启蒙、进步和科学等普遍理想，指向个人独立和'自我实现'，还指向民众团体在政治中应该有一席之地的吁求，以及政治统一和主权独立的要求"。④ 这个概况说明了中国有识之士追求的大部分努力方向，如果说还有什么重大遗漏的话，那就是知识分子对"国际化"的追求。张勇进指出，辛亥之后政体的变革，已经为中国成为国际体系的一员做好了预备，但中国的主权和领土不完整，并不具备国际的主权国家的资格，中国还必须为加入世界共同体而努力。⑤ 而欧战的爆发，成为中国实现这个目标极好的机会，因为战争标志着既存的国际体系的崩溃，并预示新的世界体系的到来；同时国人同样表示出对改变自己国际地位的极大关注。徐国琦指出，当时中国媒介表现出对欧战的关心，到处可见，"近代中国也从没有像这个阶段那样，显示出对世界事务的极大兴趣，并采取主动的新政策，革新国家，和预备进入世界舞台"。⑥

---

① 周鲠生：《民族主义与国际主义》，《太平洋》4 卷 8 号（1924 年 9 月 5 日）。

② 罗志田：《新旧文明过渡之使命：胡适反传统思想的民族主义关怀》，《传统文化与现代化》1995 年第 6 期；罗志田：《近代中国民族主义的史学反思》，收入罗志田《二十世纪的中国思想与学术掠影》，广东教育出版社，2001，第 87 页。

③ 〔美〕本尼迪克特·安德森：《想象的共同体——民族主义的起源与散布》，吴叡人译，上海人民出版社，2003，第 5 页。

④ 〔澳〕费约翰：《唤醒中国：国民革命中的政治、文化与阶级》，李恭忠、李里峰等译，三联书店，2004，第 37 页。

⑤ Zhang Yongjin, *China in the International System*, 1918–20, p. 36.

⑥ Xu Guoqi, *China and the Great War*, p. 6.

1917 年中国对德宣战，真正卷入了世界事务，这是一件具有里程碑意义的外交行动。徐国琦同样指出："中国卷入战争及其后的发展，为正在进行中的民族国家建构和新民族主义意识的培养，打开了一扇至关重要的窗口。虽然中国加入欧战有其国家目的，但是这种对世界事务的崭新态度，却是对参与国际共同体和获得国际承认的一种强烈欲望。"[①] 我们当然不会反对，中国知识精英的参战论背后，未尝没有这种愿望，但考虑到李剑农等人小心翼翼地陈述追随美国参战所能得到的好处，及只是试探性地提出"修约"主张，我们在评价这种愿望或动力时，还不能走得太远。

但是到了 1919 年中国参加巴黎和会，及 1920 年成为国际联盟中的创始成员，并被选入国联行政院之后，《太平洋》同仁亦颇寄希望地大胆提出"调和英美之国交"、"亲俄"外交等，则可说这种动力开始拧紧发条，准备步步为营，既要维护国权，收回权益，更要在国际体系中取得平等国家的人格。张勇进指出："中国对德宣战，卷入欧战，及其后一系列的主动外交，为战后远东国际秩序重建添入了中国的因素，使国际社会必须考虑中国在世界中的地位。"[②] 从这个意义上说，中国"民族国家"的资格，在国际层面上得到了一定的承认，反过来说，这种经历又给中国的国家认同增加了新的动力，如徐中约指出的，"中国进入国际家庭之后，她的新地位引起了一种新的民族共同体意识，因此，从长远来看，它有助于中国民族主义的成长"。[③]

由此看来，民初留英学人的内政改革与对外主张的总体目标是一致的，二者交互为用，辩证统一在他们为中国这个新兴的民族国家寻找"立国之道"的思想规划中。

[①]　Xu Guoqi, *China and the Great War*, p. 279.

[②]　Zhang Yongjin, *China in the Interantional System*, 1918 – 20, p. 189.

[③]　Immanuel C. Y. Hsu, *China's Entrance into the Family of Nations: the Diplomatic Phase*, 1858 – 1880, Harvard University Press, 1960, p. 209.

参考文献

一　近现代报刊

《甲寅》

《太平洋》

《独立周报》

《甲寅日刊》

《大中华》

《新中华》

《民铎》

《新青年》

《旅欧杂志》

《东方杂志》

《新潮》

《每周评论》

《评论之评论》

《努力周报》

《现代评论》

《中华新报》（上海）

《传记文学》（台北）

《中研院近代史研究所集刊》（台北）

《近代史研究》（北京）

二 资料、论文汇编类

半粟（李剑农）：《中山出世后六十年大事年表》，太平洋书局，1929。

陈学恂、田正平编《中国近代教育史资料汇编——留学教育》，上海教育出版社，1991。

陈旭麓：《宋教仁集》，中华书局，1981。

陈独秀：《独秀文存》，安徽人民出版社，1987。

陈崧编《"五四"前后东西文化问题论战文选》（增订本），中国社会科学出版社，1989。

陈平原、山口守编《大众传媒与现代文学》，新世界出版社，2003。

曹伯言整理《胡适日记全编》（8卷），安徽教育出版社，2001。

东方杂志社编《欧战发生史》，商务印书馆，1923。

丁守和主编《辛亥革命时期期刊介绍》，人民出版社，1987。

丁文江、赵丰田编《梁启超年谱长编》，上海人民出版社，1983。

复旦大学历史学系、复旦大学中外现代化进程研究中心编《近代中国的国家形象与国家认同》，上海古籍出版社，2003。

高平叔编《蔡元培全集》，中华书局，1984。

高一涵编《欧洲政治思想小史》，中华书局，1922。

胡颂平：《胡适之年谱长编初稿》，（台北）联经出版事业有限公司，1984。

胡春惠编《民国宪政运动》，正中书局，1978。

黄远庸：《远生遗著》，（台北）文星影印，1962。

吕芳上、张哲郎主编《五四运动八十周年学术研讨会论文集》，（台北）政治大学文学院，1999。

刘彦：《欧战期间中日交涉史》，沈云龙主编《近代中国史料丛刊》，三编第二十一辑，文海出版社，无出版年份。

李大钊全集编委会编《李大钊全集》，河北教育出版社，1999。

李剑农：《最近三十年中国政治史》，太平洋书店，1930。

李剑农：《政治学概论》，商务印书馆，1934。

李泰棻：《欧战史要》，武学书馆，1920。

李喜所编《留学生与中外文化》，南开大学出版社，2005。

林代昭、潘国华编《马克思主义在中国——从影响的传入到传播》

（上、下），清华大学出版社，1983。

李国祈等：《近代中国思想人物论——民族主义》，（台北）时报文化公司，1980。

罗志田主编《二十世纪的中国：学术与社会》，山东人民出版社，2001。

陶菊隐：《北洋军阀统治时期史话》（1~8册），三联书店，1959。

汤学智、杨匡汉编《台港暨海外学界论中国知识分子》，河南人民出版社，1984。

马胜云、马兰编《李四光年谱》，地质出版社，1999。

宁协万：《留英政治谭》，中华书局，1915。

宁协万：《国宪修正论》，国立北京法政专门学校，1922。

浦薛凤：《西洋近代政治思潮》，商务印书馆，1939。

欧阳哲生、郝斌编《五四运动与二十世纪的中国》，社会科学文献出版社，2001。

欧阳哲生编《胡适文集》，北京大学出版社，1998。

申报馆编《最近之五十年（1872~1922）》，上海申报馆，1923。

君实、杨端六译述：《社会政策》，商务印书馆，1923。

蒋根源译述：《国际联盟之目的与组织》，大东书局，1931。

沈益洪编《罗素谈中国》，浙江文艺出版社，2001。

宋原放主编《中国出版史料（现代部分）》，山东教育出版社、湖北教育出版社，2001。

萨孟武撰述，王世杰校：《现代政治思潮》，商务印书馆，1928。

伍启元：《中国新文化运动概观》，现代书局，1934。

吴品今：《国际联盟及其趋势》（上、下），商务印书馆，1933。

武汉大学法学院国际法研究所编《周鲠生文集》，武汉大学出版社，1993。

杨荫杭：《老圃遗文辑》，杨绛整理，长江文艺出版社，1993。

杨端六：《货币浅说》，商务印书馆，1934。

杨端六：《货币与银行》，商务印书馆，1946。

王栻编《严复集》，中华书局，1986。

王德林等主编《中华留学名人辞典》，东北师范大学出版社，1992。

王跃、高力克编《五四：文化的阐释与评价，西方学者论五四》，山西人民出版社，1989。

许纪霖、田建业编《杜亚泉文存》，上海教育出版社，2003。

许纪霖编《二十世纪中国思想史论》，东方出版中心，2000。

徐友春主编《民国人物大辞典》，河北人民出版社，1993。

许世昌：《欧战后之中国》，黄郛（讲）：《欧战后之新世界》，两书合编，沈云龙主编《近代中国史料丛刊（28）》，文海出版社，年份不详。

余英时等：《五四新论》，（台北）联经出版事业公司，1999。

叶景莘编著《欧战之目的及和局之基础》，国际研究社，出版地、出版年不详。

汪精卫：《巴黎和议后之世界与中国》，亚东图书馆，1920。

王无为：《湖南自治运动史》，泰东书局，1920。

王世杰：《女子参政之研究》，北京大学新知书社，1921。

王绍光主编《理想政治秩序：中西古今的探求》，三联书店，2012。

萧公权：《问学谏往录》，学林出版社，1997。

萧公权：《宪政与民主》，清华大学出版社，2006。

萧延中、朱艺主编《启蒙的价值与局限：台湾学者论五四》，山西人民出版社，1989。

夏渠：《国际联盟》（万有文库第242集），商务印书馆，1929。

章含之、白吉庵编《章士钊全集》，文汇出版社，2000。

张允侯、殷叙彝编《五四时期的社团》，三联书店，1979。

张静庐编《中国现代出版史料》，甲编、乙编、2编，中华书局，1954、1956。

郑毓秀编译《国际联盟概况》，商务印书馆，1926。

郑大华、邹小站主编《西方思想在近代中国》，社会科学文献出版社，2005。

郑允恭：《欧战后之新宪法》，《东方杂志》30卷7号，1933年4月。

周棉主编《中国留学生大辞典》，南京大学出版社，1999。

周鲠生：《现代英美国际法的思想动向》，世界知识出版社，1963。

周鲠生：《万国联盟（附联盟规约英法原文）》，商务印书馆，1922。

周鲠生：《近代欧洲外交史》，商务印书馆，1927。

周鲠生：《现代国际法问题》，商务印书馆，1932。

周鲠生等：《近代各国外交政策》，正中书局，1936。

周阳山：《知识分子与现代化——五四与中国》，（台北）时报文化出版公司，1996。

周玉山编《五四论集》，（台北）成文出版社，1980。

张忠绂：《英日同盟》，新月，1931。

张忠绂：《中华民国外交史（1911～1922）》，正中书局，1943。

张佛泉：《自由与权利：宪政的中国言说》，清华大学出版社，2010。

张佛泉：《民元以来我国在政制上的传统错误》，《国闻周报》10卷44期（1933年11月6日）。

赵君豪：《中国近代之报业》，上海书店，1989。

朱联保编撰《近现代上海出版业印象记》，曹予庭校订，学林出版社，1993。

朱传誉：《报人、报史、报学》，（台北）商务印书馆，1966。

《五四运动与中国文化建设——五四运动七十周年学术讨论会论文选》，社会科学文献出版社，1989。

《中国近代现代史论集》（23），"民初外交"（上、下）（台北）台湾商务印书馆，1986。

《中国现代化论文集》，（台北）中研院近代史研究所，1991。

《五四时期期刊介绍》（三集六册），三联书店，1959。

《科学与人生观》（一）、（二），辽宁教育出版社，1998。

《五四运动回忆录》，中国社会科学出版社，1979。

《五四爱国运动资料》，科学出版社，1959。

《中国当代社会科学家》（传记丛书），第1～8辑，书目文献出版社，1982～1987。

〔英〕阿格（F. A. Ogg）：《英国政府及政治》，张云伏译，神州国光社，1931。

〔美〕波赖（Robert Pollard）：《最近中国外交关系》，曹明道译，正中书局，1935。

〔英〕戴雪：《英宪精义》，雷宾南译，商务印书馆，1935。

〔美〕古德诺：《解析中国》，蔡向阳、李茂增译，国际文化出版公司，1998。

〔美〕格林斯坦、波尔斯编《政治学手册精选》，（上、下），竺乾威等译，商务印书馆，1996。

〔英〕罗素：《中国的问题》，赵文锐译，中华书局，1924。

〔英〕罗素：《到自由之路》，李季、黄凌霜等译，青年社，1920。

〔美〕史华慈等：《近代中国思想人物论：自由主义》，时报出版公司，1985。

三　学术专著

陈万雄：《五四新文化的源流》，三联书店，1997。

陈旭麓：《近代中国社会的新陈代谢》，上海人民出版社，1992。

陈来：《现代中国哲学的追寻》，人民出版社，2001。

陈启天：《最近三十年中国教育史》，（台北）文星书店，1962。

陈仪深：《〈独立评论〉的民主思想》，（台北）联经出版事业公司，1989。

陈国祥：《〈新青年〉与现代中国》，（台北）四季出版社，1979。

陈孟坚：《〈民报〉与辛亥革命》（上、下），（台北）正中书局，1986。

迟云飞：《宋教仁与中国的民主宪政》，湖南师范大学出版社，1997。

蔡国裕：《1920年代初期中国社会主义论战》，（台北）商务印书馆，1988。

曹聚仁：《文坛五十年》，东方出版中心，1997。

常乃惪：《中国思想小史》，上海古籍出版社，2005。

邓丽兰：《域外观念与本土政制变迁——20世纪二三十年代中国知识界的政制设计与参政》，中国人民大学出版社，2003。

邓丽兰：《西方思潮与民国宪政运动的演进》，南开大学出版社，2010。

丁琳琦编著《国际联盟的历程：现代国际组织问题研究》，黑龙江人民出版社，2003。

丁守和：《从五四启蒙运动到马克思主义的传播》，生活·读书·新知三联书店，1979。

丁德昌：《民初湖南省宪自治研究》，上海人民出版社，2011。

戴晴：《在如来佛掌中——张东荪和他的时代》，香港中文出版社，2009。

冯崇义：《罗素与中国——西方思想在中国的一次经历》，三联书店，1994。

方汉奇：《中国近代报刊史》（上、下），山西教育出版社，1981。

方平:《晚清上海的公共领域（1895～1911）》，上海人民出版社，2007。

戈公振:《中国报学史》，三联书店，1955。

顾昕:《中国启蒙的历史图景——五四反思与当代中国意识形态之争》，牛津大学出版社，1992。

高力克:《五四的思想世界》，学林出版社，2003。

高力克:《调适的智慧：杜亚泉思想研究》，浙江人民出版社，1998。

耿云志等:《西方民主在近代中国》，中国青年出版社，2003。

谷小水:《"少数人"的责任——丁文江的思想与实践》，天津古籍出版社，2005。

郭华清:《宽容与妥协——章士钊的调和论研究》，天津古籍出版社，2004。

郭廷以:《近代中国史纲》（上、下），中国社会科学出版社，1999。

郭湛波:《近五十年中国思想史》，山东人民出版，1997。

韩莉:《新外交·旧世界：伍德罗·威尔逊与国际联盟》，同心出版社，2002。

黄福庆:《清末留日学生》，（台北）"中研院"近代史研究所，1975。

黄克武:《自由的所以然——严复对约翰弥尔自由思想的认识与批判》，上海书店出版社，2000。

黄克武:《一个被放弃的选择：梁启超调适思想之研究》，新星出版社，2006。

黄敏兰:《学术救国——知识分子历史观与中国政治》，河南人民出版社，1995。

黄良吉:《东方杂志之刊行及其影响之研究》，（台北）商务印书馆，1969。

胡春惠:《民初的地方主义与联省自治》，中国社会科学出版社，2001。

胡伟希等:《十字街头与塔——中国近代自由主义思潮研究》，上海人民出版社，1991。

胡伟希:《观念的选择——20 世纪中国哲学与思想透析》，云南人民出版社，2002。

胡秋原:《近百年来中外关系》，（台北）学术出版社，1970。

何勤华:《西方法学史》，中国政法大学出版社，1996。

何勤华：《英国法律发达史》，法律出版社，1999。

侯宜杰：《20 世纪中国政治改革风潮——清末立宪运动史》，人民出版社，1993。

黄鸿钊：《中英关系史》，开明书店，1994。

金问泗：《从巴黎和会到国联》，（台北）传记文学出版社，1983。

金耀基：《中国社会与文化》，牛津大学出版社，1992。

金耀基等：《中国现代化的历程》，（台北）时报文化公司，1980。

蒋廷黻：《中国近代史》，东方出版社，1996。

蒋梦麟：《西潮·新潮》，岳麓书社，2000。

倪邦文：《自由者梦寻——"现代评论派"综论》，上海文艺出版社，1997。

林毓生：《中国传统的创造性转化》，三联书店，1988。

吕芳上：《革命之再起：中国国民党改组前对新思潮的回应，1914～1924》，（台北）"中研院"近代史研究所，1989。

刘晓琴：《中国近代留英教育史》，南开大学出版社，2005。

刘桂生编《时代错位与理论的选择》，清华大学出版社，1989。

刘景泉等：《宋教仁与民国初年的议会政治》，河北人民出版社，1998。

罗志田：《权势转移：近代中国的思想、社会与学术》，湖北人民出版社，1999。

罗志田：《乱世潜流：民族主义与民国政治》，上海古籍出版社，2001。

罗志田：《国家与学术：清季民初关于"国学"的思想论争》，三联书店，2003。

李欧梵：《铁屋中的呐喊》，岳麓书社，1999。

李剑农：《中国近百年政治史（1840～1926 年）》，复旦大学出版社，2002。

李楠：《晚清、民国时期上海小报研究：一种综合的文化、文学考察》，人民文学出版社，2005。

李泽厚：《中国近代思想史论》，人民出版社，1979。

李泽厚：《中国现代思想史论》，东方出版社，1987。

李良荣：《中国报纸文体发展概要》，福建人民出版社，1985。

李永春：《〈少年中国〉与五四时期社会思潮》，湖南人民出版社，2005。

李强：《自由主义》，中国社会科学出版社，1998。

李仁渊：《晚清的新式传播媒体与知识分子：以报刊出版为中心的讨论》，（台北）稻乡出版社，2005。

李喜所：《近代中国的留学生》，人民出版社，1987。

李玉贞：《孙中山与共产国际》，（台北）"中研院"近代史研究所，1996。

林语堂：《中国新闻舆论史——一部关于民意与专制斗争的历史》，上海人民出版社，2008。

赖光临：《中国近代报人与报业》（上、下），（台北）商务印书馆，1980。

欧阳哲生：《自由主义之累——胡适思想的现代阐释》，江西教育出版社，2003。

欧阳哲生：《新文化的传统——五四人物与思想研究》，广东人民出版社，2004。

潘艳慧：《〈新青年〉翻译与现代中国知识分子的身份认同》，齐鲁书社，2008。

秦绍德：《上海近代报刊史》，复旦大学出版社，1993。

秦珊：《美国威尔逊政府对华政策研究》，中国社会科学出版社，2005。

钱泰：《中国不平等条约之缘起及其废除之经过》，（台北）国防研究院，1961。

丘为君：《戴震学的形成：知识论述在近代中国的诞生》，新星出版社，2006。

任建涛：《建国之惑：留学精英与现代政治的误解》，中国政法大学出版社，2012。

石源华：《中华民国外交史》，上海人民出版社，1994。

舒新城：《近代中国留学史》，上海文化出版社，1989。

沈晓敏：《处常与求变：清末民初的浙江咨议局和省议会》，三联书店，2005。

沈嵩侨：《学衡派与五四时期的新文化运动》，台大文史丛刊，1984。

沈卫威，《自由守望——胡适派文人引论》，上海文艺出版社，1997。

萨本仁、潘兴明：《20 世纪的中英关系》，上海人民出版社，1996。

陶文钊：《中美关系史（1911～1949）》（上卷），上海人民出版社，

2004。

唐启华：《北京政府与国际联盟，1919～1928》，（台北）东大图书公司，1998。

唐启华：《被"废除不平等条约"遮蔽的北洋修约史（1912～1928年）》，社会科学文献出版社，2010。

唐海江：《清末政论报刊与民众动员：一种政治文化的视角》，清华大学出版社，2007。

唐小兵：《现代中国的公共舆论——〈大公报〉"星期论文"和〈申报〉"自由谈"为例》，社会科学文献出版社，2012。

王尔敏：《中国近代思想史论》，社会科学出版社，2003。

王纲领：《欧战时期的美国对华政策》，（台北）学生书局，1988。

王立新：《美国对华政策与中国民族主义运动（1904～1928）》，中国社会科学出版社，2000。

王人博：《宪政的中国之道》，山东人民出版社，2003。

王芸生：《六十年来的中国与日本》，三联书店，2005。

王汎森：《中国近代思想与学术的谱系》，河北教育出版社，2001。

王汎森：《傅斯年：中国近代历史与政治中的个体生命》，三联书店，2012。

王世杰、钱端升：《比较宪法》，商务印书馆，2002。

王奇生：《中国留学生的历史轨迹，1872～1949》，湖北教育出版社，1992。

王晓德：《梦想与现实：威尔逊"理想主义"外交研究》，中国社会科学出版社，1995。

项立岭：《中美关系史上的一次曲折：从巴黎和会到华盛顿会议》，复旦大学出版社，1993。

谢振民：《中国民国立法史》（上、下），中国政法大学出版社，2000。

汪晖：《现代中国思想的兴起》（上、下卷），三联书店，2004。

汪荣祖编《五四研究论文集》，（台北）联经出版事业公司，1977。

邬昆如等：《五四运动与自由主义》，（台北）先知出版社，1975。

吴汉全：《高一涵五四时期的政治思想研究》，吉林人民出版社，2012。

吴翎君：《美国与中国政治（1917～1928）》，（台北）东大图书馆，1996。

吴东之：《中国外交史（中华民国时期，1911～1949）》，河南人民出版社，1990。

萧公权：《中国政治思想史》（上、中、下），辽宁教育出版社，1998。

徐宗勉、张亦工等：《近代中国对民主的追求》，安徽人民出版社，1996。

鲜于浩：《留法勤工俭学运动史稿》，巴蜀书社，1994。

熊月之：《中国近代民主思想史》（修订本），上海社会科学出版社，2002。

薛毅：《王世杰传》，武汉大学出版社，2010。

杨奎松、董士伟：《海市蜃楼与大漠绿洲：中国近代社会主义思潮研究》，上海人民出版社，1991。

杨玉圣：《中国人的美国观——一个历史的考察》，复旦大学出版社，1996。

杨念群：《“五四”九十周年祭——一个“问题史”的回溯与反思》，世界图书出版公司北京公司，2009。

袁新洁：《近现代报刊“文人论政”传统研究》，江西人民出版社，2009。

余英时：《中国思想传统的现代诠释》，江苏人民出版社，1989。

余英时：《中国知识分子论》，河南人民出版社，1997。

余英时：《现代危机与思想人物》，三联书店，2005。

叶隽：《另一种西学——中国现代留德学人及其对德国文化的接受》，北京大学出版社，2005。

朱成甲：《李大钊早期思想与近代中国》，人民出版社，1999。

朱宏源：《同盟会的革命理论：〈民报〉个案研究》，（台北）“中研院”近代史研究所，1985。

周昌龙：《新思潮与传统：五四思想史论集》，（台北）时报文化出版公司，1995。

周俊旗、汪丹：《民国初年的动荡》，天津人民出版社，1996。

周晓明：《多源与多元——从中国留学族到新月派》，华中师范大学出版社，2001。

郑匡民：《梁启超启蒙思想的东学背景》，上海书店出版社，2003。

郑匡民：《西学的中介：清末民初的中日文化交流》，四川出版集团、四川人民出版社，2008。

赵明：《近代中国的自然权利观》，山东人民出版社，2003。

赵建国：《分解与重构——清季民初的报界团体》，三联书店，2008。

赵亚宏：《〈甲寅〉月刊与中国新文学的发生》，人民出版社，2011。

卓南生：《中国近代报业发展史（1815~1874）》（增订本），中国社会科学出版社，2002。

张力：《国际合作在中国——国际联盟角色的考察，1919~1946》，（台北）"中研院"近代史研究所专刊（83），1999。

张北根：《1919~1922年间英国与北京政府的关系》，文津出版社，2005。

张灏：《危机中的中国知识分子》，新星出版社，2006。

张灏：《烈士精神与批判意识——谭嗣同思想的分析》，广西师范大学出版社，2004。

张觉明：《现代杂志编辑学》，中国书籍出版社，1987。

张汝伦：《现代中国思想研究》，上海人民出版社，2001。

张朋园：《知识分子与近代中国的现代化》，百花洲文艺出版社，2002。

张朋园：《湖南现代化的早期进展（1860~1916）》，岳麓书社，2002。

张朋园：《梁启超与民国政治》，（台北）食货出版社，1981。

张玉法：《民国初年的政党》，岳麓书社，2004。

张衷栋：《政治批评与知识分子》，（台北）自立晚报社，1987。

张育仁编著：《自由的历险：中国自由主义新闻思想史》，云南人民出版社，2002。

张晋藩：《中国法律的传统与近代转型》，法律出版社，1997。

张世飞：《五四时期马克思主义大众化经验研究》，中国社会科学出版社，2011。

邹小站：《章士钊社会政治思想研究（1903~1927）》，湖南教育出版社，2001。

〔美〕陈曾焘：《五四运动在上海》，陈勤译，（台北）经世书局，1981。

〔美〕阿里夫·德里克：《中国革命中的无政府主义》，孙宜学译，广西师范大学出版社，2006。

〔美〕艾恺：《最后的儒家：梁漱溟与中国现代化的两难》，江苏人民出版社，2003。

〔英〕埃里克·霍布斯鲍姆：《民族与民族主义》，李金梅译，上海人民出版社，2000。

〔英〕埃里·凯杜里：《民族主义》，张明明译，中央编译出版社，2002。

〔英〕阿克顿：《自由史论》，胡传胜等译，译林出版社，2001。

〔法〕白吉尔：《中国资产阶级的黄金时代（1911～1937）》，张富强、许世芬译，上海人民出版社，1994。

〔美〕伯纳尔：《1907年以前中国的社会主义思潮》，福建人民出版社，1985。

〔英〕巴克（Barker E.）：《英国政治思想：从赫伯特·斯宾塞到现代》，商务印书馆，1987。

〔美〕杜赞奇：《从民族国家拯救历史》，王宪明译，社会科学文献出版社，2003。

〔澳〕费约翰：《唤醒中国：国民革命中的政治、文化与阶级》，李恭忠、李里峰等译，三联书店，2004。

〔美〕费正清、费维恺编《剑桥中华民国史》（上、下），中国社会科学出版社，1994。

〔美〕郭颖颐：《中国现代思想中唯科学主义（1900～1950）》，雷颐译，江苏人民出版社，1995。

〔美〕格里德：《胡适与中国的文艺复兴——中国革命中的自由主义（1917～1937）》，鲁奇译，江苏人民出版社，1996。

〔德〕哈贝马斯，《公共领域的结构转型》，曹卫东、刘北城等译，学林出版社，1999。

〔英〕华尔脱斯：《国际联盟史》（上、下），汉敖、宁京译，商务印书馆，1964。

〔美〕柯文：《在中国发现历史——中国中心观在美国的兴起》，林同奇译，中华书局，1989。

〔美〕林毓生：《中国意识的危机——五四时期激烈的反传统主义》，穆善培译，贵州人民出版社，1988。

〔美〕刘易斯·科塞：《理念人——一项社会学的考察》，郭方等译，中央编译出版社，2001。

〔美〕罗伊·沃森·柯里：《伍德罗·威尔逊与远东政策（1913～

1921)》，张玮瑛、曾学白译，社会科学文献出版社，1994。

〔美〕纪文勋：《现代中国的思想冲突——民主主义与权威主义》，程农、许剑波等译，山西人民出版社，1989 年。

〔日〕近滕邦康：《救亡与传统：五四思想形成之内在逻辑》，丁晓强、单冠初等译，山西人民出版社，1988。

〔日〕内田满：《面向美国政治学的志向性：早稻田政治学的形成过程》，唐亦农译，三联书店，2001。

〔美〕萨拜因等：《政治学说史》，盛葵阳、崔妙因译，商务印书馆，1986。

〔美〕史景迁：《天安门：知识分子与中国革命》，尹庆军等译，中央编译出版社，1998。

〔美〕齐锡生：《中国的军阀政治（1916～1928）》，中国人民大学出版社，1991。

〔美〕汪一驹（Wang. Y. C.）：《中国知识分子与西方》，（台北）久大文化股份有限公司，1991。

〔美〕王国斌：《转变的中国：历史变迁与欧洲经验的局限》，李伯重、连玲玲译，江苏人民出版社，1998。

〔美〕魏定熙：《北京大学与中国政治文化（1898～1920）》，金安平、张毅译，北京大学出版社，1998。

〔美〕微拉·施瓦支：《中国的启蒙运动：知识分子与五四遗产》，山西人民出版社，1989。

〔美〕萧公权：《近代中国与新世界：康有为变法与大同思想研究》，汪荣祖译，江苏人民出版社，1997。

〔美〕叶维丽：《为中国寻找现代之路——中国留学生在美国（1900～1927）》，北京大学出版社，2012。

〔美〕张灏：《梁启超与中国思想的过渡（1890～1907）》，崔志海、葛夫平译，江苏人民出版社，1997。

〔美〕张灏：《危机中的中国知识分子——寻求秩序与意义》，高力克、王跃译，山西人民出版社，1988。

〔日〕佐藤慎一：《近代中国的知识分子与文明》，刘岳兵译，江苏人民出版社，2006。

〔日〕佐藤卓巳：《现代传媒史》，诸葛蔚东译，北京大学出版社，

2004。

〔美〕周策纵：《五四运动史》，陈永明等译，岳麓书社，1999。

〔美〕周策纵等：《五四与中国》，（台北）时报公司，1979。

〔英〕詹宁斯：《法与宪法》，龚祥瑞、侯健译，三联书店，1997。

〔英〕詹姆斯·卡瑞、珍·辛顿：《英国新闻史》栾轶玖译，清华大学出版社，2005。

四　外文论著

Britton, Raswell S., *The Chinese Periodical Press*, 1800 – 1912. *Shanghai*, 1933. Reprinted in Taipei, 1966.

Charolette Furth (ed.), *The Limits of Change*: *Essays on Conservative Alteratives in Republican China*, Cambridge, Mass., Harvard University Press, 1976.

Chester C. Tan. *Chinese Political Thought in the Twentieth Century*, N. Y., Doubleday and Company Inc., 1971.

Chiang, Yung-chen. *Social Engineering and the Social Sciences in China*, 1919 – 1949, Cambridge Univ. Press, 2001.

Dittmer, Lowell, and Samuel S Kim, eds. *China's Quest for National Identity*. Ithaca: Cornell University Press, 1993.

Elleman, Bruce A. *Diplomacy and Deception*: *the Secret History of Sino-soviet Diplomatic Relations*, 1917 – 1927, Armonk, N. Y. : M. E. Sharpe, 1997.

Elleman, Bruce A. *Wilson and China*: *A Revised History of the Shangdong Question*, M. E. Sharpe, 2002.

Ernest P. Young, *The Presidency of Yuan Shih-k'ai*: *Liberalism and Dictatorship in Early Republican China*, Ann Arbor, 1977.

Fairbank, John. King. "*A Preliminary Framework*" in Chinese World Order, *Traditional China's Foreign Relations*, Cambridge, Ma: Harvard University Press, 1968.

Harrison, Henrietta. *The Making of the Republican Citizen*: *Political Ceremonies and Symbols in China*, 1911 – 1929. Oxford: Oxford University Press, 2000.

Hsu, Immanuel C. Y. *The Rise of Modern China*, N. Y. , Oxford University Press, 1970.

Hsu, Immanuel C. Y. *China's Entrance into the Family of Nations: The Diplomatic Phase*, 1858 – 1880. Cambridge, MA: Harvard University Press, 1960.

Leong, Sow-theng. *Sino-Soviet Diplomatic Relations, 1917 – 1926*, Honolulu, Hawaii: University Press of Hawaii, 1976.

Lin, Yutang. *A History of the Press and Public Opinion in China*, New York: Greenwood Press, 1968.

Judge, John. *Print and Politics: Shibao and Culture of Reform in late Qing China*, Stanford University Press, 1966.

Kamachu, Noriko. *Reform in China: Huang Tsun-hsien and the Japanese Mode*, Cambridge: Harvard University Press, 1981.

King, Munse. *China and the League of Nations: the Sino-Japanese controversy.* New York: St. John's University Press, 1965.

Kuhn, Philip A. *Origins of the Modern Chinese State.* Stanford: Stanford University Press, 2002.

Iriye, Akira. *After Imperialism: The Search for a New Order in the Far East, 1921 – 1931*, Cambridge, Harvard University Press, 1967.

Price, Don, *Russia and the Roots of the Chinese Revolution.* Cambridge, Mass. , Harvard University Press, 1974.

Thomas Edward La Fargue, *China and the World War*, Stanford University Press, 1937.

Xu, Guoqi. *China and the great war: China's pursuit of a new national identity and internationaliazaion*, New York: Cambridge Univ. Press, 2005.

Yeh, Wen-hsin, *The Alienated academy: Culture and politics in Republican China, 1919 – 1937*, Cambridge, Harvard Univ. Press, 1990.

Zhang, Yongjin. *China in the international system, 1918 – 20: the Middle Kingdom at the Periphery*, New York: St. Antony's College, 1991.

Zhang, Yongnian. *Discovering Chinese Nationalism in China: Modernization, Identity, and International Relations.* Cambridge: Cambridge University Press, 1999.

Joanne Shattock, *Politics and Reviewers: the Edinburgh and the Quarterly in the Early Victorian age*, London: Leicester University Press, 1989.

后 记

本书的基础是我的博士论文。原来的选题是"《太平洋》杂志研究——以社会政治思想为中心",于 2006 年 6 月提交北京大学历史系答辩通过。屈指算来,到我今年提交出版社,已过去七个年头了。直到今天我还有些不明白,毕业后在福建师范大学公共管理学院工作的头三个年头中,除了发表其中一篇论文外,竟然没有产生修改和出版自己的博士论文的念头。直到 2009 年下半年,我以"民初'甲寅派'的政治思想研究"为题申报教育部青年基金课题,课题的结构设计大部分取自博士论文的框架和材料,申报成功后,我才开始了扩充和修改博士论文的工作。

在师从欧阳哲生老师从事思想史研究的过程中,老师的研究风格和学术兴趣对我有一定导向作用,把我的学术兴趣从晚清的领域转移到了"五四"。至今我仍然清晰记得,在老师讲"五四"研究那一课时曾自信地宣称,他讲这个课题当仁不让是学界第一,无论国内、国外。这份学术自信当然是来自老师几十年深潜这一领域的功力和成果,并且是身居北京大学这独此一家的"五四"策源地所带来的优势。因此,在老师的感召之下,我选择了学者所称的学术成果汗牛充栋的"五四"领域。我依此思路去寻觅题目,在北大图书馆发现了全套的《太平洋》杂志。当时直观的感觉,就是这个杂志居然是从 1917 年初到 1925 年底存在了八年,几乎涵盖了广义的"五四"时期。稍后,我又发现《太平洋》杂志的两个特点,一是,与争议不断、高潮迭起的《新青年》相比,《太平洋》属于不温不火、缓慢前行的思考者;与财力雄厚、驳杂不纯的《东方杂志》相比,《太平洋》常处于出版愆期但又总能以固定面貌(包括作者、版面等)再现的同仁杂志。二是,聚集在《太平洋》上的作者群相对稳定,拥有相似的背景,以湖南籍的留英学人为主体,并且这批学人办刊前与章士钊主编的《甲寅》杂志关系密切，终刊后又是《现代评论》周刊的重要作者，简直可以说，思想史的线索透过人事关系表达出来了。基于以上几个特点，我选择了《太平洋》杂志作为研究对象。

我对思想史研究，比较能接受余英时先生的"内在理路"和"历史脉络"的方法，他的数种研究前近代思想史的著作，我都反复阅读和领悟。其他诸如王德威先生用"没有晚清，何来五四"对晚清现代性的呼吁，李孝悌通过对"清末的下层社会启蒙运动"的考察，提出对五四启蒙运动之兴起的贡献，等等，都表现出一种注意思想史脉络和内在理路发展的学术思想，对我也有很大吸引力。就此而论，我明白先前是因为对自己的博士论文仅论《太平洋》杂志而显得单薄感到不满，因此我不愿意有所动作，直到我找到了一种脉络化解释它的理由。这个脉络化的理由就是《甲寅》杂志和《太平洋》杂志可视为民初名噪一时的"甲寅派"的重要刊物，实际上等于是民初章士钊的《甲寅》杂志开出了两朵花，一朵是《新青年》，另一朵是《太平洋》杂志。而《太平洋》杂志更多承续了晚清以来留英学人关注政治的方式，即坚持用《甲寅》式政论的方式，探究政理，批评时政，建构制度等，从而完成他们所谓"政论救国"的理念。而这一理念可从早期留英学人王韬、严复，直到章士钊、李剑农中找寻到一脉相承的思绪。

2010 年 3 月到 9 月，我有幸获得福建师范大学海外高级访问学者的基金，得以申请到英国牛津大学汉学中心进行学术访问。半年时间里，除尽快适应英国大学生活和研修方式外，我做的一项最主要工作，就是考察 19 世纪英国报刊的两种传统的形成，一是以《泰晤士报》为代表的新闻自由传统，二是以《爱丁堡评论》为代表的独立评论传统。二者对近代中国都有影响，但是中国学界对后者在中国的反响的考察几乎没有。实际上英国的《爱丁堡评论》宗旨和风格就是通过民初留英学人的有意模仿而在中国初步萌芽了，此即章士钊的《甲寅》杂志和李剑农的《太平洋》杂志的诞生。

写作的进一步突破是到 2012 年夏季，我在一次偶然的阅读比对中发现了《太平洋》杂志有一个重要作者，使用"沧海"的笔名，竟然就是主编李剑农。这一发现令人百感交集。记得在博士论文匿名评审阶段，因为这个重要作者的笔名无法确认，一位论文匿名评审人曾提出相当严厉的批评。确实，"沧海"就是李剑农的这个重要发现，增强了本书的"留英学人"这个范畴的可操作性。由此，《太平洋》杂志在"五四"架构中更显得清晰自觉了，留英学人这个知识群体在辛亥到五四之间的思想活动也能够勾画出来了。

在书稿提交出版之际，我也已安排到新的部门即马克思主义学院工作，并又幸运地获得一次研修机会，到清华大学马克思主义学院做一年的访问学者。饮水思源，当我摆脱繁杂课务、家务，得以自由地坐在清华大学图书馆读书的时候，我知道我的使命和职责更加重要了。

此书是博士论文的修订稿，故有必要重申当时博士论文"后记"中记录下的感谢：我衷心感谢论文指导老师欧阳哲生教授，在我攻读博士的四年过程中，老师对于我的学业，尤其是论文的选题、写作、修改、答辩等过程均给予了悉心的指导和细致的意见，没有这个因素，这篇论文是无法完成的。北京大学对博士生论文管理流程分成三个阶段：中期考试和开题；论文预答辩；论文正式答辩。在这三个阶段中，欧阳哲生教授、房德邻教授、罗志田教授、徐勇教授、刘一皋教授、徐万民教授、郭卫东教授、尚小明教授、刘桂生教授、杨东梁教授或者全程参与，或者分别参与各个阶段的指导和批评工作，在此表示深深的谢意；我对于教授们的每一条学术批评意见都努力理解并融入每一次的论文修改和调整过程中。校史馆的杨琥先生对于本文的写作表示了极大的兴趣和关心，所提建议中肯而有意义。我诚挚地感谢我的同窗学友胡少诚、黄丽安、谢慧、刘惠娟、崔跃峰、李国芳、陈长伟、仲亚东等，多年来我从他们那里收获了无数真诚的关心、无私的帮助以及可贵的教益。在学术圈以外，我最感激的人是我的父亲和母亲，他们未必懂得论文中的符号，但论文的成长与孩儿的成长是同步的，谨以此文奉献给我亲爱的父母。

光阴荏苒，又是新春毕业后我从大学到社会，实际上还是进入了另一个大学。几年的教研生涯，验证了当初我选择大学教职的信念，大学的环境和工作性质，与我的性格是相适的。个人生活安定和对未来事业有恒心，实则与长期以来诸位师长和同仁的引导和照顾密切相关。马克思主义学院院长陈永森教授对于本书的出版十分关心，并促成本书纳入"马克思主义理论与现实丛书"系列。尤须提到的是，在我结束旧课题，开拓新题目的摇摆时期，他毫不犹豫同意我脱产进修，在此表示深深的感谢。我同样感谢所在的教研部同仁，李湘敏教授、俞歌春教授、卢红飚老师、李颖老师，在我工作的重要阶段所给予的帮助和指导，尤其是我的两次脱产进修，都是在他们努力分担我的课务的前提下实现的。我同样感谢我的硕士指导老师王民先生，一直以来是我的学习、生活和工作上的良师益友。我还要感谢远在英国牛津大学的两位师长，Hilde De Weerdt，Rana Mitter，及汉学所图书室的数位管理员，在我访英学习期间给予无私的帮助。欧阳哲生老师在百忙之中为拙著作序一篇，倍感荣光。一别数载，此次晤面，我深深感动于老师对于学术的执着追求和渐入佳境的学术人生。最后，我要特别感谢妻子玉如。我能安心读书和研究，与她承担了主要家务与教育儿子的重任是分不开的。如今小儿正入小学一年级，需要父亲在身边引导之时，我却仍然聚少离多，而把教育的重担又甩给她，实在惭愧。

    谨以本书献给我的妻子和儿子。

2013 年 10 月于清华大学文科图书馆

图书在版编目（CIP）数据

民初留英学人的思想世界：从《甲寅》到《太平洋》的政论
研究/陈友良著. —北京：社会科学文献出版社，2013.12
（马克思主义理论与现实研究文库）
ISBN 978 - 7 - 5097 - 5290 - 6

Ⅰ.①民… Ⅱ.①陈… Ⅲ.①政治思想史 – 研究 – 中国 – 民国
Ⅳ.①D092.6

中国版本图书馆 CIP 数据核字（2013）第 272517 号

· 马克思主义理论与现实研究文库 ·

民初留英学人的思想世界

——从《甲寅》到《太平洋》的政论研究

著　　者／陈友良

出 版 人／谢寿光
出 版 者／社会科学文献出版社
地　　址／北京市西城区北三环中路甲 29 号院 3 号楼华龙大厦
邮政编码／100029

责任部门／社会政法分社（010）59367156　　　责任编辑／李建军
电子信箱／shekebu@ ssap. cn　　　　　　　责任校对／秦　晶　李　敏
项目统筹／王　绯　　　　　　　　　　　　责任印制／岳　阳
经　　销／社会科学文献出版社市场营销中心　（010）59367081　59367089
读者服务／读者服务中心（010）59367028

印　　装／三河市尚艺印装有限公司
开　　本／787mm×1092mm　1/16　　　　印　　张／25.5
版　　次／2013 年 12 月第 1 版　　　　　　字　　数／441 千字
印　　次／2013 年 12 月第 1 次印刷
书　　号／ISBN 978 - 7 - 5097 - 5290 - 6
定　　价／85.00 元

本书如有破损、缺页、装订错误，请与本社读者服务中心联系更换
△ 版权所有　翻印必究